Andreas Kögel

Tod und Sterben als Risiken

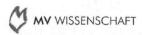

WESTFÄLISCHE
WILHELMS-UNIVERSITÄT
MÜNSTER

Wissenschaftliche Schriften der WWU Münster

Reihe VII

Band 20

ulb
Universitäts- und
Landesbibliothek Münster

Andreas Kögel

Tod und Sterben als Risiken

Sterbehilfe und vorzeitige Lebensbeendigung im Spiegel persönlicher
Erwartungen und religiöser Vorstellungen

Ergebnisse einer Umfrage unter Hausärzten

 MV WISSENSCHAFT

Wissenschaftliche Schriften der WWU Münster
herausgegeben von der Universitäts- und Landesbibliothek Münster
http://www.ulb.uni-muenster.de

Bibliografische Information der Deutschen Nationalbibliothek:
Die Deutsche Nationalbibliothek verzeichnet diese Publikation in der Deutschen Nationalbibliografie;
detaillierte bibliografische Daten sind im Internet über http://dnb.d-nb.de abrufbar.

Dieses Buch steht gleichzeitig in einer elektronischen Version über den Publikations- und
Archivierungsserver der WWU Münster zur Verfügung.
http://www.ulb.uni-muenster.de/wissenschaftliche-schriften

Andreas Kögel
„Tod und Sterben als Risiken : Sterbehilfe und vorzeitige Lebensbeendigung im Spiegel persönlicher
Erwartungen und religiöser Vorstellungen ; Ergebnisse einer Umfrage unter Hausärzten"
Wissenschaftliche Schriften der WWU Münster, Reihe VII, Band 20

© 2016 der vorliegenden Ausgabe:
Die Reihe „Wissenschaftliche Schriften der WWU Münster" erscheint im Verlagshaus Monsenstein und
Vannerdat OHG Münster
www.mv-wissenschaft.com

Dieses Werk ist unter der Creative-Commons-Lizenz vom Typ 'CC BY-SA 3.0 DE'
lizenziert: http://creativecommons.org/licenses/by-sa/3.0/de/
Von dieser Lizenz ausgenommen sind Abbildungen, welche sich nicht im Besitz
des Autors oder der ULB Münster befinden.

ISBN 978-3-8405-0141-8   (Druckausgabe)
URN   urn:nbn:de:hbz:6-66219665757   (elektronische Version)   direkt zur Online-Version:

© 2016 Andreas Kögel
Alle Rechte vorbehalten

Satz: Andreas Kögel
Titelbild: https://pixabay.com/photo-336693/, CC0
Umschlag: MV-Verlag
Druck und Bindung: MV-Verlag

Vorwort und Danksagung

Das vorliegende Buch ist eine leicht aktualisierte Version meiner Dissertationsschrift, die ich Anfang November 2015 bei der Universität Münster eingereicht hatte, kurz bevor im Deutschen Bundestag die Neufassung von § 217 StGB beschlossen wurde. Einige Formulierungen wurden an die neue Sach- bzw. Rechtslage nach Verabschiedung und Inkrafttreten des Gesetzes angepasst.

Mein Dank gilt zunächst allen, die an meiner Umfrage mitgewirkt haben; den Ärztinnen, Ärzten und Pflegekräften, die im Vorfeld in narrativen Interviews oder im Gespräch wertvolle Einblicke in ihren Berufsalltag und ihr Selbstverständnis gegeben haben; den Leitungen der beiden Kliniken, die Mitarbeiterbefragungen in ihren Häusern ermöglicht haben.

Dank an Georg Mildenberger und Martin Hölz für Anregungen, Diskussionen und wertvolle Kritik, vor allem während der Entwicklung des Fragebogens; an die Teilnehmerinnen und Teilnehmer der Pretestinterviews und natürlich an alle Ärztinnen, Ärzte und Angehörige anderer Heil- bzw. Medizinalberufe, die sich an den Mitarbeiterbefragungen und der Hauptumfrage beteiligt haben. Dank auch für die schnelle und angenehm unkomplizierte Unterstützung durch das Schweizer Bundesamt für Statistik, das Zentrale Büro für Statistik der Niederlande und das Büro der Regionalen Kontrollkommissionen.

Mein besonderer Dank für das Korrekturlesen der Arbeit und Anregungen zu Aufbau und Verständlichkeit gilt Annette Haußmann, Carina Miller und Stefanie Kögel. Dank aber auch für trivial erscheinende Hilfestellungen – vor allem die Mitwirkung von Stefanie und Carina beim Heften, Falten und Eintüten von 2000 Fragebögen.

Last but not least bedanke ich mich bei Prof. Birgit Weyel und Prof. Detlef Pollack für die geduldige Betreuung und Begleitung.

Reutlingen im April 2016

I

Inhaltsverzeichnis

Einführung und Überblick

Über Sterbehilfe für schwerkranke Menschen wird seit Jahrzehnten gestritten; über Deutschland hinaus in fast allen Staaten Europas bzw. der westlichen Welt. Am 06. November 2015 standen im deutschen Bundestag vier Gesetzesentwürfe zur Abstimmung, die von einer Zulassung ärztlicher Suizidhilfe bis zu einem strafrechtlichen Verbot jeglicher Suizidbeihilfe reichen. Mit klarer Mehrheit wurde eine Verschärfung der Rechtslage durch eine Neufassung des § 217 StGB beschlossen, welcher nachfolgend im Wortlaut wiedergegeben wird:

„Strafgesetzbuch (StGB) § 217 Geschäftsmäßige Förderung der Selbsttötung

(1) Wer in der Absicht, die Selbsttötung eines anderen zu fördern, diesem hierzu geschäftsmäßig die Gelegenheit gewährt, verschafft oder vermittelt, wird mit Freiheitsstrafe bis zu drei Jahren oder mit Geldstrafe bestraft.

(2) Als Teilnehmer bleibt straffrei, wer selbst nicht geschäftsmäßig handelt und entweder Angehöriger des in Absatz 1 genannten anderen ist oder diesem nahesteht." (Abrufbar unter http://www.gesetze-im-internet.de/stgb/__217.html)

Unabhängig von diesem Gesetz wird das Thema virulent bleiben, da es eng an verschiedene gesellschaftliche Entwicklungen gekoppelt ist; u. a. die demografische Entwicklung, die Möglichkeiten der modernen Medizin und den Rückgang traditioneller Religiosität.

Die Frage nach der Zulässigkeit oder Unzulässigkeit einer vorzeitigen Lebensbeendigung für Schwerkranke ist in ein größeres Themenfeld eingebettet. Es geht dabei um ethische Grundfragen – zu Leben und Tod und zur Reichweite menschlicher Freiheit bzw. Autonomie. Diese Grundfragen betreffen nicht nur die freiwillige vorzeitige Lebensbeendigung, sondern strahlen auf weitere Themen aus, die derzeit weniger Aufmerksamkeit erhalten – den Schwangerschaftsabbruch, einige Segmente der Fortpflanzungsmedizin und die Organtransplantation. Es geht darum, inwieweit ein Mensch über sein eigenes Leben oder das Anderer verfügen darf und was die Maßstäbe bzw. Kriterien hierfür sind. Und es geht um die

Definition menschlichen Lebens überhaupt – um dessen Prozesshaftigkeit, um das Verhältnis von Gegenwart und Zukunft und um die Frage, wie weit bei Entscheidungen zukünftige Ereignisse berücksichtigt werden müssen bzw. ob dies überhaupt möglich, sinnvoll oder zulässig ist.

In Deutschland zeigt sich bezüglich der Sterbehilfe eine Diskrepanz zwischen der breiten Bevölkerung und Teilen der Eliten. Seit Jahren halten zwischen zwei Drittel und drei Viertel der Bevölkerung eine vorzeitige Lebensbeendigung für Schwerkranke für zulässig, sei es durch Suizid oder durch Tötung auf Verlangen. Alle im Bundestag vertretenen politischen Parteien und die Bundesärztekammer lehnen dies hingegen ab. Ebenso die großen Religionsgemeinschaften – die katholische Kirche sowie die EKD und ihre Gliedkirchen.

Aus soziologischer Sicht sind vor allem die Struktur und die Hintergründe der Debatte interessant. Es geht also nicht darum, wer moralisch Recht hat bzw. die besseren ethischen Argumente vorweisen kann, sondern vielmehr um die Wahrnehmung des Problems und der verfügbaren Informationen; und um die Akteure und ihre Argumente. Die Haltung von Ärzten[1] verdient besondere Aufmerksamkeit, weil Ärzte zu der Debatte zwei Perspektiven einnehmen können. Sie sind einerseits Träger der Arztrolle und stehen dem Sterben und ggf. Leiden von Patienten als teilnehmende Beobachter gegenüber. Sie sind andererseits selbst sterbliche Menschen und damit potentiell von Krankheit und Leiden betroffen. Doch auch in der Rolle des sterblichen Menschen bleiben dem Arzt sein Fachwissen und seine umfangreichen Erfahrungen mit den Möglichkeiten und Grenzen der Medizin; nicht zuletzt hat er Zugang zu Medikamenten. Diese Doppelrolle ist bei Allgemeinmedizinern bzw. Hausärzten besonders ausgeprägt, da diese im Unterschied zu Krankenhausärzten breitere Einblicke in die Bio-

---

[1] Aus Gründen der Lesbarkeit wird in dieser Arbeit weitgehend auf zweigeschlechtliche oder geschlechtergerechte Formulierungen verzichtet. Wenn im Text von „Ärzten" die Rede ist, sind daher selbstverständlich stets auch Ärztinnen gemeint. Über ein Drittel der im Zuge dieser Arbeit Befragten sind Ärztinnen.

grafie ihrer Patienten haben und so auch immer wieder längere Lebens- und Sterbeprozesse mitverfolgen können. Der Hausarzt ist vor Ort und damit eine Schnittstelle zwischen dem medizinischem System und der Normalbevölkerung. Er ist gemäß dem Code des Medizinsystems zwar ebenso auf Krankheit fokussiert – er behandelt Krankheit, nicht Gesundheit;[2] seine Perspektive ist aber weniger auf bestimmte Krankheitsbilder, Notfälle oder kurze Behandlungssequenzen verengt wie bei Fach- oder Klinikärzten. In den Niederlanden führen Hausärzte den größten Teil der vorzeitigen Lebensbeendigungen durch. In allen Ländern mit einer Zulassung bzw. Duldung des ärztlich assistierten Suizids sind Hausärzte durch Diagnose, Begutachtung und die Verschreibung von Medikamenten involviert. Auch in Deutschland würden sie in Folge einer Liberalisierung der Rahmenbedingungen eine Schlüsselposition einnehmen. Die Meinung von Hausärzten zum Themenfeld Tod, Sterben und Sterbehilfe war Gegenstand eines umfangreichen Fragebogens, der im Sommer 2014 an knapp 2.000 zufällig ausgewählte Hausärztinnen und Hausärzte in Baden-Württemberg versendet wurde.

Die vorliegende Arbeit besteht im Wesentlichen aus drei Komponenten, die aufeinander aufbauen. Daher steht die Meinungsumfrage unter Hausärzten nicht am Anfang, sondern am Ende der Arbeit.

Den Anfang bilden als erste Komponente einige wichtige Themen im Hintergrund der Debatte, welche für die Entwicklung des Fragebogens entfaltet wurden: Die Soziologie des Risikos (Kapitel 1.2-1.3) und eine Übersicht über religiöse Vorstellungen zu Tod und Sterben (Kapitel 1.4). Die Diskussion um vorzeitige Lebensbeendigung operiert mit Risikoerwartungen und Risikokalkulationen. Niklas Luhmann entwickelte einen eigenen – dezidiert soziologischen – Risikobegriff, welcher in der vorliegenden Arbeit auf die Sterbehilfediskussion angewendet wird. Angesichts der

---

2   Auch Maßnahmen zur Erhaltung der Gesundheit richten sich auf Krankheiten, die dadurch abgewehrt oder verzögert werden sollen (vgl. Luhmann 1990: 187 und Renner/Schupp in Schwarzer 2005: 173).

besonderen Struktur von Risikoerwartungen zu Tod und Sterben wird gezeigt, dass die unterschiedlichen Haltungen zur vorzeitigen Lebensbeendigung mit unterschiedlichen Risikoerwartungen gekoppelt sind. Besonders berücksichtigt werden religiöse Vorstellungen zum Tod als Bestandteile von Risikoerwartungen. Ein erschöpfender Überblick über theologische Rezeptionen des Todes ist im gegebenen Rahmen nicht möglich und wurde auch nicht angestrebt; Ziel war die Ermittlung wichtiger theologischer Strömungen und Begriffe und die Herstellung einer Anschlussfähigkeit an die Vorstellungen von Nichttheologen, die aus den verfügbaren Informationen und Lehren ihre jeweils eigenen Bilder, Erwartungen und Ängste generieren.

Die zweite Komponente der Arbeit ist eine Übersicht über die Sterbehilfedebatte mit Grundbegriffen, wichtigen Argumentationsfiguren und Statistiken zu Tod, Suizid und Sterbehilfe (Kapitel 2 und 3). In Deutschland steht der ärztlich assistierte Suizid für schwerkranke Patienten im Zentrum der Diskussion. Von den statistisch erfassten ca. 10.000 Suiziden pro Jahr dürften Suizide im Rahmen schwerer Krankheiten zwar nur einen kleinen Teil ausmachen[3]. Die Analyse der Debatte zeigt aber, dass viele der allgemeinen Einwände gegen den Suizid auf die Sterbehilfedebatte übertragen werden, weshalb auch die moralische und gesellschaftliche Bewertung des Suizids per se dargestellt wird. Die dritte Komponente besteht aus einer Sichtung und Diskussion von Umfragen und Umfrageergebnissen zu Tod und Sterbehilfe. Im Anschluss folgt die Entwicklung des Fragebogens für die Hausärztebefragung (Kapitel 4). In Kapitel 5 werden dann die Umfrageergebnisse dargestellt und diskutiert.

---

[3] Statistische Daten gibt es hierzu für Deutschland nicht, es kann aber davon ausgegangen werden, dass die Proportionen ähnlich sind wie in der Schweiz (vgl. Kapitel 3.2.4 auf Seite 135).

1 Tod und Sterben als Risiken

1.1 Die aktuelle Sterbehilfedebatte in Deutschland

Der derzeitige Umgang mit Tod, Sterben und Sterbehilfe in unserer Gesellschaft ist ambivalent. Tod und Sterben erhalten große Aufmerksamkeit und werden dennoch als Tabus bezeichnet, vor allem in den Massenmedien. Oft erfolgt diese Bezeichnung im Zuge der Einleitung zu einer ausführlichen Darstellung und intensiven Auseinandersetzung. Das Etikett *Tabu* markiert in der massenmedialen Berichterstattung kein Tabu im religionswissenschaftlichen Sinne, sondern soll Aufmerksamkeit erregen – ebenso wie *Sünde* oder *geheim*[4]. Das gilt auch für das Thema Sterbehilfe, das seit einigen Jahren wieder verstärkt diskutiert wird; in Deutschland nach einer ersten Welle in den 80er Jahren, als der Arzt Julius Hackethal einer Frau mit Gesichtskrebs beim Suizid geholfen hatte und dafür nicht strafrechtlich belangt wurde (vgl. Woellert/Schmiedebach: 30, Benzenhöfer: 179-181). Der wissenschaftliche und massenmediale Diskurs über Sterbehilfe gibt das gesamte Meinungsspektrum wieder: in Fachbüchern, Talkshows, Dokumentationen, Reportagen, Kommentaren, Biographien; und auch in fiktionalen Formaten als Haupt- oder Nebenthema. Die Bundesärztekammer, die EKD, die katholische Kirche und alle im Bundestag vertretenen politischen Parteien lehnen assistierten Suizid und Tötung auf Verlangen mehrheitlich ab und befürworten eine Beendigung der derzeit liberalen Gesetzeslage. Die politischen Eliten beziehen damit Opposition gegen die Mehrheit der Bevölkerung. Umfragen zeigen seit vielen Jahren eine stabile, breite Zustimmung zu gesetzlichen Regelungen ähnlich

---

[4]   Im Prinzip sind diese Begriffe Aufmerksamkeitsselektoren des Typs, den Luhmann als „Normverstöße, Skandale und sonstige Abartigkeiten" charakterisiert (Luhmann 1997: 1101-1102), zum Tabubegriff z. B. Kreinath in RGG 8:3-4.

denen in der Schweiz oder in den Niederlanden (siehe Kapitel 3.3.5 und 3.3.6).

Die grundsätzliche Straffreiheit des Suizids mit der daraus abgeleiteten Straffreiheit der Beihilfe, eine gestärkte Patientenautonomie und verschiedene einschlägige Gerichtsurteile der letzten Jahre ermöglichten bisher in Deutschland eine professionelle oder semiprofessionelle Suizidassistenz, die teilweise durch Ärzte ehrenamtlich durchgeführt wurde. Auch Tötung auf Verlangen wurde (und wird) vereinzelt praktiziert, aufgrund des eindeutigen gesetzlichen Verbotes (nach § 216 StGB) aber im Verborgenen (vgl. Schildmann 2014 und 2015). Zudem reisen vereinzelt sterbewillige Schwerkranke in die Schweiz. Von Medien, Politik und Interessengruppen aufmerksam beobachtet ermöglicht der Schweizer Sterbehilfeverein Dignitas ungefähr 100-200 ausländischen Personen jährlich einen assistierten Suizid in der Schweiz; die Mehrheit kommt aus Deutschland[5]. Verglichen mit insgesamt knapp 900.000 Todesfällen pro Jahr in Deutschland (davon offiziell ca. 10.000 Suizide) sind 100 Fälle marginal; viel größer ist ihre symbolische Bedeutung. In die Schweiz zu gehen ist als Alternative zu den Möglichkeiten in Deutschland geläufig und wird mitunter von Schwerkranken als Option thematisiert.

Dies unterläuft die Selbstverständlichkeit der strikten Ablehnung durch Parteien, Kirchen und Ärzteverbände: Es ist schwierig, die gängigen Bedrohungsszenarien (eine Entsolidarisierung mit Alten und Kranken, die moralische Entwertung des Arztberufes, eine Kultur der Lebensverneinung) glaubhaft zu vermitteln, wenn vorzeitige Lebensbeendigung in gewöhnlichen Nachbarstaaten[6] praktiziert wird und dort einen breiten ge-

---

[5] Laut Dignitas von 1998 bis 2014 insgesamt 1905 Fälle, davon 920 Deutsche. Die Ziffern schwanken seit 2003 zwischen ca. 100 und 200 Fällen pro Jahr. Eine Übersichtstabelle ist im Internet abrufbar unter: http://www.dignitas.ch/images/stories/pdf/statistik-ftb-jahr-wohnsitz-1998-2014.pdf

[6] Länder mit ähnlichen Lebensverhältnissen und ähnlichen politischen Systemen – Belgien, die Niederlande, die Schweiz; eben keine fremden Länder die als politisch oder kulturell exotisch bzw. pathologisch abgegrenzt werden können.

sellschaftlichen Rückhalt genießt, auch durch die ärztlichen Standesorganisationen und große Teile der evangelischen bzw. reformierten Kirchen (vgl. Frieß: 76-80). Hinzu kommt, dass die Gesundheitssysteme vor allem der Niederlande und der Schweiz sogar als vorbildlich gelten, wenn es um andere Themen als Sterbehilfe geht: Krankenhaushygiene[7] oder die Arbeitsbedingungen des medizinischen Personals[8].

1.2 Die Soziologie des Risikos bei Niklas Luhmann

Risikokalkulationen sind nach Luhmann Erwägungen und Praktiken zur Kalkulation und Vermeidung zukünftiger Schäden, wobei konkrete Schäden auf Entscheidungen zugerechnet werden und grundsätzlich vermeidbar sind. Das bedeutet nicht, dass Schäden per se vermeidbar wären – im Zuge der Entscheidung müssen üblicherweise verschiedene potentielle Schäden gegeneinander abgewogen werden. Als Form des Begriffes wählt Luhmann daher nicht die zunächst naheliegende Unterscheidung von Risiko und Sicherheit.

„Der Risikogegenbegriff der Sicherheit bleibt [...] ein Leerbegriff, ähnlich wie der Begriff der Gesundheit in der Unterscheidung von krank/gesund. Er fungiert also nur als Reflexionsbegriff. Oder auch als Ventilbegriff für soziale Forderungen, die je nach variablen Anspruchsniveaus in die Risikokalkulation durchschlagen. Im Ergebnis hat man mit dem Risiko/Sicherheit-Paar also ein Beobachtungsschema, das es im Prinzip ermöglicht, *alle* Entscheidungen unter dem Gesichtspunkt ihres Risikos zu kalkulieren." (Luhmann 1991: 29, Hervorhebung wie im Original).

---

[7] Zur Veranschaulichung vgl. Schmitt, Peter-Philipp: Im mikrobiologischen Blindflug, Frankfurter Allgemeine Zeitung vom 25.08.2010, im Internet unter: http://www.faz.net/aktuell/gesellschaft/gesundheit/hygiene-im-krankenhaus-im-mikrobiologischen-blindflug-1591808.html – Kazmierczak, Ludger: Krankenhauskeime: Vorbild Niederlande, Beitrag im Deutschlandfunk vom 25.03.2015, im Internet abrufbar unter: http://www.deutschlandfunk.de/krankenhauskeime-vorbild-niederlande.1773.de.html?dram:article_id=315098

[8] Vgl. den Beitrag: Arbeitsbedingungen: es geht um mehr als Geld (ohne Angabe d. Verf.) im Deutschen Ärzteblatt 2010; 107(27): A-1373 / B-1213 / C-1193, im Internet unter: http://www.aerzteblatt.de/archiv/77482/Arbeitsbedingungen-im-Krankenhaus-Es-geht-um-mehr-als-Geld.

Stattdessen schlägt er die Unterscheidung Risiko/Gefahr vor, wobei Risiken die Folgen von Entscheidungen sind, während Gefahren aus der Umwelt kommen und man ihnen in erster Linie passiv ausgesetzt ist. Risiken unterliegen einem gewissen subjektiven Einfluss (man kann ein bestimmtes Risiko eingehen oder nicht).

„Entweder wird der etwaige Schaden als Folge der Entscheidung gesehen, also auf die Entscheidung zugerechnet. Dann sprechen wir von Risiko, und zwar vom Risiko der Entscheidung. Oder der etwaige Schaden wird als extern veranlaßt gesehen, also auf die Umwelt zugerechnet. Dann sprechen wir von Gefahr." (ders.: 30-31).

Der Hintergrund von Risikokalkulationen ist keinesfalls die Sicherheit, aus welcher heraus man ein Risiko eingehen kann oder nicht. Die Entscheidung selbst wird zum Risiko, denn „man kann Risiken, wenn man überhaupt entscheidet, nicht vermeiden." (ders.: 37). Wesentlich für die Gefahr ist ihre Unkalkulierbarkeit in Bezug auf eigene Entscheidungen: „Gefahren ist man ausgesetzt" (ders.: 32). Begibt man sich in eine gefährliche Situation, so ist entscheidend, was die Alternative gewesen wäre. Muss man sich zwischen zwei ähnlichen Konstellationen entscheiden, so bleibt der Grundcharakter der Gefahr erhalten[9]. Eine Risikoentscheidung liegt dann vor, wenn „die Alternativen sich in Bezug auf die Möglichkeit von Schäden erkennbar unterscheiden" (ebd.). Ein Beispiel übrigens, welches Gigerenzer anhand eines Vergleichs von Flug- und Autoverkehr bearbeitet; hier aber aus der Perspektive eines wissenschaftlichen Beobachters, der davon überzeugt ist, die tatsächlich richtige Risikokalkulation zu kennen und Entscheidungen daher objektiv als richtig oder falsch einschätzen kann (vgl. Gigerenzer: 20ff.); Luhmann kritisiert solche Ansätze als „rationalistisch" (Luhmann 1991: 22).

Eine ähnliche Unterscheidung verwendet Gigerenzer – ohne Bezug auf Luhmann oder andere systemtheoretische Überlegungen – und nennt

---

[9] Luhmann nennt als Beispiel die Entscheidung zwischen zwei Linienflügen; eines der beiden Flugzeuge stürzt nach dem Start ab. Zur Entscheidung standen nur Flug A oder B, nicht aber die Flugreise an sich.

Risiko/Ungewissheit als zwei mögliche Settings außerhalb der Gewissheit. Risiko und Unsicherheit werden danach unterschieden, ob ein konkretes Risiko exakt quantifizierbar ist oder nicht, Unsicherheit entspricht weitgehend Luhmanns Begriff der Gefahr (vgl. Gigerenzer 2013: 38). Allerdings behandelt Gigerenzer Risikokalkulationen als vorrangig psychologisches Problem – ein Entscheider kalkuliert objektiv falsch, weil er durch Besonderheiten der Funktionsweise des Gehirns bzw. der menschlichen Psyche beeinträchtigt wird; und im Einzelfall gegebenenfalls zusätzlich durch mangelhafte statistische Kompetenzen, also durch einen Mangel an Wissen. Der kompetente wissenschaftliche Beobachter (hier z. B. Gigerenzer) ist hingegen davon überzeugt, die tatsächlichen Risiken aufgrund seiner wissenschaftlichen Expertise zu kennen und kritisiert die Unkenntnis bzw. die falschen Kalkulationen der Anderen. Man weiß, dass die Risiken gentechnisch veränderter Pflanzen gering sind und versucht, die irrationalen Befürchtungen der Bevölkerung zu erklären. Man weiß, dass die moderne Palliativmedizin alle Beschwerden lindern kann und wundert sich, dass dennoch so viele Menschen eine Suizidoption für sich wünschen. Die Perspektive eines Beobachters zweiter Ordnung wird dabei nicht oder nur selten eingenommen. Oft basieren derlei Einschätzungen auf ex-post-Gewissheiten – der Experte weiß, wie eine Sache ausgegangen ist und erklärt im Nachhinein, weshalb die Protagonisten in der Vergangenheit falsch entschieden hatten. Rückwirkend wird die Risikokalkulation revidiert oder Gewissheiten erweisen sich als Risiken oder Ungewissheiten bzw. als Gefahren. Gigerenzer markiert selbst dieses Problem mit einer Wiedergabe der „Truthahn-Illusion" (ders.: 55ff.[10]), aber als Beobachter erster Ordnung. Der Truthahn wird umsorgt und gefüttert und wähnt sich aufgrund dieser Erfahrungen langfristig gut aufgehoben, aber zu Thanksgiving wird er überraschend getötet. Allerdings erfährt dies ein Beobachter, der kein Kontextwissen besitzt, selbst erst an Thanksgi-

---

[10] In dieser Form hat er es von Nassim Nicholas Taleb übernommen, u. a. in „Antifragilität" (2013); ursprünglich stammt der Vergleich von Bertrand Russell – dort geht es um ein Huhn, dem der Hals umgedreht wird, Russell 1950: 64.

ving und kann den Irrtum des Truthahns dann im Nachhinein beschreiben. Interessanter als die Beobachterperspektive ist die des Truthahns und die Frage, ob es hätte anders ausgehen können; ob man z. B. den Truthahn einige Tage vor Thanksgiving von der drohenden Gefahr hätte überzeugen können. Da das Beispiel konstruiert und vordergründig sehr eindeutig ist, kann man seine Komplexität erhöhen und versuchsweise aus dem Truthahn einen Immobilieninvestor oder Kleinanleger machen und aus Thanksgiving das Platzen einer Immobilienblase oder den Verlust eines Rentenfonds. Man könnte sich aber auch Diskussionen unter Truthahnexperten ausdenken, die im Vorfeld darüber streiten, ob Thanksgiving eine Verschwörungstheorie ist und man – als Truthahn – leichtfertig den aktuellen Wohlstand aufs Spiel setzt, wenn man sich mit derart überzogenen Katastrophenszenarien beschäftigt und z. B. eine Flucht in Erwägung zieht. Luhmann betont, dass die Unterscheidung von Risiko und Gefahr grundsätzlich relativ ist:

> „Akzeptiert man [...] diesen Risikobegriff, so bezeichnet der Begriff keine Tatsache, die unabhängig davon besteht, ob und durch wen sie beobachtet wird. Es bleibt zunächst offen, ob etwas als Risiko oder als Gefahr angesehen wird, und wenn man wissen will, was hier der Fall ist, muß man den Beobachter beobachten und sich gegebenenfalls um Theorien über die Konditionierung seines Beobachtens bemühen." (Luhmann 1991: 36).

Der Risikocharakter ist nicht das Merkmal einer speziellen Situation. Was für den Entscheider ein Risiko ist, ist für Dritte, die an der Entscheidung nicht beteiligt sind, schlicht eine Gefahr. Der Entscheider und die Entscheidung sind dann Teil der Umwelt, auf welche die betroffenen Dritten keinen Zugriff haben. Aus diesen Überlegungen folgt nicht, dass der Versuch einer objektiven Risikokalkulation hinfällig oder völlig vergeblich wäre; aber dass bei solchen Kalkulationen stets berücksichtigt werden muss, wie welcher Beobachter kalkuliert und womit. Es gibt auch eine Bearbeitung des Problems dahingehend, dass das Entscheiden per se als Problem markiert wird, verbunden mit dem Plädoyer, eigene Entscheidungen zu unterlassen und sich stattdessen übermenschlichen Mächten wie

Gott oder dem Schicksal anzuvertrauen (siehe Kapitel 1.3.4). In einer säkularen Moderne dürften solche Appelle auf wenig Resonanz stoßen[11], auch infolge der Sichtbarkeit einer großen Vielfalt unterschiedlicher religiöser Lehren und Deutungen. Abgesehen davon ist im systemtheoretischen Denken auch die Hingabe an das Schicksal (vgl. Maio: 13) oder Gott Resultat einer Entscheidung und damit selbst wiederum risikobehaftet. Denn man kann Missverständnissen aufsitzen, heilige Schriften falsch interpretieren oder schlechten Interpreten vertrauen, an die falschen Mächte glauben, das Vertrauen an die gute Intention der übermenschlichen Mächte verlieren oder sogar den Glauben an diese Mächte insgesamt[12].

Ein zweiter entscheidender Punkt von Luhmanns Überlegungen ist die Zeitdimension von Risikokalkulationen, welche auf den ersten Blick trivial erscheint, aber in Debatten um Risiken schnell aus dem Blick gerät. Überlegungen, Kalkulationen und Entscheidungen finden immer gerade jetzt statt, unter Verwendung von Erinnerungen an die Vergangenheit und Erwartungen an die Zukunft. Und auch das Erinnern selbst ist ein gegenwärtiger Rekonstruktionsprozess; Erinnerungen sind keine fixierten Artefakte, die wie Bücher in einer Bibliothek oder wie Dateien in einem Verzeichnis liegen (vgl. Parkin 1999: 17-23). Risikokalkulationen sind dynamisch, und das gilt für jede Kalkulation und jede Entscheidung:

> „Sie kann sich wie die Gegenwart in der Zeit verschieben, und sie kann sich wie die Gegenwart in den Zeithorizonten der Vergangenheit und der Zukunft spiegeln. Es gibt also für richtige Einschätzung keinen objektiven Standpunkt mehr. Je nach dem, ob ein Schaden eingetreten oder ob es gut gegangen ist, wird man das Risiko nachträglich anders einschätzen. Man versteht nachträglich nicht mehr, wieso man in einer vergangenen Gegenwart derart vorsichtig oder derart riskant entschieden hatte. Und aus der Zukunft starrt uns eine andere Gegenwart an, in der die heute gegenwärtige Risikolage nachträglich mit Sicher-

---

[11] Vermutlich haben derartige Appelle auch früher nicht dazu geführt, dass tatsächlich Entscheidungen unterlassen wurden; allenfalls wurden die Ergebnisse von Zufallsverfahren dem göttlichen Willen zugeschrieben; vgl. Zinser 233ff.

[12] Ein klassisches Beispiel für solche Kalkulationen ist Blaise Pascals Wette, vgl. die Darstellung von Mackie: 317-323.

heit anders beurteilt werden wird, aber unsicher bleibt wie. Die Zeit selbst erzeugt diese Einschätzungsdifferenz, und dagegen kann keine stets gegenwärtige Kalkulation etwas ausrichten. Es gehört, anders gesagt, zur Riskanz des Risikos, daß die Einschätzung mit der Zeit variiert." (Luhmann 1991: 50-51)

Erweist sich eine Entscheidung im Nachhinein als falsch, so wird dies bedauert („postdecision regret", ders.: 32). Die betroffene Person (und/oder weitere Personen, die mit betroffen sind) kommt zu der Schlussfolgerung, dass der Schaden zu groß ist und sie sich in der Vergangenheit anders hätte entscheiden sollen. Die Zeitdifferenz ist aber unüberbrückbar. Man wird in der Zukunft nicht wissen können, ob man nicht auch die Entscheidung für eine andere Option im Nachhinein bedauert hätte. Bereits in der Gegenwart bezieht man den zukünftigen postdecision regret in seine Risikokalkulation mit ein – er ist Teil des Schadens, den man jetzt durch seine Entscheidung vermeiden möchte; dies übrigens ein wichtiges nichtreligiöses Argument von Suizidgegnern (z. B. bei Hoerster: 31ff., aber auch bereits bei Ringel).

Luhmann behandelt hauptsächlich Risikoentscheidungen in Bezug auf Wirtschaft, Politik und Technik, nur am Rande – überwiegend in Fußnoten – werden Fragen der Themenbereiche Medizin, Tod und Religion erwähnt. In dieser Arbeit soll die Debatte um Tod, Sterben und Sterbehilfe mit systemtheoretischem Instrumentarium betrachtet werden, denn auch die Debatte um Sterbehilfe befasst sich vorrangig mit Risikokalkulationen. Medizin und Religion als separate gesellschaftliche Subsysteme behandeln Tod und Sterben auf jeweils eigene Weise, was sich auch auf die Risikobearbeitung auswirkt. Dies soll nachfolgend anhand des Begriffes der Lebensrettung vertieft werden.

1.3 Tod, Lebensverkürzung, Lebensqualität

1.3.1 Was wird bei der Lebensrettung gerettet?

Ist von Lebensrettung die Rede, wird in der Regel vorausgesetzt, dass der Begriff allgemein klar ist. Für eine Analyse der Sterbehilfedebatte ist diese Ausgangslage unbefriedigend, da es offensichtlich Kollisionen bei der Definition und Gewichtung einzelner Aspekte gibt. Daher soll zunächst geklärt werden, was genau bei der Lebensrettung gerettet wird und wovor.

Die Rettung (bzw. die Erhaltung, der Schutz) des menschlichen Lebens wird in vielen gesellschaftlichen Bereichen als Absolutwert gesetzt. Sie gilt als vorrangige Aufgabe des Arztes und des gesamten Gesundheitswesens und damit als wichtiger Einwand gegen ärztliche Suizidassistenz oder Tötung auf Verlangen. Nachfolgend werden drei Aspekte der Lebensrettung unterschieden, ein biologisch-medizinischer, ein sozialer und ein religiöser (Tabelle 1):

Aspekt	Bezugsgegenstand
biologisch/ medizinisch	*physiologische Lebensfunktionen – der menschliche Organismus*
sozial	*der aktuelle Lebensentwurf des Subjektes*
religiös	*überweltliche Lebensentwürfe über den biologischen Tod hinaus*

Tabelle 1: Drei Aspekte der Lebensrettung

Unmittelbar einleuchtend ist die Lebensrettung nach medizinischem Verständnis, wenn ein einmaliges Ereignis (z. B. eine Verletzung oder Infektion) einen kurzen Einschnitt im individuellen Lebensverlauf verursacht, der Patient aber nach der medizinischen Behandlung wieder vollständig genesen ist. Das gerettete Leben umfasst hier aber nicht nur die biologischen Lebensfunktionen, sondern auch das bisherige soziale Leben und den weiteren individuellen Lebensentwurf - die Berufstätigkeit, den aktuellen Ausbildungsgang, soziale Beziehungen und andere Lebenspläne, die durch eine überschaubare Krankheitsphase unterbrochen und danach vollständig wiederaufgenommen bzw. weitergeführt werden können. Mit zunehmender Schwere bzw. Tragweite der Krankheit oder Verletzung (eng gekoppelt an das biologische Alter der betroffenen Person) verengt sich das Gerettete. Die Krankheitsphase beeinflusst den weiteren Lebensverlauf bis hin zum Bruch; es gibt ein Leben davor und ein Leben danach, das je nach Sichtweise als eingeschränkt, beeinträchtigt oder – neutraler und gleichzeitig optimistischer formuliert – als qualitativ anders charakterisiert wird[13]. Die Tragweite des Einschnittes kann in einem Kontinuum platziert werden: Von einer kurzen Unterbrechung des bisherigen Lebens über eine Neukonstruktion des Lebensentwurfs bis hin zu einer Reduktion der sozialen, gesellschaftlichen und zivilisatorischen Komponenten auf ein Minimum. Im Extremfall bleibt die bloße Aufrechterhaltung der biologischen Lebensfunktionen ohne Bewusstsein, z. B. beim apallischen Syndrom oder im Falle der palliativen Sedierung.

Nicht vergessen werden darf die religiöse Deutung der Lebensrettung. Über die diesseitige Rettung hinaus kann an einen Lebensplan oder zumindest an eine Gesamtharmonie (der Natur, der Menschheit, des Universums) geglaubt werden. Gott, das Schicksal oder eine andere übermenschliche Macht hat einen bestimmten Verlauf des individuellen Lebens vorgesehen, in den das einschneidende Ereignis sinnhaft eingebettet ist. Die Rettung des Lebens kann nun auch darin bestehen, dass die Hinnahme des Schicksals bzw. des übergeordneten Planes durch das Subjekt eingefordert und sichergestellt wird. Vorrangig, indem das Subjekt zur Einsicht gebracht wird; zur Not auch, indem es gegen seinen Willen von unüberlegten, letztlich schädlichen Eingriffen in diesen Plan abgehalten wird. Schwierig ist im Rahmen solcher Weltdeutungen die Unterscheidung, was im Detail zum Plan gehört und was nicht. War der Herzinfarkt Teil eines individuellen Planes für das Leben des Patienten A? Wenn ja, gehörte dann die Reanimation durch den Notarzt und die Operation im Klinikum ebenfalls noch mit dazu? Hätte A durch den Herzinfarkt sterben sollen, weil seine Zeit gekommen war, oder sollte sein Überleben durch ärztliche

---

13   Vgl. Siegrist: 310-316, u. a. die psychologische Betrachtung als „Coping".

Hilfe eine Warnung sein, damit er danach sein Leben überdenkt – sich zu Gott, Jesus, seiner Bestimmung etc. bekehrt, auf den richtigen Weg zurückkehrt oder schlicht säkular seine Lebensführung nach den Vorgaben aktueller medizinischer Gesundheitsempfehlungen mäßigt und z. B. Sport treibt, mit dem Rauchen und Trinken aufhört?[14] Hier eröffnen sich Deutungshorizonte und damit Arbeitsfelder für medizinische und religiöse/spirituelle Spezialisten, deren Ratschläge und Interventionen je nach Ausformung und Weltanschauung des Betroffenen als Hilfe, Entlastung oder aber als Übergriff und Bedrohung empfunden werden können. Der Glaube an übergeordnete Sinnzusammenhänge ist ein wichtiger, aber keinesfalls ein grundsätzlich positiver Aspekt; er kann sich für das Subjekt (und dessen Umfeld) positiv oder negativ auswirken und ist damit ebenso mit Risiken verbunden wie der Verzicht darauf.[15]

1.3.2 Der Tod als Risiko aus medizinischer Sicht

Um Risikokalkulationen analysieren und beurteilen zu können muss man wissen, mit welchen Schäden ein Akteur nach einer Entscheidung rechnet und was er als Gefahr sieht, die er nicht beeinflussen kann. In Medizin und Gesundheitswissenschaften geht es dabei meist um Erkrankungsrisiken und um Nutzen oder Schaden von bestimmten Präventionsmaßnahmen (vgl. Gigerenzer 2013), Medikamenten oder Behandlungsverfahren. Der Tod steht dabei als absolutes Risiko, als Katastrophe, im Hintergrund. Je nach Thema kann das der Tod des Einzelnen sein oder der Tod einer größeren Zahl von Menschen im Vergleich zu einer kleineren Zahl. Es geht dabei aber nicht um den Tod an sich – der ist für jeden Menschen unvermeidlich. Medizinische Risikokalkulationen können sich nur auf das Wann und das Wie des Todes beziehen, wie es auch Luhmann in einer

---

14 falls es überhaupt Änderungsspielräume gibt – manchmal lässt sich eine Krankheit nicht auf ein einfach zu identifizierendes Fehlverhalten zurückführen; vgl. Huster: 62ff., für eine theologische Kritik vgl. Karle.

15 Vgl. den Beitrag „Religiöses Coping" von Klein und Lehr mit einer Übersicht über einschlägige Studien; dies. 333ff. in Klein/Berth/Balck 2011.

Fußnote anmerkt: „[Es gibt] streng genommen auch kein Todesrisiko, sondern nur das Risiko einer Verkürzung der Lebenszeit. Wer 'Leben' für den höchsten Wert hält, wäre daher gut beraten, wenn er sagen würde 'langes Leben'." (Luhmann 1991: 37)

Deutlicher wird die unklare Basis der Risikokalkulationen zu Tod und Sterben bei der Diskussion um die Zulässigkeit bzw. die Gefahren einer vorzeitigen Lebensbeendigung bei terminalen Krankheitsverläufen. Da der Tod ja konkret bevorsteht, kann er nicht die Katastrophe sein, die es grundsätzlich zu verhindern gilt – Gegenstand von Befürchtungen oder Verheißungen sind die Art und Weise und der Zeitpunkt des Todes (später, nicht jetzt) sowie mögliche gesellschaftliche Auswirkungen. Je nach Standpunkt in der Debatte werden ganz unterschiedliche Risikokonstellationen gesehen, was zum Teil erklären kann, weshalb in der Debatte um Sterbehilfe oft aneinander vorbei diskutiert wird.

Wenn die Medizin die Lebensrettung zu ihrer vorrangigen Aufgabe erhebt, meint sie die physiologischen Lebensfunktionen des Patienten und unterscheidet den Tod vom Überleben. Der Arzt riskiert den Tod des Patienten, besonders in der heutigen heroischen[16] Medizin der Notaufnahmen, Hochtechnologie und komplizierten Operationen. Er verliert als Repräsentant der Medizin einen Kampf gegen die Krankheit oder Verletzung, er kommt an die Grenzen seiner Kunst (und seiner persönlichen Leistungsfähigkeit) oder handelt sich womöglich den Vorwurf des Versagens ein, indem er nicht genug, zu viel oder das Falsche getan hat.

Die Wahrnehmung des konkreten Falles ist in der organisierten Krankenbehandlung grundsätzlich episodisch; Fachärzte und anderes Klinikpersonal retten das Leben des Patienten und meinen damit das Überleben im Zeitintervall zwischen Einweisung und Entlassung, den guten Ausgang

---

16 Der Begriff *heroisch* wird auch für die Medizin des 19. Jahrhunderts verwendet, bezeichnet dann aber riskante Behandlungen auf unzureichender Wissensbasis bzw. mit unzureichendem Instrumentarium, die sich im Nachhinein meist als schädlich herausgestellt haben. Vgl. Ankermann in Schlaudraff 1987: 102 und Grotjahn: 454.

des konkreten Behandlungsfalles. Der Tod des betreffenden Menschen aufgrund einer anderen Ursache oder nach einer angemessenen Zwischenzeit ist dann eine andere Episode, ein anderer Fall, was im Zeitalter der Fallpauschalen auch ökonomisch abgebildet wird. Der Mensch wird nicht nur in verschiedene Organe oder Organsysteme aufgeteilt, sondern auch in Krankheitsepisoden, von denen jede für sich als einzelner Pauschalfall abgerechnet wird. Dieser Fokus weitet sich bei Allgemeinmedizinern bzw. Hausärzten. Hausärzte können häufiger Patientenbiographien über einen längeren Zeitraum beobachten und sind seltener für heroische Episoden (Erste Hilfe, Blaulicht, Wiederbelebung, medizinische Hochtechnologie) zuständig. Vorrangig ist eine medizinische Alltagsbegleitung, im Idealfall über einen längeren Zeitraum hinweg; bei schwierigen Krankheitsbildern oder in Krisen wird an Fachärzte oder Krankenhäuser überwiesen.[17]

Richtet man den Blick auf die Gesamtlebensspanne des einzelnen Menschen, so geht es nicht um die Rettung des (biologischen) Lebens an sich, sondern um die aktuelle, punktuelle Verhinderung des Todes mit dem Ziel eines Weiterlebens nach einem lebensbedrohlichen Ereignis. Die Risikokalkulationen im Vorfeld einer medizinischen Behandlung konzentrieren sich dann auf die Frage, welche Option (Behandlung oder nicht, und wenn ja – welche?) eine höhere Überlebenswahrscheinlichkeit bietet und eine längere Restlebenszeit in Aussicht stellt.

---

[17] Entsprechend gibt es eine verbreitete Geringschätzung der Hausärzte durch Klinikärzte bzw. der Allgemeinmedizin durch einige Fachdisziplinen, wobei dann gerne vernachlässigt wird, dass der heroische Charakter einer medizinischen Intervention stark vom Zustand des Patienten abhängt (vgl. Frieß: 112). Die Wiederbelebung eines hochaltrigen Pflegeheimbewohners ist weniger im Blick als die eines verunfallten Erwachsenen oder Kindes. Ein Krankenhausarzt aus dem persönlichen Bekanntenkreis des Verfassers beklagte im Gespräch, dass ihn angesichts des Allgemeinzustandes der meisten Notfälle oft das Gefühl einer Sinnlosigkeit seines Tuns befallen würde. In den neuerdings zahlreich erscheinenden Büchern von Ärzten über Tod und Sterben ist dies ein typisches Thema; als Beispiele unter vielen de Ridder: 15-17 oder Nuland: 109ff.).

1.3.3 Lebensqualität

Die Kalkulation wird komplexer, wenn das Schadensspektrum um die Lebensqualität erweitert wird. Neben dem Verlust des Lebens oder einer gewissen Menge an Lebenszeit kann der Verlust qualitativer Aspekte des bisherigen Lebens mit berücksichtigt werden. Dazu gehören besondere Fertigkeiten und Kenntnisse (z. B. Klavierspielen oder Jonglieren), vorrangig aber basale Fähigkeiten wie Reden, Sehen, Hören, Gehen und die Kontrolle über Körperfunktionen wie Ausscheidungen und Atmung. Hoffmann bezeichnet deren Verlust als „Soziales Sterben" (Hoffmann 2011) und grenzt das soziale Sterben vom rein physiologischen Sterben ab. Seinen Befunden nach wird das soziale Sterben stärker befürchtet als der biologische Tod, der Verlust der Kontrolle über den eigenen Körper wiegt stärker als die Angst vor physischen Schmerzen (ders.: 163); und das dürfte der Hauptgrund für den Wunsch einer großen Mehrheit der Bevölkerung nach Optionen zur vorzeitigen Lebensbeendigung sein. Wenn sich die Furcht vor dem Sterben auf Aspekte richtet, die nicht Gegenstand palliativmedizinischer Maßnahmen (Schmerztherapie, Linderung von Atemnot oder Übelkeit) sind, läuft das Versprechen eines Ausbaus palliativmedizinischer Versorgung ins Leere. Abgesehen davon muss man überhaupt auf eine Einlösung dieses Versprechens vertrauen. Selbst Woellert/ Schmiedebach, welche insgesamt die Palliativmedizin als bessere Alternative zur vorzeitigen Lebensbeendigung sehen, räumen hier Defizite ein:

> „Schätzungen deutscher Schmerztherapeuten gehen aber davon aus, dass nur gut ein Drittel aller schmerzkranken Patienten eine ausreichende Schmerztherapie erfährt. Die Gründe hierfür werden in Mängeln der ärztlichen Ausbildung, in einer restriktiven Gesetzgebung sowie in Vorurteilen und fehlender Aufklärung gesehen." (Woellert/Schmiedebach: 87; der Text stammt aus dem Jahr 2008, der Anteil dürfte seitdem etwas größer geworden sein).

In der Medizin und in der Gesundheitsökonomie ist die Lebensqualität ein wichtiges Kriterium der Beschreibung defizitärer Zustände infolge von Krankheit oder Verletzung, wobei diese Beschreibung anhand objektiver Kriterien/Indikatoren durch Dritte oder subjektiv durch den Patienten selbst erfolgen kann – hier ggf. schon mittels eines einfachen Items der Art: „Wie würden Sie Ihre momentane Lebensqualität bewerten?" (abgestufte Antwortskala von sehr gut – sehr schlecht). Wird die Lebensqualität von Menschen thematisiert, die sich in gewohnten, *normalen* Lebensbezügen bewegen (ob Säugling, Kind oder Erwachsener), dient der Begriff meist umfassender als Synonym für Wohlstand, Wohlbefinden, Lebenszufriedenheit oder Glück. Diese erweiterte Bedeutung ist hier nicht gemeint.

Innerhalb moderner Industriegesellschaften zielt die Frage nach der Lebensqualität vor allem auf Menschen außerhalb des Normalen bzw. des allgemein Anstrebenswerten: Chronisch Kranke, (Schwer-)Behinderte und Hochaltrige, Dialysepatienten, Blinde, Menschen im Rollstuhl, im Wachkoma, mit Fehlbildungen, Mukoviszidose, Stoma oder nach der Entfernung des Magens;[18] Menschen, die sich permanent in medizinischer Behandlung befinden oder deren bisheriges Leben nach einem medizinischen Ereignis nicht unverändert wiederaufgenommen und weitergeführt werden kann.[19]

[18] Die Zahl an Beispielen ist immens, und die Diskussion flammt besonders dann auf, wenn es um Grenz- und Graubereiche geht – vor allem aber, wenn keine Selbstzuschreibungen durch die Betroffenen möglich sind. Bei einem fröhlichen Menschen mit Down-Syndrom ist die Frage nach der subjektiven Lebensqualität einfach und klar zu beantworten; bei der Beurteilung der Lebensqualität eines Menschen, der so stark beeinträchtigt ist, dass er nicht sprechen kann, wird es schwierig. Eine besondere Herausforderung ist der Verfall der Persönlichkeit bei Demenz, gerade für eine Gesellschaft mit einer großen Fokussierung auf autonome Individuen; wie ist damit umzugehen, wenn eine Person verfügt, dass im Falle einer Demenz keine medizinischen kurativen Behandlungen mehr durchgeführt werden sollen, als dementer Patient dann aber lebensfroh wirkt? In den Niederlanden wird dies z. B. folgendermaßen gehandhabt: „Der Arzt muss zu dem Zeitpunkt, in dem er der Bitte des Patienten um Sterbehilfe entsprechen will, davon überzeugt sein, dass der Patient die Durchführung der Sterbehilfe noch immer wünscht; sollte zum Zeitpunkt der geplanten Durchführung das 'Verhalten' des Patienten darauf schließen lassen, dass der Wunsch nach Sterbehilfe nicht mehr gegeben ist, kann die Lebensbeendigung nicht durchgeführt werden" (Regionale Kontrollkommissionen: 18-19).

[19] Weniger nach einem rein sozialen Ereignis wie einer Scheidung oder dem Verlust des Arbeitsplatzes, es sei denn, dieses wird in eine psychologische bzw. psychiatrische Diagnose transformiert.

Die Lebensqualität kann aus der Innen- und Außenperspektive beurteilt werden. In der Gesundheitsökonomie gibt es Konstrukte wie QALY (Quality Adjusted Life Years – Qualitätsangepasste Lebensjahre) oder DALY (Disability Adjusted Life Years – die Gewichtung von Lebensjahren mit dem Grad einer Einschränkung bzw. Behinderung) als Rechengröße, um das Kosten/Nutzen-Verhältnis medizinischer Maßnahmen berechnen oder allgemeine Vergleiche auf der Makroebene vornehmen zu können, z. B. internationale Vergleiche von Gesundheitssystemen. Beim QALY wird die durch eine Maßnahme gewonnene Lebenszeit mit einer objektiv vorgegebenen Lebensqualität für den erwarteten Zustand multipliziert. Mehrere Jahre als Pflegefall zählen dann weniger als ein Jahr mit der Fähigkeit, den Alltag zu bewältigen und sich selbst zu versorgen. Beim DALY wird die Beeinträchtigung durch Krankheit oder Behinderung in einen absoluten Verlust an Lebensjahren bei voller Gesundheit umgerechnet (vgl. Fleßa und Greiner 2013: 185ff.).

Für den direkt betroffenen Menschen ist die persönliche Wahrnehmung und Bewertung der Lebensqualität maßgeblich, auch wenn diese wiederum sozialen Einflüssen unterliegt – wenn der Arzt sagt, dass die Lage nicht schlimm ist, lässt der Schmerz oft schon nach.[20] Einschätzungen von Außen können auch aus größerer Distanz kommen, z. B. von Gutachtern, Journalisten, Gesundheitswissenschaftlern oder Richtern. Die subjektive Einschätzung kann zu äußeren Einschätzungen im Widerspruch stehen – der Patient äußert sich mit seinem Leben zufrieden, obwohl Außenstehende sich sicher sind, dass sie selbst diesen Zustand unerträglich finden würden. Oder der Patient schildert seinen Zustand als unerträglich, wohingegen die Anderen diese Bewertung nicht nachvollziehen können; diese Variante ist die problematischere.[21]

---

[20] Zu Auswirkungen der Interaktion zwischen Arzt und Patient vgl. Rau/Pauli: 171.

[21] Nur Wenige werden hier ein unbedingtes Primat des individuellen Willens postulieren; in der Regel wird das Problem dadurch bearbeitet, dass ein Eigeninteresse des Patienten angenommen wird, welches einer aktuellen Willensäußerung übergeordnet ist. Der Patient wird quasi vor sich selbst geschützt, z. B. vor akuten

Der Wunsch nach einer vorzeitigen Lebensbeendigung setzt voraus, dass es einen unteren Schwellenwert für die subjektive Lebensqualität gibt. Unterhalb dieses Schwellenwertes würde die betroffene Person den eigenen Tod einem Weiterleben vorziehen. Dieser Grundgedanke liegt übrigens einem Verfahren zur empirischen Ermittlung der Lebensqualität bestimmter Beeinträchtigungen zugrunde. Beim sogenannten „Standard-Gambling-Verfahren" wird eine Versuchsperson mit einer Risikokalkulation konfrontiert. Sie sei z. B. querschnittsgelähmt und ihr wird eine riskante Operation angeboten. Mit einer Wahrscheinlichkeit von 50% wird sie danach vollständig geheilt sein, mit der Gegenwahrscheinlichkeit von 50% wird sie bei der Operation sterben. Zieht sie ihren momentanen Zustand diesem Risiko vor, wird die Heilungswahrscheinlichkeit schrittweise erhöht (und das Todesrisiko entsprechend gesenkt) bis ein Wert erreicht ist, bei dem sich die Versuchsperson nicht mehr klar entscheiden kann. Beträgt die Heilungswahrscheinlichkeit 75% (und das Todesrisiko komplementär dazu 25%), so wird die Lebensqualität für eine Querschnittslähmung mit 75% bzw. 0,75 beziffert (Beispiel nach Fleßa und Greiner: 198). Die Aussagekraft derartiger Methoden hängt von verschiedenen Umständen ab – vor allem davon, ob man gesunde oder tatsächlich gelähmte Probanden befragt, ob das Szenario überhaupt realistisch ist. Die Versuchsanordnung ist insofern interessant, weil sie die Grundproblematik konzentriert: Die subjektive Beurteilung einer eigenen Querschnittslähmung bleibt fiktiv, die gegenwärtigen Erwartungen werden auf die Zukunft projiziert.

1.3.4 Versuche der Risikovermeidung oder -reduktion

Risikovermeidung wird durch die Wahl einer anderen Option vorgenommen. Es kann also nicht jegliches Risiko vermieden werden, sondern es wird ein Risiko durch ein anderes ersetzt. Man kann aber auch versuchen, im Rahmen der Realisierung einer bestimmten Option Einfluss zu nehmen

---

irrationalen Handlungsimpulsen (vgl. Hoerster: 52ff.).

und das Risiko des Schadenseintrittes zu vermindern oder das Wesen des Schadens zu ändern. Spontan denkt man an technische Aspekte der Risikoreduktion – in der organisierten Krankenbehandlung wären das z. B. Notstromaggregate, Operationschecklisten oder Desinfektionspläne.

Für persönliche Versuche der Risikovermeidung oder Risikoreduktion hinsichtlich des eigenen Lebensendes ist das Gesundheitswesen Teil der Umwelt. Man kann grob drei Grundtypen von Strategien zur Risikobearbeitung unterscheiden, wobei der Begriff „Strategie" hier nicht bewusste, reflektierte Planungen meint, sondern komplexere Kognitions- und Verhaltensmuster, die auch unbewusst wirken können bzw. durch Sozialisation erworben wurden: Erstens die Vermeidung des eigenen Todes durch zeitliche Verschiebung mittels Prävention, Selbstoptimierung und medizinischer Behandlungen – verhindert werden kann er letztlich aber nicht.

Unter Umständen können sich Vermeidungsstrategien von Außen betrachtet als Verdrängungsstrategien entpuppen, wenn sie eine Sicherheit vermitteln, die objektiv nicht gegeben ist, und das Leben tatsächlich nicht verlängern. Beispiele hierfür wären nutzlose oder schädliche[22] Vorsorgeuntersuchungen oder Anti-Aging-Präparate. Ein zweiter Grundtyp sind Versuche, ein unangenehmes Sterben zu verhindern, wobei es subjektiv genügt, die Angst vor einem unangenehmen Sterben zu zerstreuen: Am einfachsten durch die Stärkung des persönlichen Vertrauens in die Möglichkeiten des Gesundheitswesens. Bei einem Mangel an Vertrauen kann man versuchen, seine Einflussmöglichkeiten durch eine Patientenverfügung oder eine Vorsorgevollmacht zu erweitern; man kann sich auch einen privilegierten Zugang zu medizinischen Leistungen kaufen – direkt oder durch Zusatzversicherungen;[23] oder man verschafft sich die Option, sich einem unangenehmen Sterbeprozess zu gegebener Zeit durch vorzeitige

---

[22] Es kann ein gesundheitlicher, ökonomischer, psychischer oder sozialer Schaden entstehen.

[23] Dann riskiert man, dass Werbeversprechen nicht erfüllt werden oder dass die bereitgestellten finanziellen Ressourcen Anreize für eine schädliche Überbehandlung setzen.

Lebensbeendigung zu entziehen: Man wird Mitglied bei einem Sterbehilf-everein, knüpft Kontakte zu aufgeschlossenen Ärzten oder besorgt selbst-ständig Informationen und geeignete Mittel für einen Suizid. Der dritte Grundtyp sind Glaubenssysteme und Hoffnungen, die positive Per-spektiven über den Tod hinaus bieten – religiöse bzw. metaphysische Vor-stellungen von einer harmonischen Einbettung des Lebens in ein positives Ganzes und/oder einer Weiterexistenz nach dem Tod durch Wiedergeburt oder Auferstehung. Diese kann man freilich nicht in der Gegenwart strate-gisch einplanen – man glaubt oder man glaubt nicht; das schließt nicht aus, dass manche Betroffene in der Endphase schwerer Krankheiten in ihrer Verzweiflung auf metaphysische bzw. religiöse Angebote und Prakti-ken (Geistheiler, Alternativmedizin, Wallfahrten etc.) zurückgreifen, die für sie zuvor nicht in Frage gekommen wären.

Vermutlich wird nur selten eine dieser Strategien isoliert angewendet, in der Regel dürften zwei oder alle drei kombiniert werden. Eine Ver-drängung des eigenen Todes wird durch Todesfälle im persönlichen Um-feld empfindlich gestört, spätestens aber durch die persönliche Konfron-tation mit der eigenen Endlichkeit – durch Krankheit, Unfall oder Vorstu-fen des Sterbens wie unklare Diagnosen und Beinaheunfälle. Ungeachtet dessen gibt es Menschen, die ihr Ende bis zum Schluss verdrängen kön-nen, wobei dies durch einen plötzlichen Tod oder einen geistigen Verfall begünstigt wird. Das Vertrauen in das Gesundheitswesen inklusive der Palliativmedizin kann durch Erfahrungen der Grenzen und Unzulänglich-keiten (oder Berichte darüber) gestört werden – sei es bezüglich der Ver-fügbarkeit oder der tatsächlichen Möglichkeiten im Einzelfall. Zeitmangel und Stress des Personals sind für die meisten Krankenhausbesucher unmittelbar erfahrbar; Pflegemängel, Fehl- und Überbehandlungen wer-den in den Massenmedien thematisiert. Ärzte und Pflegepersonal haben ein unmittelbares Wissen über Missstände und Grenzen der medizinischen Möglichkeiten und sind daher auf eine emotionale und psychische Distanz zu ihren Patienten angewiesen. Vermutlich sind die Suizidraten von Ärzten auch deshalb erhöht, weil sie weniger kognitiven Spielraum haben, überzogene Hoffnungen hinsichtlich des Verlaufs bestimmter Krankheitsbilder zu hegen: aufgrund ihres Wissens und weil sie mit Kollegen möglicherweise offener und direkter kommunizieren. Leider waren bei den Recherchen zu dieser Arbeit keine einschlägigen Untersuchungen zu finden.

Patientenverfügungen oder Vorsorgevollmachten sind rechtliche und soziale Sicherheitsvorkehrungen, um in der Gegenwart Einfluss auf zukünftige Entscheidungsinstanzen zu nehmen, wenn das betroffene Subjekt selbst nicht mehr willens- oder entscheidungsfähig sein sollte. Es möchte damit sicherstellen, dass seine aktuellen Interessen und Wertvorstellungen bekannt sind und zukünftig als Maßstab dienen sollen. Eine solche Absicht ist für unterschiedliche Haltungen anschlussfähig. Die Einleitung oder Aufrechterhaltung lebensverlängernder Maßnahmen kann abgelehnt oder aber gefordert werden. Es kann das Primat der Lebensqualität vor einem bloßen Überleben formuliert werden oder aber das Primat des Überlebens (vgl. Schöne-Seifert: 60-64). Entsprechend gibt es von zahlreichen Organisationen Beispiele bzw. Vorlagen für Patientenverfügungen, von den Kirchen bis hin zur DGHS (Deutsche Gesellschaft für Humanes Sterben), die jeweils auf spezifische Risikoerwartungen und Gefahren zielen. Die Einen haben Angst, von Personen vorzeitig um ihr Leben gebracht zu werden, die das Leben nicht als Absolutwert oder heilig ansehen oder schlicht niedrige Beweggründe[24] haben; die Anderen haben Angst, von Angehörigen oder Dritten, die nicht loslassen können, ebenfalls niedrige Beweggründe[25] haben oder ihre persönliche Weltanschauung bekräftigen möchten, zum Weiterleben und Leiden gezwungen zu werden – Verwandte, Ärzte, Pflegekräfte, Seelsorger oder Entscheidungsträger bzw. Mitentscheider in einer medizinischen Einrichtung, die

---

24 Z. B. Zeit und Kosten sparen – für die Pflege, stationäre Behandlung; oder erben.
25 Hier sind niedrige Beweggründe wohl stärker auf Seiten der organisierten Krankenbehandlung vorstellbar: Umsatz bzw. Fälle generieren, aber auch medizinische bzw. berufliche Erfahrungen sammeln.

einen absoluten Lebensschutz vertreten und auch aktiv durchsetzen möchten oder auf die wirtschaftliche Existenz ihrer Einrichtung fokussiert sind.[26] Für die Bewertung von Patientenverfügungen ist eine andere Unterscheidung relevant, die mit einer bestimmten Form religiösen Glaubens gekoppelt ist, nämlich die Frage, ob und wie weit man bestimmte Belange des eigenen Lebens regeln kann und/oder darf oder ob man transzendenten Instanzen wie Gott oder dem Schicksal vertrauen kann oder sogar muss (vgl. Maio 2010: 13). Maio sieht Patientenverfügungen als „Ausdruck einer Ideologie der Unabhängigkeit" (Maio 2010: 9), kritisiert deren Verfasser als „Opfer eines lebensverneinenden Kontrollimperativs" (ebd.) und formuliert die Leitdifferenz so:

> „Die entscheidende Frage hinter den vielen Debatten um die aktive Sterbehilfe [nach Maios Terminologie auch die Suizidbeihilfe, Anm. d. Verf.] lässt sich formulieren als die Kernfrage, ob das Leben das Gegebene und damit Unverfügbare ist oder ob es das Gemachte ist und als solches zu unserer Disposition steht." (ders.: 13)[27]

Auch von Medizinern ohne Affinität zum religiös motivierten Lebensschutz werden Patientenverfügungen immer noch skeptisch betrachtet,[28] die grundsätzliche Kritik ist aber seit der rechtlichen Aufwertung der Patientenverfügung Ende 2009 durch das Dritte Gesetz zur Änderung des Betreuungsrechts weitgehend verstummt.[29] Die Risikokonstellation ist zweiseitig: Primär geht es darum, ob man aktuelle Unterscheidungen für die Zukunft festlegen will (beispielsweise möchte man im Falle eines Wachkomas mittels einer PEG-Sonde am Leben erhalten werden oder eben

---

[26] Derartige Fehlanreize im Gesundheitssystem werden von zahlreichen Autoren thematisiert, z. B. de Ridder, Borasio, Jox. Eine systematische Übersicht über Interessenkonflikte in der Medizin unter medizinethischen und rechtlichen Gesichtspunkten bieten Lieb et al., vor allem: 161 ff.; der Aspekt von Fehlanreizen im klinischen Bereich wird in dem Buch leider nicht vertieft.

[27] Maio vermeidet explizite religiöse Bezüge, seine Positionen harmonieren aber mit denen der katholischen Kirche; er ist Berater der katholischen Deutschen Bischofskonferenz; vgl. https://www.igm.uni-freiburg.de/Mitarbeiter/maio.

[28] Z. B. von Jox 2011: 133 ff.

[29] U. a. mit § 1901a und § 1901b BGB, Kritik im Vorfeld z. B. von Gronemeyer: 190-194.

nicht), andererseits geht es darum, ob man den verantwortlichen Instanzen eine sinnvolle Einigung zutraut oder nicht. Geläufig sind Medienberichte über Wachkomapatienten, über deren weitere Behandlung sich Angehörige, Ärzte oder Behandlungs- bzw. Pflegeeinrichtungen streiten, weil sie die Situation mit inkompatiblen Moralvorstellungen bewerten. Hier könnte die Motivation einer Vorsorgevollmacht oder Patientenverfügung über die eigenen Belange hinausgehen und eine Art Vorsorge für diejenigen Angehörigen sein, deren Weltanschauung man teilt. Man möchte z. B. den Ehepartner vor emotional labilen oder streng religiösen Verwandten (Eltern, Geschwistern) schützen, oder vor Beeinflussungsversuchen durch Ärzte, die alle medizinischen Möglichkeiten zur Lebensverlängerung ausreizen möchten. Oder man möchte einfach diesen Instanzen schwierige und emotional belastende Entscheidungsfindungsprozesse und Entscheidungen abnehmen oder zumindest erleichtern. Solcherart Altruismus gerät in die Nähe einer Motivation, die für die Gegner vorzeitiger Lebensbeendigung ein zentrales Indiz sozialen Drucks und fehlgeleiteter Wertvorstellungen ist: Anderen nicht zur Last fallen zu wollen. Maßgeblich dafür ist, welcher Grad an Freiwilligkeit dem Patienten zugeschrieben bzw. zugestanden wird. In der Hausärztebefragung lehnt die Hälfte der Befragten die harte Aussage ab: „Anderen nicht zur Last zu fallen, kann ein berechtigter Grund für einen Suizid sein"; knapp ein Drittel stimmt ihr zu (vgl. Tabelle 41, S. 224).

Eine weitere Vorrichtung zur Risikobearbeitung sind Versicherungen. In modernen Gesellschaften operieren Versicherungen in der Regel mit Geld – Schäden werden in Geldbeträge übersetzt. Ein individueller finanzieller Schaden oder die spezifische Gefahr eines Schadens wird durch eine Versicherung auf ein Kollektiv verteilt. Die Reichweite kann umfassend sein; wenn z. B. alle Bürger eines Staates zu einem persönlichen, angemessenen bzw. gerechten Beitrag[30] verpflichtet sind und im Gegenzug einen Anspruch auf vorher definierte Leistungen haben. Ein verbindlicher, all-

---

30   Je nachdem, was genau als gerecht oder angemessen vereinbart wurde.

gemeiner, geringer, quantifizierbarer Schaden in Form des Versicherungs-
beitrags ermöglicht den unmittelbaren Ausgleich eher seltener, individueller Einzelschäden[31], welche die Betroffenen finanziell schwer belasten
oder gar ruinieren könnten. Charakteristisch für das Versicherungsprinzip
ist das Ansparen eines Geldvermögens,[32] welches im Versicherungsfall
unmittelbar verfügbar ist. Durch dieses Verfahren wird die grundsätzliche
Bereitschaft aller Mitwirkenden zeitlich vom Versicherungsfall entkoppelt
– müsste der Schaden zum Zeitpunkt direkt beglichen werden, bestünde
die Gefahr, dass im Schadensfall plötzlich einige oder viele ihre Solidarität verweigern oder ausfallen, weil sie ihren Beitrag momentan nicht leisten können. Umfang und Eintrittswahrscheinlichkeit des versicherten
Schadens ist für die Einzelnen nicht kalkulierbar; das kann aber auf Kol-
lektivebene statistisch geschätzt werden (vgl. Pilz:103), solange es nicht
um totale Katastophen geht.

Bei freiwilligen Versicherungen wird eine Wahlsituation geschaffen, in
der sich jeder Einzelne entscheiden muss zwischen dem Risiko, unver-
sichert Opfer eines schädlichen Ereignisses zu werden oder dem Risiko,
sich zu versichern (und in der Folge keine Leistungen dieser Versicherung
zu benötigen). Das ist die typische Ausgangssituation privatwirtschaftli-
cher Versicherungen auf dem freien Versicherungsmarkt. Im Rahmen
eines Subsidiaritätsmodells (ders.: 101-102) mit Versicherungspflicht können privatwirtschaftliche Anbieter aber auch zur Absicherung existenziel-
ler bzw. grundlegender Risiken herangezogen werden[33]. Ein Beispiel wäre
die Kfz-Haftpflichtversicherung, die jeder abschließen muss, bei freier
Wahl des Anbieters.

---

[31] Dies ist das Grundmuster. Es gibt natürlich Ausnahmen, bei denen der
Leistungsfall erwartbar und kein Schaden im eigentlichen Sinne ist, z. B. die
Rentenversicherung für die Altersrente.

[32] Zu einem erweiterten Vermögensbegriff in Rahmen der Soziologie des Geldes
vgl. Deutschmann: 45ff.

[33] Je nach Gegenstand können dann Praktiken wie Leistungsausschlüsse oder individuelle Risikoprüfungen durch gesetzliche Vorschriften begrenzt oder untersagt
werden.

Es werden grundsätzlich zwei Versicherungsprinzipien unterschieden (vgl. Pilz: 101-103), unabhängig von der Art des Trägers. Das Solidarprinzip ist an den Gedanken der Solidargemeinschaft angelehnt: Eine Gruppe bzw. ein Kollektiv von Menschen kommt gemeinsam für den finanziellen Schaden eines Einzelnen auf, so dass der individuelle Schaden verringert bzw. der finanziell zurechenbare Anteil[34] auf alle Mitglieder des Kollektivs verteilt wird. Beim Äquivalenzprinzip leistet jeder Versicherungsnehmer einen individuellen Beitrag, und seine Leistungsansprüche entsprechen der Höhe der Beiträge. Beide Prinzipien können auch kombiniert werden. In der gesetzlichen Krankenversicherung Deutschlands ist z. B. beides realisiert. Die Krankenbehandlung erfolgt nach dem Solidarprinzip, Behandlungs- oder Rehabilitationskosten werden nach individuellem Bedarf als Sachleistungen gewährt. Jeder erhält, was für medizinisch notwendig erachtet wird. Das Krankengeld wird hingegen nach dem Äquivalenzprinzip gezahlt und richtet sich nach der Einkommenshöhe (vgl. Pilz: 112ff.). Eine Typisierung der Versicherung als „Gesellschaftsvertrag" nach dem „Prinzip der Solidarhaftung" (Bröckling 2008: 41) gilt nur unter bestimmten Rahmenbedingungen, keinesfalls allgemein. Auf einem Versicherungsmarkt ohne Versicherungspflicht kann dem Geschädigten eine spezielle Form individueller Schuld zugeschrieben werden – die Schuld, sich nicht gegen einen Schaden versichert zu haben, auch wenn der Schaden selbst völlig zufällig eingetreten ist. Die Schuld des Einzelnen entlastet dann die Anderen.

Die Zuschreibung persönlicher Schuld für einen Geschädigten ist für sich eine besondere Form der Risikobearbeitung: Durch Verdrängung der Bedeutung von äußeren Einflüssen bzw. Gegebenheiten oder von Zufällen. Mit Schuld kann u. a. auch im Wirtschaftsliberalismus operiert werden, wo jedes Individuum letztlich als Unternehmer in eigener Sache gesehen

---

[34] Vom Grundprinzip her schützt eine Krankenversicherung nicht vor Krankheiten, sondern kommt für Folgekosten auf. Selbstverständlich haben die meisten Krankenversicherungen Präventionsprogramme mit im Angebot, diese sind aber sekundär. Prävention erfordert kein Versicherungsarrangement.

wird, und daraus abgeleitet Entscheidungsprozesse rationale, ökonomische Risikokalkulationen sind. Anstelle des Begriffes *Schuld* wird aber bevorzugt der positiver klingende Begriff *Verantwortung* verwendet. Weist man einer Person die Verantwortung an einer Erkrankung persönlich zu, kann man Ansprüche auf gesellschaftliche Solidarität ablehnen oder abmildern. Der Raucher ist an seinem Lungenkrebs selbst schuld und soll mit den Kosten nicht den in diesem Aspekt vernünftigeren Rest der Gesellschaft belasten (vgl. Huster: 62ff.). Klassisch ist die Verwendung von Schuld in vielen Formen der religiösen Interpretation von Ereignissen, insofern ein höherer Plan für das Leben in Verbindung mit der Annahme an eine insgesamt wohlwollende Intention der höheren Mächte geglaubt wird. Das kann je nach Religion mehr oder weniger deutlich sichtbar sein, ist aber eine klassische Bearbeitung des Problems der Theodizee.[35] Im Rahmen eines konsequenten Vertrauens in einen übergeordneten Plan könnten sich Risikokalkulationen sogar ganz erübrigen; ggf. werden sie von Beobachtern mit diesem Anspruch als Mangel an Vertrauen gedeutet. Schäden sind dann möglicherweise gezielt platzierte Prüfungen des Glaubens und der moralischen Integrität.[36]

Die Gegenposition sowohl zur säkularen als auch zur religiösen Variante von Schuld bzw. allgemein von Sinn oder Determination ist die Annahme des reinen Zufalls: Die Möglichkeit, dass Dinge einfach so passieren können, dass Ereignisse kontingent sind (das Ereignis trifft Person A rein zufällig, es hätte ebenso gut Person B treffen können, zum Kontingenzbegriff vgl. Pollack 2009: 64ff.) und keiner Teleologie folgen: Es gibt kein übergeordnetes Ziel, kein Heil, keine Allerlösung oder Allversöhnung, keinen Fortschritt bzw. keine objektiv bestimmbaren Kriterien für eine Höherentwicklung. Entscheidend ist, welche Option für das Subjekt im

---

[35] Selbstverständlich neben anderen; z. B. dem Vertrauen darauf, dass Schäden nur gegenwärtig als solche wahrgenommen werden, sich aber im Zuge des momentan nicht erkennbaren Ganzen letztlich als gut erweisen werden.

[36] Eine theologische Kritik spiritueller Schuldzuweisungen für Krankheit bei Isolde Karle 2009.

Hier und Jetzt beruhigend (oder besser: weniger beunruhigend) bzw. tröstlich wirkt. Die Akzeptanz des Zufalls befreit von Schuld und Determination, im Gegenzug erschwert oder verunmöglicht sie den Glauben an eine
übergeordnete Harmonie und die Hoffnung auf ein Gutes, zu dem sich
alles wenden wird.

1.4 Vorstellungen von Tod und Jenseits

1.4.1 Jenseitserwartungen als Bestandteil von Risikokalkulationen

Bei Risikokalkulationen geht es stets um vorweg genommene Zukünfte –
um gegenwärtige Erwartungen hinsichtlich zukünftiger Ereignisse und
auch zukünftiger Erwartungen. Der Tod muss hier keine absolute Grenze
sein. Hat ein Subjekt entsprechende religiöse Vorstellungen über den Tod
und erwartet weitere Ereignisse über seinen eigenen Tod hinaus, so werden diese zwangsläufig in gegenwärtige Risikoerwägungen mit einbezogen. Je nachdem, ob persönliche Erwartungen eher positiv oder negativ
sind, können sie die Angst vor dem eigenen Tod verringern oder verstär-
ken. Überlegungen über das Wesen des Todes und darüber, was danach
kommt, lassen sich in allen Kulturen zu allen Zeiten auffinden. Sie gelten
als Kriterium der Menschwerdung, als Kriterium der Abgrenzung von
Mensch und Tier oder werden sogar als „Ursprung und Mitte der Kultur"
(Assmann: 1) gesehen.

> „Alle Religionen haben mehr oder weniger ausgearbeitete Vorstellungen zu dem
> entfaltet, was nach dem physischen Tod zu hoffen und zu befürchten ist [...].
> Der Tod spielt in den Religionen eine so wichtige Rolle, daß die Auffassung
> verbreitet ist, daß das Problem des Todes und seine Bewältigung der Ursprung
> und Kern der Religionen sei." (Zinser: 257).

Vorstellungen von Sterben, Tod und Dingen, die jenseits davon liegen,
können nach unterschiedlichen Kriterien analysiert bzw. unterschieden
werden. Ein mögliches Kriterium ist die Auswirkung bestimmter Vorstellungen auf Risikokalkulationen bezüglich Tod und Sterben. Im Hinblick

auf die Debatte um die Zulässigkeit einer vorzeitigen Lebensbeendigung geht es besonders um die Frage, ob der Tod als definitives Ende der individuellen Existenz gilt oder den Übergang in eine andere, die Identität fortführende Existenz markiert (vgl. Zinser: 257ff., Feldmann: 41-44). Es gibt eine große Vielfalt an religiösen Vorstellungen von diesem Übergang und den anschließenden Ereignissen; zwei Haupttypen sind der einmalige Übergang in ein Jenseits (als Unterwelt, Paradies, Himmel oder Hölle; mit dauerhaftem Verbleib oder Weiterreise) und die Wiedergeburt ins Diesseits (meist als Abfolge vieler Wiedergeburten im Rahmen einer übergreifenden Entwicklung). Es wird darüber nachgedacht, ob der ganze Mensch weiterexistiert oder nur eine geistige Essenz (Seele), ob die Person erhalten bleibt, transformiert wird oder ob eine völlige Neuschöpfung nach einem ersten vollständigen Tod erfolgt. Für den Beobachter des Todes ist dies vermutlich ein wichtiger Unterschied.[37] Dabei dürfte auch eine Rolle spielen, ob das Subjekt sich nach dem Übergang oder der Transformation (vor allem in der radikalen Variante der Neuschöpfung) noch an sein vorheriges Leben erinnert oder nicht; also ob es subjektiv seine Identität behält. Eine persönliche positive Hoffnung bezüglich einer Weiterexistenz ist wohl in den meisten Fällen an die Erwartung einer persönlichen Kontinuität gekoppelt – mindestens in unserer heutigen Gesellschaft, in der das Individuum einen hohen Stellenwert hat; Manche empfinden aber auch den Gedanken an eine Weiterexistenz trotz der ausdrücklichen Erwartung eines Abbruchs der persönlichen Kontinuität als tröstlich.[38] Eine Unterbrechung der Existenz durch den ersten Tod mit anschließender Neuschöpfung könnte man demnach auch dann als Weiterexistenz kategorisieren, wenn die aktuell daran glaubende Person diese als Kontinuität sieht, wenn sie also damit rechnet, dass sie selbst es ist, die wiederaufersteht

---

[37] Hier unter der Annahme, dass die Weiterexistenz für die daran Glaubenden heutzutage überwiegend mit positiven Erwartungen verbunden ist, was weiter unten erläutert wird.

[38] Z. B. Schleiermacher in seinem Brief an Henriette von Willich, nach Gestrich: 189-190; ebenso bei Lang: 104.

bzw. erneut geschaffen wird und durch Aussagen nicht beunruhigt wird, dass sie danach soweit verwandelt sein wird, dass ihr voriges Leben keine Bedeutung mehr hat. Eine diesseitige Analogie wäre ein Unfall, bei der eine Person ihr biografisches Gedächtnis verliert (vgl. Parkin: 85ff.). Ob bzw. wie weit ein Mensch, der sein Gedächtnis bzw. seinen autobiografischen Bezug verloren hat, in einer Kontinuität zu der Person vor dem auslösenden Ereignis steht, dürfte von verschiedenen Beobachtern unterschiedlich beurteilt werden. Ein potentiell Betroffener könnte vor einem solchen Ereignis das baldige Ende seiner Person befürchten oder erleichtert darüber sein, dass er weiterleben wird; oder beides in Kombination. Die Verbreitung solcher Erwartungen ließe sich im Prinzip empirisch überprüfen.

Eine Grundannahme ist, dass für einen materialistisch eingestellten Menschen ein leidvolles Sterben negativer ist, als für jemanden, der erwartet, dass er danach irgendwie weiterexistiert. Eine vorzeitige Lebensbeendigung bei großem Leid (aber auch darüber hinaus) dürfte häufiger von materialistischen Menschen in Erwägung gezogen werden – und von religiösen Menschen, die diese für moralisch zulässig halten bzw. nicht mit postmortalen Sanktionen rechnen. Ob der Glaube an eine Weiterexistenz allgemein zu einer Gelassenheit gegenüber dem Tod führt, hängt stark von den Erwartungen an diese Weiterexistenz ab. Die Erwartung, dass man in den Himmel bzw. in ein Paradies kommt, wird sich anders auswirken als die Aussicht auf eine Bestrafung oder gar eine ewige Verdammnis.

Für die heutige Zeit kann angenommen werden, dass die Erwartungen von Gläubigen an die eigene Weiterexistenz mehrheitlich positiv sind – aufgrund des Vertrauens in eine Allversöhnung oder aufgrund der Annahme, dass in erster Linie Andere bestraft werden, beispielsweise Ungläubige. Im ALLBUS 2012 wurde gefragt: „Glauben Sie an die Hölle?". Von den Befragten antworteten 22% mit „ja" (Deutschland West 25%, Ost 11%). An den Himmel glauben hingegen 36% (West 40%, Ost 20%). Die im Christentum und Islam früher vorherrschenden drastischen Bilder wurden im Zuge der Aufklärung von abstrakteren Vorstellungen verdrängt, sind aber in konservativen oder fundamentalistischen Strömungen noch präsent. Es wäre interessant zu erfragen, wie viele Menschen befürchten, tatsächlich selbst in die Hölle zu kommen und das nicht nur als extrem unwahrscheinliche Option für sich oder als realistische Option für Andere sehen. Bei den Recherchen für diese Arbeit konnte keine entsprechende Umfrage oder Studie gefunden werden.

1.4.2 Unterwelt

Die Unterwelt ist eine der älteren Vorstellungen von einem Ort, zu dem die Toten nach ihrem Tod gelangen.[39] Bekannt ist der griechische Hades, im älteren Judentum gab es die Scheol, die punktuell im Alten Testament erwähnt wird (vgl. Lang: 9-13). Auch das Alte Reich Ägyptens (bis ca. 2000 v. Chr.) kannte vor der Entwicklung eines allgemeinen Totengerichts eine Unterwelt. Die Unterwelt ist ein düsterer, unangenehmer Ort, an dem die Toten verweilen; sie ist aber nicht mit der Hölle zu verwechseln. Die Unterwelt ist kein Ort der Strafe, sondern ein Ort der Minimal- oder Nichtexistenz in Abgrenzung zum Leben und damit ein anschauliches Beispiel für die Schwierigkeit, die Nicht-Existenz als solche zu denken bzw. zu beschreiben. Der Tod wurde als Tot-Sein gedacht und die betroffenen Menschen wurden an den Ort dieses Tot-Seins versetzt, wodurch die Nichtexistenz zu einer Existenzform wird. Sowohl in der griechischen als auch in der jüdischen Mythologie existieren die Toten als Schatten ihres vorigen Selbst, an das sie sich noch erinnern. Zur Illustration eine kurze Stelle aus dem Alten Testament, das Spottlied auf den König von Babylon:

> „Der Scheol drunten ist in Bewegung deinetwegen, in Erwartung deiner Ankunft. Er stört deinetwegen die Schatten auf, alle Mächtigen der Erde, er lässt von ihren Thronen alle Könige der Nationen aufstehen. Sie alle beginnen und

---

[39] Neben vielen Varianten eines Ahnen- und Geisterglaubens, die im Gegensatz zum Unterweltsglauben auch heute noch verbreitet sind – nicht nur bei sogenannten Naturvölkern.

sagen zu dir: 'Auch du bist kraftlos geworden wie wir, bist uns gleich!' In den Scheol hinabgestürzt ist deine Pracht und der Klang deiner Harfen. Maden sind unter dir zum Lager ausgebreitet, und Würmer sind deine Decke." (Jes 14,9-11; Elberfelder Bibel 2006)

Der Übergang in die Unterwelt widerfährt nach diesem Spottlied jedem Menschen; ausdrücklich auch sozial hochgestellten Personen wie Königen – der Verfasser des zitierten Textes spielt damit auf abweichende Glaubensinhalte anderer Kulturen an und negiert diese. Vermutlich beanspruchte der König von Babylon eine göttliche Natur wie der König Ägyptens; entsprechend der Lehre im Alten Reich, wonach das Totenreich nur für die gewöhnlichen Sterblichen vorgesehen ist: „In diesen Tod muß alles hinab, was auf Erden lebt, alles bis auf den König, den 'göttlichen Samen', der im Tode falkengleich zum Himmel aufsteigt und sich mit der Sonne, seinem Vater vereinigt." (Assmann: 501)

Unterweltvorstellungen dieses Typs spielen auf dem Markt religiöser Sinnangebote der modernen Gesellschaft offensichtlich keine Rolle mehr; jedenfalls fanden sich in der gesichteten Literatur keine Hinweise. Als Vorläufer und Inspirationsquellen der heutigen religiösen Hauptströmungen sind sie jedoch von historischem Interesse. Eine Unterwelt bietet den Sehnsüchten von Menschen, die außerhalb der großen Religionsgemeinschaften nach religiösem Sinn suchen, wenig Resonanz;[40] im Gegensatz zum Ahnen- und Geisterglauben, der bis heute anschlussfähig ist.

1.4.3 Auferstehung der Toten

Die Auferstehung der Toten ist im Christentum zentral, es kursieren in den Texten des Neuen Testaments aber unterschiedliche Varianten. Man findet sowohl die Beschreibung einer Wiederherstellung des Körpers (direkt oder verändert bzw. verherrlicht – ohne nähere Erläuterung, was genau damit gemeint ist) als auch einen direkten Übergang der Seele in den Himmel bzw. in das Paradies (z. B. die Zusage Jesu an den reumütigen

---

[40] Allenfalls negativ, als Gegenstand persönlicher Furcht.

Verbrecher am Kreuz: „Heute wirst du mit mir im Paradies sein", Lk 23,39-43). In der Offenbarung des Johannes erstehen die Toten zum Gericht auf; die Verdammten werden danach zur Strafe zum zweiten Mal und damit endgültig getötet, während die Geretteten nun Bewohner des neuen Gottesreiches werden. Offen bleibt, ob das zweite Leben im neuen Gottesreich ewig währt oder wiederum begrenzt ist, so dass die Bewohner schließlich alt und lebenssatt sterben wie z. B. Hiob; vielleicht sogar – wie manche Figuren vor der Sintflut – nach mehreren hundert Jahren (vgl. Lang 2003: 31). Nicht umsonst verbindet das apostolische Glaubensbekenntnis ausdrücklich „die Auferstehung der Toten und das ewige Leben". Dieses ewige Leben wird dann als Eintritt in eine direkte Anschauung Gottes bis hin zur Verschmelzung gedacht (abstraktere Himmelsvorstellungen) oder klassisch als Fortführung der subjektiven Existenz im Gottesreich oder Paradies. Ein ewiges Leben im Paradies (oder in der Hölle) nach der Auferstehung der Toten mit anschließendem zentralen Totengericht wird auch im Islam gelehrt (vgl. Antes in Langenhorst 2010: 143).

Im Fragebogen der Hausärztebefragung wurde der Glaube an eine Auferstehung der Toten separat abgefragt („Die Toten werden wieder auferstehen"); für Spezifizierungen wurden separate Items formuliert (z. B. der Glaube an einen eher anthropozentrischen Charakter des jenseitigen Lebens: „Nach dem Tod wird es ein Wiedersehen mit anderen Menschen im Jenseits geben").

1.4.4 Seele

Am geläufigsten ist wohl die Vorstellung der Seele als einer Art geistiger Essenz des Menschen, die losgelöst vom Körper existieren kann und Träger der Individualität bzw. des Wesenskernes ist. Während des Sterbevorganges löst sich die Seele vom Körper und wird danach je nach Religion in einem neuen Menschen oder einem anderen Lebewesen wiedergeboren (Hinduismus oder Buddhismus, aber auch Pythagoras in der griechischen Antike), sie irrt umher (man denke an Geistervorstellungen in der populären Kultur bis in die Gegenwart), sie führt eine Schattenexistenz in der Unterwelt; oder sie wird einem Totengericht unterzogen und danach je nach Urteil bestraft und/oder geläutert oder vernichtet oder gelangt in den Himmel, das Paradies oder andere erstrebenswerte Orte, die meist außerhalb der physischen Welt gedacht werden. In der platonischen Tradition, die von der frühchristlichen Theologie übernommen wurde, ist die Seele grundsätzlich unsterblich, es sei denn, sie wird gezielt vernichtet. Dieser Tradition folgt auch heute noch die Lehre der katholischen Kirche. Absatz 366 der aktuell gültigen Fassung des Katechismus lautet:

> „Die Kirche lehrt, daß jede Geistseele unmittelbar von Gott geschaffen ist - sie wird nicht von den Eltern 'hervorgebracht' - und daß sie unsterblich ist: sie geht nicht zugrunde, wenn sie sich im Tod vom Leibe trennt, und sie wird sich bei der Auferstehung von neuem mit dem Leib vereinen." (KKK 366)

Diese Vorstellung war ebenfalls in der evangelischen Kirche bis ins 19. Jahrhundert gängig, wurde aber mit dem Aufkommen der historisch-kritischen Bibelauslegung und der modernen Naturwissenschaften immer mehr in Frage gestellt (vgl. Gestrich: 17-21). Es gibt auch dualistische Seelenvorstellungen, wonach die Seele aus zwei Teilen besteht; einem individuellen sterblichen Teil, der mit dem Tod vergeht und einem allgemeinen, der nach dem Tod wieder von der allumfassenden Macht bzw. von Gott aufgenommen wird, so dass es keine subjektive Weiterexistenz des gestorbenen Individuums gibt, womit anthropozentrische Jenseitsvorstellungen hinfällig werden. Lehren dieses Typs wurden von der Kirche als Irrlehren bekämpft. Prominente Vertreter waren Aristoteles/Averrhoës, Spinoza, Swedenborg oder Schleiermacher (vgl. Lang: 91ff.). Der Glaube an eine unsterbliche Seele schließt also nicht zwangsläufig den Glauben an eine ewige Fortexistenz des Individuums (inklusive der Erinnerung an die Vergangenheit) mit ein, auch wenn eine solche Koppelung bis heute in der populären christlichen Religiosität[41] weit verbreitet sein dürfte. Mo-

---

41 Vgl. Knoblauch 1999: 186-188. Hier ist der Aspekt religiöser Vorstellungen ohne Rückgriff auf offizielle bzw. gängige theologische Lehrmeinungen, Katechismen etc. gemeint. In der katholischen Theologie wird dieser Aspekt durch die positive

derne Konzepte in der Theologie[42] haben vom platonischen Konzept der unsterblichen Geistseele wieder Abstand genommen; andererseits gibt es auch in der gegenwärtigen evangelischen Theologie Stimmen, die für eine Rehabilitierung dieser Seelenvorstellung plädieren (z. B. Gestrich).

Für die Verwendung des Begriffes „Seele" in Umfragen muss beachtet werden, dass die Seele in der heutigen Alltagssprache auch schlicht als Synonym für das psychische System (das Bewusstsein, die Persönlichkeit) verwendet wird oder einen Wesenskern des Menschen[43] bezeichnet, der völlig ohne transzendente Bezüge gedacht sein kann. Das entsprechende Item im Hausärztefragebogen zielt ausdrücklich auf das Konzept der Geistseele, die nach dem Tod des Körpers weiterexistiert, in klarer Abgrenzung zu einem etwaigen nichttranszendenten Alltagsverständnis. Die Formulierung bleibt aber für die Varianten des religiösen bzw. transzendenten Seelenbegriffes anschlussfähig (ein- oder zweiteilig, unsterblich oder zerstörbar).

1.4.5 Wiedergeburt

Eng an die Vorstellung einer Seele gebunden sind Reinkarnations- bzw. Wiedergeburtslehren, die aus zwei unterschiedlichen Bereichen vertraut sind: Einmal aus der griechischen Antike, wo von Pythagoras und Platon gelehrt wurde, dass die individuelle Seele nach dem Tod in einem anderen Lebewesen wiedergeboren wird (bei Pythagoras können das auch Tiere sein, weshalb er eine vegetarische Ernährung propagierte, vgl. Lang 2003: 17ff.). Die Wiedergeburt kann mit einem Totengericht, Himmel und Hölle kombiniert werden.

Integration als „Volksfrömmigkeit" aufgegriffen (vgl. Katechismus 1674 und 1679), in der evangelischen Theorie wird die implizierte hierarchische Unterscheidung der Gläubigen Theologen/Laien bzw. Elite/Massen kritisiert, vgl. hierzu Schieder in RGG 8:1176-1177.

[42] Vor allem der Ganztod in der Rezeption von Barth und Jüngel, vgl. Härle: 631-632.

[43] Je nach Religion auch von Tieren, Pflanzen oder Gegenständen.

„Was unmittelbar nach dem Tod und vor einer erneuten Verbindung einer Seele mit einem Körper geschieht, beschäftigt Platon wiederholt. Er rechnet mit langen Zeiträumen zwischen Tod und Wiedergeburt, mit Zeiten, welche die Seele im Himmel verbringt; dabei vergißt sie ihr früheres Leben und erlernt, den göttlichen Ideen nahe, die Grundbegriffe des Denkens – das Wesen von Gerechtigkeit, Tugend, Weisheit und Liebe, aber auch die Zahlen und Regeln der Mathematik." (Lang 2003: 18)

Die Seelenvorstellungen im Hinduismus und Buddhismus (vgl. Antes in Langenhorst 2010: 133ff.) weisen viele Parallelen zu denen der griechischen Antike auf, so dass lange Zeit ein Austausch vermutet wurde (vgl. Lang 2003: 19). Gemäß der Hauptlehre (des Hinduismus und des Buddhismus) ist das Individuum in einen Kreis von Wiedergeburten eingebunden, wobei wie bei Pythagoras und Platon keine subjektive Erinnerung an vorherige Existenzen besteht; die Gewissheit einer Kontinuität basiert für das Subjekt allein auf dem Glauben an die Lehre, an die Existenz des übergreifenden Zusammenhangs und dessen Ewigkeit. Ziel ist die endgültige Erlösung des Individuums durch ein Entrinnen aus dem Kreislauf der Wiedergeburten, was mit einer endgültigen Auflösung der Individualität verbunden ist. Im Buddhismus gibt es unterschiedliche Varianten der Wiedergeburtslehre, manche sogar mit Höllenvorstellungen; in den westlichen Gesellschaften werden seit Jahrhunderten immer wieder Wiedergeburtsvorstellungen in synkretistische Vorstellungsgebäude übernommen. In der heutigen populären Religion kann durch manche Vorstellungen bzw. Praktiken eine subjektive Kontinuität konstruiert werden, indem z. B. durch Rückführung versucht wird, Einblicke in frühere Existenzen zu erhalten. Auf eine detaillierte Operationalisierung der Wiedergeburtsvorstellung für den Fragebogen wurde verzichtet, da nicht mit einer nennenswerten Zahl von Ärzten gerechnet wurde, die Anhänger einer solchen Lehre sind und/oder vertiefte Kenntnisse davon haben. Das schließlich verwendete Item „Der Mensch wird nach seinem Tod in diese Welt wiedergeboren" ist sehr allgemein gehalten und für unterschiedliche Lehren anschlussfähig. Im Unterschied zum ALLBUS 2012 wurde auf die zusätzliche Nennung des Begriffes „Reinkarnation" verzichtet. Die große Mehrheit der befragten Hausärzte verneinte den Glauben an eine Wiedergeburt (Tabelle 30: 210). Im ALLBUS 2012 geben 21% der Befragten an, dass sie an Wiedergeburt/Reinkarnation glauben würden, 73% lehnen dies ab.

1.4.6 Totengericht, ewige Strafe oder Allversöhnung

Die Vorstellung eines Totengerichts für jeden einzelnen Menschen entwickelte sich in Ägypten zu Beginn des Mittleren Reichs nach 2000 v. Chr. Die klassische Variante, bei der das Herz des Verstorbenen gegen eine Feder gewogen wird, findet sich in bildlichen Darstellungen ab ca. 1500 v. Chr. (Assmann 2001: 100ff.). Die Strafe bei Nichtbestehen besteht in der sofortigen endgültigen Vernichtung der betreffenden Seele. Das Totengericht wird im antiken Griechenland aufgenommen; allerdings wird dort die Vernichtung der Verdammten durch eine Bestrafung ersetzt, wofür die Unterwelt ausdifferenziert wird. Zusätzlich zum paradiesischen Elysium (eine Alternative zur Unterwelt für wenige Auserwählte) wird der Tartaros als Ort der Strafe eingeführt und inspiriert später die christlichen Höllenvorstellungen.

Innerhalb einer Gesellschaftsordnung mit moralischen Vorschriften ist der Glaube an ein allgemeines Totengericht hilfreich, um dem Phänomen zu begegnen, dass es immer wieder böse Menschen gibt, die durch ungerechtes bzw. unmoralisches Verhalten erfolgreich sind und zu Lebzeiten für ihre Taten nicht belangt werden. Das Totengericht stellt im Jenseits die Gerechtigkeit wieder her, Opfer von irdischer Ungerechtigkeit dürfen auf Rehabilitation nach ihrem Tod hoffen. Gerichtet und bestraft[44] oder belohnt wird in der Regel die Seele als nichtkörperliche Trägerin der Individualität (und damit auch: der Schuld) des Toten; es gibt aber auch Darstellungen, in denen die Toten körperlich auferweckt und nach dem Gericht einem zweiten, glückseligen Leben zugeführt oder bei Verdammung zum zweiten Mal und endgültig getötet werden (z. B. Offb 20,13-15; vgl. Lang

---

[44] Durch endgültige Vernichtung oder durch Qualen, nach moderner Interpretation eher psychisch durch die Erkenntnis der eigenen Verfehlungen.

2003: 31). Die Aussicht auf einen zweiten Tod bzw. die endgültige Vernichtung der Seele hat insgesamt weniger Abschreckungspotential als eine ewige Strafe. Zur Abschreckung taugt sie nur, wenn der Adressat grundsätzlich an eine Weiterexistenz glaubt und diese für sich anstrebt. Rechnet er ohnehin mit einem Ganztod, so wird die Drohung mit einem zweiten Tod bzw. der unmittelbaren Vernichtung ihn nicht beeindrucken.

Bereits zur Zeit Platons – selbst ein Verfechter des Totengerichts – wurde diese Vorstellung als allzu durchsichtige, diesseitige Bewältigungsstrategie kritisiert. Unter den Kirchenvätern im frühen Christentum gab es Meinungsverschiedenheiten darüber, ob die Höllenstrafe ewig dauert[45] oder begrenzt ist und schließlich nach einer Läuterung der Seele mit einer Begnadigung durch Gott beendet wird. Für Origenes war ein allmächtiger, gütiger und liebender Gott nicht vorstellbar als Verhänger ewig währender grausamer Strafen für Sünder (vgl. Lang 2003: 56-58). Die Annahme ewiger Höllenqualen für die Verdammten war bis zur Aufklärung aber vorherrschend; heute dürfte hingegen die letztliche Erlösung aller Menschen (Allversöhnung) eine breitere Zustimmung genießen. Die bildlichen und sehr detailverliebt ausgestalteten Vorstellungen von der Hölle sind seit der Aufklärung von der akademischen Theologie und den Kirchen abstrahiert worden; auf die Postulierung ewiger Höllenqualen wird entweder ganz verzichtet oder sie wird umgangen, vermutlich auch, um für unterschiedliche Zielgruppen anschlussfähig zu bleiben. Im aktuell gültigen katholischen Katechismus wird die Hölle zuerst lapidar als „Zustand der endgültigen Selbstausschließung aus der Gemeinschaft mit Gott und den Seligen" (KKK 1033) beschrieben, allerdings folgt etwas später die nähere Ausführung,

„daß es eine Hölle gibt und daß sie ewig dauert. Die Seelen derer, die im Stand der Todsünde sterben, kommen sogleich nach dem Tod in die Unterwelt, wo sie die Qualen der Hölle erleiden, 'das ewige Feuer' […]. Die schlimmste Pein der Hölle besteht in der ewigen Trennung von Gott, in dem allein der Mensch das

---

45 Eine ewige Strafe postulierten Augustinus und später die Scholastiker wie Thomas von Aquin.

Leben und das Glück finden kann, für die er erschaffen worden ist und nach denen er sich sehnt." (KKK 1035, im Kompendium wird nur 1033 wiedergegeben).

Auffällig ist, dass in der katholischen Lehre das Individuum zum alleinigen Akteur seiner eigenen Verdammung gemacht wird, im Unterschied z. B. zu Vorstellungen einer Prädestination (vgl. Härle: 505-510). In fundamentalistischen Kreisen sowohl des Christentums[46] als auch des Islam sind konkrete Höllenvorstellungen mit Feuer, Dämonen und ewigen körperlichen Qualen nach wie vor verbreitet und werden als Anreiz für Mission und Verkündigung für notwendig erachtet. Diese Anreizwirkung wird aber durch die Präsenz anderer Lehren in einer religiös pluralen Gesellschaft vermindert – wenn Andere, denen ebenfalls eine gewisse Autorität zugeschrieben wird, Anderes lehren. Im Zuge der mitunter drastischen Auseinandersetzungen gleich zu Beginn der Reformation im 16. Jahrhundert warfen sich Reformatoren und katholische Kirche gegenseitig vor, sie stünden mit dem Teufel im Bunde und hätten daher mit einer ewigen Höllenstrafe zu rechnen. Wenn dem Beobachter von jeder Seite die Hölle in Aussicht gestellt wird, egal wem er folgt, wird die Drohung an Autorität verlieren. Die Autoritäten können versuchen, diesem Effekt z. B. durch Segregation der glauben Sollenden entgegen zu wirken, so dass diese unter sich bleiben und alternative Lehren ausgeblendet oder wenigstens unterdrückt werden können. In Zeiten einer Weltgesellschaft ist das kaum realisierbar, allenfalls für isolierte Gruppen oder in Gottesstaaten (vgl. Zinser: 108).

1.4.7 Ganztod, Identität und Kontinuität

Der Ganztod (vgl. Zinser: 261-262 und Härle: 631) bezeichnet das vollständige Ende des Menschen – sei es als rein materielles Wesen oder aber als Leib/Seele-Dualität, wenn die Seele nicht als Freiseele gedacht wird, sondern mit dem physischen Körper fest verbunden ist und folglich zu-

---

[46] Sowohl katholischer als auch evangelischer Prägung

sammen mit diesem zugrunde geht. Diese Vorstellung ist nicht mit einer materialistischen Weltanschauung deckungsgleich; eine konsequent materialistische Haltung impliziert zwar den Ganztod, aber auch manche religiöse Vorstellungen können ihn integrieren. Ein Beispiel ist die endgültige Vernichtung durch einen zweiten Tod als Strafe für die Verdammten in den Frühformen des ägyptischen Totengerichts (Assmann: 102-103) oder auch noch sehr viel später in der biblischen Offenbarung (vgl. Lang: 39-41). Die Schilderungen in der Offenbarung dienen manchen christlichen Strömungen auch heute noch als direkte Vorlage, z. B. den Zeugen Jehovas (Chiliasmus, vgl. Leppin in RGG 2:139-140). Die Vorstellung des Ganztodes ist zudem für die theologische Vorstellung anschlussfähig, dass die Auferstehung der Toten als „Neuschöpfung" (Härle: 631) stattfinde. Dies erfordert aber, dass „es in irgendeiner Hinsicht eine *Identität* zwischen dem gestorbenen und dem auferweckten Geschöpf gibt" (ebd.). Wenn nicht die Seele deren Essenz bzw. Träger ist, muss die Identität des einzelnen Menschen (oder deren maßgeblicher Teil) gewissermaßen extern gespeichert werden, um die Neuschaffung zu ermöglichen – laut Härle durch „Gottes Gedenken" bzw. „das, was [der Mensch] mit seinem irdisch-geschichtlichen Dasein an göttlicher Liebe empfangen hat" (ebd.). Um Identität und damit Kontinuität zu erzeugen, sollte das neugeschaffene, quasi rekonstruierte Wesen die Erinnerungen des Verstorbenen haben bzw. der Lebende muss vor seinem Tod davon überzeugt sein, dass er selbst der Neugeschaffene sein wird. Wir können aber empirisch nur diesseitige Erwartungen bezüglich jenseitiger Ereignisse beobachten, und damit nur die gegenwärtigen Auswirkungen von Jenseitsvorstellungen: Wieviel Resonanz sie finden, ob sie als beunruhigend oder beruhigend, angstauslösend oder trostreich empfunden werden und ob bzw. wie sie andere Einstellungen oder das Verhalten der Subjekte beeinflussen. Entscheidend ist, ob die jeweiligen Vorstellungen für das gläubige Individuum positiv bzw. attraktiv sind,[47] dass also der Gläubige im Hier und

---

[47] Z. B. die Verheißung einer teilweisen Neuschaffung aus Gott heraus, nach einer zunächst völligen Vernichtung von Körper und Persönlichkeit, Geist oder Seele.

Jetzt durch eine solche oder eine andere Vorstellung eine Kontinuität für sich sieht. Diese Kontinuitätserwartung kann vage oder abstrakt sein – selbst wenn die heutige Person nicht damit rechnet, dass die Person oder Wesenheit, die nach dem Tod erneut geschaffen wird, sich an das Vorher erinnern wird, muss das nicht den Verlust von Trost oder Zuversicht bedeuten. In den meisten klassischen Wiedergeburtslehren (im Hinduismus und Buddhismus, aber auch bei Pythagoras oder Platon) hat das betreffende Individuum keine Erinnerung an vorherige Existenzen; es muss damit rechnen, dass seine nächste Inkarnation die aktuelle Existenz vergessen haben wird. Ob es populäre Glaubensvorstellungen gibt, die davon abweichen, konnte anhand der verfügbaren Literatur nicht geklärt werden, es wäre aber naheliegend. In den westlichen individualisierten Gesellschaften lässt sich jedenfalls ein Bedürfnis nach einer greifbaren Kontinuität feststellen. Die Reichweite abstrakterer Lehren scheint selbst bei ihren Verfechtern Grenzen zu haben. Bernhard Lang beschreibt in seinem Aufsatz „Die himmlische Hintertreppe" einzelne Rückgriffe Karl Rahners auf anthropozentrische Jenseitsvorstellungen in dessen privater Korrespondenz mit seiner Freundin Luise Rinser. In einem Brief hatte er ihr offensichtlich mitgeteilt[48], dass er sich vorstellen könne, in der Ewigkeit eine Wohnung mit ihr zu teilen (Lang in Langenhorst 2010: 127ff.). Rinser schreibt in ihrer Antwort:

> „– Also, du willst im Himmel eine Wohnung mit mir zusammen haben. (Du, ich 'glaube' nicht an den (so einen) Himmel, weil ich ihn gar nicht (so) will – ich 'will' – ich will nur an SEIN Herz stürzen (mitten in die Trinität hinein, wie ich's einmal im Traum so deutlich erlebt habe), mit meinen Allerliebsten zusammen: Dir, M.A., Christel, Steffi. Das ist *mein* Himmel." (Rinser: 108)

Mit Tabelle 2 wird die Frage von Identität und Kontinuität nochmals kompakt dargestellt.

---

[48] Von dem Briefwechsel wurden nur die Briefe von Luise Rinser veröffentlicht, der Jesuitenorden, dem Rahner angehörte, stimmte einer Veröffentlichung der Briefe Rahners nicht zu (vgl. Rinser: 8).

Identität und Kontinuität	**Radikalität des Todes**
Ein jenseitiges Leben oder die Auferstehung als modifizierte Fortsetzung der irdisch-geschichtlichen Existenz	*Tod als definitives Ende der individuellen Existenz*
▶ Existenz im Jenseits als Geist oder Schatten (Unterwelt, z. B. Hades oder Scheol)	▶ Nach einem einmaligen Transfer in das jenseitige Leben folgt ein zweiter Tod zur Strafe oder als reguläres Ende des jenseitigen Weiterlebens
▶ Unsterbliche Geistseele als Trägerin der Identität, die unabhängig vom Leib existieren kann (Platon, katholische Lehre)	
▶ Voraussetzung für ein Totengericht	▶ materialistisch: Tod als absolutes Ende der Existenz, die Person verlöscht
▶ Wiedergeburt/Reinkarnation (Platon, Buddhismus, Hinduismus) inklusive teleologischer Vorstellungen (Entwicklung und/oder Überwindung des Kreislaufs)	

Kontinuität ohne subjektive Identität

▶ Tod als Vollendung der irdischen Existenz (*eschatisch*), völlige Neuartigkeit der jenseitigen Existenz, die vergangene Existenz wird bedeutungslos. Die Kontinuität liegt außerhalb des Menschen/Subjekts (z. B. wird sie von Gott aufrechterhalten)

▶ Auflösung im Nirvana (Buddhismus, Hinduismus) bzw. Aufgehen in einem anderen Ganzen (Natur, Universum etc.)

Eine exakte Trennung der Typen ist nicht möglich – entscheidend ist die jeweilige Erwartung des Subjekts im Diesseits. Kontinuität kann auch im Rahmen einer subjektiven Kontinuitätserwartung realisiert werden, z. B. wenn das Subjekt von der zukünftigen Löschung seiner Erinnerungen oder der zukünftigen Bedeutungslosigkeit seines aktuellen Lebens im Rückblick weiß, aber dennoch eine übergreifende Identität sieht.

Tabelle 2: Postmortale Weiterexistenz und Identität des Subjekts

1.4.8 Der Sinn des Lebens

Es ist ein wichtiger Grundgedanke religiöser oder philosophischer Lehren zur Lebenskunst oder einer ars moriendi, dass das Leben (und Sterben) einen *Sinn* hat oder haben muss. Fast immer wird dabei offen gelassen oder als selbstverständlich vorausgesetzt, was damit genau gemeint ist. Es gibt vor allem Unterschiede in der Reichweite von Sinn – ist ein allumfassendes Ganzes wie Gott oder ein harmonisches Universum gemeint oder lässt man als *Sinn* bereits ein mittel- bis langfristiges Ziel durchgehen, nach dem gestrebt wird, wie z. B. viele Kinder, beruflicher oder künstlerischer Erfolg, Reichtum? Muss Sinn in die Transzendenz verweisen oder kann er allein in der diesseitigen Existenz liegen? Im ALLBUS 2012 wurde zunächst eine Zentralaussage formuliert, die dann mit verschiedenen Items spezifiziert wurde: „Viele Menschen stellen sich die Frage, welchen Sinn das Leben eigentlich hat. Bitte sagen Sie zu jeder Aussage auf dieser Liste mit Hilfe der Skala, inwieweit Sie mit der jeweiligen Auffassung einverstanden sind" (Terwey, Baltzer 2013: 128-140). Für die Beantwortung war eine 5-stufigen Skala von „voll einverstanden" bis „gar nicht einverstanden" vorgegeben. Die Items sind in Tabelle 3 aufgelistet.

Variable	Itemtext
v128	Das Leben hat für mich nur eine Bedeutung, weil es einen Gott gibt
v129	Das Leben hat einen Sinn, weil es nach dem Tode noch etwas gibt
v130	Das Leben hat nur dann einen Sinn, wenn man ihm selber einen Sinn gibt
v131	Für mich besteht der Sinn des Lebens darin, dass man versucht, das Beste daraus zu machen.
v132	Das Leben hat meiner Meinung nach wenig Sinn
v133	Meiner Meinung nach dient das Leben zu gar nichts

ALLBUS 2012, Variable Report (GESIS 2013)

Tabelle 3: Fragebogenitems zum Sinn des Lebens

Mit dieser Itembatterie wird eine Definition umgangen und es werden unterschiedliche Bedeutungsdimensionen von *Sinn* angesprochen, der Begriff bleibt dennoch inhaltlich vage. Für den Fragebogen zur Hausärztebefragung wurde ein Einzelitem formuliert, das trotz der Fokussierung auf einen speziellen Sinnaspekt für unterschiedliche religiöse und philosophische Sinnkonzepte anschlussfähig bleibt und auf konkrete religiöse Konzepte wie Gott oder eine Weiterexistenz nach dem Tod verzichtet: „Mein Leben und Sterben folgt einem höheren Plan, am Ende wird alles einen Sinn ergeben" (Itemblock III.1). Diesem Item liegt ein pragmatisches Verständnis des Sinnbegriffes zugrunde, das wie folgt definiert ist:

1. Alle Dinge und Geschehnisse (und damit auch Leben und Tod der Individuen) haben einen Platz in einer umfassenden, diesseitigen oder transzendenten Ordnung. Der *Sinn des Lebens* besteht also darin, dass mein individuelles Leben als biografisches Ganzes darin eingebettet ist; diese Sicht ist eng mit den Begriffen Schicksal, Bestimmung oder Vorsehung verknüpft und wie diese unterschwellig positiv bewertet.

2. Der Gegenbegriff von Sinn ist in dieser Definition nicht die Sinnlosigkeit, sondern der Zufall. Zufall ist hier die Negation einer umfassenden Einbettung und damit der wichtigste Grund, weshalb die moderne Evolutionslehre[49] von den meisten religiösen Weltanschauungen abgelehnt wird. Da der Zufallsbegriff sich im Alltagsverständnis vereinzelt mit dem Schicksalsbegriff überschneidet,[50] spricht die Systemtheorie von Kontingenz. Kontingenz bedeutet, dass ein Ereignis so, aber auch genauso gut anders hätte geschehen können.[51]

3. Sinn ist aus religiöser bzw. philosophischer Sicht prinzipiell positiv bewertet. Es ist gut, wenn eine Sache einen Sinn hat; es ist meistens schlecht oder bedrohlich, wenn eine Sache keinen Sinn hat. Dieses wertende Verständnis von Sinn überschneidet sich mit dem Begriff des Trostes. Trost ist die beruhigende Vergegenwärtigung des Sinns, wenn dieser durch Ereignisse vordergründig in Frage gestellt wird.

Schwierig wird es, wenn der Sinnbegriff auf den Sinn selbst angewendet wird. Wenn man beispielsweise danach fragt, ob eine geplante, geordnete Schöpfung mit einem allmächtigen Schöpfergott an der Spitze wiederum sinnvoll ist. Während religiöses Denken den tieferen Sinn in der Welt, den

---

49 Vgl. die Vorstellung vom natürlichen Driften bei Maturana/Varela: 119-129.

50 Zufall und Schicksal erklären dann synonym den Eintritt von Ereignissen, die das Subjekt nicht beeinflussen kann; wenn dies negative Ereignisse sind: Gefahren.

51 Es ist eine klassische Frage der Wissenschaftstheorie, ob es den reinen Zufall gibt oder die Welt vollständig determiniert ist und Zufall nur eine Metapher dafür ist, dass man nicht genügend Informationen oder Rechenkapazität hat, um alle Determinanten eines Ereignisses zu bestimmen. Mindestens die Quantenphysik geht von der Realität des reinen Zufalls aus; vgl. Chalmers: 21. Zum soziologischen bzw. philosophischen Kontingenzbegriff vgl. Pollack 2012: 46-55.

Ereignissen, in Leben und Tod zu erkennen sucht, besteht der Gegenentwurf darin, die Abwesenheit eines derartigen Sinnes als etwas nicht Beunruhigendes zu begreifen; es kann dann darüber gestritten werden, ob derartige Entwürfe selbst wiederum religiös sind oder nicht. Konsequent gedacht wäre das Leben dann nicht etwa *sinnlos* im Sinne eines negativ bewerteten Gegenbegriffes; vielmehr wäre bereits die Frage nach *dem Sinn* sinnlos. Der Vorstellung einer umfassenden Ordnung mit ihren logischen Begleitproblemen wird der Entwurf einer Welt aus zufällig entstandenen und evolutionär driftenden Strukturen entgegengesetzt, die so sind wie sie sind, aber auch anders sein könnten (Maturana/Varela: 119-129). Es liegt im Ermessen des Einzelnen, welche Weltsicht ihn eher zufriedenstellt.

1.4.9 Religiöse Vorstellungen zum Tod erfragen

Alle Mitglieder unserer Gesellschaft kommen mit Religion und Vorstellungen zum Tod in Berührung, zumindest auf kognitiver Ebene. Über die Massenmedien in Nachrichten, Dokumentationen, Romanen, Filmen oder in Form von Parodien wie Engeln und Teufeln in Werbespots. Die Grundzüge der christlichen Lehre gehören zur Allgemeinbildung und sind damit ansatzweise bekannt, ebenso einflussreiche „fremde" religiöse Strömungen wie der Buddhismus und der Islam. Selbst konfessionslose Menschen, die keine direkte Berührung mit gläubigen Mitmenschen und/oder Religionsgemeinschaften haben und sich selbst nicht als religiös sehen, werden mindestens über Massenmedien und populäre Kultur angesprochen; eine völlige Unkenntnis religiöser Glaubensvorstellungen ist kaum möglich.

Massenmedien, Religions- und Meinungsfreiheit ermöglichen einen großen und unüberschaubaren Markt religiöser Angebote. Die beiden größten Religionsgemeinschaften – die katholische Kirche und die EKD mit ihren Teilkirchen – haben in Deutschland zwar eine dominante Position,[52] sind aber grundsätzlich Anbieter unter vielen weiteren und können

---

[52] Geläufig ist die Charakterisierung einer hinkenden Trennung von Kirche und Staat, die auf Ulrich Stutz zurückgeht. Großbölting kommt nach seiner Darstel-

synkretistische Tendenzen nicht mehr in einer Weise sanktionieren, wie es bis ins 19. Jahrhundert hinein noch möglich war.

Auch wenn man von einer überwiegend christlich geprägten Zielgruppe ausgeht, kann bei der Konstruktion von Items zu religiösen Glaubensinhalten für Umfragen nicht einfach auf die offiziellen Lehren[53] der Volkskirchen zurückgegriffen werden, da zu vielen Aspekten klare, allgemeinverständliche Aussagen und Begriffe fehlen. Nur die katholische Kirche kennt eine einheitliche und verbindliche Lehre; in den evangelischen Kirchen herrscht eine gewisse Pluralität, was dazu führt, dass Darstellungen mit offiziellem Anspruch oft Kompromisscharakter haben und eher vage formuliert sind; was nicht den Anforderungen standardisierter Befragungen entgegenkommt. Traditionelle Kompaktformeln wie die beiden Glaubensbekenntnisse sind in weiten Teilen schwer verständlich und hochgradig interpretationsbedürftig – auch für viele Menschen mit kirchlicher Erziehung bzw. Sozialisation; das Lehrgebäude der katholischen Kirche liegt zwar als offizieller Katechismus vor, aber schon die Kurzfassung (Kompendium) ist mit fast 250 Seiten sehr umfangreich und vielen einfachen Kirchenmitgliedern ohne besondere theologische Interessen oder Fachkenntnisse unbekannt oder wenig vertraut.

Bei der Operationalisierung von Jenseitsvorstellungen bzw. Jenseitserwartungen im Rahmen einer standardisierten Befragung müssen missverständliche Begriffe vermieden oder näher definiert werden. Eine direkte Abfrage theologischer oder philosophischer Vorstellungskomplexe ist wenig erfolgversprechend;[54] viele Begriffe haben mit der Zeit ihre Bedeu-

---

lung der Diskussionen im Vorfeld der Verfassung des Grundgesetzes zu der Einschätzung: „Im Ergebnis […] erreichten die beiden Konfessionskirchen eine privilegierte Stellung im politischen System der Bundesrepublik, und zwar sowohl auf Landes- wie auf Bundesebene." (Großbölting: 51). Eine Übersicht über unterschiedliche Formen des Verhältnisses Kirche/Staat bei Pollack 2009: 161-164.

53 Anhaltspunkte für offizielle Lehren bieten der katholische Katechismus, autorisierte evangelische Katechismen oder die Lehrpläne für den Religionsunterricht an staatlichen Schulen.

54 Negativbeispiele wären Fragen wie: *Glauben Sie an den Ganztod?* oder *Glauben*

tung geändert oder werden in verschiedenen Theologien unterschiedlich verwendet (Seele, Gericht, ewiges Leben, Himmel, Hölle etc.). Hinzu kommt das Phänomen der populären Religion (Knoblauch 1999: 186-188): Glaubensinhalte und Glaubenspraktiken, die offen oder verborgen neben den offiziellen Lehren der Religionsgemeinschaften bzw. religiöser Experten existieren. Der Begriff der populären Religion ersetzt frühere Begriffe wie Volksglauben, Volksfrömmigkeit oder Aberglauben.[55] Elemente populärer Religion können Leerstellen füllen, die von den offiziellen Theologien vernachlässigt oder durch unverständliche, unvollständige oder unattraktive Lehren verursacht wurden; sie werden verborgen oder offen gepflegt. Es ist ohne weiteres möglich, dass dies den Akteuren manchmal nicht bekannt oder nicht bewusst ist, weil darüber kein Austausch mit Spezialisten bzw. keine Reflektion stattfindet. Zinser bemerkt hierzu:

> „Es ist keiner Religion auf Dauer gelungen, ihre Lehren oder theologischen Ausarbeitungen zum Tod bei ihren Anhängern vollständig durchzusetzen. Es haben sich immer andere, vielleicht frühere Praktiken und Vorstellungen erhalten (oder wurden neu erfunden), mit denen die dominierenden Religionen Kompromisse eingingen oder einfach nach vergeblichem Kampf gegen diese (wie z. B. im Christentum gegen Grabbeigaben) darüber hinwegsahen." (Zinser: 269).

Viele Begriffe aus religiösen bzw. wissenschaftlichen Konzepten scheinen allgemein bekannt zu sein. Es ist aber wichtig, dies nicht mit einer vertieften Kenntnis bzw. einer Akzeptanz dieser Konzepte durch die Zielgruppe einer Befragung zu verwechseln oder die Deutungslogik des wissenschaftlichen Beobachters als selbstverständlich vorauszusetzen; eine Gefahr, die besonders groß ist, wenn man formale Mitglieder von Religionsgemein-

---

Sie an die Erhaltung Ihrer Identität nach dem Tod?
[55] Der Begriff „Volksfrömmigkeit" wird z. B. im katholischen Katechismus verwendet (KKK 1673, 1676, 1679, 1686, 2688) und impliziert eine duldende bis wohlwollende Beobachtung durch religiöse Autoritäten. Bei einer missbilligenden Betrachtung wird von „Aberglauben" (z. B. KKK 2110, 2111, 2138) gesprochen. Manchmal wird Erwachsenen alltagssprachlich ein Kinderglauben zugeschrieben; kindliche Naivität wird nachsichtiger behandelt als erwachsener Aberglauben.

schaften befragt. Die Verwendung von Begriffen wie Sinn, Seele, Hoffnung, Wunder, Himmel, Auferstehung, Wiedergeburt etc. in Umfragen muss mit großer Vorsicht erfolgen. Die Bedeutung der Begriffe im heutigen Alltagsgebrauch hat Vorrang vor früheren oder fachwissenschaftlichen Bedeutungen. Noch schwieriger wird es, wenn mit unterschiedlichen Deutungen aus unterschiedlichen Glaubensrichtungen gerechnet werden muss. Eine Abfrage von persönlichen Todesvorstellungen wird noch dadurch erschwert, dass eine Beschäftigung mit dem Thema nicht selbstverständlich ist – selbst für Ärzte nicht; es geht hier ja speziell um den eigenen Tod, nicht um den Tod Anderer. Mit der eigenen Sterblichkeit und konkreter mit dem eigenen Tod beschäftigt man sich wohl vor allem bei direkter persönlicher Betroffenheit bzw. Konfrontation, wenn man selbst eine Bedrohung erlebt oder eine nahestehende Person bedroht wird oder stirbt. Abgesehen davon allenfalls noch episodisch im Zuge biografischer Krisen wie der Pubertät (z. B. als Mittel der Provokation im Rahmen mancher jugendlicher Subkulturen).

Zum Abschluss der Betrachtung des Todes als Risiko werden im folgenden Kapitel statistische Daten zu Tod und Sterben in Deutschland zusammengestellt. Die Ungewissheit der Individuen bleibt bestehen, die Summe der Individuen bildet aber eine Gesamtheit, deren Risiken beziffert werden können – wenn auch mit gewissen Einschränkungen. Der Tod wird aus der Perspektive der Epidemiologie beschrieben.

1.5 Tod und Sterben in Deutschland

1.5.1 Todesursachenstatistik und Lebenserwartung

Jährlich sterben in Deutschland knapp 900.000 Menschen, wobei die Zahl der Todesfälle seit einem Minimum im Jahr 2004 (rund 818.000) wieder leicht ansteigt. Für das Jahr 2014 gibt das Statistische Bundesamt rund 870.000 Todesfälle an, 2013 waren es 894.000 (1980: 952.000, 1990: 921.000). Bei den Todesursachen dominiert mit Abstand die Kategorie der

Herz- bzw. Kreislauferkrankungen (Anteil 38,9%) mit Durchblutungsstörungen des Herzmuskels, Herzinfarkten und chronischer Herzschwäche. Gleich danach folgen Krebserkrankungen („Neubildungen", Anteil insgesamt 26,6%).

Todesursachen in Deutschland 2014

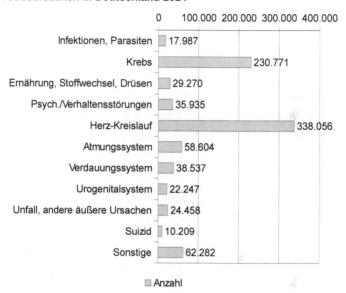

Abbildung 1: Todesursachen in Deutschland 2014 (Quelle: Stat. Bundesamt)

Infektionskrankheiten, die bis weit ins 19. Jahrhundert zu den Haupttodesursachen zählten, spielen momentan so gut wie keine Rolle mehr. Allerdings werden Grippe und Lungenentzündung (zusammen knapp 17.000 Fälle) in der Übersicht (Abbildung 1) nicht den Infektionskrankheiten zugeordnet, sondern den Atemwegserkrankungen. Suizide sind hier getrennt von Unfällen und anderen äußeren Ursachen dargestellt. Von den 10.209 erfassten Suiziden (1,2% aller Todesfälle) wurden 7.624 von Männern und 2.585 von Frauen begangen. Männer fallen auch häufiger Verkehrsunfällen zum Opfer (2.796 Männer und 927 Frauen). Die Verteilung der Todesursachen unterscheidet sich zwischen den Altersgruppen. Im Jugendalter und früheren Erwachsenenalter dominieren aufgrund einer extrem niedrigen Gesamtsterblichkeit Unfälle und Suizide. Menschen im höheren Erwachsenenalter sterben am häufigsten an Krebs (der Anteil war 2014 in der Altersgruppe 60-65 mit 44% am höchsten, schon in der Gruppe 45-50 beträgt er 34%), ab 75 dominieren Herz-/Kreislauf-erkrankungen (70-75: 29% / 75-80: 35% / 80-85: 43%). Diese Verteilung der Todesursachen ist seit den 80er Jahren des 20. Jahrhunderts verhältnismäßig stabil und kann als typisch für ein Industrieland mit einem allgemein zugänglichen, hochtechnisierten Gesundheitssystem gelten. Die Veränderung der Mortalitätsstruktur und der Todesursachen im Zuge der Industrialisierung wird „epidemiologische Transition" genannt (Siegrist 2005: 30-31, Näheres im nächsten Abschnitt).

„Die Lebenserwartung stieg seit Ende des 19. Jahrhunderts drastisch an: Während 1870 noch jedes dritte Neugeborene vor seinem ersten Geburtstag starb und jedes zehnte vor seinem fünften Geburtstag, ist heute der Tod vor dem 60. Lebensjahr in den Industrienationen sehr selten geworden. Die Menschen leben länger und sterben schließlich an anderen Krankheiten: In der Industriegesellschaft zählen degenerative Krankheiten wie Herz-Kreislauf-Erkrankungen und Krebs zu den Haupttodesursachen." (Kröhnert/ Karsch 2011)

Die durchschnittliche Lebenserwartung von 2010/2012 in Deutschland neu geborenen Männern beträgt knapp 78 Jahre, von Frauen knapp 83 Jahre (Statistisches Bundesamt 2015). Betrachtet man allein diese Variable, so erscheint eine Lebenserwartung von 36 Jahren für Männer und 38 Jahren für Frauen zwischen 1871 und 1881 beeindruckend. Allerdings muss die damals übliche hohe Kindersterblichkeit berücksichtigt werden. Hatten Kinder das fünfte Lebensjahr erreicht, so stieg die Restlebenserwartung auf 49 Jahre für Männer und 51 Jahre für Frauen (insgesamt also 54 bzw. 56 Jahre), was zwar immer noch niedrig ist, aber näher an den Bereich heranrückt, den wir heute als „alt" ansehen. Mit 30 Jahren betrug die Gesamtlebenserwartung dann 61 Jahre für Männer und 63 Jahre für Frauen (Statistisches Bundesamt 2008: 22). Die Erwartung in Psalm 90 ist angesichts der Entstehungszeit des Textes in der frühen Antike zwar immer noch überzogen, aber weniger maßlos, wie es zunächst den Anschein hat: „Die Tage unserer Jahre sind siebzig Jahre, und, wenn in Kraft, achtzig Jahre, und ihr Stolz ist Mühe und Nichtigkeit, denn schnell eilt es vorüber, und wir fliegen dahin." (Ps 90, Elberfelder Bibel 2006)

Die subjektive Lebenserwartung im Sinne der Erwartung eines Menschen an die Dauer seines eigenen Lebens reicht über das Alter in Jahren hinaus und bezieht auch die Lebensqualität mit ein. Die statistischen Zahlen sind geläufig und markieren einen Planungshorizont. Vermutlich rechnet man heute für gewöhnlich mit 70-75 Jahren in akzeptabler Gesundheit und 10 weiteren mit moderaten, akzeptablen Einschränkungen, die in Altersweisheit und dankbarer Rückschau auf das Erreichte hingenommen werden können.[56] Ein Tod vor dem 70. Lebensjahr wird dagegen als bedauerlich und vorzeitig aufgefasst, vor dem 60. Lebensjahr als tragisch; als besonders schlimm gilt der Tod von Kindern und Jugendlichen[57]. Für die Erfassung der subjektiven Lebenserwartung bietet sich die subjektive Restlebenszeit bzw. Restlebenserwartung an, die vom individuellen Alter, den Lebensumständen und einschlägigen Erfahrungen beeinflusst wird.

Für fast alle Menschen ist es erstrebenswert, ein hohes Alter zu erreichen.[58] Dies ist mit der Erwartung verbunden, dass die Lebensqualität möglichst lange auf hohem Niveau bleibt und allenfalls kurz vor dem Ende abfällt – wenn überhaupt: In der Normalbevölkerung wird mehrheitlich ein plötzlicher, unerwarteter Tod erhofft (vgl. Hoffmann: 148) und es wird weniger der Tod an sich gefürchtet als vielmehr ein langes Siechtum

---

[56]   Dies ist eine Schätzung des Verfassers. Validere Zahlen ließen sich durch Befragung gewinnen, bei der Recherche wurden aber keine einschlägigen Umfrageergebnisse gefunden. Feldmann schätzt 80 Jahre als allgemeine Erwartung (2010: 154). Bei der Operationalisierung für einen Fragebogen müsste auf die Trennung der Dimensionen *Erwartung* und *Hoffnung* geachtet werden.

[57]   Zum zu frühen, aber auch zu späten Tod vgl. Feldmann 2010: 157-158.

[58]   Es gibt vereinzelte Romantisierungen eines frühen Todes – bis zum zweiten Weltkrieg als Soldat, danach eher als Künstler wie z. B. Rockmusiker. Diese erfolgen aber wiederum überwiegend aus der sicheren Distanz des Beobachters.

mit dem Verlust elementarer körperlicher und geistiger Fähigkeiten. Aldous Huxley setzte diese Erwartung bereits 1931 in seinem utopischen Roman „Brave New World" um. Er wählte 60 Jahre als reproduktionsmedizinisch vorprogrammiertes Zielalter, die bis kurz vor dem Tod in maximaler Lebensqualität und Leistungsfähigkeit gelebt werden können, worauf dann ein sehr kurzer Alterungs- und Sterbeprozess folgt (Huxley 1932: Kapitel 14[59]).

1.5.2 Eine neue epidemiologische Transition?

Wie im vorhergenden Kapitel beschrieben, wird der Rückgang der Sterblichkeit durch Infektionskrankheiten im Laufe des 19. und frühen 20. Jahrhunderts in den aufstrebenden westlichen Industriegesellschaften als epidemiologische Transition bezeichnet; verursacht durch Errungenschaften der wissenschaftlichen Medizin inklusive der Entwicklung des modernen Krankenhauses, der Entdeckung von Mikroorganismen als Krankheitserreger, der Einführung der Desinfektion und der Erfindung der Narkose (vgl. Eckart: 169ff.). Nicht vernachlässigt werden darf der Einfluss verbesserter sozialer und hygienischer Lebensbedingungen in den Industriegesellschaften (vgl. Siegrist 2005). Der Beginn des breiten Einsatzes von Antibiotika Mitte des 20. Jahrhunderts markiert das Ende dieser Transition. Allmählich entstand die für heute typische Verteilung von Todesursachen. Infektionskrankheiten epidemischen Ausmaßes spielen momentan keine Rolle mehr, auch wenn sich dies angesichts der Zunahme antibiotikaresistenter Bakterien wieder ändern könnte. Die restlichen Todesursachen verteilen sich auf andere Krankheiten, Unfälle, Suizide sowie Gewaltverbrechen; die gewaltsamen Tode erhalten eine hohe Aufmerksamkeit, sind aber derzeit statistisch gesehen von geringer Bedeutung.

Der weitere Fortschritt der Medizin seit den 50er Jahren wirkte sich vor allem auf die Verbesserung der Prognose derjenigen Erkrankungen aus,

---

[59] Da viele Ausgaben verfügbar sind, wird hier die Kapitelnummer anstelle der Seitenzahl angegeben.

welche die Mehrheit der Sterbefälle verursachen. Seltener durch Heilung als vielmehr durch immer effektivere Formen der Reparatur – durch die Umwandlung des unmittelbar tödlichen in einen chronischen Verlauf und die Kompensation von Beeinträchtigungen. Stents und Bypassoperationen ermöglichen es, mehrere Herzinfarkte zu überstehen; mittels Dialyse kann eine Niereninsuffizienz jahre- oder jahrzehntelang überlebt werden. Durch maschinelle Lebenserhaltungsmaßnahmen (künstliche Beatmung, Ernährung über eine Magensonde) werden spezielle Zustände wie der PVS (Permanent Vegetative State, umgangssprachlich meist als „Wachkoma" bezeichnet) ermöglicht. Besondere Erfordernisse der aufstrebenden Transplantationsmedizin führten in den 60er Jahren zur Definition des Hirntods, welcher eine Vorstufe des Todes in Form des unwiederbringlichen Bewusstseinsverlustes markieren soll, um Organe vor dem Eintritt des körperlichen Verfalls entnehmen zu können.

Die medizinischen Teildisziplinen und die damit assoziierten Organisationen (z. B. Fachgesellschaften) und Personen streben danach, die Sterblichkeit für *ihre* Krankheit zu senken. Zumeist wird die Anzahl der Todesfälle als Problem oder Skandal markiert: Jedes Jahr sterben so und so viele tausend, zehntausend oder hunderttausend Menschen an Herzinfarkten, Schlaganfällen, durch Lungen-, Darm- oder Brustkrebs, infolge des Rauchens oder Trinkens. Es ist aber wichtig, den differenziellen und den zeitlichen Horizont auseinanderzuhalten. Denn letzten Endes wird jeder Mensch sterben, das Überleben einer Krankheit oder eines anderen Ereignisses ist immer nur befristet. Wird der Prostatakrebs des Patienten B geheilt oder zumindest aufgehalten, wird B einige Zeit später (Monate, Jahre oder Jahrzehnte) an einer anderen Tumorerkrankung sterben; oder an einem Schlaganfall, an Nierenversagen, Leberzirrhose etc. Vor diesem Hintergrund erscheint die Perspektive einer gesundheitspsychologischen Risikoforschung zu eng, die sich auf verhaltensbezogene Schuldzuweisungen konzentriert:

„Die aktuellen epidemiologischen Entwicklungen in Bezug auf die Morbidität und Mortalität zeigen, dass inzwischen 60% aller weltweiten Todesfälle durch Krankheiten verursacht werden, deren Genese überwiegend durch 'individuelle Risikoverhaltensweisen' (mit)verursacht wird (WHO 2002). Tabakkonsum, Alkoholkonsum, Übergewicht, Bluthochdruck und erhöhtes Cholesterin verursachen nach Schätzungen der WHO (2002) nahezu die Hälfte aller Krankheiten innerhalb der Industrieländer. [...] Auf Grund dieser Entwicklung hat die WHO das individuelle Risiko- und Gesundheitsverhalten und damit verbunden auch die individuelle Risikowahrnehmung in den Mittelpunkt von Gesundheitsinterventionen gerückt." (Renner/Schupp in Schwarzer 2005: 173)

Angenommen, es würde tatsächlich jeder medizinischen Fachdisziplin gelingen, die Sterblichkeit an ihrer Krankheit spürbar zu reduzieren; woran sterben die Menschen dann? Interessanterweise wird die naheliegende Option – die Altersschwäche – von der offiziellen akademischen Medizin negiert, auch wenn es in der Ärzteschaft diesbezüglich andere Meinungen gibt. Madea/Rothschild bemerken in einem Aufsatz über die Leichenschau mit einer Anleitung zur korrekten Todesursachenfeststellung:

„Besondere Probleme ergeben sich schließlich bei Todesfällen im Alter sowie im Zusammenhang mit ärztlichen Maßnahmen. 'Altersschwäche' ist keine Todesursache. Retrospektive Untersuchungen von Todesfällen über 85-Jähriger beziehungsweise über 100-Jähriger ergaben, dass jeweils morphologisch fassbare Grundleiden und Todesursachen vorlagen." (Madea/Rothschild: 580)

Damit wird die Sterblichkeit des Menschen als Unumgänglichkeit tödlicher Krankheiten im Alter gedeutet – würde der alte Mensch nicht krank werden, würde er nicht sterben. Demgegenüber betont z. B. Nuland, „daß das Leben natürliche, unverrückbare Grenzen hat. Wenn sie erreicht sind, erlischt das Lebenslicht, und zwar auch ohne eine erkennbare Krankheit oder einen Unfall." (Nuland: 118) Und an anderer Stelle: „Es gilt heute geradezu als unschicklich zuzugeben, daß manche Menschen den Alterstod sterben." (ders.: 121)

Die Erfolge bei der Behandlung von Herzinfarkten, Schlaganfällen und Krebserkrankungen schlagen sich überwiegend in einer verlängerten Überlebenszeit nieder, nicht in einer tatsächlichen bzw. vollständigen Heilung. Vormals kurzfristig tödliche Verläufe werden in chronische Krankheiten überführt, mit dem Versuch der Sicherstellung einer möglichst hohen Lebensqualität. Eine zweite epidemiologische Transition bestünde in einer deutlichen Verschiebung der Todesursachen von den Krebserkrankungen und einigen verbreiteten neurodegenerativen Erkrankungen wie MS und Parkinson hinein in die Grauzone, welche durch die Altersschwäche maskiert wird: Herz-/Kreislauferkrankungen, diverse Organinsuffizienzen und Demenz. Sollte es zu einer solchen deutlichen Zunahme von Herz-/Kreislauferkrankungen kommen, wird dies Änderungen der Kommunikation durch die Fachgesellschaften erfordern. Das heutige Schema[60] wird dann nicht mehr weitergeführt werden können. Als Ausweg könnten die kontrollierbaren, klassischen Herz-/Kreislauferkrankungen ausdifferenziert werden, so dass ihrer Bekämpfung weiterhin Erfolge zugeschrieben werden können. Oder es wird stärker die Lebensverlängerung betont – als Referenzpunkt für die Vorzeitigkeit oder eben Rechtzeitigkeit des Todes ist die mittlere Lebenserwartung geeignet.[61]

Ob man eine zweite epidemiologische Transition gegenwärtig bereits belegen kann, ist fraglich. Ein großer Schritt in diese Richtung wäre ein Durchbruch bei der Behandlung von Tumorerkrankungen, der trotz hoher Erwartungen und vieler Ankündigungen bisher ausgeblieben ist. Durch die heutige Art der Todesursachenfeststellung und Todesursachenstatistik würde der Anlauf einer zweiten epidemiologischen Transition eher verdeckt, da in der Statistik die Grunderkrankung maßgeblich ist. Ein Nebeneffekt würde aber eine verstärkte Nachfrage nach vorzeitiger Lebensbeendigung sein. Mit der Zunahme chronifizierter Verläufe wird die Zahl pflegebedürftiger Menschen ansteigen, und damit die Zahl derer, die mit ihrer subjektiven Lebensqualität unzufrieden sind. Dies zeichnet sich schon seit

---

[60] Eine typische Schlagzeile könnte lauten: *Immer mehr Menschen sterben an Herz-/Kreislauferkrankungen. Experten rufen zu vermehrten gesellschaftlichen Anstrengungen auf.*

[61] Die mittlere Lebenserwartung wird sich bei entsprechenden Erfolgen langsam erhöhen, so dass die Notwendigkeit für vermehrte medizinische Anstrengungen erhalten bleibt. Zur Zeitigkeit des Todes vgl. Feldmann 2010:157-158.

Jahren ab und wird auch thematisiert – man denke z. B. an die fortdauernde Debatte über die Pflegeversicherung und einen drohenden Pflegenotstand; die gesellschaftliche Bearbeitung erfolgt aber je nach Weltanschauung sehr unterschiedlich. Über die Notwendigkeit, die Verfügbarkeit und Qualität von Pflegeangeboten zu verbessern, herrscht Einigkeit. Aus Sicht eines unbedingten Lebensschutzes ist es erforderlich, sämtliche Möglichkeiten einer vorzeitigen Lebensbeendigung zu eliminieren, um einem sozialen Druck in Richtung eines Früherablebens zur Entlastung der Allgemeinheit entgegenzuwirken. Aus Sicht der Befürworter eines selbstbestimmten Sterbens wird die Zunahme subjektiv inakzeptabler Sterbeverläufe die Nachfrage nach Angeboten zur vorzeitigen Lebensbeendigung erhöhen – und letztlich auch in Ländern wie Deutschland oder Frankreich eine Liberalisierung der Gesetze und/oder der ärztlichen Standesregeln erforderlich machen. So verzeichnet der Sterbehilfeverein EXIT in der Schweiz einen starken Anstieg der Nachfrage nach Mitgliedschaften (Exit-Info 1.15: 18ff.), die sich erwartbar nach einer kurzen Latenzzeit auch in einer Zunahme assistierter Suizide niederschlagen wird. Es muss sorgfältig überlegt bzw. untersucht werden, ob durch ein Verbot (und eine konsequente Unterbindung) vorzeitiger Lebensbeendigung in Deutschland ein hinreichender Druck in Richtung einer Verbesserung der Situation Gebrechlicher bzw. Pflegebedürftiger ausgeübt würde – oder ganz im Gegenteil eine immer stärkere Nachfrage und Realisierung von individuellen Alterssuiziden. Anstelle der direkten und indirekten Unterbindung von Suiziden müsste ein Weg gefunden werden, Suizide als Kostenfaktoren für das Gesundheits- oder Pflegesystem abzubilden, so dass sie nicht zu einer Kostenentlastung führen. Dabei sollen die Akteure nicht zur noch konsequenteren unmittelbaren Suizidvereitelung motiviert werden, sondern zum Ausbau und zur Verbesserung von Angeboten, die durch eine Verbesserung der Lebensqualität der betroffenen Personen deren Lebenswillen erhöhen und einen Suizid immer seltener als bessere Alternative zur Weiterexistenz erscheinen lassen. Selbst die strenge Ächtung des Suizids in früheren Zeiten konnte Suizide nicht völlig unterbinden – weder die Deklaration zur schweren Sünde bzw. Todsünde mit der Drohung ewiger Höllenstrafen durch die frühe Kirche, noch konkrete Maßnahmen wie die Schändung des Leichnams, ein unehrenhaftes Begräbnis oder die Bestrafung der Suizidwilligen bei Nichtgelingen (vgl. Fenner: 20ff.). Erfolgreicher war der moderne Rechts- und Sozialstaat, wo sich die Suizidprävention auf die Enttabuisierung psychischer Krankheiten, bessere Diagnose- und Behandlungsmöglichkeiten sowie Beratungs- und Hilfsangebote stützt; aber auch auf die Behinderung des Zugangs zu niedrigaggressiven Methoden (vor allem Barbiturate). Gut möglich, dass die Hauptursache für den historischen Tiefstand der Suizidrate (siehe Kapitel 3.2.1) aber schlicht die vergleichsweise stabilen gesellschaftlichen Verhältnisse sind, mit einem (momentan noch) akzeptablen System der sozialen Sicherung und einem allgemeinen Zugang zu einer medizinischen und psychologischen Grundversorgung.

1.5.3 Guter Tod und gutes Sterben

Ein guter Tod als Abschluss eines guten, gelungenen Lebens ist ein altes und geläufiges Thema in Philosophie und Theologie und eng mit Vorstellungen über das Wesen des Todes gekoppelt[62]. Es gibt eine umfangreiche christliche (und anderweitig orientierte) ars-moriendi-Literatur mit langer Tradition, die sich mit dem gelungenen, guten Sterben befasst. Auch in der aktuellen Debatte zu Tod und Sterbehilfe werden Ideale gezeichnet, die in diese Tradition eingeordnet werden können; manchmal nahe an einer romantischen Verklärung vergangener Settings. So konstatiert Gronemeyer:

> „Was vor und was nach dem Tod geschieht, hat sich in dem halben Jahrhundert seit dem Tod meiner Großmutter in den fünfziger Jahren radikal umgekehrt. Aus dem unspektakulären, irgendwie selbstverständlichen Sterben ist heute ein medizinisch kontrolliertes Sterben geworden, das meist im Krankenhaus oder

---

[62] Für eine Übersicht über Typologien des guten Todes vgl. Feldmann 2010: 154ff.

im Altenpflegeheim stattfindet [...]." (Gronemeyer: 16, vgl. die Schilderung des Todes der Großmutter: 13-14.)

Gronemeyer ist aber auch gegenüber der Hospizbewegung und der Palliativmedizin skeptisch. Sie sind seiner Ansicht nach „in der Gefahr, am Ende des Lebens das zu tun, was auch am Lebensanfang geschieht: Geburt und Tod werden zum Projekt, das von Planung und Kontrolle getragen wird." (ders.: 22) Die Probleme sieht er aber auch in einem Verlust traditioneller Religiosität: „Der Verlassenheit des modernen, nachreligiösen Menschen im Angesicht des Todes kann eine gute Sterbebegleitung entgegenwirken, heilen kann sie diese aber nicht." (ders.: 23)

Hier wird auf zwei Seiten argumentiert – es wird den Befürwortern einer vorzeitigen Lebensbeendigung der unstatthafte Wunsch nach einer Machbarkeit des Sterbens unterstellt (auch von Eibach und Maio), welche je nach Autor als Ausdruck einer zu weit getriebenen Liberalisierung gedeutet wird, einer Überbetonung des Individuums; oder als leichtfertige Abkehr von religiöser Bindung bzw. vom christlichen Glauben per se. Die Propagierung eines guten Todes bis hin zur Verklärung ist aber kein exklusives Anliegen des Lebensschutzes, sie findet sich auf beiden Seiten der Debatte mit je spezifischen Einfärbungen. Dazu gehört bereits der Anspruch von Seiten der meisten Ärzte, mit Hilfe palliativmedizinischer Behandlung Leiden nicht nur lindern, sondern kontrollieren oder völlig ausschließen zu können.[63] Auf christlicher Seite wird der Tod als wichtiger Bestandteil des Lebens beschrieben, im Idealfall als harmonischer Abschluss des irdischen Lebens in Hoffnung auf die Auferstehung (bis hin zu fester Gewissheit), getragen in Gottes Hand, getröstet vom Glauben und betreut von gläubigen Pflegekräften und Seelsorgern, eingebettet in traditionelle Rituale. Gronemeyer bezieht sich dabei auf ein *Früher* in Form einer nahen Vergangenheit, in welcher der typische Tod ein soziales Ereignis gewesen sein soll, bei dem die Großfamilie öffentlich Abschied vom

---

63 In der Hausärztebefragung stimmten 63% der Befragten dem Item zu: „Dank der Palliativmedizin vertraue ich darauf, dass ich im Falle einer schweren Krankheit ohne große Leiden sterben kann."

Sterbenden nahm. So werden Leid und Tod und die Angst davor mithin zum Spezialproblem ungläubiger Menschen, welche leichtfertig der Möglichkeit religiösen Trostes den Rücken gekehrt haben und nun eben schauen müssen, wie sie zurechtkommen. Und natürlich zum Problem einsamer Menschen, die zu wenig finanzielles Vermögen erwirtschaftet haben, keine oder zu wenig Nachkommen produziert oder es nicht geschafft haben, ein hinreichendes Soziales Netz zu knüpfen und aufrecht zu erhalten; mit oder ohne eigene Nachkommen, denn auch auf diese ist nicht immer Verlass – weder früher noch heute.

Der gute Tod aus Sicht der Befürworter eines vorzeitigen Todes wird vom freien bzw. autonomen Individuum als sauberer (vor allem: unblutiger) Suizid vollzogen, meist mit dem Trinken der Pentobarbital-Lösung aus einem Glas; auch hier erfolgt am Ende ein friedliches Einschlafen im Kreise von nahestehenden Personen, die Szenerien ähneln sich. Komplikationen und unschöne Begleiterscheinungen werden jeweils den Sterbesettings der Anderen zugeordnet – das Erbrechen der Pentobarbital-Lösung, ein Sich-Hinziehen des Sterbevorgangs, eine unwürdige Umgebung (das anonyme Zimmer in Zürich oder sogar ein Wohnwagen, die Intensivstation, das Pflegeheim), Schmerzen, Siechtum, das Röcheln oder Schreien des Sterbenden, Todesangst, Luftnot, der Auswurf von Blut, Schleim und/oder Fäkalien – egal ob beim Suizid, im Hospiz oder im Krankenhaus. Die Unterscheidung von romantischer Verklärung und realistischer Erwartung ist jedenfalls ungeeignet, eine der beiden Grundhaltungen (ein konsequenter Lebensschutz oder die Zulassung vorzeitiger Lebensbeendigung) abgrenzend zu charakterisieren. Beide Seiten wünschen sich ein harmonisches, schönes Sterben und werfen der jeweils anderen Seite unlautere, eigennützige Motive und eine Verklärung oder Verharmlosung ihres Ideals vor.

1.5.4 Säkulare ars moriendi: Brave New World

Aldous Huxleys Variante des Todes in seinem Roman "Brave New World" beschreibt eine ars moriendi, die auch 80 Jahre nach der Veröffentlichung modern wirkt. In der dort beschriebenen Gesellschaft sterben die Bürger gemäß einer pränatalen biologischen Prägung (heutzutage würde man diese Praxis als genetische Programmierung beschreiben) im Alter von 60 Jahren nach einem Spontanalterungsprozess innerhalb einer Woche (Huxley: Kapitel 14[64]). Dabei stehen sie unter dem Einfluss des fiktiven Medikamentes Soma[65], welches für subjektives Wohlbefinden sorgt. Je nach moralischer Position kann man diese Praxis als optimale medikamentöse Einstellung oder aber als Benebelung bzw. Betäubung durch eine psychotrope Droge beschreiben. Diese Kontroverse ist immer noch aktuell, sie dreht sich heute um die Zulässigkeit einer starken Morphingabe oder der terminalen bzw. palliativen Sedierung im Sterbeprozess. Interessant ist die Fiktion Huxleys in zweierlei Hinsicht: Zunächst einmal ist die beschriebene Art des Todes in einer Grauzone zwischen Sterbehilfe und palliativer Betreuung angesiedelt und verwischt die gängigen Grenzen zwischen den Achsen aktiv/passiv oder natürlich/künstlich. Parallel dazu bewegt sich der allgemeine Charakter der Erzählung zwischen Dystopie und Satire – je nachdem, was als Vergleichsmaßstab gesetzt wird. Was genau macht den dystopischen Aspekt aus? Die Vorhersehbarkeit des Todes als Bestandteil sozialtechnischer Planung und damit schlicht dessen *Unnatürlichkeit*? Die Unmöglichkeit, auf ein Leben über die 60 Lebensjahre hinaus zu hoffen?[66] Bleibt es eindeutig dystopisch, wenn man das erzählte Szenario mit ungünstigen Lebens- und Sterbeverläufen vergleicht – bei schlechter oder völlig fehlender medizinischer Versorgung, wie es viele

---

64 Da eine Vielzahl an Ausgaben von „Brave New World" existiert, wird hier nicht die Seitenzahl angegeben, sondern die Kapitelnummer.

65 Huxley selbst weist auf die Inspiration des Namens durch das entsprechende Konzept in der hinduistischen Mythologie hin, betont aber auch die Unterschiede (Huxley 1958: VIII).

66 Heute würde man diese Grenze vielleicht auf 70 Jahre oder höher setzen.

Menschen in Entwicklungsländern betrifft oder marginalisierte (z. B. nicht krankenversicherte) Bürger von Staaten mit stark kommerzialisiertem Gesundheitswesen wie den USA? Für Einige mag vor allem beunruhigend sein, dass diese Variante eines Schicksals nicht von einer wohlwollenden Gottheit gelenkt wird, sondern vom Staat bzw. dessen Regierung.[67] Versucht man, aus der Schnittmenge der heutigen medizinischen und religiösen Sterbeideale eine moderne ars moriendi zu konstruieren, so ähnelt diese in einigen Aspekten Huxleys Vision: Der Tod kommt nach einem erfüllten Leben in guter Gesundheit. Er lässt sich konkret erwarten und ist von kurzer Dauer. Er wird nicht versteckt – im Roman wird eine Sterbeeinrichtung beschrieben, die einer modernen Palliativstation ähnelt (Huxley: Kapitel 14). Die Beschreibung ist Teil einer kurzen Episode, in welcher eine Schulklasse diese Einrichtung besucht; die Schüler sollen lernen, dass der Tod normal und sinnvoll ist.[68] Diese Art der Institution eröffnet trotzdem Jedem die Möglichkeit einer Verdrängung der eigenen Sterblichkeit. Das Präparat[69] *Soma* hat im Roman ein umfassendes Wirkungsspektrum, welches von keinem real verfügbaren Medikament abgedeckt wird. De Ridder schildert aber einen Nebeneffekt von Morphium, welches anscheinend ebenfalls über eine Schmerzstillung hinaus wirksam ist, was er aus Schilderungen von Patienten ableitet:

> „Es ist ein tiefes Gefühl der Ruhe und Entspannung, das unter diesem Mittel von ihnen Besitz ergreift. Der Schmerz erlischt keineswegs; vielmehr stellt sich eine eigenartige Indifferenz ihm gegenüber ein, von manchen auch als 'Distanzierung' vom Schmerz beschrieben […]." (de Ridder: 96)

Bemerkenswert ist in diesem Zusammenhang, dass den Schilderungen de Ridders zufolge Morphium auch gegeben wird, um Patienten zu beruhigen, bevor ihnen eine terminale Diagnose bzw. infauste Prognose (die

---

[67] Genau ausgeführt wird dies von Huxley nicht, im Roman herrscht aber ein gesellschaftlicher Konsens, der selbst wiederum durch Sozialisation und Konditionierung stabilisiert wird.

[68] Gronemeyer erwähnt diese Episode ebenfalls, ordnet sie aber dem Roman 1984 von George Orwell zu (Gronemeyer: 169).

[69] Je nach Zungenschlag der Übersetzung *Medikament* oder *Droge*.

Krankheit wird tödlich verlaufen) mitgeteilt wird. Die Grenze zwischen physiologischer Schmerzbekämpfung und psychischer Beeinflussung wäre demnach mehr analytisch als empirisch.

Die Mitteilung einer terminalen Diagnose ist für den betroffenen Patienten der erste Schritt seines subjektiven Sterbens. Der Versuch des zuständigen Arztes, diese Mitteilung positiv[70] zu gestalten, ist bereits ein Aspekt von Sterbehilfe. Eine Klärung des Begriffes der Sterbehilfe ist Gegenstand des nächsten Kapitels.

---

[70] Pietätvoll, angemessen. Die Schilderung von Beispielen einer misslungenen Mitteilung infauster Prognosen ist wichtiger Bestandteil der Kritik der Arzt-Patienten-Kommunikation, z. B. bei Siegrist: 257-258.

2 Was ist Sterbehilfe?

2.1 Begriffe und Wertungen

In den meisten Fachbüchern zum Thema Sterbehilfe gibt es ein Kapitel, in dem die Begriffe rund um die Sterbehilfe definiert werden. Dabei hat sich in den letzten Jahren ein Wandel bei der Typisierung der Sterbehilfe vollzogen. Noch in den 90er Jahren war die Unterscheidung von aktiver, passiver und indirekter Sterbehilfe gängig (z. B. bei Hoerster 1998: 11). Diese wurde allmählich durch eine Systematik ersetzt, die auch in der vorliegenden Arbeit verwendet wird und sich enger an die analytischen Erfordernisse der Medizinethik und der Rechtswissenschaften anlehnt (vgl. Borasio 2011: 157ff., Frieß: 12ff.). Dabei wird der Suizid (autonom oder assistiert) von der Tötung auf Verlangen unterschieden, wobei die Abgrenzung über die Tatherrschaft bei der Herbeiführung des Todes erfolgt. Diese beiden Grundtypen werden unter dem Oberbegriff *vorzeitige Lebensbeendigung* zusammengefasst, womit ausgedrückt werden soll, dass das Leben des betroffenen Subjektes ohne die Handlung länger gedauert hätte. Mit dem Adjektiv *vorzeitig* soll nicht die Vorstellung transportiert werden, dass es einen richtigen oder wahren Zeitpunkt für den Tod im Sinne einer Vorherbestimmung oder Determination geben würde. Das Leben jedes Menschen endet irgendwann mit dem Tod (je nach Weltanschauung bzw. religiösem Glaubenssystem endgültig oder vorerst), und die vorzeitige Lebensbeendigung führt den Tod herbei, bevor eine andere Ursache dies tut. Die Vorstellung, wonach die andere Ursache die echte oder wahre gewesen wäre, ist bereits eine moralische Bewertung und damit Teil der Debatte um die Zulässigkeit oder Unzulässigkeit derartiger Handlungen.

Es lässt sich nicht vermeiden, dass Begriffe moralische Bewertungen induzieren. Ob es per se belastete Begriffe gibt, kann diskutiert werden. Auf jeden Fall können etwaige moralische Färbungen stark variieren, je nach

Zielgruppe einer Kommunikation. So ist z. B. der Begriff *Euthanasie* in Deutschland und Österreich belastet, weil er in der Zeit des Nationalsozialismus als Euphemismus für die Ermordung von Menschen mit körperlichen und geistigen Beeinträchtigungen verwendet wurde und dient als Werkzeug aggressiver Rhetorik, um Befürwortern niedrige Beweggründe zu unterstellen oder die Schwere der Gefahr zu unterstreichen. In den meisten anderen Ländern (z. B. in den Niederlanden, Belgien, Luxemburg und im englischen Sprachraum) wird *Euthanasie* hingegen selbstverständlich und mit einer positiven Färbung verwendet, um die vorzeitige Lebensbeendigung für Schwerkranke und Sterbende zu bezeichnen. Der Begriff *Selbstmord* transportiert dagegen ausdrücklich die Bewertung der bezeichneten Handlung als Verbrechen oder Sünde. In der vorliegenden Arbeit werden Begriffe vermieden, über deren negative Konnotation es einen breiten Konsens gibt. Sie können aber als Untersuchungsgegenstand eingesetzt werden, z. B. in der Hausärztebefragung der *Selbstmord* im Item „Suizid ist Selbstmord und damit ein Verbrechen". Ein Begriffssystem, das alle Anforderungen zufriedenstellt, wird es wohl nicht geben, zumal sich die Verwendung von Begriffen stetig verändert.

2.2 Grundbegriffe der Sterbehilfedebatte

2.2.1 Aktive oder passive Sterbehilfe

Sterbehilfe wird in der vorliegenden Arbeit als Überbegriff für den Diskussionskomplex an sich verwendet; in der Alltagskommunikation gilt Sterbehilfe als Synonym für die vorzeitige Lebensbeendigung und wird auch meistens so verstanden. Der Begriff kann aber allgemeiner gefasst werden und jede Handlung bezeichnen, die einem Menschen das Sterben erleichtern soll, ohne dass eine Änderung des zeitlichen Sterbeverlaufs angestrebt wird. So gesehen sind auch palliativmedizinische Behandlung und Sterbebegleitung Formen der Sterbehilfe – Schmerztherapie, psychologische oder seelsorgerische Betreuung, aber auch religiöse Rituale am Lebensende oder Ratgeber einer ars moriendi.

Verwendet man die Unterscheidung aktiv/passiv, so bezeichnet aktive Sterbehilfe die Herbeiführung des Todes eines sterbenden Patienten durch die Handlung einer anderen Person; passive Sterbehilfe liegt vor, wenn der Tod des Patienten als Folge der Unterlassung einer Handlung eintritt. Diese Definition erscheint zunächst klar, ihre Anwendung ist in der Praxis aber schwierig, da es kaum Aktionen gibt, die nicht mit der Handlung eines Akteurs verbunden sind. Das Legen einer Infusion ist eine Handlung, aber ebenso das Entfernen; das Einschalten eines Beatmungsgerätes ebenso wie das Ausschalten. Aus heutiger medizinischer Sicht ist die Einbettung von Einzelhandlungen in den Behandlungskontext maßgeblich – ob sie im Rahmen einer medizinischen Behandlung stattfinden oder zur Einstellung dieser Behandlung durchgeführt werden. Damit wäre dann auch die Beendigung einer Sondenernährung, Infusion oder Beatmung passiv, da dies jeweils medizinische Behandlungen bzw. Eingriffe sind, welche den Eintritt des Todes (infolge der Grunderkrankung, wegen der überhaupt eine Behandlung begonnen wurde) verhindern oder aufhalten; selbst wenn der Akteur (Arzt, Verwandter, Sterbehelfer) im Detail aktiv handelt, wenn er eine Apparatur entfernt oder durch Knopfdruck abschaltet. Die Abschaltung eines Beatmungsgerätes ist demnach keine Tötungshandlung, sondern die Neutralisierung einer anderen Handlung, um einem durch die Behandlung aufgehaltenen Sterbeprozess freien Lauf zu lassen. Weniger aufschlussreich ist die Unterscheidung von passiver oder aktiver Sterbehilfe bei der juristischen Bewertung. Hier sind die Motive der handelnden Personen maßgeblich; die Unterscheidung zwischen aktiven und passiven Handlungen tritt in den Hintergrund. De Ridder schildert ein Beispiel:

„In Krankenzimmer A liegt ein beatmeter Patient. Jemand betritt den Raum und stellt die Beatmungsmaschine ab. Der Patient stirbt. In Krankenzimmer B liegt ebenfalls ein beatmeter Patient. Auch hier betritt jemand den Raum und stellt die Beatmungsmaschine ab. Der Patient stirbt. In beiden Fällen unterscheiden sich die sichtbaren Handlungsabläufe und ihre Folgen nicht. Im ersten Fall aber war der Handelnde ein Erbschleicher, der mit einer Anklage wegen Mordes rechnen muss; im zweiten Fall war der Handelnde ein Arzt, der dem Willen des Patienten entsprach: Das Abstellen seines Beatmungsgeräts war deshalb nicht allein zu billigen, sondern sogar geboten." (De Ridder: 254)

Neben einer aktiven oder passiven Sterbehilfe ist manchmal noch von einer indirekten Sterbehilfe die Rede. Diese soll vorliegen, wenn eine Behandlung zur Verringerung aktueller Schmerzen oder anderen Ursachen subjektiven Leidens als Nebenwirkung zur Beschleunigung des Sterbeprozesses führt, der ansonsten langsamer verlaufen wäre. Ein häufig verwendetes Beispiel ist die Gabe hoher Morphiumdosen zur Schmerzbekämpfung. Nach Ansicht vieler Palliativmediziner handelt es sich bei der indirekten Sterbehilfe eher um ein theoretisches Konstrukt, dem eine verlässliche empirische Basis fehlt. Borasio identifiziert z. B. die Lehre des Doppeleffektes bei Thomas von Aquin als Vorlage dieses Konstruktes (vgl. Borasio 2011: 163 und Singer: 267). Es findet sich auch im Katechismus der katholischen Kirche:

„Schmerzlindernde Mittel zu verwenden, um die Leiden des Sterbenden zu erleichtern selbst auf die Gefahr hin, sein Leben abzukürzen, kann sittlich der Menschenwürde entsprechen, falls der Tod weder als Ziel noch als Mittel gewollt, sondern bloß unvermeidbar vorausgesehen und in Kauf genommen wird." (KKK 2279)

Wenn es diesen Effekt tatsächlich geben würde, dürfte es im Einzelfall schwer zu ergründen sein, ob ein Arzt durch die Gabe hochdosierter Schmerzmittel eine Lebensverkürzung lediglich als Nebeneffekt in Kauf genommen hat oder der Tod des Patienten nicht doch das eigentliche Ziel war. Möglicherweise fungiert die indirekte Sterbehilfe für Manche als moralische Hintertür, die den Spielraum medizinischen Handelns erweitert. Borasio hält den Begriff der indirekten Sterbehilfe auch deswegen für überflüssig, weil sich der zugrundeliegende Effekt empirisch nicht nachweisen lässt. Über die Schmerzbekämpfung hinaus ist bei guter palliativer Behandlung eher mit einem gegenteiligen Effekt zu rechnen.

„Es ist nachvollziehbar, dass ein Mensch, der, aus welchen Gründen auch immer, sehr stark leidet und eine Linderung dieses Leidens durch entsprechende Medikamente erfährt, im Zweifelsfall eher etwas länger lebt und nicht kürzer." (Borasio 2011: 164)

Weitgehend unbrauchbar ist die Unterscheidung aktiv/passiv aus Sicht der utilitaristischen Philosophie. So ist z. B. Peter Singer der Ansicht, dass „es zwischen Töten und Sterbenlassen keinen moralischen Unterschied *an sich* gibt. Das heißt, es gibt keinen Unterschied, der lediglich von der Unterscheidung zwischen Handlung und Unterlassung abhängt." (Singer: 267). Eine ethische bzw. moralische Bewertung von Handlungen macht Singer von den Motiven der Beteiligten abhängig; aus Sicht des Sterbenden ist maßgeblich, ob die Herbeiführung seines Todes freiwillig, nichtfreiwillig oder unfreiwillig geschieht (ders.: 226-232, vgl. auch Schöne-Seifert: 76-81). Unfreiwillige Sterbehilfe ist eine paradoxe Bezeichnung und beschreibt Mord oder Totschlag. Nichtfreiwillig wäre eine Tötung, die gegen (oder ohne) den Willen des Subjektes geschieht, aber aus der Sicht Dritter in dessen Interesse liegt; in der Regel Personen, die aktuell kein Bewusstsein mehr haben (Patienten im Wachkoma oder mit Demenz im Endstadium).

2.2.2 Freiwillige und unfreiwillige Entscheidungen

Suizid und Beihilfe zum Suizid sind per definitionem zunächst freiwillig. Mit der (grundsätzlich plausiblen) Postulierung der Möglichkeit eines unfreiwilligen Suizids wird zugleich die Grundsatzdebatte um die Existenz und Reichweite eines freien Willens eröffnet; ein immenses Problemfeld, das weite Teile der Grundlagen unserer Gesellschaft betrifft, aber im Rahmen dieser Arbeit nicht vertieft werden kann. Die Frage nach der Freiwilligkeit von Entscheidungen hat in der Medizin in den letzten Jahren immens an Bedeutung gewonnen – vor allem im Zuge der Stärkung der Patientenautonomie mit dem Zentralbegriff des Informed Consent (vgl. Woellert/Schmiedebach: 50).

Wenn ein freier Wille des Subjekts postuliert wird, müssen auch Entscheidungen ernstgenommen werden, die der Meinung bzw. den Interessen Dritter zuwiderlaufen. Wird andererseits die Möglichkeit der Manipulation einer Willensentscheidung eingeräumt, dann muss eine solche Manipulation auch in Erwägung gezogen werden, wenn sich das Subjekt im Sinne der Beobachter entscheidet. Folglich kann sich eine mündige Person unter der Annahme eines freien Willens für oder gegen Suizid oder eine andere Form der Sterbehilfe entscheiden. Unter Annahme der Möglichkeit einer sozialen Beeinflussung von Willensentscheidungen kann eine Person von Anderen zum Suizid oder der Annahme von Sterbehilfe gedrängt werden, aber eben auch zu ihrer Unterlassung, zur Annahme seines *Schicksals*, zum Zuwarten oder zur Aufnahme einer (weiteren) medizinischen Behandlung. Inkonsequent ist damit die Argumentationsfigur, dass der Entschluss zu einem Suizid bzw. der Wunsch nach Sterbehilfe stets die Folge einer Beeinflussung der Willensentscheidung sei – ob durch psychische Krankheit, wie Erwin Ringel bereits im Titel seiner grundlegenden Arbeit von 1953 behauptete, oder durch kommunikative Intervention Dritter (Angehörige, Interessengruppen, die Gesellschaft) – wohingegen die Inanspruchnahme der regulären Medizin bzw. palliativer Maßnahmen unverdächtig ist. Ein unbedingter Lebenswille wird als Norm gesetzt, der Verlust des Lebenswillens ist per se pathologisch, unabhängig von den Gegebenheiten.

2.2.3 Suizid und Suizidhilfe

Suizid ist der allgemein gebräuchliche Fachbegriff für die Selbsttötung eines Menschen und ersetzt die wertende Bezeichnung *Selbstmord*, die z. B. noch von der katholischen Kirche und ihr nahestehenden Akteuren verwendet wird. Der Begriff *Selbstmord* ist aber in der Alltagssprache und in den Massenmedien immer noch weit verbreitet – oft ohne die bewusste Absicht einer moralischen Wertung (damit ist die Verwendung des Begriffes per se kein zuverlässiger Indikator für eine moralische Verurteilung des Suizids). In der psychologischen oder seelsorglichen Kommunikation gibt es die Umschreibung *sich das Leben nehmen*. Der Ausdruck „Hand an sich legen" war ebenfalls lange gebräuchlich (das bekannte Buch von Jean Améry hat diesen Titel; vgl. Améry 1979), wird aber mittlerweile auch als Synonym für Masturbation verwendet und ist daher in manchen Kommunikationszusammenhängen anfällig für Missverständnisse.

Ein Suizid kann entweder alleine oder assistiert vollzogen werden. Bei einem assistierten Suizid hilft eine weitere Person dem Suizidwilligen, wenn er zur Umsetzung seiner Tat selbst nicht (mehr) in der Lage ist. Die Durchführung eines Suizids ist nicht trivial, vor allem ohne medizinische oder militärische Fachkenntnisse. Die Vermeidung oder Verhinderung von Suiziden gilt grundsätzlich als gesellschaftlich wünschenswertes Ziel. Infolgedessen wird unter anderem der Zugang zu geeigneten Methoden oder Hilfsmitteln erschwert oder unterbunden. Misslungene Suizidversuche ziehen immer wieder bleibende körperliche Schäden bis hin zur Schwerbehinderung nach sich. Ein Suizidhelfer kann dem Suizidwilligen Informationen zugänglich machen, indem er ihm z. B. ein Buch oder eine Internetseite empfiehlt. Er kann ihn bei der konkreten Planung und Umsetzung direkt beraten[71] und/oder geeignete Mittel verschaffen, die nicht allgemein verfügbar sind. Er kann während der Durchführung des Suizids anwesend sein und Teile der Handlung übernehmen – meist die Zubereitung einer tödlichen Medikamentenmischung, vielleicht auch die Platzierung einer Plastikhaube, die mit Kohlenmonoxid oder Helium gefüllt werden soll (Humphry: 132-139). Zentrales Merkmal eines Suizids ist es, dass die *Tatherrschaft* bei der suizidwilligen Person bleibt, im Unterschied zur Tötung auf Verlangen. Das scheint eine klare Definition zu sein, aber auch hier gibt es im Detail Ermessensspielräume, die in den letzten Jahren vor allem durch ärztliche Sterbehelfer ausgelotet wurden, wobei die Einschätzung von Staat zu Staat (und auch von Gericht zu Gericht) variie-

---

[71] Juristisch, organisatorisch, medizinisch – aufschlussreich ist z. B. der thematische Aufbau des Suizidratgebers „Last Exit" von Humphry, der alle wesentlichen Bereiche abdeckt.

ren kann. Ist die Tatherrschaft nur gegeben, wenn der Patient das Glas mit dem tödlichen Medikament selbst zum Mund führt? Oder genügt es, dass der Patient das Schlucken unterlassen oder die Flüssigkeit wieder ausspucken kann, wenn ein Sterbehelfer ihm das Glas an die Lippen setzt? Wie ist die Einschätzung beim Einsatz technischer Vorrichtungen bei stark beeinträchtigten Personen, die nicht einmal mehr schlucken können?[72] Ist die Tatherrschaft sichergestellt, wenn z. B. der Hahn eines Infusionsschlauchs bedient wird – wobei die Infusion vorher vom Helfer gelegt wurde – oder der Einschaltknopf einer Apparatur, die dann eine Spritze auslöst? Wer unterscheidet bei stark beeinträchtigten Personen, die nicht sprechen können, Schluckbeschwerden von einem plötzlichen Sinneswandel? Erschwert wird die Beantwortung solcher Fragen durch rechtliche Konstrukte wie die Garantenpflicht bzw. Garantenstellung, welche die Komplexität der Diskussion nochmals erhöhen.

2.2.4 Unterlassene Hilfeleistung und Garantenstellung

In der Sterbehilfedebatte ist manchmal davon die Rede, dass eine Person einer anderen zwar bei der Vorbereitung und Durchführung eines Suizidversuchs helfen dürfe, aber sofort nach Eintritt einer Bewusstlosigkeit zu Hilfsmaßnahmen verpflichtet sei, weil sie sich sonst einer unterlassenen Hilfeleistung schuldig machen könnte. Die neuere Rechtssprechungspraxis geht aber in die Richtung, dass das Unterlassen der Hilfe zulässig ist, wenn die Suizidabsicht eindeutig erkennbar bzw. bekannt ist (vgl. de Ridder: 263-264). Unterlassene Hilfeleistung bezeichnet zunächst das Sterbenlassen eines Menschen, der sich in einer lebensbedrohlichen Situation befindet, aus der er durch eine Handlung gerettet werden könnte und vor allem: gerettet werden will. Der Eintritt dieser Situation entzieht sich dem Einfluss des potentiellen Helfers. Hat er diese willentlich herbeigeführt, handelt es sich um Mord; nutzt er lediglich die für ihn günstige Gelegen-

---

72 Aufgrund einer Lähmung, einer weit fortgeschrittenen Muskelschwäche, einer starken Spastik, oder weil keine Speiseröhre mehr vorhanden ist.

heit, wird ein Ermessensbereich zwischen Mord und Totschlag eröffnet. Ein Beispiel: Die Erbtante stürzt mit dem Rollstuhl in einen Bach – der Begünstigte tut so, als ob er dies nicht bemerkt hätte und hilft ihr nicht, so dass sie ertrinkt. Solche Konstrukte kommen vermutlich selten real vor und sind dann schwer erkennbar oder nachweisbar; daneben gibt es aber ein weites Feld von Situationen in der organisierten Krankenbehandlung, welche Ermessensspielräume für Mediziner und Angehörige eröffnen und sich in einer Grauzone zur sonst breit akzeptierten passiven oder indirekten Sterbehilfe bewegen. Die Indikation von Wiederbelebungsmaßnahmen bei Herzstillstand oder der Gabe von Antibiotika bei Lungenentzündungen und anderen Begleiterkrankungen wird manchmal je nach Zielperson unterschiedlich bewertet, auch wenn dies aus Sicht eines konsequenten Lebensschutzes keine Rolle spielen dürfte: Bei *normalen* Kindern und Erwachsenen anders als bei Hochaltrigen, Wachkomapatienten, Frühgeborenen oder Neugeborenen mit starken Fehlbildungen. Im Fokus der deutschen Sterbehilfedebatte stehen aber ältere Menschen, und das Verständnis für eine vorzeitige Lebensbeendigung nimmt mit dem Alter der betreffenden Personen zu. Akzeptiert man das Primat des freien Willens und der Patientenautonomie, so ist das entscheidende Kriterium, dass für die potentiell hilfebedürftige Person ein Wille bzw. ein Interesse am Weiterleben vorausgesetzt wird.

> „Die deutsche Rechtsprechung betrachtet den Suizid grundsätzlich als Unglücksfall, der jeden Bürger zur Hilfeleistung verpflichtet, dem Arzt misst sie darüber hinaus eine Garantenstellung für das (Über)Leben des Suizidenten bei. Im Augenblick seiner Bewusstlosigkeit geht die sogenannte Tatherrschaft von ihm auf den Arzt über. [...] Im Lichte der heutigen Rechtsprechung müssten frei verantwortliche Suizide hiervon ausgenommen sein. Die Rechtsprechung hat sich nämlich dahin entwickelt, im Garanten nicht nur allein den Garanten für das Weiterleben, sondern den Garanten für die Umsetzung des Patientenwillens zu sehen." (de Ridder: 263-264, ähnlich Borasio: 169)

Solche Überlegungen sind im Prinzip bedeutungslos, wenn man Suizide generell für unzulässig hält und das Leben als ein unter allen Umständen schützenswertes Gut betrachtet, selbst wenn dessen Träger dies anders sieht. Aus Sicht z. B. der beiden großen Kirchen oder anderer Mitwirkender am Nationalen Suizidpräventionsprogramm liegt es immer im Interesse einer Person, dass sie von einem Suizid abgehalten wird – aufgrund eines grundsätzlichen, absoluten, übergreifenden Lebensinteresses, welches über einem momentanen Handlungsimpuls steht. Beispielsweise wird ihr ein zukünftiger Lebensabschnitt ermöglicht, in dem sie wieder einen Lebenswillen hat und den Suizidversuch zurückschauend bedauern wird (postdecision regret, siehe Kapitel 3.1.8). Glaubt man an ein Totengericht, wird die Person vor einer Bestrafung oder vielleicht sogar der ewigen Verdammnis bewahrt (vgl. Kapitel 3.1.5).

2.2.5 Mord und Totschlag

Geschieht die Tötung eines Menschen gegen seinen Willen bzw. gegen sein Interesse, hat dies nichts mit Sterbehilfe zu tun, sondern es handelt sich um Mord oder Totschlag. Das gilt auch für die Tötungsprogramme in Deutschland zur Zeit des Nationalsozialismus, die zur Tarnung und aus Zynismus als Euthanasie etikettiert wurden. Ein Mord ist in Deutschland u. a. dadurch definiert, dass er geplant, heimtückisch und aus niedrigen Beweggründen vorgenommen wird.[73] Im Umfeld der Sterbehilfedebatte werden auch spektakuläre Fälle angesiedelt, in denen klinisches Pflegepersonal Patienten in großer Zahl getötet hat (vgl. Beine 1998, Schreiner 2001). Die zugeschriebenen Beweggründe können je nach Beobachter weit auseinander liegen. Der/die Pfleger(in) leistete aus Mitleid Sterbehilfe und erlöste Patienten von ihren Qualen, oder aber er/sie ermordete ahnungslose Patienten aus Geltungssucht, Machtstreben, Lust am Töten. Dazwischen würden Motive liegen, die zwar als unangemessen und verwerflich gewertet werden können, aber nicht als niedrige Beweggründe gelten. Sehr häufig geht es um Mitleid, das in der Fallbeschreibung meist als falsch verstandenes Mitleid markiert wird; denkbar wäre aber auch

---

[73] Vgl. die exakte Definition in § 211 StGB; dort wird nicht die Mordtat als solche definiert, es wird vielmehr der Mörder bzw. seine Persönlichkeit charakterisiert.

eine exotische moralische und/oder religiöse Orientierung, die nicht als psychische Störung klassifiziert werden kann. Ein fehlender Nachweis niedriger Beweggründe kann als mildernder Umstand gewertet werden und eine Herabstufung der Tat zum Totschlag ermöglichen. Dieser ist definiert als die Tötung eines Menschen im Affekt, also ungeplant bzw. spontan, begünstigt durch starke Emotionen (Wut, Hass, starke Angstzustände) oder unter Drogeneinfluss (meist: Alkohol). Am Beispiel von Patiententötung wäre das eine ungeplante, aber absichtliche Überdosierung eines Medikaments im Zuge einer akuten Krise.

2.2.6 Natürliches und unnatürliches Sterben

Die Klassifikation von Handlungen oder Ereignissen als natürlich oder unnatürlich ist für die meisten Zwecke analytisch unbrauchbar, da die Unterscheidungskriterien unklar sind. Es existieren verschiedene philosophische Vorstellungen davon, was natürlich ist bzw. was Natur ist und wovon sie sich unterscheidet. Bestechend einfach ist die Charakterisierung von Meyer-Abich, Natur sei „nach heutigem Verständnis ungefähr die grüne Welt, die man vor dem Fenster hat oder dort vermißt." (Meyer-Abich in RGG 6:98). Ob und inwieweit der Mensch, menschliches Handeln, Gesellschaft und Kultur Teil oder Gegenstück der Natur sind, muss spezifiziert werden. Einfacher ist die Situation, wenn der Verwender des Attributes *natürlich* konkrete Kriterien definiert hat. Ein Beispiel wäre die medizinische Unterscheidung zwischen einem natürlichen und einem nichtnatürlichen Tod bei der Todesursachenfeststellung:

> „'Natürlich' ist ein Tod aus innerer, krankhafter Ursache, bei dem der Verstorbene an einer bestimmt zu bezeichnenden Erkrankung gelitten hat und mit dem Ableben zu rechnen war; der Tod trat völlig unabhängig von rechtlich bedeutsamen äußeren Faktoren ein. [...] 'Nichtnatürlich' ist demgegenüber ein Todesfall, der auf ein von außen verursachtes, ausgelöstes oder beeinflusstes Geschehen zurückzuführen ist, unabhängig davon, ob dieses selbst- oder fremdverschuldet ist." (Madea/Rothschild 2010: 581-582)

Alltagssprachlich ist *natürlich* der Gegenbegriff zu *künstlich* im Sinne Meyer-Abichs grüner Welt vor dem Fenster und meint damit authentische, unveränderte bzw. unverfälschte, urwüchsige Objekte, Zustände oder Handlungen, wobei offen gelassen wird, ob damit jeglicher menschlicher bzw. kultureller Einfluss ausgeschlossen wird oder er zum Teil enthalten sein kann. Oft wird Natürlichkeit als Kontinuum aufgefasst, so dass ein Gegenstand mehr oder weniger natürlich sein kann und keine scharfe Grenze erkennbar bzw. erforderlich ist. Auf jeden Fall ist eine Bezeichnung als *natürlich* tendenziell positiv besetzt. Im Zuge einer romantisierenden Sicht auf die Natur ist *natürlich* der positive Gegenbegriff zu *unnatürlich* im Sinne von technisch, künstlich, kalt, industriell, entfremdet. Setzt man als Gegenbegriff die schlichte Negation *unnatürlich* oder noch deutlicher *widernatürlich*, dann läuft die Unterscheidung Gefahr, lediglich als Synonym für *moralisch gut* bzw. *moralisch schlecht* zu fungieren, ohne analytischen Mehrwert.

Versteht man menschliche Eingriffe als unnatürlich, womöglich unter Einsatz technischer Apparaturen, so umfasst dies die meisten oder alle medizinischen Behandlungen – jede Spritze, jede Infusion, jede Operation, jede bildgebende Diagnostik, jede Schmerztablette. Konsequent wird die Differenz natürlich-unnatürlich auf medizinisches Handeln insgesamt selten angewendet, allenfalls mit der Unterscheidung der Naturheilkunde von der als weniger natürlich aufgefassten „Schulmedizin" seit den 1830er Jahren (vgl. Eckart: 224)[74]. Schöne-Seifert lehnt sowohl die Differenz *natürlich* ↔ *nichtnatürlich* als auch die Differenz *entgegen dem Willen Gottes* ↔ *nach dem Willen Gottes* ab,

> „weil man einerseits ein Merkmal braucht, um das Natürliche vom Unnatürlichen bzw. das von Gott Gewollte vom Nichtgewollten zu unterscheiden, und weil sich andererseits alles medizinische Eingreifen 'gegen die Natur' richtet."
> (Schöne-Seifert: 70)

---

[74] Tatsächlich gab und gibt es vereinzelt den Anspruch religiöser Sondergruppen, auf ärztliche Behandlungen zu verzichten und allein auf das Gebet und das Wirken Gottes oder anderer höherer geistiger Mächte zu vertrauen. Siehe z. B.: www.christian-science.de

Auffallend häufig wird der Begriff *Natur* bzw. *natürlich* im katholischen Katechismus verwendet, allerdings findet sich dort keine Definition des Begriffes. Gemeint ist damit aber offensichtlich der von Gott gewollte Idealzustand – im Sinne des ethischen Konzeptes der ontologischen Teleologie, wonach *die Natur* die einem Geschöpf, einem Prozess oder einer Handlung innewohnende Wesenhaftigkeit ist (vgl. Hübental in Düwell et al.: 62-63). Auch hier entsteht der Eindruck, dass mit dem Attribut *natürlich* überwiegend die positive moralische Bewertung des jeweiligen Gegenstandes verstärkt wird und es damit als Synonym für *gut*, *authentisch* oder *richtig* fungiert. Zur Illustration dieser Überlegungen seien einige Ausführungen zum Tod aus dem katholischen Katechismus wiedergegeben:

> „In einer bestimmten Hinsicht ist der leibliche Tod natürlich; für den Glauben aber ist er ein 'Lohn der Sünde' (Röm 6,23). Und für jene, die in der Gnade Christi sterben, ist der Tod ein Hineingenommenwerden in den Tod des Herrn, um auch an seiner Auferstehung teilnehmen zu können." (KKK 1006)

> „Der Tod ist *das Ende des irdischen Lebens.* Unser Leben dauert eine gewisse Zeit, in deren Lauf wir uns verändern und altern. Unser Tod erscheint wie bei allen Lebewesen der Erde als natürliches Lebensende." (KKK 1007)

> „Der Tod ist *Folge der Sünde.* Als authentischer Ausleger der Aussagen der Heiligen Schrift und der Überlieferung lehrt das Lehramt der Kirche, daß der Tod in die Welt gekommen ist, weil der Mensch gesündigt hat. Obwohl der Mensch eine sterbliche Natur besaß, bestimmte ihn der Schöpfer nicht zum Sterben. Der Tod widerspricht somit den Ratschlüssen Gottes, des Schöpfers. Er hielt als Folge der Sünde in die Welt Einzug." (KKK 1008)

Wendet man die Differenz natürlich/nichtnatürlich auf das Sterben an, muss zwischen der medizinischen Definition und dem Alltagsverständnis unterschieden werden. Die medizinische Sicht (und nur diese) ist kurz und eindeutig: *Natürlich* ist alles außer Unfall, Mord und Totschlag und vorzeitige Lebensbeendigung durch Suizid oder Tötung auf Verlangen. Wendet man das Alltagsverständnis an, wird die Differenz untauglich und der romantische Aspekt des Natürlichen tritt offen zutage. In einer Radiodiskussion[75] waren sich Macho und Eibach einig, früher sei weniger gelitten worden als heute, weil Leidenszustände durch die Intensivmedizin neu erzeugt bzw. künstlich verlängert würden (ähnlich Gronemeyer: 209). Diese Diagnose erscheint aufgrund einiger weniger Überlegungen zweifelhaft: Einerseits gab es vor dem 19. Jahrhundert keine Narkose und kaum wirksame Behandlungsmöglichkeiten für viele Krankheiten und Verletzungen, die heute als Bagatellen gelten – man denke nur an Karies und chronische Krankheiten wie Gicht, Rheuma oder Nieren- bzw. Gallensteine.[76] Hinzu kommen auch in vormodernen Zeiten Krebserkrankungen, an denen die Betroffenen weitgehend unbehandelt starben. Die von Gronemeyer angeführte vormoderne „Kenntnis von Substanzen zur Schmerzbekämpfung" (Gronemeyer: 209) dürfte kaum ein gleichwertiger oder gar besserer Ersatz gewesen sein, falls sie überhaupt verbreitet war. In einem Kontinuum von natürlich zu unnatürlich war die damalige Situation sicherlich natürlicher als die heutige. Dass sie mit weniger Leiden verbunden war, ist wohl mehr eine moderne Projektion. Allein der Aspekt, dass z. B. Krebs mangels Behandlung viel schneller zum Tod führte als heute, lässt nicht den Schluss zu, dass die Betroffenen weniger daran gelitten hätten; allenfalls war die Leidenszeit kürzer. Das *natürliche* Sterben an Brustkrebs oder einem Darmtumor – also ohne Operationen bzw. ohne aseptische Operationen unter Narkose, ohne Bestrahlung, Chemotherapie, Schmerzmedikation – überzeugt nicht als positiver Gegenentwurf zum heutigen *künstlichen* Sterben; die meisten Ärzte bekommen unbehandelte Spätstadien solcher Krankheiten nicht oder selten direkt zu Gesicht.[77] Möglicherweise könnte man das gesellschaftliche Todesursachenprofil vor der epidemiologischen Transition (hohe Kindersterblichkeit, Dominanz des Todes durch

---

75 SWR2 Forum am 13.10.2014 „Mein Tod gehört mir – wie sich die Einstellung zur Sterbehilfe verändert" mit Thomas Macho, Ulrich Eibach, Bettina Schöne-Seifert und Eggert Blum (Moderation).

76 Hoffmann zitiert in seiner Arbeit die Schilderungen Montaignes aus dem 16. Jahrhundert, der an einem Nierenstein litt, Hoffmann: 101-103.

77 Jedenfalls in Deutschland und anderen Ländern mit einem allgemein zugänglichen Gesundheitswesen.

Infektionskrankheiten bzw. sekundären Infektionen) dem heutigen Profil (Herz-Kreislauf-Erkrankungen und Krebs) als *natürlicher* gegenüberstellen. Wie in anderen gesellschaftlichen Bereichen (z. B. Familienideale) ist *natürlich* eine Projektionsfläche für die romantische Verklärung vermeintlicher früherer Zustände, die es in dieser Form nie oder nur vereinzelt gegeben hat.

2.2.7 Palliative Sedierung

Als letzte Möglichkeit der Sterbebegleitung und bessere Alternative zu einer vorzeitigen Lebensbeendigung wird von vielen Palliativmedizinern die palliative Sedierung vorgeschlagen, bei der das Bewusstsein des Patienten reduziert oder ganz ausgeschaltet wird. Dies soll dann erfolgen, wenn Symptome wie starke Schmerzen oder Atemnot in manchen Fällen doch nicht auf ein subjektiv erträgliches Ausmaß reduziert werden können. Damit wird das Weiterleben auf die Ebene einer weitgehend bewusstlosen Existenz heruntergefahren, wobei begründet werden muss, worin und für wen der Mehrwert besteht. Aus Sicht des Lebensschutzes wird mit der Sedierung der Wunsch nach einer vorzeitigen Lebensbeendigung abgewendet – der Patient ist nach medizinischen und den maßgeblichen religiösen Kriterien noch nicht gestorben, so dass der Vorgabe der Lebenserhaltung Genüge getan ist, sieht man von religiösen Positionen ab, die Schmerzen und Leiden als hinzunehmende oder sogar als dankbar anzunehmende Prüfung betrachten (vgl. zur Illustration die Leidenstheologie der Mutter Teresa, dargestellt z. B. bei Göttler 2010: 92-95). Eine Akzeptanz hängt aber auch davon ab, ob der Patient – das direkt betroffene oder möglicherweise zukünftig direkt betroffene Subjekt – im Vorfeld diese Art der temporären Weiterexistenz als erstrebenswerte Form des Lebens auffasst und als Unterschied zum Tod akzeptiert: Ist es auch in der gegenwärtigen Sicht des Subjekts eine *Lebensrettung*, wenn es damit rechnet, dass es im Falle schweren Leidens sediert und so noch ein paar Tage oder Wochen weiterleben wird, bevor dann der Tod in einer Weise eintritt, die von den Beobachtern als natürlich oder anderweitig wohlgeordnet akzeptiert wird? Nicht wenige würden – jetzt – sagen, dass man ihnen eine solche Episode ersparen könne.

Das Konzept der palliativen Sedierung wird auch von den Gegnern einer vorzeitigen Lebensbeendigung nicht einhellig als guter Kompromiss zwischen Leid und Tod gesehen. Vor allem einzelne religiöse Lebensschützer kritisieren, dass ein bewusstes Erleben – auch von Leid und Schmerzen – ein wichtiger Bestandteil des Sterbens sei und keineswegs durch die Medizin ausgeschaltet werden dürfe, was bis zu einer Romantisierung des Schmerzes als Teilhabe am Leiden Christi führen kann, wie es in der katholischen Mystik propagiert wird. Einen religiösen Sinn von Schmerz propagiert z. B. Gronemeyer und beklagt, dass „die traditionelle Auffassung, die im Schmerz einen Sinn suchte ausgelöscht wurde"; der Schmerz sei zu einem „Phänomen" gemacht worden, welches „ausgelöscht werden muss wie ein Waldbrand", obwohl es doch vormals als „Zeichen der widergöttlichen, disharmonischen und unvollkommenen Natur begriffen wurde" (Gronemeyer: 207). Eine palliative Sedierung kommt daher für ihn nicht in Frage:

> „Um welche Erfahrungen bringen wir uns, wenn wir dem Tod narkotisiert zu entkommen versuchen? Wahrscheinlich ist heute schon die Kraft eines Heiligen erforderlich, damit wir uns den letzten Weg bewusst zu erleben wieder zutrauen." (ders.: 211)

Personen, die eine solche Leidensromantik nicht teilen, dürften dagegen in Unruhe oder Angst geraten, wenn sie auf eine Palliativstation oder in ein Hospiz verbracht werden, wo ein derartiges Ideal handlungsleitend ist. In einer religiös pluralen Gesellschaft soll leiden dürfen, wer leiden will oder es für geboten hält; er wird aber auf wenig Verständnis stoßen, wenn er dies von Menschen einfordert, die keine derartige Spiritualität haben.

2.3 Wichtige Argumente in der Diskussion über „Sterbehilfe"

2.3.1 Die Unverfügbarkeit des menschlichen Lebens

Die katholische Kirche und die EKD vertreten überwiegend die Ansicht, dass der Mensch kein Recht habe, sein Leben selbst zu beenden, weil die Verfügungsgewalt alleine bei Gott liege (ausführlicher in Kapitel 3.1.5). Ähnliche Positionen dominieren auch im Judentum und im Islam; beispielsweise betont der Zentralrat der Muslime in Deutschland eine „Übereinstimmung mit vielen Punkten mit den Grundsätzen zur ärztlichen Sterbebegleitung der Bundesärztekammer sowie mit dem Standpunkt der katholischen und evangelischen Kirchen und der jüdischen Gemeinde" (Zentralrat der Muslime: 9-10). Wie in der katholischen Lehre gilt im Islam mehrheitlich der Suizid als schwere Sünde, da die Verfügungsgewalt über das persönliche Leben bei Gott liege.

Im Falle der christlichen Gemeinschaften, auf die sich die vorliegenden Analysen konzentrieren, wird die grundsätzliche Ablehnung des Suizids und der Tötung auf Verlangen aus der Bibel bzw. dem dadurch vermittelten göttlichen Willen abgeleitet. Diese Ableitung gründet wesentlich auf Augustinus (vgl. Fenner: 25ff., Frieß: 95). Eine direkte Bewertung des Suizids oder der Tötung auf Verlangen gibt es in den Texten der Bibel keine, die entsprechenden Schlussfolgerungen sind Ergebnis der Auslegung sowie der Zusammenführung unterschiedlicher Textstellen aus anderen Zusammenhängen. Die Auslegung von Bibelstellen und die inhaltliche Diskussion des Wahrheitsgehaltes unterschiedlicher Auslegungen ist Aufgabe der Theologie und nicht Gegenstand religionssoziologischer Betrachtungen. Anders verhält es sich mit der Betrachtung unterschiedlicher Auslegungspraxen innerhalb einer Religion bzw. einer religiösen Organisation, sei es im Laufe der geschichtlichen Entwicklung, zwischen bestimmten Konfessionen/Strömungen oder im internationalen Vergleich. So wird in der Debatte in Deutschland kaum zur Kenntnis genommen, dass z. B. die reformierten Kirchen der Niederlande und der Schweiz die dortigen Sterbehilferegelungen teilweise oder mehrheitlich unterstützen und dies ebenfalls theologisch bzw. anhand der Auslegung biblischer Texte begründen. Freilich gibt es auch in der Schweiz oder den Niederlanden andere Interpretationen bzw. dezidierte Gegenstimmen, deren Argumente der gemeinsamen Hauptlinie der großen Kirchen in Deutschland ähneln; unterschiedlich sind vor allem die Mehrheitsverhältnisse bezüglich der Hauptpositionen. Auf jeden Fall scheinen die theologischen Positionen bzw. Schlussfolgerungen nicht zwangsläufig zu sein (vgl. Frieß: 69ff.) – ein erwartbares Phänomen, wenn aktuelle gesellschaftliche Fragestellungen anhand der Aussagen heiliger Schriften beantwortet werden sollen, die aus anderen historischen und sozialen Kontexten stammen. Die Ableitung der Unverfügbarkeit menschlichen Lebens aus dem Willen Gottes kritisierte bereits David Hume im 18. Jahrhundert:

> „Wäre die Verfügung über menschliches Leben dem Allmächtigen derart als besondere Vorsehung vorbehalten, daß es einen Eingriff in sein Recht darstellte, wenn die Menschen über ihr eigenes Leben verfügen, dann würde es gleichermaßen verbrecherisch sein, für die Erhaltung wie für die Zerstörung des Lebens tätig zu sein. Wenn ich einen Stein abwehre, der auf meinen Kopf fallen will, durchkreuze ich den Naturablauf und greife in die besondere Vorsehung ein, indem ich mein Leben über die Zeitspanne hinaus verlängere, die er ihm durch die allgemeinen Gesetze der Materie und Bewegung bestimmt hatte." (Hume: 14-15)

Keineswegs kann die Unzulässigkeit einer vorzeitigen Lebensbeendigung direkt aus der Erwartung einer Weiterexistenz nach dem Tod abgeleitet werden. Feldmann bemerkt dazu:

> „In vielen Kulturen war die Vorstellung des Übergangs vom Reich der Lebenden in das Reich der Toten verankert. Die Tötung oder die Beschleunigung des Sterbevorgangs wurde wahrscheinlich eher als Gestaltung dieses Übergangs, und nicht als Vernichtung eines Individuums im modernen säkularisierten Sinn interpretiert." (Feldmann 2010: 159)

2.3.2 Die Irrationalität des Sterbewunsches

Dem Paradigma der Psychiatrie folgend ist jeder Suizidwunsch letztlich die Folge bzw. ein Symptom einer Depression (so Ringel bereits im Titel seiner Studie) und hat folglich keine tatsächliche Gültigkeit – er muss gedeutet bzw. umgedeutet werden. Dieser Wahrnehmungsmodus lässt sich auf den Sterbewunsch unheilbar Kranker ausdehnen (vgl. Eibach 2012): Der Wunsch nach Suizid oder Tötung folgt aus einer momentanen Verzweiflung und wird stets instrumentell geäußert (als Hilferuf, Appell, Anklage). Die angemessene Reaktion auf eine Bitte um Suizidhilfe ist verständnisvolle Gesprächsbereitschaft, um dem Patienten seine momentane Angst und Verzweiflung zu nehmen und dann die *wahre* Ursache des Todeswunsches identifizieren zu können. Falls es Anzeichen für konkrete Suizidabsichten gibt, muss die Umsetzung stets verhindert werden (vgl. Chehil/Kutcher: 129ff.); das Subjekt muss vor sich selbst geschützt werden, sein Leben steht damit als eigener Wert über seinem akut fehlgeleiteten Willen. Dieses Problemlösungsschema gilt nicht nur für den Akutfall; es ist die Basis der Arzt-Patienten-Kommunikation und vor allem der gängigen Programme zur Suizidprävention (international durch die WHO, national z. B. durch die Deutsche Gesellschaft für Suizidprävention oder das Bundesministerium für Gesundheit). Entsprechend stimmen fast zwei Drittel der befragten Hausärzte der Aussage zu: „Man sollte alles tun, um einen Suizid zu verhindern." (Tabelle 41, S. 224)

2.3.3 Die Irrelevanz der Lebensqualität

Die Berücksichtigung der Lebensqualität kann für grundsätzlich irrelevant erklärt werden, z. B. indem man dem Leben mit religiöser Begründung einen Absolutwert zuweist, der nicht mit anderen Aspekten gewichtet werden darf. Man kann die Bedeutung der Lebensqualität aber auch relativieren, indem man Regelkreismodelle der subjektiven Wahrnehmung der Lebensqualität postuliert (z. B. Headey und Wearing mit einem individuellen Sollwert als Persönlichkeitseigenschaft, nach Asendorpf: 245). Demnach gibt es keine Maßstäbe zur objektiven Beurteilung der Lebensqualität, bei konsequenter Auslegung auch innersubjektiv nicht. Jeder Mensch (oder in systemtheoretischer Terminologie: jedes psychische System) tendiert zu einer Grundzufriedenheit, welche an die individuellen Umstände angepasst wird. Nach einer Krise (z. B. dem Verlust der Kontinenz, eines Beines oder des Gehörs) nimmt die subjektiv wahrgenommene Lebensqualität zunächst rapide ab, nach einer gewissen Gewöhnungsphase findet sich das Subjekt aber mit den neuen Gegebenheiten ab und passt sich an diese an (es akkommodiert), was dann zu einer insgesamt positiven Einschätzung der Lebensqualität führt. Plausibel ist dieser Effekt, wenn man ein einmaliges Ereignis betrachtet, das von einer längeren Phase ohne Veränderungen gefolgt wird. Schwieriger könnte es bei Krankheitsverläufen werden, die durch eine stetige Verschlechterung bzw. eine rasche Abfolge von Schüben ohne lange Erholungsphasen geprägt sind, so dass weniger oder keine Zeit zur Anpassung der subjektiven Maßstäbe für eine akzeptable Lebensqualität bleibt. Unklar ist die Reichweite des Regelkreises, also die Frage, ob dies für alle Subjekte und alle Situationen angenommen werden kann. Es bleiben offensichtlich Fälle, in denen sich die betroffene Person doch nicht mit den neuen Gegebenheiten abfindet und ihr Leben beenden möchte.

Ein konkretes Beispiel für eine Lebenssituation, die von den meisten Außenstehenden spontan als objektiv eindeutig unakzeptabel eingestuft werden dürfte, ist das Locked-In-Syndrom – eine fast vollständige motorische Lähmung bei vollem Bewusstsein, oft als Endphase einer ALS-Erkrankung (manchmal auch infolge eines Unfalls oder eines Schlaganfalles); die Patienten müssen maschinell beatmet werden und können mit technischer Unterstützung kommunizieren – entweder über Augenbewegungen oder durch die Steuerung eines Computers mittels eines BCI.[78] Die meisten ALS-Patienten verfassen eine Patientenverfügung, welche eine künst-

---

[78] Brain-Computer-Interface; es werden die Hirnströme des Patienten gemessen und in Steuersignale übersetzt, z. B. für eine Computermaus.

liche Beatmung nach Ausfall der Atemmuskulatur ausschließt und sterben dann (vgl. Burchardi et. al in Schildmann/Vollmann: 175ff.). Bruno et al. befragten ALS-Patienten, die sich im Locked-In-Zustand befanden, und erhielten von 72% eine positive Einschätzung ihrer Gesamtsituation („global subjective well-being", Bruno et al. 2011). Anhand dieser Ergebnisse kommen sie zu dem Schluss, dass man Patienten, die vor der Entscheidung über eine künstliche Beatmung stehen, versichern könne, „that there is a high chance they will regain a happy meaningful life. End-of-life decisions, including euthanasia, should not be avoided, but a moratorium to allow a steady state to be reached should be proposed." (dies.: 1). Im Erhebungsdesign gibt es mögliche Stufen einer Stichprobenselektion, was die Autoren selbst thematisieren. Allerdings übergehen sie die erste Stufe: Grundsätzlich können nur diejenigen befragt werden, die einer maschinellen Beatmung zugestimmt haben – es ist plausibel, dass bereits die Zustimmung oder Ablehnung von den Ansprüchen an die eigene Lebensqualität beeinflusst wird bzw. wurde. Erhebungsgesamtheit waren außerdem nicht alle Locked-In-Patienten, sondern die Mitglieder der Patientenvereinigung ALIS (Association du Locked in Syndrome). Von den damals 168 Mitgliedern haben 91 (54%) an der Befragung teilgenommen, nach dem Ausschluss von 26 weiteren Personen aufgrund von zu vielen fehlenden Angaben blieben 65 (39%) übrig. Die Ausschöpfung ist damit zwar immer noch fast doppelt so hoch als die der Hausärztebefragung (siehe Kapitel 5.2), es ist in diesem speziellen Fall aber schwer vorstellbar, dass die Ausfallgründe unabhängig vom Zustand der Zielpersonen waren. Es liegt im Ermessen des Betrachters, ob er auf dieser Datenbasis der Zusicherung folgen würde, dass er eine hohe Chance auf eine gute Lebenszufriedenheit im Locked-In-Zustand hat. Und ob er von einer Patientenverfügung gegen eine künstliche Beatmung absehen und zunächst erst einmal den Eintritt des Locked-In-Zustandes zulassen würde.

Eine direkt betroffene Person, die jetzt eine Behandlungsentscheidung treffen muss, kann auf die zukünftige positive Wirkung des Regelkreises vertrauen. Das Risiko, das sie damit eingeht, hängt stark davon ab, ob im weiteren Verlauf ihrer Krankheit ihre Handlungs- bzw. Entscheidungsfähigkeit beeinträchtigt wird. Das Wissen um die grundsätzliche Möglichkeit einer vorzeitigen Lebensbeendigung kann hier für manche Menschen entlastend sein. Wenn der Regelkreis nicht wirkt wie erwartet bzw. erhofft und die betroffene Person nach Behandlung oder Zuwarten ihre Lebensqualität nicht akzeptabel findet, kann sie ihr Leben beenden bzw. die Beendigung einfordern. Im Falle des Locked-In-Syndroms ist die Situation dadurch komfortabel, dass man einen Behandlungsverzicht in Form der Abschaltung der maschinellen Beatmung verlangen kann, auch wenn das Abschalten der Apparatur die aktive Handlung eines Dritten ist.[79] Schwieriger ist es für Patienten, die ohne Maßnahmen weiterleben können, welche als medizinische Behandlung gelten, z. B. Menschen mit hoher Querschnittslähmung und selbstständiger Atmung; hier kann es zu Auseinandersetzungen hinsichtlich der Frage kommen, ob die Zufuhr von Nahrung und Flüssigkeit über Kanülen eine medizinische Behandlung ist oder eher pflegerisches Handeln, das keinesfalls unterlassen werden darf (vgl. de Ridder: 59ff.).

Der richtige Zeitpunkt für eine vorzeitige Lebensbeendigung im Falle einer schweren Krankheit ist für eine Risikokalkulation besonders wichtig, wenn man sich an einem Ort befindet, an dem vorzeitige Lebensbeendigung grundsätzlich verboten ist oder unterbunden wird. Dann ist man darauf angewiesen, selbstständig zur Planung und Durchführung der Tat in der Lage zu sein und kann nicht den weiteren Verlauf der Krankheit abwarten. Wenn die Krankheit die motorischen oder geistigen Fähigkeiten angreift, muss man den Suizid umsetzen, solange man noch handlungsfähig ist, auch wenn die Lebensqualität zu diesem Zeitpunkt noch akzeptabel ist. Handelt man zu früh, verschenkt man Lebenszeit – im Extremfall Monate oder Jahre: wenn man seine subjektiven Ansprüche gemäß dem

---

79 Zumindest nach der aktuellen Rechtslage in Deutschland; aufgrund der eingeschränkten Autonomie ist man letztlich von Entscheidungen und Handlungen der sozialen Umwelt abhängig.

Regelkreismodell nach einem vorübergehenden Tief schließlich akkommodiert hätte; wenn die Krankheit zum Stillstand gekommen wäre; wenn sich doch noch eine Heilungschance aufgetan hätte; wenn man sich schlicht verschätzt hat. Handelt man zu spät, verpasst man den richtigen Moment und gerät in eine unakzeptable Situation, in der man selbst nicht mehr hinreichend autonom bzw. handlungsfähig ist. Das eine Risiko besteht im Verlust wertvoller Lebenszeit, das andere Risiko in einem qualvollen Weiterleben und dem Verlust der Exit-Option. Zumindest für Menschen, die einen großen Wert auf die eigene Lebensqualität legen und einem Regelkreismodell nicht vertrauen möchten, kann allein die Option zur vorzeitigen Lebensbeendigung eine wichtige Entlastung sein. In der Schweiz oder im US-Bundesstaat Oregon nehmen viele Patienten, denen Suizidassistenz zugebilligt wird, diese schließlich doch nicht in Anspruch und sterben eines *natürlichen* Todes. Die Zubilligung hatte für sie die Funktion einer Art Sterbeversicherung im Wortsinn.

Setzt man das Leben als Absolutwert (z. B. als heilig), so ist die Anwendung der Lebensqualität als Kriterium für eine Entscheidung zwischen Tod oder Weiterleben grundsätzlich hinfällig, da bereits die Entscheidung per se moralisch unzulässig ist. Daraus folgt aber keineswegs Entscheidungssicherheit. Unklar ist beispielsweise die Auswirkung auf Entscheidungen zwischen zwei kurativen Behandlungsoptionen mit unterschiedlichen Überlebenswahrscheinlichkeiten. In letzter Konsequenz müsste stets die Option mit der größeren Überlebenswahrscheinlichkeit vorgezogen werden, was aber wiederum den Einsatz von Kalkulationen erfordert. Die Hingabe an das Schicksal oder die Hinnahme des göttlichen Willens befreit nicht von Entscheidungen im Detail – wenn festgestellt werden muss, welche Option die schicksalhafte ist oder dem göttlichen Willen entspricht. Eher wird eine moralische Einbettung bereitet, welche dem affinen Subjekt Gelassenheit vermittelt.

2.3.4 Informationsdefizite und persönliche Distanz zum Thema

Ein als irrig oder fehlerhaft markierbarer Wunsch nach Suizidhilfe oder Tötung kann auch rational entstehen – aus reiflicher Überlegung und mit klarem Verstand, aber unter Verwendung falscher Informationen. Eine solche unvollständige oder falsche Informationsbasis folgt im Wesentlichen aus zwei Ursachen: Erstens einem Mangel an fachlicher Information, meist über die Möglichkeiten moderner Palliativmedizin und Sterbebegleitung.[80] Zweitens aus einer zu großen persönlichen Distanz zum Gegenstand – danach haben die Befürworter von Suizid und Tötung auf Verlangen kaum oder unzureichende persönliche Erfahrungen mit Krankheit und Tod, sind eher jung und gesund und laufen daher Gefahr, ihre Meinung auf abstrakte Überlegungen oder persönliche Ängste vor der eigenen Endlichkeit zu gründen (eine Übersicht entsprechender Postulate bei Woellert/Schmiedebach: 70-71). In der Folge werden verzerrte Vorstellungen auf diejenigen Menschen projiziert, die tatsächlich betroffen sind. Es ist aber wahrscheinlich, dass sie ihre Meinung bei akuter Betroffenheit ändern werden bzw. voreilig getroffene Entscheidungen später bereuen werden.[81] Jüngere und gesündere Personen müssten demnach Maßnahmen zu einer vorzeitigen Lebensbeendigung eher befürworten als ältere, die schon Erfahrungen mit eigener Krankheit gemacht haben und/oder mit ihrer eigenen Sterblichkeit unmittelbar konfrontiert waren. Anhand der Ergebnisse der Hausärztebefragung konnte dies aber nicht bestätigt werden (vgl. Kapitel 5.8.5).

---

[80] Aus der „Stellungnahme der Deutschen Gesellschaft für Palliativmedizin zur aktuellen Sterbehilfe-Diskussion" vom 26.08.2014: „Die Erfahrungen der wissenschaftlichen Fachgesellschaft DGP zeigen, dass eine adäquate ambulante und stationäre Hospiz- und Palliativversorgung den Wunsch nach der Beihilfe zum Suizid in den allermeisten Fällen ausräumen kann".

[81] Insoweit dies dann überhaupt noch möglich ist; im Diesseits kann man entweder einen Suizidversuch oder das Unterlassen eines Suizids bereuen – für das Bereuen eines gelungenen Suizids ist eine Weiterexistenz nach dem Tod als Beobachtungspunkt erforderlich.

2.3.5 Sterbehilfe aus ökonomischem Interesse?

Einem typischen Argumentationsmuster folgend stellt z. B. Beine (Beine: 1998, aber auch Benzenhöfer: 125ff.) die Befürworter von Möglichkeiten der vorzeitigen Lebensbeendigung in eine Traditionslinie mit sozialökonomischen Argumentationen der Antike[82] und den Ermordungen von Patienten und Anstaltsinsassen ab 1940/41 im nationalsozialistischen Deutschland, die vorwiegend ökonomisch und, der völkischen Ideologie folgend, als notwendig zur *Reinhaltung der Rasse* begründet wurden. Die besonders in Deutschland häufig vorgebrachten Vergleiche mit den Taten der Nationalsozialisten wurden schon in den 90er Jahren von Hoerster zurückgewiesen:

> „Im Rahmen der Euthanasieaktionen der Nationalsozialisten wurden bekanntlich innerhalb weniger Jahre Zehntausende unschuldiger Menschen unter Mißachtung ihres Rechtes auf Leben mit der Begründung ihrer sozialen oder völkischen 'Nutzlosigkeit' ermordet. Es mag zwar der Fall sein, daß von dieser Aktion *auch* einige Individuen erfaßt wurden, deren Tötung unter dem Gesichtspunkt einer humanen Sterbehilferegelung vertretbar gewesen wäre. Eigentliches Kriterium für die Zulassung der Tötung war jedoch gerade nicht das Interesse des Betroffenen selbst, sondern das (sei es tatsächliche oder angebliche) Interesse der 'Volksgemeinschaft'." (Hoerster 1998: 125)

Viel eher plausibel ist eine ökonomische Motivation vorzeitiger Lebensbeendigung, wenn sie als Maßnahme zur Kostensenkung im Gesundheitswesen gesehen wird, indem die aufwändige und teure Betreuung, Pflege und Behandlung unproduktiver chronisch kranker oder/und sehr alter Menschen eingestellt wird. Allerdings sollte man hier bedenken, dass eine solche ökonomische Argumentation auch umgekehrt angewendet werden kann, wenn man die Interessen aller Akteure im Gesundheitswesen mit einbezieht. Hilfreich ist hier eine systemtheoretische Betrachtung der Medizin und daraus abgeleitet deren Verkoppelung mit dem Wirtschaftssystem. Luhmann begreift die Medizin bzw. das Gesundheitswesen als eigenes soziales Subsystem (Luhmann 1990, 183ff.). Dieses operiert ge-

---

[82] Wo sie aber, wiederum lt. Benzenhöfer, nicht weit verbreitet waren (ders.: 11ff.).

schlossen mit dem binären Code Krankheit/Gesundheit, wobei Krankheit der positive, anschlussfähige Wert des Codes ist, der sich von der Gesundheit als unbestimmtem Hintergrund abhebt:

> „Nur Krankheiten sind für den Arzt instruktiv, nur mit Krankheiten kann er etwas anfangen. Die Gesundheit gibt nichts zu tun, sie reflektiert allenfalls das, was fehlt, wenn jemand krank ist. Entsprechend gibt es viele Krankheiten und nur eine Gesundheit." (Luhmann 1990: 187)

Darin kann ein direkter Ansatzpunkt für eine Anspruchsinflation der modernen hochtechnisierten Krankenbehandlung abgeleitet werden, welche sich konkret in einer Tendenz zur Pathologisierung gesellschaftlicher Phänomene niederschlägt, wodurch der Kreis der Patienten immer mehr vergrößert wird.[83] Der Wunsch, das Leben von kranken oder anderweitig ökonomisch unproduktiven Menschen künstlich zu verkürzen, indem diese zum Suizid oder der Inanspruchnahme von Sterbehilfe verleitet oder gedrängt werden, ist aus der Perspektive des Wirtschaftssystems ohne weiteres denkbar – wenn der wirtschaftlichen Code Zahlung/Nichtzahlung handlungsleitend ist (vgl. Luhmann 1997: 359ff.). Dies ist aber nur eine Seite der ökonomischen Betrachtung, die Sicht der Kostenträger. Außer Acht gelassen wird, dass es auch Profiteure einer Lebenserhaltung gibt. Das Interesse der technisierten Medizin besteht im Einsatz aller zur Verfügung stehenden Mittel, solange diese bezahlt werden. Aus dieser Sicht lässt sich z. B. eine Pflegeeinrichtung zur Langzeitpflege von sogenannten Wachkomapatienten auch so deuten, dass sie faktisch Tote künstlich am Leben erhält; aus Eigeninteresse – als Arbeitsgrundlage und somit Existenzberechtigung; und im Interesse der Angehörigen, die an einer direkten Beziehung zum Quasi-Toten festhalten, weil sie nicht loslassen wollen. Solange die finanziellen Mittel zur Verfügung stehen, ist eine künstliche

---

83 Luhmann macht in seinem Aufsatz keine Ableitung dieser Art; vermutlich deshalb, weil die Entwicklung in diese Richtung für ihn noch nicht absehbar war – IGeL-Leistungen wurden 1998 eingeführt, das Abrechnungssystem mit Fallpauschalen nach diagnosebezogenen Fallgruppen 2003. Für die populärwissenschaftliche bzw. journalistische Rezeption dieses Themas vgl. Frances, Blech, Herbert oder Unschuld.

Lebensverlängerung und die Ausweitung der Krankenbehandlung ökonomisch rational (es wird sogar Wirtschaftswachstum generiert), und kann ebenfalls – genauso wie die künstliche Lebensverkürzung – gegen die Interessen der Patienten geschehen. Diese Sichtweise illustriert De Ridder im Zuge seiner Schilderung des Falles eines Patienten, der gegen den Willen seiner Angehörigen auf die Wachkomastation eines Pflegeheims verbracht wird:

> „Krankengymnasten dehnen beharrlich die Muskeln von seit Jahren im Koma liegenden Patienten und Logopädinnen tun ihr Möglichstes, ihnen, den lebenden Toten, irgendeinen Laut abzuringen. Krankenschwestern verabreichen ihnen voll bilanzierte hochkalorische Flüssigkost in großvolumigen Spritzen oder Tröpfen über eine durch die Bauchdecke gelegte PEG-Sonde. Vergeblich. Auf nichts von all dem, was Therapeuten, Schwestern und Pfleger hier versuchen, reagieren ihre Schützlinge. Doch alle, die hier Dienst tun, können und wollen diese Wahrheit nicht annehmen. Es würde ihrer Arbeit jeden Sinn nehmen. Nicht nur die Kranken, auch diejenigen, die sie versorgen, leben hier in einer fremden Welt. Einer Welt verbissenen Hoffens und surrealer Kommunikation, einer Welt kindlichen Wunderglaubens." (de Ridder 2010: 152)

Welche Seite der ökonomischen Betrachtung maßgeblich ist, kann hier nicht entschieden werden; möglicherweise werden nur zwei Facetten derselben Realität sichtbar. Es wird jedoch deutlich, dass die Unterordnung des Patienteninteresses unter ökonomische Interessen nicht genuin an die Befürwortung von Sterbehilfe gekoppelt ist, sondern auch mit ihrer Ablehnung einhergehen kann. Es ist sicher nicht abwegig, dass im Falle eines ausgeprägten Ressourcenmangels das wirtschaftliche Interesse an Lebensverkürzung die Oberhand gewinnen kann. Unter Umständen kann es in Gesellschaften mit starker sozialer Schichtung auch zu unterschiedlichen Schieflagen je nach Schicht kommen – während eine zahlungskräftige oder gut versicherte Mittel- bis Oberschicht überversorgt wird, kommt es in der Unterschicht zu einer Triage, welche letztlich zu einer Förderung lebensverkürzender Maßnahmen bei mittellosen und als unproduktiv klassifizierten Menschen führen kann – nicht zwangsläufig aus Menschenverachtung, sondern unter Umständen einfach nur als kleineres Übel im Sinne des Utilitarismus. Die Förderung lebensverkürzender Maßnahmen kann mehr oder weniger subtil erfolgen und entsprechend als sozialer Druck gedeutet werden. Es sei hier nochmals betont, dass in einer Gesellschaft keine Entscheidungen und Handlungen ohne sozialen Einfluss denkbar sind. Die Betonung der Vergeblichkeit einer Behandlung oder ihrer hohen Kosten für die Allgemeinheit kann ebenso als sozialer Druck gedeutet werden wie der Appell, die Krankheit zu erdulden, um die Angehörigen nicht im Stich zu lassen oder gar durch eine Selbsttötung zu traumatisieren.

Deutlicher treten diese Argumentationsstränge hervor, wenn Angehörige sich bezüglich der Fortsetzung oder Beendigung einer Therapie nicht einig sind und jeweils gegenseitig unlautere Motive vermuten – der Wunsch nach rascher Entsorgung eines zur Last gewordenen Mitmenschen (möglicherweise noch mit Blick auf einen früheren Antritt des Erbes) gegen ein verzweifeltes Klammern an die Vergangenheit auf Kosten des Kranken, dessen Leiden durch die Verweigerung des Todes in die Länge gezogen wird, unterstützt durch medizinische Dienstleister, die damit ihren Profit erwirtschaften. Die Argumentationsfiguren sind universal einsetzbar, auch bei der Bewertung eines schlichten Behandlungsverzichtes.

Eine weitere Quelle ökonomischen Drucks gegen einen assistierten Suizid ist das Versicherungsrecht. So schließen Risikolebensversicherungen meistens Leistungen für die Hinterbliebenen bei einem Suizid des Versicherungsnehmers aus. In Belgien wird ein Leistungsausschluss dadurch unterbunden, dass der Tod durch ärztlich assistierte vorzeitige Lebensbeendigung als natürliche Todesursache deklariert wird (Frieß: 62); in den Niederlanden gibt es eine dritte Kategorie neben den natürlichen und nichtnatürlichen Todesursachen, die bisher ebenfalls nicht zum Versicherungsausschluss geführt hat (ebd.). In Deutschland ist hingegen „ein Zurückschrecken des Patienten vor aktiver Sterbehilfe oder assistiertem Suizid und damit ein Weiterdulden schwerster Leiden [vorstellbar], allein um finanzielle Ansprüche aus einer Versicherung nicht zu verlieren."

(ebd.) Dies vor allem dann, wenn der Betroffene nicht oder nicht mehr dazu in der Lage ist, z. B. einen Verkehrsunfall zu inszenieren; oder weil eine solche Option aufgrund der damit verbundenen Risiken oder aus moralischen Erwägungen für ihn nicht in Frage kommt.

2.3.6 Schiefe Ebene oder Dammbruch

Argumente des Typus *schiefe Ebene* sind Varianten einer klassischen rhetorischen Figur und nicht auf die Sterbehilfedebatte begrenzt. Die schiefe Ebene ist an den englischen Begriff *slippery slope* angelehnt, der besser als rutschige oder schlüpfrige Ebene übersetzt werden kann. Alternativ wird auch vom moralischen bzw. gesellschaftlichen Dammbruch gesprochen. Charakteristisch für das Bild der schiefen oder rutschigen Ebene ist, dass eine einmal ausgelöste Bewegung zwangsläufig und unaufhaltsam den betroffenen Gegenstand nach unten führt. Die Kritiker einer Zulassung des assistierten Suizids oder der Tötung auf Verlangen befürchten, dass eine Liberalisierung der geltenden Regelungen eine Kette weiterer Liberalisierungen nach sich zieht und einen steigenden sozialen Druck auf kranke, alte und behinderte Menschen aufbaut. Die drei wesentlichen Einzelaspekte sind:

1. Quantitatives Wachstum: Nach einer Zulassung von assistiertem Suizid und/oder Tötung auf Verlangen wird die Zahl der Inanspruchnahmen stetig und stark zunehmen. Die vorzeitige Lebensbeendigung wird zum Normalfall, zur Norm.

2. Anspruchsinflation: Jede Lockerung gesetzlicher Regelungen wird den Wunsch nach weiteren Lockerungen nach sich ziehen. Immer mehr Aspekte bzw. immer mehr Einzelfälle werden in den Wirkungsbereich von assistiertem Suizid und Tötung auf Verlangen geraten. Als Indiz wird u. a. die Ausweitung des Hilfsanspruches auf Jugendliche und Kinder in den Niederlanden angeführt, oder die Suizidbegleitung für gesunde aber lebensmüde Hochaltrige durch EXIT in der Schweiz; weitere Stufen wären die Ausdehnung der Indikation auf geistig eingeschränkte Menschen

bzw. Behinderte und die Akzeptanz immer geringfügigerer Krankheiten und Beschwerden als „Unerträgliches Leiden" (Regionale Kontrollkommissionen: 21). Am Ende steht dann die unfreiwillige Tötung aller Menschen, die von der Gesellschaft oder der Regierung als unproduktiv oder anderweitig belastend klassifiziert worden sind.

3. Sozialer Druck: Die Möglichkeit und Bedeutungszunahme eines vorzeitigen Todes wird diesen bald als Wahlmöglichkeit erscheinen lassen, welche in die üblichen Kosten/Nutzen-Rechnungen einbezogen wird. Damit wird der Tod durch Suizid oder Handlungen Dritter (Ärzte, Sterbehelfer) zur gleichberechtigten Handlungsoption neben einer Weiterbehandlung oder einem begleiteten Sterben nach den Idealen der Hospizbewegung und der Palliativmedizin. Im unteren Abschnitt der schiefen Ebene wird der vorzeitige Tod als die beste Lösung für alle Beteiligten wahrgenommen; vor allem wird die betroffene Person zu einer Inanspruchnahme gedrängt, auch wenn sie eigentlich weiterleben will.

Argumente mit der Schiefen Ebene bzw. Dammbruch haben die Eigentümlichkeit, dass ihre Reichweite unscharf bleibt und sie deshalb nicht widerlegt werden können. Auch wenn nach dem Eintritt des vermeintlich auslösenden Ereignisses die befürchteten Folgen nicht nachweisbar sind, könnte sich dies schon bald ändern. Wochen, Monate oder Jahre ohne spürbaren Effekt wiegen die Gesellschaft in trügerischer Sicherheit, während bereits kaum wahrnehmbar der Rutschvorgang anläuft. Einzelereignisse können als Vorzeichen gedeutet werden. Damit operiert diese Art der Argumentation mit einer Katastrophe im Sinne Niklas Luhmanns (Luhmann 1991: 3-4). Bei der gesellschaftlichen Zulassung vorzeitiger Lebensbeendigung droht demnach eine vollkommen entsolidarisierte Gesellschaft, welche die *Euthanasie* genannten Mordprogramme des Nationalsozialismus wieder aufleben lässt und das Lebensrecht jedes Einzelnen am gesellschaftlichen Nutzwert bemisst.

Bei der – durchaus berechtigten – Kritik an Argumenten der Schiefen Ebene wird gerne übersehen, dass ihre Anwendung universal ist und sie in fast jeder Debatte von allen Positionen aus verwendet werden. Im Falle der Sterbehilfediskussion steht der Postulierung einer unaufhaltsamen Ausweitung der vorzeitigen Lebensbeendigung durch hedonistisch, ökonomisch oder atheistisch (oder alles zusammen) motivierte Akteure die Warnung vor einer theokratischen Gesellschaft gegenüber, in der christliche Fundamentalisten den liberalen Bürgern bzw. dem säkularen Staat ihr Regime aufzwingen, um ihre theologischen Positionen zu bekräftigen und alte Machtpositionen inklusive der Deutungshoheit über moralische Fragen zurück zu gewinnen. Prinzipiell sind Dammbrüche aber denkbar. Entscheidend ist vielmehr, ob eine Argumentation einigermaßen präzise ist, so dass sich die daran gekoppelten Prognosen inhaltlich und zeitlich festlegen und damit empirisch überprüfen lassen, auch wenn die Ergebnisse einer solchen Überprüfung wiederum nicht von allen Kritikern akzeptiert würden. Bei einer strikt religiös-moralisch begründeten Ablehnung der vorzeitigen Lebensbeendigung ist jeder Einzelfall eine Katastrophe und damit jede Art der Zunahme – selbst wenn sie ausschließlich Personen mit anderen moralischen Einstellungen betrifft. Luhmann bemerkt zu solchen Haltungen lakonisch:

> „Unter Inkaufnahme einer zirkulären Argumentation wollen wir deshalb von Katastrophen immer dann sprechen, wenn die Betroffenen sich weigern, sich von quantitativen Analysen überzeugen zu lassen." (Luhmann 1991: 159)

Ungeachtet dessen ist aber auch eine pauschale Zurückweisung von Argumenten der schiefen Ebene unangemessen; sie kann ebenso als rhetorische Figur missbraucht werden wie die schiefe Ebene selbst.

Wie kann man empirisch überprüfen, ob eine Zunahme von Suiziden oder assistierter Lebensbeendigungen auf das Einsetzen einer schiefen Ebene hinweist? Derzeit wird überwiegend mit der absoluten Zunahme der Fallzahlen von assistiertem Suizid und/oder Tötung auf Verlangen argumentiert. Das ist wenig aussagekräftig, da ein Anstieg solcher Fälle nach der Einführung bzw. Zulassung einer entsprechenden Praxis erwartbar und trivial ist - die Einführung erfolgt ja als Reaktion auf eine Nachfrage und bedient diese oder holt Fälle, die bis dahin im Verborgenen abgewickelt wurden, an die Öffentlichkeit. Die Frage ist, ab wann von einer Sättigung bzw. darüber hinaus von einem Abrutschen ausgegangen werden kann. Als Vergleichsbasis müsste die Anzahl der Fälle gelten, die bisher eine solche Praxis in Anspruch genommen hätten, es aber mangels Möglichkeit nicht getan haben. Die Verfechter der vorzeitigen Lebensbeendigung gehen davon aus, dass aktuell sehr viele Menschen unnötig oder falsch behandelt werden und große Leiden beim Sterben erdulden müssen, weil sie keinen Zugang zu einer angemessenen palliativen Versorgung haben oder weil ihr Krankheitsbild dieser nicht zugänglich ist. Wenn für alle diese Fälle die Grunderkrankung als Todesursache durch eine Variante der vorzeitigen Lebensbeendigung ersetzt würde, wäre das eine positive Entwicklung, da ja die Anzahl passiv erduldeter leidvoller Sterbeverläufe reduziert würde – um den Preis einiger Wochen oder Monate mit geringer Lebensqualität für jeden Einzelfall. Konsequent ist die Schweizer Statistikbehörde (BFS) 2008 dazu übergegangen, die assistierten Suizide im Rahmen der Sterbehilfe – also bei Vorliegen einer ärztlich attestierten schweren Krankheit – nicht mehr als Suizide im herkömmlichen Sinn zu werten, sondern bei der Todesursachenfeststellung der Grunderkrankung zuzurechnen. Wenn also eine Person mit Lungenkrebs im Endstadium einen assistierten Suizid begeht, ist nicht der Suizid die primäre Todesursache, sondern die Krebserkrankung. Eine Verschleierung der Sterbehilfepraxis ist das nicht, da diese Fälle gesondert ausgewiesen werden, aber eben nicht mehr in der regulären Suizidstatistik. Nun gibt es aber keine Anhaltspunkte für die gegenwärtige tatsächliche Anzahl leidvoller Sterbeverläufe. Die organisierte Krankenbehandlung wird dazu tendieren, diese möglichst niedrig anzusetzen oder als Ausnahmen zu deklarieren, um die eigenen Ansprüche und Möglichkeiten nicht in Frage stellen zu müssen.[84]

---

84   Es gibt in Deutschland angeblich auch nur sehr wenige ärztliche Kunstfehler – vgl. die Kritik an der deutschen Leichenschaupraxis durch Madea/Rothschild: „In der epidemiologischen Forschung werden für Deutschland 17 500 Todesfälle pro Jahr in Folge von Behandlungsfehlern vermutet – diese Daten stehen im Ein-

Kritiker der aktuellen Zustände halten leidvolle Verläufe für den Regelfall oder zumindest für sehr häufig. Der obligatorische Appell von Politikern und Ärztefunktionären, dass das Angebot palliativmedizinischer Maßnahmen ausgebaut werden müsse,[85] kommuniziert ja gleichzeitig mit, dass es aktuell keine flächendeckende Versorgung gibt und folglich viele Menschen eben ohne diese Art der Versorgung sterben (vgl. Streckeisen in Saake, Vogd 2008: 203-209; Woellert/Schmiedebach: 84-87). Ob es um wenige Einzelfälle oder um Zehntausende oder Hunderttausende Fälle geht, bleibt Spekulation. Eine abschließende Evaluation des Sterbeverlaufes aus Sicht der Betroffenen ist nicht möglich, man kann nur auf die Einschätzungen der übrigen Beteiligten zurückgreifen: Die Akteure der organisierten Krankenbehandlung (Ärzte und Pflegepersonal, vor allem aber Führungskräfte und Funktionäre) werden ihre Arbeit tendenziell positiv bewerten; die Angehörigen sind nach dem Tod eines Schwerkranken meist froh, dass sie die Episode überstanden haben – die Sicht darauf wird je nach Persönlichkeit stark variieren. Eine nachlaufende Befragung mit dem Anspruch valider Ergebnisse dürfte insgesamt schwierig zu realisieren sein.

Ein weiterer Anhaltspunkt für Auswirkungen vorzeitiger Lebensbeendigungen ist das durchschnittliche Sterbealter. In der positiven (von den Befürwortern intendierten) Variante würden leidvolle Sterbeprozesse abgekürzt, so dass es insgesamt einen Rückgang der mittleren Lebensdauer von einigen Wochen bis zu einigen Monaten geben würde. Umfragen müssten eine gleichzeitige leichte Verbesserung der subjektiven Lebensqualität bzw. der Lebenszufriedenheit Hochaltriger und Schwerkranker feststellen können – diese ist für die Befürworter vorzeitiger Lebensbeen-

---

klang mit der internationalen Datenlage – während das Statistische Bundesamt für 2007 lediglich 399 Todesfälle als Komplikationen der medizinischen und chirurgischen Behandlung angibt (4, 22). Hier besteht offensichtlich eine erhebliche Dunkelziffer." (Madea/Rothschild 2010: 580).

[85]   Z. B. in der Begründung des Gesetzesentwurfs von Brand, Högl et al., siehe Kapitel 3.4.3.

digung ja zentral. Ob die Betroffenen einen sozialen Druck verspüren, kann mit erfragt werden; wenn man jedoch eine grundsätzliche Manipulierbarkeit Alter und Kranker vermutet, könnte bereits das Antwortverhalten schon als Ergebnis solcher Manipulationen gedeutet werden. Es bleibt immer Raum für Zweifel an Umfrageergebnissen. Abgesehen von methodischer Grundsatzkritik kann man einige Eckpunkte postulieren: Im Zuge eines Effektes der schiefen Ebene müsste das Sterbealter zurückgehen, da Kranke und vor allem Hochaltrige bevorzugt zu einer Lebensbeendigung gedrängt würden. Umfragen müssten ebenso verstärkte Ängste und Befürchtungen feststellen, mindestens bei denjenigen, die Lebensbeendigungspraxen ablehnen.

2.3.7 Freiheit und Selbstbestimmung des Menschen

Diese Position geht von der grundsätzlichen Autonomie des Menschen aus, welche auch das Recht beinhaltet, das eigene Leben selbst zu beenden. Dabei werden Autonomie und Freiheit nicht nur als Rechtsanspruch gesehen, sondern vor allem als anthropologische Gegebenheit. Der Mensch ist nicht in erster Linie Gegenstand äußerer Umstände, gesellschaftlicher, zwischenmenschlicher oder transzendenter Einflüsse,[86] sondern letztlich immer dazu in der Lage, im Rahmen der Gegebenheiten freie Entscheidungen zu treffen. Dies ist die Gegenposition zu einer Ablehnung von Suizid und Tötung auf Verlangen, die Verpflichtungen gegenüber Mitmenschen (Angehörige), der Gesellschaft (Kranke, Alte, Behinderte etc.) oder Gott postuliert und eine Entscheidung für ein vorzeitiges Beenden des Lebens grundsätzlich als Ergebnis von Fremdbestimmung interpretiert, da es undenkbar ist, dass ein frei verantwortlicher Mensch tatsächlich sein Leben vorzeitig beenden möchte. Die Analyse wird durch

---

[86] Höhere Mächte im Sinne Riesebrodts: Gott, Götter, Dämonen; oder das Schicksal, solange der Begriff nicht als Metapher für den Zufall verwendet wird, sondern eine Determinierung der Geschehnisse und/oder ihre Einbettung in einen übergeordneten Plan bezeichnet.

die Unterbestimmtheit des Freiheitsbegriffes erschwert.[87] Bei vielen Einzeldebatten müsste zunächst geklärt werden, was genau die einzelnen Teilnehmer unter Freiheit verstehen. Konzentriert man sich mehr auf den Aspekt der Patientenautonomie, ist die subjektive Wahrnehmung der Patienten entscheidend, die sich am besten in der Negation definieren lässt: Nicht frei ist, wer den Eindruck hat, Überredung, Drohung, Zwang, Gewalt oder anderen Formen von Beeinflussung oder Beeinflussungsversuchen ausgesetzt zu sein. Blinder Fleck dieses Kriteriums ist eine unbemerkte Beeinflussung. Die Relativierung einer Patientenentscheidung aufgrund der Vermutung einer vom Patienten selbst unbemerkten Beeinflussung kann wiederum auf einem Kontinuum zwischen genuiner Fürsorge[88] und Paternalismus eingeordnet werden.

2.3.8 Sterbehilfe als Risiko

Etliche Vorschläge zur Regelung der Sterbehilfe möchten Suizidbeihilfe als Ausnahme im Einzelfall zulassen, verneinen aber eine geschäftsmäßige (organisierte, regelmäßige) oder gewerbsmäßige Unterstützung suizidwilliger Personen (siehe hierzu den Gesetzesentwurf von Brand et. al. in Kapitel 3.4.3, der Ende 2015 vom Bundestag angenommen wurde und seit Anfang 2016 in Kraft ist). Vorrangig soll damit der Ausnahmecharakter der vorzeitigen Lebensbeendigung betont und bewahrt bleiben, um das Risiko einer Ausweitung der Praxis zu vermeiden. Voraussetzung hierfür ist, dass eine solche Ausweitung grundsätzlich als Schaden gedeutet wird. Nun ist nach einer Liberalisierung tatsächlich eine Zunahme der Anwendungsfälle zu erwarten; aus der Sicht der Befürworter ist das jedoch zunächst keine Fehlentwicklung, da es ja einen Bedarf gibt, der nun gedeckt wird und die Betroffenen einen Anspruch auf Hilfe haben. Eine Fehlent-

---

[87] Für eine kurze Übersicht der philosophischen Rezeption des Freiheitsbegriffes z. B. Wildfeuer in Düwell et al.: 358-365.

[88] Eine Fürsorge, die vollständig im Interesse des Patienten liegt; aber auch hier könnte wieder eine objektive von einer subjektiven Komponente unterschieden werden.

wicklung jenseits der pauschalen Ablehnung würde darin bestehen, dass die organisierte Suizidhilfe nach ihrer Etablierung beginnt, über den vorhandenen Bedarf hinaus zu wachsen; indem neue Zielgruppen bzw. Märkte erschlossen werden (in der Terminologie des Wirtschaftssystems). Eine wichtige Aufgabe würde darin bestehen, den Punkt der Sättigung des ursprünglich fokussierten Bedarfs zu erkennen und einer Ausweitung gegenzusteuern. Wenig überzeugend ist es, wenn angesichts anfänglich hoher Wachstumsraten auf niedrigem Niveau sofort ein Dammbruch diagnostiziert wird, da diese nach Einführung bzw. Zulassung im Zuge der Etablierung erwartbar sind. Rechentechnisch ist das einfach: Im ersten Jahr 100 Fälle, im zweiten 300 – das ist eine Verdreifachung und für einen Alarm gut geeignet. Doch es gibt kein objektives Kriterium für die tatsächliche Alarmschwelle. In der Schweiz wuchs die Zahl assistierter Suizide bis 2008 verhältnismäßig langsam an, seitdem hat sich das Wachstum beschleunigt (Tabelle 12 auf Seite 160). In den Niederlanden wächst die Zahl der Tötungen auf Verlangen stetig an (Kapitel 3.3.6). Viele Kritiker der jeweiligen Praxis sehen den Damm gebrochen, Befürworter sehen hingegen keinen Grund zur Beunruhigung (vgl. van Loenen: 143ff., Borasio/Jox/Taupitz/Wiesing: 56-60).

Ein eher banales Risiko wird hierbei oft übersehen: Wird Suizidassistenz tatsächlich nur selten und als Ausnahme praktiziert, besteht ein höheres Risiko von Fehlern bei der Durchführung. Geschäftsmäßigkeit und Regelmäßigkeit können gute Voraussetzungen für eine professionelle Suizidassistenz sein, eine organisierte Sterbehilfe wäre demnach geradezu erstrebenswert. Für Menschen, die für sich ernsthaft Suizidassistenz wünschen, dürfte es eher beruhigend sein, wenn sie sich an eine Organisation oder Einzelperson wenden können, die mit der Thematik Erfahrung hat und bei der vor allem von vornherein klar ist, dass sie der gewünschte Ansprechpartner für das Anliegen ist. Die Markierung der Geschäftsmäßigkeit und Regelmäßigkeit als zusätzliche Bedrohungsdimension oder Eskalationsstufe findet aus der Perspektive der ohnehin konsequenten Ablehnung jeglicher Suizidhilfe statt; sie ist damit eher ein Sekundärargument. Das unmoralische Wesen einer Handlung wird im Empfinden missbilligender Beobachter oft durch eine organisierte bzw. geschäftsmäßige Praktizierung betont und verstärkt. Planung, Organisation, Abrechnung, Bürokratie, Technisierung oder Industrialisierung werden zu negativen Attributen.

Komplexer ist die Bewertung der Gewerbsmäßigkeit. Die gewerbsmäßige Ausübung einer Praxis findet im ökonomischen System statt und unterliegt damit der ökonomischen Logik der Profiterwirtschaftung mit dem binären Code Zahlung versus Nichtzahlung (vgl. Luhmann 1997: 359ff.). Das bedeutet, dass diesem Code sämtliche anderen Kriterien untergeordnet sind; im Falle der Suizidhilfe wären das andere ggf. *tatsächliche* Anliegen der Akteure.[89] Das kann kritisiert werden, die Kritik ist dann aber grundsätzlich und zielt in der Konsequenz auf sämtliche gesellschaftlichen Entwicklungen, die gemeinhin unter dem Schlagwort Ökonomisierung behandelt werden. Im wirtschaftsliberalen Paradigma ist die ökonomische Organisation eines gesellschaftlichen Bereichs Garant für dessen Effektivität, wodurch am Ende alle Beteiligten profitieren würden. Man kann das mit guten Gründen anzweifeln, wie die Debatte um die Ökonomisierung des Gesundheitswesens zeigt (vgl. Huster 26-27, allgemeiner Lieb et al. oder Unschuld). Ein einfaches Beispiel sind Überbehandlungen aufgrund der wirtschaftlichen Bedürfnisse z. B. einer Facharztpraxis oder eines Klinikums: Bei unklarer Diagnose ist aus rein medizinischer Sicht oft *Zuwarten* die beste Reaktion, aus betriebswirtschaftlicher Sicht wird aber schließlich – mehr oder weniger nachdrücklich – eine aufwändige Operation angeraten. Dieselbe Gefahr kann bei einer geschäftsmäßigen Suizidassistenz erwartet werden. Eine Einrichtung, die ihren Unterhalt mit Suizidfällen verdient, könnte dazu neigen, im Zweifelsfall zu einem Suizid zu raten – sei es aus eigenem Profitstreben oder weil sie sich dazu gezwungen sieht. Dies ist aber, wie bereits erörtert, kein spezielles Problem

---

[89] Sämtliche Anliegen der Akteure können wiederum je nach Beobachter begrüßt oder abgelehnt werden – sei es Mitgefühl, Beistand gegen Bevormundung oder aber Machtstreben.

der Suizidhilfe. Die Anwendung ökonomischer Logik ist für jeden gesell-schaftlichen Bereich riskant und es gibt Instrumente, mit denen Fehlent-wicklungen verhindert oder erkannt werden sollen: Vorschriften, Regulie-rungen, Gesetze, Dokumentationspflichten, Handlungsanweisungen. Sämtliche Themen im Umfeld von Krankheit, Sterben und Tod unterlie-gen ökonomischen Einflüssen. Im Grundsatz ist das trivial – entscheidend sind deren Art und Ausmaß. Die Umgestaltung des Medizinsystems bzw. des Gesundheitswesens in eine Gesundheitswirtschaft ist weit vorange-schritten und wird von ihren Befürwortern und Profiteuren mit Nachdruck betrieben. Der Patient wird zum Kunden, die Heilung zur Dienstleistung; die Angst des Individuums vor Krankheit, Siechtum und Tod verheißt und ermöglicht immense Profite.[90] Die Suizidbeihilfe ist hier ein Angebot neben vielen anderen und steht mit diesen teilweise in Konkurrenz. Der Suizid eines Tumorpatienten einige Wochen vor dem prognostizierten Tod mag einen Umsatzverlust von mehreren Zehntausend Euro für die behan-delnde Klinik und die Pharmaindustrie bedeuten; und gleichzeitig wäre das die entsprechende Kostenersparnis für die zuständige Krankenkasse; abgesehen davon, dass ggf. für einen beteiligten Arzt die Sammlung von OP-Erfahrungen für seine weitere Karriere verzögert wird.

2.3.9 Die Reichweite religiöser Argumente

Das wichtigste Problem religiös bzw. theologisch begründeter moralischer Regeln ist, dass sie in einem säkularen Staat mit Religionsfreiheit nicht allgemein verbindlich sein können (vgl. Hoerster: 154ff.); genuin religiöse bzw. theologische Begründungen (z. B. der Wille Gottes) überzeugen nur innerhalb des jeweiligen Glaubenssystems bzw. die Mitglieder der ent-sprechenden religiösen Organisation. Dies ändert sich auch nicht mit dem Anspruch einer universalen Geltung religiöser Vorschriften und Begrün-dungen; z. B. derart, dass Wertesysteme grundsätzlich einer religiösen

---

[90] Ein anschauliches Beispiel ist die positive Rezeption der IGeL-Leistungen durch Jordt/Girr/Weiland.

Fundierung bedürfen, auch wenn sie sich ausdrücklich dagegen verwahren.

> „Das Ganze der Wirklichkeit gehört in den göttlichen Heilsplan hinein, dieser umfasst auch die nichtchristlichen Positionen, die alle an der Bestimmung der Gesamtwirklichkeit zum Heil teilhaben, und auch die christliche Position ist nur *in* dieser Gesamtsphäre ausgezeichnet, nicht aber ihr entnommen". (Herms in Düwell et al.: 528)

Solche Ansprüche sind rekursiv. Sie werden innerhalb des eigenen Glaubenssystems formuliert und erweitern dessen Reichweite nur in der Innenperspektive – sie erhöhen die innere Komplexität; darüber hinaus gehende Ansprüche müssen anderweitig begründet werden, wenn sie tatsächlich an Außenstehende gerichtet sind und nicht nur der internen Bekräftigung des eigenen Selbstverständnisses dienen sollen. Ein moralisches Gebot erhält seine äußere Relevanz nicht, weil es in einer heiligen Schrift steht, sondern weil es anhand äußerer Kriterien für gut befunden wird; weil es auch von Nichtgläubigen als vernünftig angesehen wird, sich bewährt hat und auf allgemeine Zustimmung stößt – ein Indiz hierfür kann wiederum sein, dass es so oder ähnlich auch bei anderen, als akzeptabel eingestuften Religionen vorkommt.

3 Suizid und vorzeitige Lebensbeendigung

3.1 Moralische und soziale Bewertung des Suizids

3.1.1 Suizid, Selbstmord oder Freitod

Die Bewertung des Phänomens Suizid reicht von einer rigorosen Ablehnung und Verurteilung bis hin zu Heroisierung und Romantisierung. Die meisten wichtigen Aspekte der heutigen Diskussion finden sich bereits in der Antike (eine ausführliche Übersicht bietet Fenner). Die Betrachtung der Diskussion und der historischen Entwicklung soll hier auf West- und Mitteleuropa begrenzt bleiben, also auf das gesellschaftliche bzw. kulturelle Umfeld, das die aktuelle Bewertung des Suizids in Deutschland maßgeblich prägt.

Beispielhaft spiegelt sich die Kontroverse über die Bewertung des Suizids im Sprachgebrauch wider, und zwar in den Begriffen Selbstmord und Freitod, welche jeweils für eine der beiden Extrempositionen stehen.[91] Auf der einen Seite wird der Selbstmord als frevelhafte Handlung wider die menschliche Natur, die Gesellschaft und/oder den göttlichen Willen gesehen, dem gegenüber gilt der Freitod als letzter, ultimativer Akt der Verwirklichung individueller Freiheit und Autonomie (vgl. die Abhandlung „Hand an sich legen" von Améry). In Wissenschaft, Medizin und Psychologie hat sich die Verwendung der neutralen Begriffe Suizid oder Selbsttötung allgemein etabliert. Die katholische Kirche hält konsequent am *Selbstmord* fest, außerdem ist der Begriff noch in der Alltagssprache verbreitet und taucht teilweise auch in der medialen Berichterstattung auf. Demgegenüber verwendet z. B. die Schweizer Sterbehilfeorganisation

---

[91] Diese sprachliche Differenzierung ist nicht allgemein übertragbar. Auf Englisch, Italienisch und Spanisch gibt es nur die Bezeichnung *Suizid*, auf Schwedisch, Norwegisch und Russisch z. B. nur den *Selbstmord*. Als Äquivalent zum deutschen Begriff *Freitod* konnte nur *mort volontaire* ausfindig gemacht werden.

EXIT bevorzugt den Begriff Freitod (z. B. in ihrer Mitgliederzeitschrift Exit-Info).

Eine ausführliche Diskussion um den moralischen Stellenwert des Suizids ist bereits aus der griechischen und römischen Antike überliefert. Es gibt einen Kanon legitimer Gründe bei Platon, zu dem u. a. „ein unentrinnbarer Zustand übergroßer Schmerzen" (Platon: Nomoi, nach Fenner: 22ff.) gehört – also recht genau der Gegenstand der heutigen Sterbehilfedebatte. In den biblischen Texten werden einige Selbsttötungen berichtet, mit einer Ausnahme alle im Alten Testament[92] ohne dass es eine ausdrückliche Missbilligung der Tat an sich geben würde; auch wenn vereinzelt versucht wird, eine solche hineinzuinterpretieren. So führt z. B. Benzenhöfer an: „Die beschriebenen Selbsttötungen fanden […] entweder unter Ausnahmebedingungen statt oder wurden indirekt als 'angemessener' Abschluss eines sündhaften Lebens verurteilt." (Benzenhöfer: 45) Weshalb „Ausnahmebedingungen" in den Schilderungen der Verfasser dieser Texte eine moralische Verurteilung nahelegen sollen, bleibt unklar; abgesehen von der Frage, welche Elemente überhaupt den Ausnahmecharakter der Episoden begründen sollen. Es entsteht der Eindruck, dass die traditionelle bzw.

---

[92] Wohl am bekanntesten ist die Selbsttötung der Judasfigur in Mt 27,3-5, weitere Berichte befinden sich in Ri 9,50-55 (Abimelech wird im Kampf schwer verletzt und lässt sich mit dem Schwert töten, um der Schande zu entgehen, von einer Frau getötet worden zu sein); Ri 16,25-30 (Simson bringt als geblendeter Kriegsgefangener ein Gebäude zum Einsturz und stirbt zusammen mit tausenden seiner Feinde); 1. Sam 31,1-5 (Saul wird im Kampf schwer verletzt und tötet sich, um nicht seinen Feinden in die Hände zu fallen, anschließend tötet sich auch sein Waffenträger); 2. Sam 17,23 (Abitofel erhängt sich, als er seine Pläne gescheitert sieht und wird anschließend im Grab seines Vaters begraben) und 1. Kön 16,18 (König Simri verbrennt sich in einem Turm, als seine Stadt von Feinden eingenommen wird); ferner in den nicht zum protestantischen Kanon gehörigen Makkabäer-Büchern 1. Makkabäer 6,43; 2. Makkabäer 10,12-13 und 14,41. In allen diesen Darstellungen wird die Selbsttötung wertneutral berichtet, es findet keine moralische Bewertung der Tat an sich statt und es ist auch von keinen spezifischen Sanktionen die Rede, welche auf eine grundsätzlich kritische Sicht auf den Suizid per se schließen ließen. Auffällig ist, dass die meisten Fälle – mit Ausnahme der Judaserzählung – im Rahmen kriegerischer Akte stattfinden. Ein Suizid eines Schwerkranken, der seinem Leid ein Ende setzt, kommt nirgends vor.

etablierte moralische Bewertung nachträglich in die betreffenden Berichte hineingelesen wird.

Spätestens im 5. Jahrhundert beginnt mit Augustinus eine strikte Verurteilung des Suizids als Selbstmord, die erst im Zuge der Aufklärung zurückgedrängt wird, aber bis heute wirkmächtig ist, vor allem in der katholischen Kirche und in den orthodoxen Kirchen. Da sich die biblisch-theologische Ableitung dieser Verurteilung nicht auf explizite Textstellen stützen kann, werden diverse Hilfskonstruktionen herangezogen, die sich unter anderem auf das sog. 5. Gebot berufen (2. Mose 20,13: „Du sollst nicht töten" oder auch „morden", je nach Übersetzung bzw. Interpretation), dessen Relevanz und Reichweite aber umstritten ist – nicht nur in Bezug auf den Suizid, sondern auch in Bezug auf die Zulässigkeit kriegerischer Handlungen oder der Todesstrafe (vgl. Frieß 2010: 72ff.). Eine ähnlich strikte Ablehnung des Suizids findet sich im Islam und im Judentum.[93] Auf eine systematische bzw. detaillierte Beschreibung der historischen Entwicklung muss hier verzichtet werden (hierzu ausführlicher Fenner 2008: 20-54). Frieß diskutiert die theologischen Hintergründe der Ablehnung von Suizid und aktiver Sterbehilfe durch die meisten christlichen Kirchen und beschreibt auch theologische Argumente für eine Zulässigkeit des Suizids (Frieß 2010: 134-135; siehe Kapitel 3.1.5 und 3.1.6).

3.1.2 Gründe für einen Suizid

Fenner unterscheidet vier Typen von rationalen Motiven für einen Suizid: „Flucht aus einer ausweglosen oder schmerzhaften Situation", „Appellative oder aggressive Manipulation", „Streben nach Ruhe oder besserem Zustand" und „Spiel mit dem 'Schicksal'" (Fenner 2010: 303-309, vgl. Chehil/Kutcher: 9 und Feldmann: 178).

---

[93] Hollenbach, verdammt oder verstanden – die Kirchen und der Suizid, Radiosendung im Deutschlandradio Kultur vom 20.11.2010; Zentralrat der Muslime in Deutschland 2013.

Zum Suizid als Flucht aus einer ausweglosen oder schmerzhaften Situation benennt Fenner unterschiedliche Situationen, denen ein Betroffener entfliehen wollen kann. Schwere Krankheiten mit einem hohen Leidensdruck sind als ausweglose oder schmerzhafte Situationen naheliegend, aber auch andere physische und psychische Zustände wie Lähmungen oder andere Beeinträchtigungen nach einem Unfall, die Verzweiflung aufgrund von Verlusten (Menschen, Fähigkeiten, der persönliche Lebensentwurf, gesellschaftliches Prestige, Ehre, Macht, materielle Güter), Liebeskummer und Trennungsschmerz. Darüber hinaus auch die Flucht vor Folter oder Hinrichtung wie z. B. der Suizid des evangelischen Kirchenlieddichters und Schriftstellers Jochen Klepper, seiner Frau und einer seiner Töchter im Jahre 1942, um der drohenden Deportation in ein Konzentrationslager zu entgehen (Rößler: 975-977). Es geht also weniger um Lebensmüdigkeit im herkömmlichen Verständnis, sondern um intersubjektiv nachvollziehbar ausweglose Situationen, in welche Personen geraten sind, die ansonsten das Leben grundsätzlich bejahen. Bestimmend ist, dass eine Person zu einem bestimmten Zeitpunkt ihr Leben bzw. ihre Lebenssituation subjektiv für unerträglich hält oder damit rechnet, dass dies unmittelbar bevorsteht. Da sie keine Verbesserung erwartet oder mit einer weiteren Verschlimmerung rechnet, beendet sie ihr Leben, weil sie *kein Leben* positiver bewertet als *dieses Leben*. Die Missbilligung oder Akzeptanz der Tat bezieht sich – abgesehen von einer absoluten, uneingeschränkten Ablehnung jedes Suizids – auf die Einschätzung, ob bzw. inwieweit die Situation nun tatsächlich ausweglos war oder nicht. Wird die Einschätzung nicht geteilt, dann gilt der Suizid als irrational, als Erklärung wird bevorzugt eine Depression herangezogen, unter Umständen ein Informationsdefizit.

Der Suizid als appellative oder aggressive Manipulation ist ein Mittel zu einem bestimmten Zweck. Geläufig ist die Deutung eines Suizidwunsches oder Suizidversuchs als Appell eines leidenden, verzweifelten Menschen, so dass gar kein eigentlicher Todeswunsch vorliegt. Viele Gegner einer vorzeitigen Lebensbeendigung vermuten den Appell als Grundmotivation der Suizidwünsche kranker, schwer leidender Patienten. Eine konkrete Bitte um Suizidbeihilfe kann entsprechend umgedeutet und somit kategorisch abgelehnt werden (vgl. Eibach 2012; Kapitel 4.2.3). Das Gelingen eines Suizidversuchs ist so gesehen unbeabsichtigt und eine Art Unfall, da der Appell nur verwirklicht werden kann, wenn der Suizid nicht gelingt, aber der Versuch die Aufmerksamkeit der sozialen Umwelt erregt und so schließlich zum Erreichen des tatsächlichen Ziels führt; oder aber die Vorwegnahme der Reaktionen der Anderen nach dem Akt genügt dem Akteur bereits: seine gegenwärtige Gewissheit über die erwarteten Reaktionen der Adressaten – etwa wenn er sich in der befriedigenden Erwartung tötet, dass er posthum die ihm zustehende Anerkennung erhalten wird. An dieser Stelle wird die Abgrenzung zum Fluchtsuizid unscharf, da ja der Appell wiederum darauf abzielt, einer subjektiv unerträglichen Situation zu entkommen; während aber beim echten Fluchtsuizid das Ziel der Flucht der Tod ist, zielt der appellative Suizidversuch oder -wunsch auf geänderte diesseitige Verhältnisse. Im Gegensatz zum Appell richtet sich die aggressive Manipulation auf Dritte, mit dem Ziel, ihnen Schaden zuzufügen. Sei es, dem ehemaligen oder auch nur gewünschten Liebespartner ein schlechtes Gewissen zu bereiten oder mit einem Hungerstreik, einer Selbstverbrennung etc. die Gesellschaft oder Teile davon anzuklagen – auch mit der Absicht, durch den Akt andere Menschen wachzurütteln und Reaktionen zu erzwingen. Eine derzeit populäre Extremkategorie sind sogenannte Selbstmordattentate und Amokläufe, bei denen der Akteur möglichst viele weitere Personen mit in den Tod reißen möchte; eine positiv bewertete Variante wäre der heldenhafte Opfertod im Krieg, wenn die weiteren Opfer als *Feinde* markiert sind. Modellhaft ist hier die biblische Legende von Simson (Ri 16,25-30), in welcher dieser als Held ein Gebäude zum Einsturz bringt und mit sich tausende Feinde unter den Trümmern begräbt. Der Unterschied zum Appellsuizid ist die altruistische Intention des Akteurs, die altruistische Motivation könnte auch zur Definition einer eigenen Kategorie dienen. Zwischen dem Appell und der aggressiven Manipulation befindet sich das Motiv der Erpressung, wenn beispielsweise eine verlassene Person ihren ehemaligen Partner durch die Suizidandrohung zur Rückkehr bewegen möchte. Suizidwünsche, -drohungen oder -versuche in manipulativer Absicht können sowohl stark affektiv geprägt als auch wohlüberlegt sein. Ein hoher Grad an Affektivität gilt meist als Indiz für einen Mangel an Rationalität.

Das Streben nach Ruhe oder einem besseren Zustand richtet die Aufmerksamkeit auf das Ziel bzw. eine bessere Welt (wenn z. B. ein Jenseits erwartet wird) und kann nur schwer vom Fluchtsuizid abgegrenzt werden. Der Versuch, in eine andere Welt oder einen besseren Zustand überzutreten, ist die andere Seite des Verlassens der aktuellen Welt bzw. des aktuellen Zustands und damit Teil der Flucht. Neben dem Wunsch nach einem besseren Zustand für sich selbst kann aber auch ein besserer Zustand für Hinterbliebene angestrebt werden; also der vielzitierte Wunsch, anderen nicht zur Last zu fallen, keine Ressourcen zu beanspruchen, mit dem eigenen Tod Anderen ein besseres Leben zu ermöglichen. Als stark affektiv geprägte Variante könnten noch spontane Suizidversuche von psychisch Kranken angeführt werden, welche Stimmen im Kopf oder andere unerträgliche Spannungszustände beenden möchten, was wiederum auch eine Flucht ist. Insgesamt schätzt Fenner die meisten Motive zu diesem Typ als eher irrational ein. Das einzige spezifische Motiv ist der Wunsch nach Ruhe oder einem besseren Zustand für Andere, so dass es treffender wäre, diesen Typ als altruistischen Suizid zu bezeichnen. Allerdings wird dann die Grenze zum Suizid als Manipulation unscharf. Die Schonung gesellschaftlicher Ressourcen oder des sozialen Umfelds kann auch ein Motiv des heroischen Opfertods sein.

Ob beim „Spiel mit dem 'Schicksal'" (Fenner 2010: 309) als letztem Suizidtypus echte Suizidmotive vorliegen, ist fraglich, was auch Fenner betont. Vermutlich kann man davon ausgehen, dass ein Tod hier – wie bei bestimmten Formen des Appellsuizids – eher Unfallcharakter hat. Beim leichtfertigen Spiel mit dem eigenen Leben aus Langeweile, Überdruss oder Nervenkitzel wird zuvörderst ein Spannungszustand angestrebt, nicht aber der eigene Tod. Daher ist dieser Typ von geringem Erklärungswert.

3.1.3 Revidierte Typisierung von Suizidmotiven

Die beschriebenen Schwächen bzw. Unschärfen der Typisierung durch Fenner können durch die nachfolgend dargestellte Revision weitgehend beseitigt werden, wobei das Ergebnis wiederum aus vier Grundtypen besteht (Tabelle 4).

1. Suizid als Flucht oder Ausweg	Hauptkategorie in der Argumentation der Befürworter einer Möglichkeit zur vorzeitigen Lebensbeendigung bei schwerer Krankheit etc. In diese Kategorie werden die meisten Fälle von Suiziden oder Suizidwünschen eingeordnet, denen ein hoher subjektiver Leidensdruck zugrunde liegt.
2. Instrumenteller Suizid	Der Suizid dient der Erreichung eines Ziels, dessen Valenz bzw. Wertigkeit/Attraktivität dem subjektiven Lebenswert des Akteurs untergeordnet ist.
3. Suizid aus altruistischen Motiven	Er unterscheidet sich vom instrumentellen Suizid im Wesentlichen dadurch, inwieweit durch den Suizid andere geschädigt oder eben vor Schaden bewahrt werden sollen. Das ist nicht scharf zu trennen, was man am Beispiel des heroischen Opfertodes im Krieg sieht: Die Schädigung möglichst vieler Feinde geht mit der Rettung oder zumindest Begünstigung der eigenen Kriegspartei einher, ggf. mit postmortaler Belohnung wie Heldenverehrung oder einem garantierten Eingang ins Paradies. Die Bewertung als Heldentat oder Terror hängt von der Position des Beobachters ab. Die Typen 2 und 3 könnten deshalb auch zusammengefasst werden. Die Motive für Typ 2 sind eher egoistisch bzw. hedonistisch, die für Typ 3 eher altruistisch.
4. Suiziddrohung mit manipulativer Absicht oder Suizidwunsch als Appell	Sonderform, da der Akteur hier im Gegensatz zu den anderen Typen nicht seinen Tod anstrebt, sondern die Möglichkeit seines Todes als Druckmittel verwendet. Das muss nicht ausschließlich negativ bzw. verwerflich aufgefasst werden; in diese Kategorie fällt die häufig angeführte Denkfigur des Suizidwunsches als Ruf nach Hilfe, menschlicher Zuwendung und besserer Versorgung. Dass manche Patienten glauben, nur durch solche Appelle Gehör zu finden, könnte auch als Anfrage über die Zustände in der organisierten Krankenbehandlung an die Verantwortlichen gerichtet werden.

Tabelle 4: Revidierte Typen von Suizidmotiven

Eine Grundfrage in der Sterbehilfedebatte ist, ob Suizide und Suizidabsichten (aber auch der Sterbewunsch per se) eher Suizide als Flucht oder Ausweg oder eher Suiziddrohungen mit manipulativer Absicht sind; und zusätzlich, inwieweit die Motive für die Flucht in den Tod irrational sind. Während die Befürworter des assistierten Suizids ein freiwilliges Fluchtmotiv für nachvollziehbar und berechtigt halten, betonen die Gegner eine Dominanz des Appellcharakters und bezweifeln grundsätzlich die Rationalität und Freiwilligkeit von Suizidwünschen. Die Verankerung der Freiwilligkeit ist tatsächlich komplex, da hier mehrere Aspekte berücksichtigt werden müssen: Zum Einen ist der Anlass eines Suizidwunsches – also der Fluchtgrund – ungewollt. Eine schwere Erkrankung, ein Unfall oder der Verlust einer nahestehenden Person sind zunächst Ereignisse, die dem Betroffenen widerfahren. Mitunter führt dies zu der Versuchung, bereits hier den Ansatzpunkt für eine grundsätzliche Unfreiwilligkeit sämtlicher Anschlusshandlungen zu setzen, was aber keinen Erkenntnisgewinn bringen würde. Es leuchtet ein, dass jedes Ereignis die Spielräume von Anschlusshandlungen einschränkt. Wenn jemand terminal an ALS oder Krebs erkrankt ist, kann er sich für verschiedene Behandlungsmethoden, gegen eine Behandlung und/oder für Sterbehilfe oder einen Suizid entscheiden, aber nicht gegen die Erkrankung an sich. Sollte ein Suizidwunsch vollständig oder teilweise ein Ruf nach einer Veränderung der Situation sein, dann ist die gewünschte Alternative nicht zwangsläufig eine pflegerisch-spirituell optimale Palliativversorgung, sondern ganz banal: nicht krank zu sein. Und wenn diese Option von der kurativen Medizin nicht realisiert werden kann, bleiben zwei mögliche Alternativen zum herkömmlichen (ggf. leidvollen) Sterbeprozess – Palliativmedizin und Sterbebegleitung oder eine vorzeitige Lebensbeendigung durch Suizid oder Tötung auf Verlangen. Oder eine Kombination aus beidem, wie sie im Rahmen der Sterbehilferegelungen in Oregon oder Belgien ausdrücklich vorgesehen ist (vgl. Bernheim et al. 2008) – grundsätzliche Indikation ist jeweils die palliativmedizinische Behandlung und Betreuung, aber mit einer Exit-Option für den Patienten, falls er dennoch einen vorzeitigen Tod wünscht.

3.1.4 Kann man sich frei für einen Suizid entscheiden?

Über die Freiheit von Entscheidungen wird in vielen Zusammenhängen diskutiert. Grundproblem ist der Freiheitsbegriff an sich, weil er chronisch unterbestimmt ist und für alles Mögliche in Anspruch genommen werden kann (für eine knappe Übersicht der ethischen Rezeption z. B. Wildfeuer in Düwell et al.: 358ff.). Dies wird deutlich, wenn man betrachtet, wie Freiheit und die damit gekoppelten Begriffe Selbstbestimmung bzw. Autonomie von den Akteuren der Diskussion um Tod und Sterben eingesetzt werden.

Es ist immer strittig, inwieweit eine spezielle Entscheidung frei von Einflüssen der sozialen Umwelt, der gesellschaftlichen Verhältnisse, den Anforderungen einer Institution, übermenschlichen Mächten etc. ist oder eben nicht. Keine Handlung ist losgelöst von ihren Gegebenheiten denkbar, und niemand wird das Gegenteil behaupten, auch wenn es zum rhetorischen Repertoire gehört, eine solche Haltung Anderen zu unterstellen. Das betrifft nun aber alle Entscheidungen, und damit auch alle Optionen im Verlauf einer schweren Krankheit und eines Sterbeprozesses. Man kann Patienten aus egoistischen, wirtschaftlichen, religiösen oder anderen Motiven zu einem Behandlungsverzicht oder zum Wunsch nach Tötung oder Suizid drängen; man kann sie aber auch aus solchen Gründen von einem Todes- oder Sterbewunsch abbringen und dazu drängen, alles medizinisch Machbare machen zu lassen. Das Ganze mündet letztlich in philosophische und theologische Grundsatzdiskussion darüber, was Freiheit überhaupt ist bzw. was eine freie Entscheidung von einer unfreien unterscheidet und inwieweit soziales Handeln frei sein kann – wenn überhaupt. An dieser Stelle soll es bei der Beobachtung bleiben, was von den jeweiligen Akteuren unter Freiheit verstanden wird und wie sich dies auf ihre Risikowahrnehmung auswirkt.

Die Argumentationsfigur vieler Diskutanten (nicht nur in der Sterbehilfe-debatte) ist im Hintergrund meist einfacher: Wenn sich eine Person für die als moralisch richtig markierte Option entscheidet, war ihre Entscheidung frei, und die Person hat vernünftig und rational entschieden. Wenn die Entscheidung zugunsten der als moralisch falsch markierten Option fällt, dann muss Manipulation, Beeinflussung, Druck mit im Spiel gewesen sein; oder die Person hat schlichtweg unvernünftig und/oder irrational ent-schieden (ähnlich argumentiert Schöne-Seifert: 42). Die tatsächliche Frei-heitskomponente dürfte hierbei nur schwer oder überhaupt nicht isolierbar sein.

3.1.5 Theologische Argumente gegen den Suizid

Der Suizid wird von den christlichen Kirchen bzw. Gemeinschaften mehr-heitlich abgelehnt und als schwere Sünde oder zumindest als Unglück be-trachtet (ebenso im Judentum und im Islam). Im 1989 gemeinsam von der katholischen Kirche und der EKD herausgegebenen Text „Gott ist ein Freund des Lebens" wird dies so formuliert:

> „In der Selbsttötung verneint ein Mensch sich selbst. Vieles kann zu einem sol-chen letzten Schritt führen. Doch welche Gründe es auch sein mögen - keinem Menschen steht darüber von außen ein Urteil zu. Die Beweggründe und die Ent-scheidungsmöglichkeiten eines anderen bleiben ebenso wie eventuelle Auswir-kungen einer Krankheit im letzten unbekannt. Für den Christen bedeutet die Selbsttötung eines anderen Menschen eine enorme Herausforderung: Er kann diese Tat im letzten nicht verstehen und nicht billigen - und kann dem, der so handelt, seinen Respekt doch nicht versagen. Eine Toleranz gegenüber dem anderen noch über das Verstehen seiner Tat hinaus ist dabei gefordert. Doch die Selbsttötung billigen und gutheißen kann der Mensch nicht, der begriffen hat, daß er nicht nur für sich lebt. Jeder Selbsttötungsversuch kann für ihn nur ein 'Unfall' und ein Hilfeschrei sein." (Rat der EKD et al. VI/5c)

Etwas weniger versöhnlich sind die Ausführungen in der aktuellen Ausga-be des Katechismus der katholischen Kirche. Dort ist nicht die Rede vom Suizid, sondern konsequent vom „Selbstmord", dem ein eigener Abschnitt gewidmet ist:

„2280 Jeder ist vor Gott für sein Leben verantwortlich. Gott hat es ihm geschenkt. [...] Wir sind verpflichtet, es dankbar entgegenzunehmen und es zu seiner Ehre und zum Heil unserer Seele zu bewahren. Wir sind nur Verwalter, nicht Eigentümer des Lebens, das Gott uns anvertraut hat. Wir dürfen darüber nicht verfügen.

2281 Der Selbstmord widerspricht der natürlichen Neigung des Menschen, sein Leben zu bewahren und zu erhalten. Er ist eine schwere Verfehlung gegen die rechte Eigenliebe. Selbstmord verstößt auch gegen die Nächstenliebe, denn er zerreißt zu Unrecht die Bande der Solidarität mit der Familie, der Nation und der Menschheit, denen wir immer verpflichtet sind. Der Selbstmord widerspricht zudem der Liebe zum lebendigen Gott." (KKK)

Allerdings besteht noch Hoffnung „auf das ewige Heil der Menschen, die sich das Leben genommen haben [...]. Auf Wegen, die Gott allein kennt, kann er ihnen Gelegenheit zu heilsamer Reue geben." (KKK 2283) In der evangelischen Rezeption wird der Suizid ebenfalls abgelehnt, ein Verständnis für Einzelfälle soll keineswegs dazu verleiten

„einen Suizid gut zu heißen oder Abstriche von Gottes Ja zu diesem Leben zu machen. Trotz eines grundsätzlichen Neins zum Suizid gilt es, den Menschen, die keinen Ausweg für sich sehen, mit Respekt und Empathie zu begegnen." (EKIR 2014: 9-10)

Der Schwerpunkt liegt aber mehr in der Betonung der Tragik des Geschehens:

„Zur christlichen Hoffnung gehört, dass nichts endgültig von der Liebe Gottes trennen kann, die in Jesus Christus ist. Menschliches Handeln kann deshalb diese Beziehung zu Gott nicht abbrechen oder aufheben. Auch ein Mensch, der einen Suizid begeht, fällt nicht aus dieser Beziehung heraus [...]" (dies.: 12)

Eine einheitliche, verbindliche Lehre der evangelischen Kirche gibt es aufgrund der dezentralen Organisation in autonomen Einzelkirchen nicht, was ein größeres Meinungsspektrum als in der katholischen Kirche ermöglicht. Über die grundsätzlich negative Bewertung des Suizids herrscht aber in Deutschland weitgehend Einigkeit. Aufgrund der geringen Präsenz suizidaler Handlungen in den Texten der Bibel ist die Begründung einer klaren Ablehnung aus der Schrift aber kompliziert, zumal es keine explizite moralische Verurteilung gibt.

Zunächst wird auf das sogenannte 5. Gebot (2Mo 20,13) verwiesen, welches in den meisten Übersetzungen schlicht lautet: „Du sollst nicht töten".

Diese klar und eindeutig klingende Aussage erfordert umfangreiche Interpretationen, da es neben Suizid und Sterbehilfe auch die Themenkomplexe Todesstrafe, Abtreibung und Krieg betrifft, welche je nach Auslegung stark unterschiedlich mit dem Gebot in Beziehung gesetzt werden, die Bewertung sich im Detail historisch gewandelt hat und auch heute regional bzw. international große Abweichungen vorzufinden sind. Einigkeit herrscht zunächst darin, dass sich dieses Tötungsverbot auf Menschen bezieht, nicht etwa auf Tiere oder Pflanzen. Gängig ist eine Begrenzung der Reichweite des Gebotes auf unschuldiges Leben, die sich auch in 2Mo 23,7 findet. Diese Begrenzung lässt in unterschiedlichem Umfang Spielräume für Kriege und die Todesstrafe. Ein unbedingtes oder mindestens weitreichendes Tötungsverbot für alle Menschen war von den Verfassern sicher nicht beabsichtigt (so auch Frieß: 84-85), was man schon daran sehen kann, dass bereits wenige Verse nach dem 5. Gebot Vorschriften zur Anwendung der Todesstrafe folgen, etwa in 2Mo 21,12-17 oder 22,17-19. Als Grundtendenz bleibt das Verbot von Mord und Totschlag, das sich als gemeinsamer Nenner in fast allen Religionen findet; außerdem mehrheitlich die Ablehnung von Abtreibung, Suizid und Tötung auf Verlangen.

In Deutschland sind sich die katholische und die evangelischen Kirchen einig, dass das 5. Gebot den Suizid und die Tötung auf Verlangen verbietet, nicht jedoch Behandlungsverzicht oder indirekte Sterbehilfe (vgl. Rat der EKD et al. VI/5d). Neben dem 5. Gebot wird das Suizidverbot durch die Vorstellung gestützt, dass das Leben ein Geschenk Gottes an den Menschen sei und somit seiner Verfügung entzogen wird (vgl. katholischer Katechismus, Absatz 2280 und EKIR 2014: 10). Diese Denkfigur findet sich erstmals im 4. Jahrhundert bei Augustinus (vgl. Frieß: 95ff.). Ein Suizid ist demnach ein aktiver Beziehungsabbruch des Menschen gegenüber Gott. Dasselbe gilt für eine Tötung auf Verlangen und somit für die aktive Sterbehilfe. Allein Gott hat das Recht, über Art und Zeitpunkt des Todes eines Menschen zu entscheiden. Auch individuelles Leiden gehört zu diesem geschenkten Leben dazu und muss ertragen werden. Bezüglich des Umgangs mit suizidwilligen Personen betont z. B. der evangelische Theologe Eibach:

> „Es gibt *kein Recht auf Selbsttötung*, das von anderen zu bejahen ist oder wenigstens zu respektieren ist, keine Selbsttötung, an der andere zu beteiligen sind, sondern nur eine Pflicht, die Selbsttötung möglichst zu verhindern, aber auch nur mit Mitteln, die nicht mehr schaden als helfen, also mit Mitteln, die zu einem Ja zum Leben, zu einem erträglichen und möglichst wenig fremdbestimmten Leben verhelfen. Und dazu gehört nicht zuletzt die seelsorgerische Begleitung, deren Ziel darin besteht, den Menschen im Glauben an und Vertrauen auf Gott so zu bestärken, dass er dadurch die Kraft geschenkt bekommt, ein schweres Leidens- und Sterbensgeschick anzunehmen und zu tragen, sodass er einer Selbsttötung nicht bedarf." (Eibach: 19)

Eibach räumt ein, dass „es im Leben ‚tragische Grenzfälle' gibt, in denen das Leiden durch die Mittel der Palliativmedizin [...] nicht erträglich gestaltet werden kann." (ebd.) Er lehnt aber eine gesetzliche Regelung ab, welche „die Beihilfe zur Selbsttötung oder gar die Tötung auf Verlangen ausdrücklich normativ ethisch und rechtlich regelt und billigt" (ebd.) und verweist auf die Möglichkeit der Berufung auf einen übergesetzlichen Notstand. Frieß kritisiert die Haltung des theologischen Mainstreams (katholisch und evangelisch) in Deutschland wie folgt:

> „Weil es dem Menschen nicht zusteht, sich selbst zu töten oder töten zu lassen, muss die palliative Versorgung so weit ausgebaut werden, dass bei Schwerkranken der Wunsch nach einem Lebensende gar nicht erst aufkommt. Das dennoch zu tragende Leid wird dann soteriologisch [auf die letztendliche Erlösung bzw. das Seelenheil bezogen; Anm. des Verfassers] umgedeutet, indem ihm eine heilsame Wirkung für die Verbindung von Gott und Mensch zugesprochen wird: Im Leiden kann der Glaubende zu sich und zu Gott finden." (Frieß 2010, 139)

3.1.6 Theologische Argumente gegen ein Suizidverbot

Die Definition von Kernaussage und Ausnahmen des biblischen 5. Gebots unterliegt dem historischen Wandel. Suizid und aktive Sterbehilfe im Kontext schwerer Krankheiten markieren Ausnahmesituationen, die nicht im Fokus der Verfasser der biblischen Texte standen. Die Ablehnung einer biblisch hergeleiteten moralischen Verurteilung des Suizids kann begründet werden mit einer Betonung der Freiheit des Menschen, die von Gott ausdrücklich gewollt sei und auch das Recht beinhaltet, sein eigenes Leben zu beenden. Frieß fasst diese Position folgendermaßen zusammen:

> „Da Gott nicht den Lauf der Natur beeinflusst, ist er nicht für die Terminierung des Lebens verantwortlich, und so kann der Mensch durch die Gestaltung seines Lebens und die Wahl seiner Ernährung, durch Entscheidungen über Therapien und Therapieabbruch in vielen Fällen den eigenen Todeszeitpunkt beeinflussen. Es kann theologisch nicht plausibel begründet werden, warum er dann nicht auch seinem Leben aus gewichtigen Gründen aktiv ein Ende setzen dürfen sollte. Solche Handlungen trennen ihn nicht von Gott, sind keine Auflehnung und kein hybrides Eindringen in göttliche Sphären. Wenn schwer leidende Menschen ihr Leben durch Suizid oder aktive Sterbehilfe beenden, kann dies Ausdruck eines tiefen Gottvertrauens sein. Alle Handlungsoptionen aufzugeben und sein Leben zurück in die Hände Gottes zu legen, kann die letzte irdische Glaubenstat eines Christen sein." (Frieß 2010, 142)

Diese Sichtweise entspricht nicht dem christlichen Mainstream, ist aber auch nicht exotisch (vgl. Hume: 14-15). Nur selten wird in der Diskussion in Deutschland erwähnt, dass die liberaleren Sterbehilferegelungen in den Niederlanden oder der Schweiz von einigen der dortigen evangelischen Kirchen mitgetragen werden, auch wenn es diesbezüglich andauernde innerkirchliche Kontroversen gibt. Traditionell sind die Positionen eines rigorosen Lebensschutzes stärker im traditionalistisch-konservativen und im evangelikalen bzw. fundamentalistischen Milieu verankert und korrespondieren mit anderen Themen des Lebensschutzes – vor allem dem Embryonenschutz und der Ablehnung von Abtreibung, vereinzelt auch der Organtransplantation mit dem daran gekoppelten Hirntodkriterium.

3.1.7 Suizid als Symptom oder Folge psychischer Krankheit

Seit ca. der Mitte des 20. Jahrhunderts dominiert die Wahrnehmung des Suizids als Verzweiflungstat infolge einer psychischen Erkrankung, meist einer Depression. Der Suizid wird somit der Autonomie des Handelnden entzogen, welcher nicht mehr willentlich einen Frevel begeht, sondern durch die Einwirkung der Krankheit zur Tat getrieben wird. Diese Deutungsmöglichkeit war schon im Mittelalter und davor bekannt. Hinzu kam die Vorstellung des Wirkens böser Mächte, welche Frieß am Beispiel Martin Luthers schildert:

> „In Luthers Weltbild, in dem das Wirken des Teufels eine gewichtige Rolle spielte, wurde der eine oder andere Suizid auf das Wirken des Satans zurückgeführt. Dies entlastete dann den Getöteten von seiner Verantwortung. Den Suizid konnte Luther in solchen Fällen als Tat des Teufels interpretieren und so etwa empfehlen, dass der schuldlose Suizident ordentlich kirchlich beerdigt werden sollte." (Frieß: 96)

Diese Deutungsvariante ist auch heute noch in vielen christlichen Gemeinschaften verbreitet, offiziell z. B. in der römisch-katholischen Kirche, der anglikanischen Kirche, den orthodoxen Kirchen und in vielen evangelikalen oder freikirchlichen Gemeinschaften.

Als grundlegend für die Krankheitshypothese gilt die 1953 erschienene Arbeit „Der Selbstmord. Abschluss einer krankhaften psychischen Entwicklung" des österreichischen Psychiaters Erwin Ringel. Ringel stützt sich u. a. auf eine (qualitative) Befragung von „745 Patienten, die im Jahre 1949 wegen eines Suicidversuches der Psychiatrisch-Neurologischen Universitätsklinik Wien überwiesen wurden [...]" (Ringel: 7). Das offensichtliche Stichprobenproblem spricht Ringel selbst an, er hält es aber für nicht maßgeblich. Vielmehr geht er davon aus, dass erfolglose „Selbstmordversuche" und „Selbstmorde" gleichermaßen aus einer zugrundeliegenden „Selbstmordtendenz" erfolgen, weshalb der „Unterschied zwischen beiden [...] nicht so sehr ein qualitativer als vielmehr ein quantitativer" (ders.: 8-9) sei. Seiner Ansicht nach ist diese krankhafte psychische Entwicklung bereits in der Kindheit angelegt, er stützt sich dabei vor allem auf psychoanalytische Erklärungsmuster, die zu seiner Zeit in der Psychologie und Psychiatrie noch gängig waren. Äußere Einflüsse (vor allem soziale Umstände und die konkrete Lebenssituation) sind seiner Ansicht nach zwar „wichtige *auslösende* Faktoren, aber sie können die gesamte menschliche Persönlichkeit in all ihren Schichten nicht *determinie-*

ren. Der Selbstmord ist aber letztlich nur aus der menschlichen Persönlichkeit zu erklären." (ders.: 11; kursiv gesetzte Begriffe im Original gesperrt). Ein wichtiger Bestandteil einer krankhaften Persönlichkeitsentwicklung sind „Traumen" - traumatisierende Erlebnisse, die aber nicht den Charakter kontingenter äußerer Einflüsse haben; vielmehr kommen

> „diese Traumen nicht so sehr von außen als unvermeidbare Schicksalsschläge, sondern sie werden vielmehr – wie schon erwähnt – vielfach durch die falsche Haltung der Betreffenden selbst herbeigeführt oder gar aus im Grunde harmlosen Geschehnissen erst durch Überempfindlichkeit zu Traumen von pathologischer Wichtigkeit gemacht." (ders.: 81)

Ringels Studie – vor allem die Durchführung und Analyse der Interviews – genügt heutigen Ansprüchen an qualitative Methoden empirischer Forschung nicht mehr; interessant ist aber die konsequente Verengung der Suizidursachen auf eine krankhaft entwickelte Persönlichkeit, die sich in der Psychiatrie bis heute gehalten hat. Freilich greift die aktuelle Form der Deutung des Suizids als Folge psychischer Erkrankung kaum noch auf psychoanalytische Spekulationen zurück, sondern konzentriert sich auf die Depression in deren moderner Rezeption.

Die Diskussion der Befunde der Metastudie von Reimer beginnt entsprechend mit dem Passus: „Bekanntermaßen stellen depressive Störungen und Substanzabusus die größten Risikofaktoren für Suizid dar" (Reimer et al. 2005: 383). Nun hat eine Depression als Hauptursache eines Suizids nur einen eingeschränkten Erklärungswert, solange es sich nicht um ein ausgeprägtes Krankheitsbild handelt. Es kann ja stets auch die Frage nach der Ursache der Depression gestellt werden – falls diese tatsächlich vor dem Suizid diagnostiziert und nicht im Nachhinein angesichts des Suizids postuliert wurde, was ein Zirkelschluss wäre. Eine Depression kann Teil einer Kausalkette sein, oder zusammen mit dem Suizid Folge einer dritten Ursache (vgl. Fenner: 212-218).

Die Annahme äußerer Ursachen für den Suizid entlastet die Suizidenten aber auf jeden Fall ganz oder teilweise von persönlicher Schuld; die Verantwortung wird an böswillige Instanzen oder eben an eine psychische Krankheit ausgelagert. Dies gilt auch für gesellschaftliche Gegebenheiten, welche dann wiederum als Grund oder zumindest Mitursache von Depression gesehen werden können. Hier findet sogar ein Übergang zum Wirken böser Mächte statt, die nun nicht mehr religiös/transzendent, sondern diesseitig verankert sind, wenn etwa davon ausgegangen wird, dass Sterbehilfeorganisationen oder einzeln handelnde Sterbehelfer aus Narzissmus oder eigenem finanziellen Interesse Schwerkranke zum Suizid verleiten.[94]

Zusammen mit der persönlichen Schuld wird im Zuge des Krankheitsparadigmas aber auch der autonome Charakter des Freitods per se negiert. Demnach beschädigt die psychische Krankheit den freien Willen der Person oder beseitigt ihn ganz, das Subjekt gerät in den Zustand der Unzurechnungsfähigkeit und wird damit zum Opfer, der Akt der Selbsttötung wird aus dem Kontinuum der individuellen Entscheidung zu Gut oder Böse entfernt. Daraus folgt, dass der Wunsch einer Person nach Sterbehilfe oder Suizid grundsätzlich entwertet wird, da er von Krankheit oder anderen äußeren Einflüssen determiniert ist. Ringel fasst dies in seinem Schlusswort zusammen:

> „Es ist von entscheidender Bedeutung, daß der Selbstmord als das angesehen wird, was er wirklich ist: als eine Krankheit und nicht als eine Lösung oder gar als ein Ideal. [...] Denn [...] wir [haben] gesehen, wie wenig der sogenannte ‚Freitod‘ mit freiem Willen etwas zu tun hat, wie er vielmehr das Ergebnis stärkster erlebter innerer Einengung ist ...“ (Ringel: 231).

Es bietet sich eine schematische Einordnung der moralischen Bewertung des Suizids anhand zweier Achsen an, woraus vier Grundtypen konstruiert werden können (Tabelle 5).

---

94 Ein Argumentationsmuster, das an die Sektendebatte der 1970er und 1980er Jahre erinnert: Da das Glaubenssystem und die Motivation der Anhänger nicht nachvollzogen bzw. akzeptiert werden können, werden ökonomische Interessen und/oder Machtmotive der Führer, Gurus bzw. Leitungskollektive als maßgebliche Triebkraft unterstellt. Die Konversion vormals unauffälliger Menschen kann nur aufgrund manipulativer Einflüsse erfolgt sein: falscher Versprechungen bzw. bestimmter Praxen bis hin zu einer sogenannten *Gehirnwäsche*; eine autonome/freie Entscheidung erscheint abwegig (vgl. Wiesberger 1990: 37ff.).

Deutungsschema des Suizids	legitim, angemessen	tragisch, verwerflich
aktiv, autonom	Freitod, Verwirklichung menschlicher Autonomie	Selbstmord, frevelhafte Handlung, verantwortungslose Flucht, Charakterschwäche
passiv, determiniert	legitimer Ausweg aus tragischer Situation, Verzweiflungstat ohne Alternative, Folge der Begrenztheit medizinischer Möglichkeiten, Eingeständnis der Endlichkeit des Menschen	zu vermeidendes Unglück, tragischer Unfall, Versagen der Gesellschaft, Verzweiflungstat, Hilferuf, Wirken böswilliger Akteure, billige Lösung für Defizite im Gesundheits- oder Sozialsystem

Tabelle 5: Deutungsschema des Suizids

Für die Verdammung oder Heroisierung des Suizids als „Selbstmord" und „Freitod" ist die Annahme eines autonomen Individuums bzw. einer weitgehend freien Willensentscheidung erforderlich, der Gegenpol ist die Opferrolle. Die zweite Deutungsachse ist die moralische Bewertung des Suizids.In der Konsequenz kommt die Annahme einer passiven Rolle des Suizidenten mehr den Gegnern des Suizids zugute; an der grundsätzlichen Verwerflichkeit der Selbsttötung kann festgehalten werden, ohne diese dem Individuum als persönliches Vergehen anlasten zu müssen. Frühere Sanktionen von Suiziden durch Entehrung des Suizidenten wie die Schändung des Leichnams oder die Verweigerung eines kirchlichen Begräbnisses wurden nach und nach aufgegeben und würden heute kaum noch auf Verständnis stoßen (vgl. Fenner 20-54).

Die Durchsetzung des Krankheitsparadigmas ist einer der Hauptgründe, dass Suizide oder Suizidversuche per se in den meisten modernen Gesellschaften nicht mehr strafbar sind. Die Abschaffung der entsprechenden Straftatbestände begann um 1800 im Zuge der europäischen Aufklärung, in den USA wurde sie erst in den 60er Jahren in allen Staaten umgesetzt (Humphry 2002: 15ff). Dennoch bleibt der Suizid eindeutig negativ belegt – Suizide müssen möglichst verhindert werden, denn es ist grundsätzlich schlimmer, durch Suizid zu sterben, als eines *natürlichen* Todes. Nach wie vor gibt es einige Staaten, in denen der Suizid eine Straftat ist. Dies mutet vordergründig skurril an, ermöglicht aber eine Bestrafung der Beihilfe. Es geht also manchmal weniger um eine Bestrafung von Suizidenten bzw. erfolgloser Suizidversuche als vielmehr um eine Ausweitung der Ansatzpunkte für staatliche Prävention.

3.1.8 Suizid als Risiko – postdecision regret und soziale Schäden

Eine moralische Verurteilung des Suizids ohne religiöse Argumentation setzt an zwei Stellen an: An der Schädlichkeit für das betreffende Subjekt und an der Schädlichkeit für die Gesellschaft. Das Subjekt verliert je nach Alter und Gesundheitszustand einen gewissen Betrag an Lebenszeit; vor allem beraubt es sich jeglicher weiterer Handlungsmöglichkeiten und vergibt damit zukünftige Lebenschancen. Als Beleg gilt der Befund, dass die meisten Menschen, die nach einem gescheiterten Suizidversuch psychiatrisch bzw. psychologisch behandelt werden, diesen im Nachhinein bereuen würden und wieder Lebensmut schöpfen (bereits Ringel 1953, Hoerster: 32-34). Damit wird ein zukünftiger postdecision regret in die gegenwärtige Risikokalkulation aufgenommen. Diese Konstruktion ist aus mehreren Gründen zirkulär. Gelingt ein Suizid, so gibt es kein Subjekt mehr, welches die Entscheidung im Nachhinein bereuen könnte. Die Verfechter des post decision regret stützen sich auf Erzählungen von Personen, die eben keinen Suizid begangen haben – einige hatten womöglich ihren Tod gar nicht beabsichtigt, einige äußern ihr Bedauern aus strategischen Gründen (z. B. um ihre Chancen für eine baldige Entlassung aus der Unterbringung zu erhöhen); einige bedauern den Versuch tatsächlich im Sinne der Beobachter.

Die Schädlichkeit für die Gesellschaft lässt sich besser greifen – der Suizid eines Menschen wirkt sich meist negativ auf seine unmittelbare Umgebung aus. Es ist aber wichtig, Spezifika des Suizids von den Auswirkungen des Verlustes per se abzugrenzen. Was macht einen Suizid schädlicher als andere Todesarten? Nachvollziehbar sind schädliche Auswirkungen sicherlich bei Suiziden, die für ihre Umgebung überraschend geschehen und deren Ursache unklar bleibt oder nicht nachvollzogen werden kann. Die Schädlichkeit liegt im Verlust an sich, in der Zurückweisung der sozialen Beziehungen und der verfügbaren Sinnangebote durch das Handeln des Suizidenten. Völlig anders ist das Bild bei einem Suizid im Rahmen einer tödlichen Krankheit oder einer objektiv wahrnehmbaren Beeinträchtigung der Lebensqualität. Ein junger Familienvater mit Glioblastom (Gehirntumor) wird in jedem Fall seine Familie alleine und traumatisiert zurücklassen; es ist schwer zu entscheiden, ob der Schaden größer ist, wenn er einige Wochen vor seinem Tod einen ärztlich assistierten Suizid begeht, oder wenn er den Sterbeprozess bis zum Ende durchlebt. Das grundlegende, schlimme Ereignis wird aber für die meisten Beobachter (auch die Angehörigen) die schwere Krankheit mit ihren unmittelbaren Auswirkungen sein, nicht der konkrete Modus des Todes. Möglicherweise traumatisieren bei manchen Krankheitsbildern die Umstände des natürlichen Sterbens sogar mehr als ein assistierter Suizid.

Als weitere gesellschaftsschädigende Auswirkung eines Suizids gilt eine Vorbildfunktion für Beobachter; populär ist der sogenannte Werther-Effekt (vgl. Ziegler/Hegerl 2002, kritisch Fenner: 343-345). Ein Suizid soll demnach andere Personen ebenfalls zum Suizid verleiten, weshalb in manchen Zusammenhängen Suizide gehäuft auftreten. Strittig ist, ob es sich dabei um zusätzliche Suizide handelt, die ohne das Modellereignis nicht vollzogen worden wären, oder um Vorzieheffekte. Allgemein akzeptiert ist eine gewisse Sogwirkung massenmedialer Berichterstattung, weshalb es Selbstverpflichtungen bzw. Richtlinien bezüglich einer Zurückhaltung gibt. Der Werther-Effekt bezieht sich eher auf Suizide infolge momentaner Verzweiflung oder Depression und beinhaltet eine starke irrationale Komponente. Vorbild- oder Modellcharakter können aber auch krankheitsbedingte vorzeitige Lebensbeendigungen für andere schwerkranke Patienten haben. Allein das Wissen darum thematisiert den Suizid als gute oder bessere Alternative zu den allgemein akzeptierten Sterbeszenarien. Je nach Position ist das eine Erweiterung der Informationsbasis für eine rationale Entscheidung oder

> „ein gesellschaftlicher Druck zum 'Frühableben' durch verborgene oder auch offene Formen der Selbsttötung und der Beihilfe zur Selbsttötung und irgendwann auch der Tötung auf und dann wohl auch ohne Verlangen" (Eibach 2012 – eine beispielhafte Dammbruchargumentation).

Eine moralische Verwerflichkeit des Suizids an sich lässt sich jedoch kaum ohne religiöse Deutungsmuster begründen. Eibach räumt ein:

> „*D. Bonhoeffer* und der Philosoph *K. Löwith* haben zu Recht betont, dass eine Ablehnung eines Rechts auf Selbsttötung letztlich nur 'religiös' dadurch begründbar ist, dass der Mensch nicht sein eigener 'Schöpfer' und 'Gott' ist, dass 'es über dem Menschen einen Gott' und Schöpfer seines Lebens gibt." (ebd.)

Allenfalls bleibt das anthropologische Postulat eines grundsätzlichen Lebenswillens des Menschen oder der Vorzug des Natürlichen vor dem Unnatürlichen mit allen Schwierigkeiten der begrifflichen Unbestimmtheit (vgl. Kapitel 2.2.6). Religiöse Begründungen scheitern an fehlender Allgemeinverbindlichkeit, anthropologische an einer ethisch unzulässigen Setzung empirischer bzw. *natürlicher* Gegebenheiten als moralische Norm (vgl. Hoerster 2003: 82ff.). Sozial bzw. gesellschaftlich negative Auswirkungen sind grundsätzlich empirischer Forschung zugänglich, der Nachweis ist aber schwierig.

3.1.9 Gesellschaftliche Bewertung des Suizids

Es herrscht ein breiter gesellschaftlicher Konsens, dass Suizide grundsätzlich negative Ereignisse sind und es besser ist, einen *natürlichen* Tod (im medizinischen Sinne: nicht durch Unfall, Gewalttat oder eben Suizid) zu sterben – auch wenn diese direkte Gegenüberstellung unüblich ist. Die Betrachtung der Suizidprävention folgt der Form der Lebensrettung (vgl. Kapitel 1.3.1) - man nimmt sich das Leben oder man bleibt am Leben. Die Verhütung oder Vereitelung von Suiziden gilt somit als wichtige gesellschaftliche bzw. staatliche Aufgabe. Sowohl in Deutschland als auch international gibt es Programme bzw. Einrichtungen zur Suizidprävention. Das

Bundesministerium für Gesundheit (BMG) führt den Suizid nicht als eigenes Thema (er wird im Rahmen der Depression thematisiert), unterstützt aber die Deutsche Gesellschaft für Suizidprävention e. V. (DGS), welche in das „Nationale Suizid Präventions Programm"[95] involviert ist, das wiederum vom BMG und der WHO unterstützt wird. In der Informationsbroschüre zu diesem Programm[96] wird nicht begründet, weshalb Suizide zu verhindern sind, die negative Bewertung wird als selbstverständlich vorausgesetzt. Eine Erläuterung findet sich in der Darstellung der statistischen Daten für Deutschland:

> „Jeder Suizid und Suizidversuch betrifft nach Studien der WHO mindestens sechs weitere Menschen (WHO, 2000). Suizidales Verhalten stellt daher ein großes gesellschaftliches und gesundheitspolitisches Problem dar; nicht nur wegen des individuellen Leides sondern auch wegen der erheblichen Gesundheitskosten." (Nationales Suizidpräventionsprogramm für Deutschland: 4).

Ebenso die internationale Homepage der WHO: Der Einführungstext der Seite „Health topics, Suicide" kommuniziert die Notwendigkeit von Prävention ausnahmslos, auch für Suizide bei schweren Krankheiten:

> „Suicide is the act of deliberately killing oneself. Risk factors for suicide include mental disorder (such as depression, personality disorder, alcohol dependence, or schizophrenia), and some physical illnesses, such as neurological disorders, cancer, and HIV infection. There are effective strategies and interventions for the prevention of suicide." (http://www.who.int/topics/suicide/en/ letzter Abruf am 15.07.2015)

In den meisten Staaten der EU ist der Suizid straffrei, die Beihilfe aber nicht (z. B. Österreich, Frankreich, Spanien, Großbritannien, Polen, Irland; aber auch die Niederlande – dort mit einer Ausnahmeregelung für Ärzte). Deutschland gehört zu den wenigen Ländern, in denen sowohl der Suizid als auch die Suizidbeihilfe straffrei sind, wenn auch mit Einschränkungen durch die Neufassung von § 217 StGB (siehe Kapitel 3.4.3). Die Straffreiheit der Beihilfe wird aus der Straffreiheit des Suizids abgeleitet: Wenn der Suizid nicht verboten ist, kann auch die Beihilfe dazu nicht ver-

---

[95] Schreibweise wie auf der Homepage der Organisation.
[96] Im Internet unter http://www.suizidpraevention-deutschland.de/materialien.html

boten sein, es sei denn, dass diese wiederum aus verwerflichen Beweggründen erfolgt (vgl. Frieß: 43ff., Borasio/Jox/Taupitz/Wiesing: 12, Woellert/Schmiedebach: 30). In den gesetzlichen Regelungen zum assistierten Suizid in der Schweiz wird die Suizidbeihilfe nahen Verwandten des Suizidenten (vor allem möglichen Erben) nach Artikel 115 StGB untersagt (Frieß: 49). Ungeachtet der Straffreiheit in Deutschland haben staatliche Behörden weitreichende Befugnisse gegenüber mutmaßlich suizidwilligen Personen; dem Krankheitsparadigma folgend rechtfertigt die Ankündigung oder Vorbereitung eines Suizids Zwangsmaßnahmen zum Schutz der Betroffenen vor sich selbst, so dass diese wegen *Selbstgefährdung* zur Beobachtung in die psychiatrische Abteilung eines Krankenhauses eingewiesen werden können. Grundlage hierfür sind in Deutschland auf Länderebene geregelte Unterbringungsgesetze (UBG), die je nach Bundesland auch als Psychisch-Kranken-Gesetz (PsychKG) bezeichnet werden. Exemplarisch wird nachfolgend aus dem UBG des Landes Baden-Württemberg zitiert (gültig seit dem 01.01.1992). Es ist im UBG unter § 3 zwar vorgeschrieben, dass die zwangsweise Unterbringung schriftlich beantragt und ärztlich beglaubigt werden muss, in § 4 Nr. 1 heißt es jedoch:

> „Sind dringende Gründe für die Annahme vorhanden, daß die Voraussetzungen für eine Unterbringung vorliegen, und erscheint eine sofortige Unterbringung erforderlich, so kann eine anerkannte Einrichtung eine Person aufnehmen oder zurückhalten, bevor die Unterbringung beantragt oder angeordnet ist." (UBG § 4 Nr. 1)

Als dringende Gründe genügen im Rahmen einer potentiell unmittelbar gefährlichen (oder besser: riskanten) Situation schon Zeugenaussagen, z. B. eine mündliche Meldung Dritter an die Polizei. Das Gesetz schreibt zwar weiter vor, dass

> „Die aufgenommene oder zurückgehaltene Person [...] unverzüglich von einem Arzt der anerkannten Einrichtung zu untersuchen [ist]. Bestätigt die Untersuchung die Annahme der Voraussetzungen für eine Unterbringung nicht, so ist die Person sofort zu entlassen." (UBG § 4 Nr. 3)

Jedoch kann dies je nach Tageszeit und personeller Besetzung einer psychiatrischen Abteilung eine gewisse Zeit in Anspruch nehmen; die vorläufige Unterbringung darf maximal bis zum Ablauf des Folgetages andauern, wobei sich die Regelungen im Detail zwischen den verschiedenen Bundesländern unterscheiden können.[97] Da der Hintergrund einer augenscheinlich möglichen bevorstehenden Selbstgefährdung von Außenstehenden (z. B. Passanten) nicht beurteilt werden kann, gibt der Gesetzgeber hier dem unmittelbaren Schutz des Lebens Vorrang vor dem Selbstbestimmungsrecht der Person, was im Sinne einer Güterabwägung durchaus plausibel ist. Wenn in einer einschlägigen Situation ein Beobachter zunächst auf Freitod setzt und nicht eingreift, kann diese Entscheidung nicht mehr zurückgenommen werden, wenn sie sich im Nachhinein als falsch erweisen sollte. Diese Überlegung ist plausibler für Szenarien, bei denen z. B. ein Mensch auf einem Brückengeländer steht oder ein Bahngleis entlanggeht. Problematisch wird das Konstrukt, wenn ein schwerkranker Patient gegenüber seinem Hausarzt Suizidabsichten äußert. Borasio schildert in einer Vignette

„die traurige Geschichte eines 57-jährigen Hirntumor-Patienten (…), der zwar durch seine Erkrankung schon weitgehend gelähmt war, aber geistig noch so fit, dass er seinem Arzt gegenüber den Wunsch nach einer Lebensverkürzung äußern konnte. Das hätte er lieber nicht tun sollen, denn der Arzt wies ihn umgehend wegen Selbstgefährdung gegen seinen Willen in die Psychiatrie ein, wo der schwerstkranke Mann dann die letzten zwei Wochen seines Lebens auf der geschlossenen Station verbringen musste, ehe er dort starb." (Borasio 2012: 169)

Bei einer konsequenten Durchsetzung des Krankheitsparadigmas kann aus einem Suizidwunsch per se eine psychische Unzurechnungsfähigkeit konstruiert werden, welche die zwangsweise Vereitelung jeder entsprechenden Handlung zulassen würde. Die derzeitige Gesetzeslage und ihre Umsetzung werden seit Jahren kontrovers diskutiert, allerdings machen Fälle,

---

[97] Grundsätzliche Kritik an der Gesetzeslage und deren praktischer Umsetzung übt Bruns 1993, vor allem: 29-44. Die Gesetzeslage besteht in der kritisierten Form weiterhin.

bei denen es vorrangig um eine Suizidgefährdung geht, nur einen kleinen Anteil der zwangsweisen Unterbringungen aus (vgl. Müller, Peter; Dtsch Ärztebl 2004; 101:A 2794–2798, Heft 42; Bruns 1993: 40 mit Daten aus den 1980er Jahren; Bruns nennt einen Anteil von 15,7% Zwangseinweisungen aufgrund von Suizidversuchen bei einer empirischen Studie in Bremen).

Das nächste Kapitel befasst sich mit der Suizidstatistik und stellt wichtige Eckdaten und Entwicklungen dar; vorrangig für Deutschland, aber auch mit einem Blick auf andere Staaten – etwas ausführlicher die Schweiz und die Niederlande.

3.2 Suizidstatistik

3.2.1 Zahlen für Deutschland

Suizide in Deutschland (Suizidrate = Suizide pro 100.000 Einwohner)

	n	Suizidraten				
Jahr	Gesamt	Gesamt	Ost	West	Männer	Frauen
1960	16017	22,7	30,1	20,3	30,1	16,2
1977	19729	25,2	34,6	22,7	33,4	17,9
1990	13924	17,5	24,6	15,6	24,7	10,6
2007	9402	11,4	12,6	11,1	17,4	5,7
2011	10144	12,6*			19,5*	6,1*
2014	10209	12,6*			19,1*	6,2*

Quellen: Statistisches Bundesamt und Felber/Winiecki

Basis: 80,3 Millionen Einwohner (Zensus 2011) bzw. 81,2 (Ende 2014, Fortschreibung des Zensus 2011, Statistisches Bundesamt)

Tabelle 6: Suizide in Deutschland

In Deutschland begehen derzeit pro Jahr ca. 10.000 Menschen Suizid, was je nach angenommener Bevölkerungszahl einer Suizidrate von 12 bis 12,6 entspricht (12 bzw. 12,6 Personen pro 100.000 Einwohnern – bei insgesamt 1106 Todesfällen pro 100.000 Einwohnern) und einen historischen Tiefstand markiert. Die Suizidrate liegt in den östlichen Bundesländern noch leicht höher (2009: West 11,25 / Ost 12,53 nach Felber/Winiecki

2013), die Werte haben sich aber in den letzten Jahren angenähert. Sowohl im Deutschen Reich seit 1900 als auch in der DDR lag die Suizidrate im Osten stets deutlich über der Westdeutschlands.

In den Informationen der DGS (Deutsche Gesellschaft für Suizidprävention) oder des Nationalen Suizidpräventionsprogrammes wird diese eigentlich positive Entwicklung der Suizidrate jedoch nicht thematisiert. Vielmehr werden geeignete Vergleichszahlen aus der Todesursachenstatistik herangezogen, um die absolute Anzahl der Suizide dramatisch erscheinen zu lassen. So lautet eine Schlagzeile in der Infobroschüre des Nationalen Suizidpräventionsprogrammes: „Die Zahl der Suizide in Deutschland ist fast doppelt so hoch wie die der Verkehrstoten" (ähnlich Bronisch: 11). Derartige Vergleiche lassen sich beliebig anstellen – wenn die Zahl der Suizide bei nur 1.000 Fällen im Jahr läge, könnte man sie der Zahl der Morde und Totschläge (ca. 400 pro Jahr) oder einer anderen Ziffer gegenüberstellen, um den gewünschten Kontrast zu erhalten. Gronemeyer greift z. B. auf derlei Rechnungen zurück, um die Zahl der vorzeitigen Lebensbeendigungen in den Niederlanden größer erscheinen zu lassen (Gronemeyer 2007: 180, unter Berufung auf Husebø). Im Erscheinungsjahr seines Buches lag die Zahl der Fälle in den Niederlanden unter 2.500.[98]

> „Rechnet man die niederländische Praxis auf die europäische Bevölkerung hoch, dann würde man es jährlich mit 230.000 Fällen von legalisierter Euthanasie zu tun haben, davon geschähen 60.000 ohne Einwilligung." (ebd.)

Vermutlich erschienen rund 25.000 Fälle für Deutschland nicht bedrohlich genug, so dass die Zahl mit Europa als Vergleichsbasis und großzügigem Aufrunden fast verzehnfacht werden konnte. Die Veränderung von Proportionen ist angemessen, wenn durch Verwendung einer geläufigen Vergleichsgröße die Interpretation erleichtert wird. Hier soll offensichtlich einfach eine sehr große Zahl generiert werden – die Einwohnerzahl Euro-

---

[98] Eigene Schätzung; 2.500 Fälle wären 1,9% aller Todesfälle; 2013 waren es 4.829 Fälle und damit 3,4% aller Todesfälle.

pas (nach der Wikipedia aktuell ca. 700 Millionen) dürfte den Wenigsten geläufig sein und taugt daher kaum als Vergleichsgröße.

Die höchsten Suizidraten der Nachkriegszeit wurden in der BRD in den späten 1970er Jahren mit rund 25 Suiziden pro 100.000 Einwohnern erreicht; seitdem sind die Zahlen stark zurückgegangen. Absolut wurden 1977 und 1978 jeweils ca. 20.000 Todesfälle als Suizide klassifiziert (übrigens lag die Zahl der Verkehrstoten vorher darüber, sie war bisher insgesamt stärker rückläufig als die der Suizide); 1990 waren es noch 14.000. Die höchsten Suizidraten seit 1900 verzeichnete Deutschland in den Jahren von 1931 bis 1939 mit Werten zwischen 28 und 29. Für die Zeit des 2. Weltkriegs liegen keine Zahlen vor, es gab aber 1945 mit dem Zusammenbruch des Dritten Reichs vermutlich eine Häufung von Suiziden – sei es aus Verzweiflung über den Verlust der Lebensperspektive oder aus Angst vor der vorrückenden Roten Armee (vgl. Huber 2015).

Allgemein begehen Männer öfter Suizid als Frauen. Frauen unternehmen zwar mehr Suizidversuche, Männer sind aber insgesamt erfolgreicher in der Umsetzung (vgl. Chehil/Kutcher: 28-29, 39). Dieses Muster tritt nicht nur in Deutschland auf, sondern kann auf westliche Industriegesellschaften verallgemeinert werden: Europa, aber auch die USA und Japan. Viele osteuropäische Länder wie Russland oder Litauen haben vergleichsweise hohe Suizidraten (Felber 2007, Seite 35/Bild 16 – Zahlen für 2005), ebenso Japan (WHO 2009: 24,4) und Südkorea (WHO 2009: 31,0).

Die Suizidrate steigt mit zunehmendem Lebensalter an; dieser Befund findet sich in Deutschland, noch deutlicher in der Schweiz, und etwas schwächer in den USA; nicht aber in Japan, Belgien oder den Niederlanden (vgl. Tabelle 8). Wie viele Personen aufgrund einer schweren, tödlich verlaufenden Krankheit Suizid begehen, kann den Zahlen leider nicht entnommen werden. In Deutschland wird der Suizid als Todesursache in den Totenschein eingetragen. Die Schweizer Statistikbehörde ist dazu übergegangen, bei einem Suizid aufgrund einer ärztlich festgestellten tödlichen

Erkrankung eben diese als Grunderkrankung zu erfassen (siehe Kapitel 3.2.4). Auch in den Niederlanden wird so verfahren.

Suizide in Deutschland 2012 nach Altersgruppen	Suizidraten						
	absolut	insgesamt	5-14	15-29	30-49	50-69	70+
Gesamt	10745	13,0	0,3	7,7	12,7	16,9	23,7
Männer	8124	20,0	0,3	12,0	19,4	26,0	40,7
Frauen	2621	6,2	0,2	3,1	5,6	8,0	11,6

Quelle: WHO 2014. Die Zahlen weichen von der Todesursachenstatistik des Statistischen Bundesamtes ab (gesamt 9890 / m 7287 / w 2603)

Tabelle 7: Suizide Deutschland 2012 nach Altersgruppen

3.2.2 Methodische Probleme der Suizidstatistik

Schon die Abweichungen zwischen den Zahlen der WHO und denen der amtlichen Statistik für Deutschland zeigen, dass die Zahlen nicht zuverlässig sind und durch die Art der Darstellung eine Genauigkeit suggerieren, die nicht den Gegebenheiten entspricht. Die Zahlen der amtlichen Statistik werden in Deutschland von den statistischen Landesämtern bzw. dem statistischen Bundesamt erstellt. Basis ist die Eintragung der Todesursache im Leichenschauschein (Totenschein) durch den Arzt, der die Todesursache feststellt (vgl. Madea/Rothschild). Hinzu kommt sehr wahrscheinlich eine Dunkelziffer infolge verdeckter, nicht erkannter oder verdrängter Suizide. Suizide, die wie Unfälle aussehen – manchmal absichtlich inszeniert, um beispielsweise Leistungsansprüche aus einer Lebensversicherung sicherzustellen oder um Hinterbliebene zu schonen; uneindeutige Fälle wie das Einstellen der Nahrungsaufnahme oder das Absetzen lebenswichtiger Medikamente durch alte oder schwer kranke Menschen; nicht erkannte bzw. verdrängte Suizide von jüngeren Jugendlichen oder Kindern; Suizide, die vom Arzt im Totenschein nicht als solche vermerkt werden – um Unannehmlichkeiten zu vermeiden oder aus Pietät Dritten gegenüber wie z. B. Freunden, Kollegen, Angehörigen (vgl. Lochthowe

2008: 4). Dies wird speziell für Suizide von Ärztinnen und Ärzten vermutet, wo Kollegen die Todesursache feststellen. So nimmt Reimer an,

> „dass die Suizidrate von Medizinerinnen und Medizinern eher noch unterschätzt wird, da Fälle von Vergiftungen bei Ärztinnen und Ärzten häufiger auftreten als in der Allgemeinbevölkerung, es aber eher unwahrscheinlich scheint, dass sich gerade jene, die sich mit Medikamenten und Dosierung auskennen, versehentlich vergiften. Medizinerinnen und Mediziner lassen den Suizid möglicherweise wie einen Unfall aussehen, bzw. ihre Kollegen geben nach Möglichkeit eine natürliche Todesursache oder einen Tod durch Unfall an." (Reimer et al.: 382-383)

Wenn Suizidraten zwischen verschiedenen Staaten abweichen oder sich über die Zeit verändern, kann das also neben tatsächlichen Unterschieden oder zeitlichen Entwicklungen auch institutionelle bzw. bürokratische Ursachen haben; dies gilt ebenso für Gewaltverbrechen. Berücksichtigt man z. B. für Großbritannien die als vorbildlich geltende Praxis der Leichenschau durch eigenständige Coroner, so dürfte die dortige offizielle Suizidrate valider sein, als die Rate für Deutschland (vgl. Madea/Rothschild: 575-576). Auffällig ist für Großbritannien eine ungewöhnlich große Abweichung zwischen der Suizidrate der nationalen Statistikbehörde (11,6 für 2012)[99] und der WHO (6,9 für 2012)[100]. Spekulationen über kulturelle oder ethnische Unterschiede in der Suizidneigung sollten daher grundsätzlich mit Skepsis betrachtet werden. Erschwert wird durch die zahlreichen Störeinflüsse aber auch die Schätzung des etwaigen Einflusses geduldeter oder erlaubter Suizidhilfe auf die Suizidhäufigkeit in einzelnen Staaten. Detailliertere und zuverlässiger erscheinende Zahlen liefern hier ausgerechnet die Länder, in denen eine organisierte bzw. geschäftsmäßige Suizidhilfe durch Ärzte oder Sterbehilfevereine erlaubt ist; die dortigen gesetzlichen Regelungen beinhalten jeweils besondere Vorschriften zur Dokumentation bzw. einer laufenden wissenschaftlichen Beobachtung.

---

[99] Office for National Statistics, Statistical Bulletin: Suicide Rates in the United Kingdom 2012.

[100] WHO 2014: 87.

Aussagekräftiger ist die Entwicklung der Ziffern innerhalb eines Staates bei vergleichbaren Erfassungskriterien, so dass zumindest mit einem konstanten bzw. systematischen Bias gerechnet werden kann. Allerdings sind auch diese nicht völlig verlässlich, da es manchmal Änderungen bei der Erstellung der Basisstatistik gibt. So wurde z. B. für Deutschland infolge des Zensus 2012 die Einwohnerzahl für 2011 herunterkorrigiert. Je nachdem, ob die alte – um ca. 1,2 Mio. Menschen größere – oder die aktuelle Einwohnerzahl als Basis verwendet wird, beträgt die Suizidrate insgesamt 12,4 oder 12,6 pro 100.000 Einwohner. Außerdem weicht auch die von der WHO berichtete absolute Häufigkeit der Suizide von den Angaben des Statistischen Bundesamtes ab. Das Statistische Bundesamt führt in der Todesursachenstatistik für 2012 insgesamt 9.890 Suizide an (ICD10, Pos. X60-X84), die WHO nennt 10.745 Suizide (WHO 2014: 82). Rechnet man die von der WHO angegebene Suizidrate von 13,0 („crude", also ausdrücklich die Absolutzahlen ohne Korrekturen wie eine Altersstandardisierung) auf Basis der Fallzahl zurück, kommt man auf eine Bevölkerung von 82,65 Millionen Menschen. Nach der Fortschreibung des Zensus 2011 durch das statistische Bundesamt hatte Deutschland zum 31.12.2012 aber nur 80,52 Millionen Einwohner. Angesichts solcher Abweichungen dürfte es verfrüht sein, den leichten Anstieg der Suizidrate seit 2009 als Trendwende zu deuten.

3.2.3 Suizide in den Niederlanden

Die Entwicklung der Suizidrate verlief in den Niederlanden bisher anders als in Deutschland. Die Suizidrate stieg in der Nachkriegszeit allmählich an, erreichte 1984 einen Höhepunkt mit 12,4 und ging seitdem wieder leicht zurück. In den letzten Jahren ist ein leichter Anstieg zu verzeichnen, die Suizidrate liegt aber immer noch deutlich unter der Deutschlands. Bemerkenswert ist der starke Rückgang der Alterssuizide über den dargestellten Zeitraum. In Deutschland lag die Suizidrate älterer Menschen 2012 deutlich über dem Durchschnitt. In den Niederlanden gab es dieses

Muster bis zur letzten Jahrhundertwende, seitdem ist die Rate für die Älteren nur noch leicht erhöht, allerdings steigt sie allmählich wieder an. Bei der Interpretation der zunehmenden Fallzahlen ärztlicher Tötungen auf Verlangen seit 2002 muss die Suizidstatistik mit berücksichtigt werden, da hier ein Entlastungseffekt vorliegen könnte. Vor allem Suizide infolge der Überlegung „Ich nehme mir das Leben, solange ich noch selbst dazu in der Lage bin" könnten durch die Sterbehilfepraxis in den Niederlanden niedrig gehalten werden.

Suizide in den Niederlanden (Suizidrate = Suizide pro 100.000 Einwohner)

	Anzahl	Suizidraten					
Jahr	gesamt	gesamt	Männer	Frauen	30-49*	50-69	70+
1960	762	6,6	8,2	5,1	7,4	16,8	24,3
1970	1049	8,0	9,9	6,2	9,1	18,0	25,2
1980	1430	10,1	12,8	7,4	12,4	18,4	22,0
1990	1450	9,7	12,3	7,2	12,6	13,7	19,4
2000	1500	9,4	12,7	6,2	13,1	12,7	15,0
2010	1600	9,6	13,7	5,7	12,3	14,5	11,3
2012	1753	10,5	14,3	6,7	13,8	15,0	11,8
2012**	1957	11,7**					
2014	1835	10,9	14,9	6,9	13,6	16,6	12,7
2014**	2093	12,4**					

Quelle: Statistics Netherlands, Den Haag/Heerlen; http://statline.cbs.nl/StatWeb

*Suizidraten nach Alter in der Quelle in 10-Jahres-Schritten, angegeben ist jeweils der Mittelwert von zwei Altersgruppen (z. B. 30-39 und 40-49)

**inklusive ärztlich assistierte Suizide (2012 ca. 204 Fälle, 2014 ca. 258 Fälle)

Tabelle 8: Suizidstatistik der Niederlande

Die niederländische Suizidstatistik[101] bietet zwar eine Differenzierung nach Suizidmotiven an, diese liefert aber keine Informationen über die konkrete Motivation der Suizidenten (soweit diese überhaupt im Nachhinein valide geklärt und erfasst werden könnte). Die angebotenen Kategorien lauten: Psychische Krankheit (2012: 872 / 2014: 838), physische Krankheit (2012: 91/ 2014: 133), häusliche Umstände (2012: 137 / 2014:

---

[101] Statistics Netherlands, im Internet unter: http://statline.cbs.nl

155), andere Motive (2012: 149 / 2014: 185), unbekannt (2012: 504 / 2014: 524). Personen, die ärztlich assistierten Suizid begangen haben, sind hier nicht enthalten. Wie in der Schweiz werden assistierte Suizide in der Todesursachenstatistik den Grunderkrankungen zugeordnet (direkte Auskunft des CBS), im Vergleich zur Schweiz sind die Fallzahlen aber niedrig. Bei den vorzeitigen Lebensbeendigungen dominiert in den Niederlanden die Tötung auf Verlangen (in Tabelle 13 auf Seite 162 werden die Zahlen für die Jahre 2010-2015 aufgelistet). Im Jahr 2013 wurden den regionalen Kontrollkommissionen 4.829 Fälle gemeldet: „In 4.501 Fällen ging es um Lebensbeendigung auf Verlangen, in 286 Fällen um Hilfe bei der Selbsttötung und in 42 Fällen um eine Kombinationen[102] aus beiden." (Regionale Kontrollkommissionen 2013: 41). Bei den 91 Suiziden in der amtlichen Suizidstatistik mit der Ursache „physische Krankheit" handelt es sich also um Suizide, die selbstständig begangen wurden. Nimmt man für 2014 258 Suizide (242 + 31/2) zu den 1.835 Fällen hinzu, steigt die Suizidrate auf 12,4 und liegt dann nahe am Niveau Deutschlands. Die Praxis der vorzeitigen Lebensbeendigung in den Niederlanden provoziert offensichtlich keine zusätzlichen Suizide.

3.2.4 Suizide in der Schweiz

Die Suizidrate der Schweiz liegt derzeit leicht über der deutschen. Ähnlich wie in Deutschland ist die Zahl der Suizide in den letzten drei Jahrzehnten zurückgegangen. Die höchste Suizidrate war 1980 mit 25,6 Suiziden pro 100.000 Einwohnern erreicht worden (in Deutschland 1977). Die Zahlen der WHO für die Schweiz liegen deutlich unter den Werten des BFS, auch die Absolutzahlen ohne Berücksichtigung assistierter Suizide (972 gegenüber 1.037). Die Ursache ist unklar, nachfolgend werden bevorzugt die ausführlicheren Angaben des BFS verwendet. Die Zahlen der WHO werden wiedergegeben, um einen Vergleich der aktuellen Al-

---

[102] Anm. d. Verfassers: Vermutlich Suizide, in deren Verlauf zusätzlich ein Medikament durch einen Arzt verabreicht wurde.

tersdifferenzierung Deutschland/Niederlande zu ermöglichen. Das Muster ähnelt dem in Deutschland mit höheren Suizidraten bei älteren Menschen.

Suizide in der Schweiz (Suizidrate = Suizide pro 100.000 Einwohner)

	Absolut		Suizidraten*				
Jahr	gesamt	gesamt	Männer	Frauen	30-49	50-69	70+
1960	1016	21,5	31,6	12,2	-	-	-
1970	1150	18,6	27,4	10,1	*(343)*	*(416)*	*(160)*
1980	1621	25,6	36,6	15,2	*(525)*	*(488)*	*(252)*
1990	1467	21,7	31,3	12,6	*(479)*	*(432)*	*(286)*
2000	1378	19,1	27,8	10,8	*(453)*	*(394)*	*(325)*
2010	1004	12,8	18,6	7,0	*(295)*	*(381)*	*(207)*
2010**	1356	17,2	22,6	12,0	-	-	-
2012	1037	12,9	18,9	7,0	*(289)*	*(386)*	*(231)*
2012**	1545	19,2	24,0	14,5	-	-	-
2012 (WHO)	972	12,2	17,8	6,6	11,5	19,6	20,1

Quelle: BFS (Bundesamt für Statistik: Todesursachenstatistik)

*Rohwerte ohne Altersstandardisierung, eigene Berechnung aus den Daten des BFS (Basis: Wohnbevölkerung); die Werte in Klammern sind absolute Häufigkeiten

**inklusive assistierte Suizide nach BFS

Tabelle 9: Suizidstatistik der Schweiz

Seit 1998 werden Fälle des assistierten Suizids erfasst, seit 2008 werden diese in der Suizidstatistik gesondert ausgewiesen, was den großen Unterschied zwischen den Zahlen für 2000 und 2010 erklärt (Tabelle 9). In der Todesursachenstatistik wird als Todesursache nun die Grunderkrankung angegeben, welche die Voraussetzung für die Zulassung des assistierten Suizids war. Wenn jemand aufgrund einer fortgeschrittenen, terminalen Krebserkrankung Suizidhilfe in Anspruch nimmt, dann ist die primäre Todesursache nicht der Suizid, sondern die Krebserkrankung. Ohne die assistierten Suizide hat sich die Rate seit 1980 halbiert und liegt auf dem Niveau Deutschlands. Für die assistierten Suizide wird eine eigene Statistik geführt; nimmt man die entsprechenden Fälle für 2010 und 2012 hinzu, so zeigt sich eine Stagnation der Suizidraten auf dem Niveau von 2000. Es begehen mehr Frauen als Männer einen assistierten Suizid, deshalb wird der Abstand der Suizidraten zwischen den Geschlechtern allmählich kleiner (in Deutschland ist die Suizidrate der Männer derzeit dreimal so hoch wie die der Frauen). Ob diese Entwicklung positiv oder negativ ist, hängt von der moralischen Bewertung des Suizids ab. Lehnt man Suizide per se ab, ist jeder Suizid einer zu viel, jede Suizidziffer zu hoch und jede Zunahme besorgniserregend. Separiert man assistierte (und damit: kontrollierte) Suizide von Suiziden ohne einen derartigen Kontext, dann können Kennzahlen wie die Sterblichkeit bzw. Überlebensdauer bei bestimmten Krankheiten als Indikator für Fehlentwicklungen verwendet werden. Solange durch assistierte Suizide leidvolle Endphasen schwerer Krankheiten abgekürzt werden und damit Menschen betroffen sind, die ohne Suizid noch einige Tage oder Wochen bei unzureichender Lebensqualität länger gelebt hätten, müssen auch stark steigende Suizidziffern nicht zwingend als negative Entwicklung gedeutet werden. Schwieriger wird es, wenn altersbedingte Lebenssattheit als Suizidgrund zugelassen wird, wie es in der Schweiz vereinzelt gefordert wird.[103] Auf lange Sicht könnten derartige Praxen die Zunahme der Lebenserwartung stoppen oder sogar einen Rückgang verursachen. Aber auch das könnte von Freitodbefürwortern positiv interpretiert werden – als Korrektur einer postulierten Fehlentwicklung, die von der Sterbehilfeorganisation EXIT folgendermaßen charakterisiert wird:

> „Mit Ausnahme der Benelux-Staaten hat die letzten Jahre überall eine unheilige Allianz aus Anbietern im Gesundheitswesen und der Pharma, von Ärztefunktionären, Wissenschaftlern, Kirchen und ihren Lobbyisten im Parlament dafür gesorgt, dass es den Gesundheitsanbietern überlassen bleibt, wie und wann Patienten am Lebensende gehen dürfen." (Bernhard Sutter in Exit-Info 1.15: 10)

Betrachtet man nicht schon den Suizid per se als grundsätzlich negativ, könnte eine Fehlentwicklung daraus abgeleitet werden, dass sich parallel

---

[103] Eine Initiative hierzu findet sich unter der Internetadresse www.altersfreitod.ch – es handelt sich dabei nach eigenen Angaben mehrheitlich um Mitglieder von EXIT, nähere Informationen zu den Mitgliedern oder der Organisationsform sind nicht vorhanden (letzter Aufruf am 01.10.2015).

zu steigenden Suizidziffern gesundheitsökonomische Kennziffern wie QALY oder DALY verschlechtern. Schwieriger ist die Bewertung einer Konstellation, in der die Suizidrate steigt bzw. sehr hoch liegt, ohne dass die Lebenserwartung zurückgeht, verbunden mit einer hohen QALY-Summe und einer niedrigen DALY-Summe. Hier hängt die Bewertung der Situation – Fehlentwicklung oder nicht – dann wieder von der Bewertung des Suizids per se ab.

3.2.5 Suizidalität von Ärzten

Es ist seit langem bekannt, dass Ärzte eine im Vergleich zur Durchschnittsbevölkerung erhöhte Suizidrate aufweisen (Lochthowe: 30, Reimer et al., König). Dieser Befund ist nicht spezifisch für Deutschland, sondern kann international aufgefunden werden; und zwar schon seit vielen Jahrzehnten, soweit die Datenlage eine zuverlässige Diagnose zulässt (vgl. Schernhammer et al.). Die Ursachen für diesen Sachverhalt werden fast ebenso lange diskutiert, wobei heute die Haupterklärung darin besteht, dass Medizinerinnen und Mediziner aufgrund berufsbedingter Belastungen bis hin zum Burnout anfälliger für depressive Störungen seien (vgl. König, Reimer et al.). Hinzu kommt der einfachere Zugang zu Substanzen, die für einen erfolgreichen Suizid geeignet sind, und ein besseres Wissen um deren Wirksamkeit und fachgerechte Anwendung. Es gibt dabei Hinweise auf geschlechtsspezifische Unterschiede; Reimer et al. berichten in ihrer Metastudie eine insgesamt höhere Suizidrate bei weiblichen Medizinern im Vergleich zu allen Frauen. Ärztinnen und Ärzte begehen ungefähr gleich häufig Suizid, wohingegen in der allgemeinen Suizidstatistik Männer einen größeren Anteil stellen. Reimer zufolge beträgt das Verhältnis von Männern zu Frauen in der Bevölkerung hier 2,5 zu 1 (Reimer et al.: 382). Hinsichtlich des Suizidalters werden nur wenige und zum Teil stark divergierende Befunde berichtet. Lochthowe zufolge begehen männliche Mediziner eher in höherem Alter (ab 50 Jahren) Suizid, während die Befunde für Frauen uneindeutig sind, aber auf ein geringeres

Alter hinweisen; die Mehrheit der ärztlichen Suizidenten war jedenfalls aktuell nicht erwerbstätig (Lochthowe 2008: 31; 35; 37). Als Methode dominieren Vergiftungen, was angesichts pharmakologischer Expertise und vor allem der berufsbedingten Zugangsmöglichkeit zu geeigneten Medikamenten nicht verwundert. Entsprechend weisen auch Apotheker eine erhöhte Suizidquote auf, und zwar ebenfalls mit Vergiftung als Hauptmethode (ders.: 41). Es ist denkbar, dass die hohe Suizidrate unter Medizinern allein das Ergebnis einer höheren Erfolgsquote ist, welche aus der hohen Expertise folgt (ebd.). Ob es eine erhöhte Suizidalität von Ärzten bei schwerer Krankheit gibt, wird schon lange diskutiert; die von Lochthowe angeführten Studien kommen zu widersprüchlichen Ergebnissen.

Eine weitere plausible Erklärung fehlt in der hier verwendeten Literatur: Dass nämlich Ärzte besser über Krankheitsverläufe informiert sind und infolgedessen weniger Möglichkeiten haben, im Falle einer eigenen Erkrankung unrealistische bzw. unangemessen optimistische Hoffnungen zu stabilisieren. Plausibel wäre außerdem ein Wahrnehmungsbias aufgrund der alltäglichen Konfrontation mit Krankheit; dieser Bias kann aber durch die Separierung der Arztperspektive von der Patientenperspektive ausgeglichen werden: Krank wird der Patient, nicht der Arzt. Manchen Ärzten gelingt dies mehr, anderen weniger.

3.3 Ärzte und Sterbehilfe

3.3.1 Die Perspektiven des Arztes

Ärzte, für die tödliche Diagnosen, schwere Krankheitsverläufe und der Tod von Patienten zum Alltag gehören, nehmen in der Debatte über Sterbehilfe eine besondere Position ein.[104] Das Thema betrifft sie zunächst als Inhaber der Arztrolle, der als Beobachter die Konfrontation von Patienten mit dem Tod erlebt. Hinzu kommt, dass Ärzte als menschliche Subjekte

---

[104] Das ist nicht bei allen praktizierenden Ärzten der Fall, manche Fachgebiete sind seltener mit dem Tod konfrontiert, z. B. Zahn- oder Kinderheilkunde.

selbst sterblich sind und irgendwann konkret mit dem eigenen Tod konfrontiert werden – ob konkret oder potentiell. Dieses Spannungsfeld ist schon auf der Ebene herkömmlicher Erkrankungen problematisch (vgl. Forschung und Praxis 453/07, Wild 2011, Woellert/Schmiedebach: 72-73), es wird aber in der Medizin eher am Rand behandelt. Die Haltung von Ärzten zur vorzeitigen Lebensbeendigung ist wichtig, da ihnen hier verbreitet eine Schlüsselposition zugeschrieben wird, gerade in Staaten, in denen der assistierte Suizid oder die Tötung auf Verlangen als Methoden der Sterbehilfe zugelassen oder geduldet werden. Man kann das zugrundeliegende Arztbild folgendermaßen charakterisieren: Der Arzt diagnostiziert die Erkrankung und stellt eine Prognose. Er kennt ähnliche Fälle und ihre Verläufe. Er hat Fachkenntnisse über Pharmakologie und weiß daher, wie bzw. womit man das Leben eines Menschen beenden kann.[105] Er hat Zugang zu den erforderlichen Substanzen und kann diese wiederum Anderen zugänglich machen.

Diese Macht und Verantwortung des Arztes wird unterschiedlich bewertet. Eine positive Sicht hebt die fachliche Kompetenz aufgrund der Profession hervor, ggf. noch ein besonderes ärztliches Ethos, das aus der Besonderheit des Berufes erwächst. Die negative Sichtweise kritisiert die ärztliche Schlüsselstellung als Anmaßung und sieht sich der Willkür ärztlicher Machtbefugnisse ausgesetzt. Diese negative Sichtweise ist auf beiden Seiten der Bewertung einer vorzeitigen Lebensbeendigung anschlussfähig und kann je nach Haltung der offiziellen Ärzteschaft von Gegnern und Befürwortern angeführt werden – der Arzt als Verhinderer des Suizids und Unterdrücker der Patientenautonomie, der Arzt als Vermittler oder Agent des Todes. So kritisiert z. B. van Loenen,[106] dass in der niederländischen Praxis nicht der autonome Patient im Mittelpunkt stehe, sondern der Arzt:

„Die eigentliche Grundlage für aktive Sterbehilfe und Beihilfe zur Selbsttötung in den Niederlanden […] bildet nicht Selbstbestimmung, sondern Barm-

---

105 Zumindest mehrheitlich, das entsprechende Item der Hausärztebefragung erhielt immerhin 19% negative Nennungen, siehe Tabelle 41.
106 Als grundsätzlicher Kritiker der Sterbehilfepraxis in den Niederlanden.

herzigkeit oder Mitleid bzw. [...] das Mitgefühl des Arztes mit seinem leidenden Patienten." (van Loenen: 13).

Bei der Befragung von Ärzten zum Thema Sterbehilfe sollte die doppelte Perspektive des Arztes[107] berücksichtigt werden – soweit das möglich ist. Antwortet ein Arzt in seiner Arztrolle und damit als professioneller Beobachter von Tod und Sterben, oder antwortet er als sterbliches Subjekt, das persönlich von Krankheit und Tod betroffen sein kann oder dies möglicherweise aktuell sogar ist? Ist die geäußerte Meinung zur Notwendigkeit oder Zulässigkeit bestimmter Elemente der Sterbehilfe die Meinung des Arztes oder die Meinung eines Menschen, der aufgrund seiner Profession erweiterte Kenntnisse und Erfahrungen mit dem Thema hat? Bei den offenen Interviews im Vorfeld der Fragebogenkonstruktion wechselten die befragten Ärzte mehrmals zwischen den Perspektiven, nahmen aber in kritischen Momenten (bei unerwarteten bzw. heiklen Fragen) bevorzugt die Arztperspektive ein; vielleicht als sicheren Fluchtpunkt.

Im Fragebogen zur Hausärztebefragung 2014 wurden Items eingesetzt, die sowohl auf die Perspektive des Arztes als auch auf die persönliche Perspektive zielen, wobei nicht vergessen werden darf, dass die Trennung zwischen den Rollen vorrangig analytisch ist. Sie kann ein Konstrukt soziologischer Beobachtung sein, möglicherweise auch eine normative Setzung durch die Ärzteschaft. Grauzonen und Brüche sind erwartbar, vor allem wenn der Arzt selbst zum Patienten wird – viele Ärzte erzählten im persönlichen Gespräch von Phasen großer Irritierbarkeit bis hin zur Hypochondrie in den ersten Abschnitten ihrer Ausbildung, wo sie zum ersten Mal mit der enormen Vielfalt an Krankheiten konfrontiert werden. Wenn Ärzte als Hausärzte unter ihrer Praxisadresse angeschrieben werden und der Fragebogen sich teils an den Arzt, teils an die Privatperson richtet, ist der Grundrahmen (das *framing* oder *setting*) dennoch die Befragung eines Arztes mit eher offiziellem Charakter. Es wäre unrealistisch zu erwarten,

---

[107] Nach klassischer soziologischer Terminologie ein Interrollenkonflikt.

dass dieser Grundrahmen während der Beantwortung eines Items mit persönlicher Ansprache plötzlich völlig ausgeblendet wird.

3.3.2 Haltung von Ärzten zu Suizid, Suizidassistenz und Sterbehilfe

Die Bundesärztekammer (BÄK) spricht sich gegen jede vorzeitige Lebensbeendigung durch Ärzte aus. Im Februar 2011 betonte der damalige Vorsitzende Jörg-Dietrich Hoppe in einer Bekanntmachung im Deutschen Ärzteblatt, dass es die Aufgabe von

„Ärztinnen und Ärzten [sei], das Leben zu erhalten, die Gesundheit zu schützen und wiederherzustellen, Leiden zu lindern sowie Sterbenden Beistand zu leisten. Die Mitwirkung des Arztes bei der Selbsttötung ist hingegen keine ärztliche Aufgabe." (Dtsch Ärztebl; 108(7): A346)

Diese Aussage wird aber im nächsten Satz relativiert:

„Diese Grundsätze sollen dem Arzt eine Orientierung geben, können ihm jedoch die eigene Verantwortung in der konkreten Situation nicht abnehmen. Alle Entscheidungen müssen unter Berücksichtigung der Umstände des Einzelfalls getroffen werden." (ders. A 347).

Unter dem Nachfolger Hoppes, Frank-Ulrich Montgomery, wurde diese Haltung verschärft. In der aktuellen Fassung der „Musterberufsordnung für die in Deutschland tätigen Ärztinnen und Ärzte" (MBO-Ä) heißt es in § 16:

„Ärztinnen und Ärzte haben Sterbenden unter Wahrung ihrer Würde und unter Achtung ihres Willens beizustehen. Es ist ihnen verboten, Patientinnen und Patienten auf deren Verlangen zu töten. Sie dürfen keine Hilfe zur Selbsttötung leisten." (Bundesärztekammer)

In Berücksichtigung der Rechtslage, wonach in Deutschland weder der Suizid noch die Beihilfe zum Suizid verboten sind, wird die Ablehnung der Suizidbeihilfe als Teil des ärztlichen Ethos behandelt und als Richtlinie für ärztliches Handeln gesetzt. Diese Musterberufsordnung ist allerdings unverbindlich;[108] maßgeblich für Ärzte ist das Standesrecht der

---

[108] Die Darstellung von Woellert/Schmiedebach: 28, dass die Grundsätze der BÄ ein „für Ärzte bindendes Dokument" seien, ist nicht korrekt.

zuständigen Landesärztekammern (LÄK).[109] Die Bundesärztekammer (BÄK) dient als Arbeitsgemeinschaft und gemeinsame Repräsentanz der LÄK und hat unter anderem die Aufgabe,

> „das Zusammengehörigkeitsgefühl aller deutschen Ärzte und ihrer Organisationen zu pflegen, den Meinungs- und Erfahrungsaustausch zwischen den Ärztekammern zu vermitteln und diese zu beraten, die Ärztekammern über alle für die Ärzte wichtigen Vorgänge auf dem Gebiet des Gesundheitswesens und des sozialen Lebens zu unterrichten, auf eine möglichst einheitliche Regelung der ärztlichen Berufspflichten und der Grundsätze für die ärztliche Tätigkeit auf allen Gebieten hinzuwirken, […]" (Satzung der BÄK, § 2 Absatz 2).

Somit hat die BÄK, vertreten durch ihren Präsidenten, die Funktion einer Art Sprachrohr, ohne jedoch verbindlich auf ihre Mitglieder einwirken zu können. Bindende Vorgaben – z. B. berufsständische Regeln wie das Verbot ärztlicher Suizidassistenz – werden von den einzelnen LÄK gemacht. Einige – aber nicht alle – haben die Richtlinie der BÄK in ihr Standesrecht übernommen, so dass in ihrem jeweiligen Einflussbereich theoretisch einem Arzt bei Zuwiderhandlung die Approbation entzogen werden könnte, was aber bisher noch nie geschehen ist.[110]

Als Begründung für das von der BÄK postulierte ärztliche Ethos wird bevorzugt das Programm zur Ermordung behinderter Menschen in der Zeit des Nationalsozialismus genannt, außerdem der hippokratische Eid[111]

---

[109] Die deutsche Ärzteschaft ist in 17 separaten Landesärztekammern (LÄK) organisiert, welche als Körperschaften öffentlichen Rechts die berufsständische Selbstverwaltung wahrnehmen. Für Baden-Württemberg ist die zuständige staatliche Aufsichtsbehörde das „Ministerium für Arbeit und Sozialordnung, Familien, Frauen und Senioren Baden-Württemberg". Informationen gemäß den Internetseiten der Landesärztekammer, abrufbar unter http://www.aerztekammer-bw.de/impressum/index.html (letzter Abruf am 07.09.2015).

[110] So der Anwalt für Medizinrecht Wolfgang Putz im DLF in der Sendung „Im Gespräch: Sollen Ärzte ihren Patienten helfen, sich selbst zu töten?" am 25.10.2014.

[111] Der hippokratische Eid gilt aber in den Reflexionswissenschaften zur Medizin nicht als brauchbare ethische Richtlinie, vgl. Bergdolt: 48ff., Benzenhöfer: 35-36 und Eckart: 16-17. Vermutlich hatte dieser Text niemals eine größere Verbreitung bzw. einen bindenden Charakter; die Ablehnung ärztlicher Suizidhilfe ist aber ein Hinweis darauf, dass Ärzte bei vorzeitigen Lebensbeendigungen mitgewirkt

und/oder eine nicht weiter begründete unbedingte Pflicht zur Lebenserhaltung als säkulare Variante der Lehre von der Unverfügbarkeit allen menschlichen Lebens (vgl. Schöne-Seifert: 70). Die Position der BÄK wird von der Ärzteschaft kontrovers aufgenommen. In der Umfrage des Instituts für Demoskopie Allensbach vom August 2009 lehnten ca. 62% der 527 befragten Ärzte eine Legalisierung des ärztlich begleiteten Suizids ab, 30% befürworteten diese und 8% waren unentschieden (IfD-Umfrage 5265, leider ohne Angaben zur Ausschöpfungsquote der Stichprobe). In der dieser Arbeit zugrundeliegenden Hausärzteumfrage befürworten 41% der Hausärzte die Möglichkeit einer ärztlichen Suizidassistenz, 36% lehnen diese ab, 23% sind sich nicht sicher (Tabelle 52, S. 235). Im September 2014 haben Borasio et al. (Borasio/Jox/Taupitz/Wiesing 2014) einen Gesetzesentwurf publiziert, der dem Vorschlag Hoersters aus den 90er Jahren ähnelt (Hoerster 1998: 167ff.). In beiden Entwürfen wird ein strafrechtlich verankertes Verbot der Suizidbeihilfe vorgeschlagen, um voreilige Suizide zu verhindern. Hoerster plädiert allerdings für das niederländische Modell der ärztlichen Tötung auf Verlangen, während Borasio et al. einen Ausnahmetatbestand für ärztliche Suizidassistenz vorsehen, ähnlich der gesetzlichen Regelung im US-Bundesstaat Oregon. Der Entwurf von Borasio et al. ist bemerkenswert, da er auf den ersten Blick liberal erscheint und auch diesen Anspruch erhebt, aber tatsächlich der Ärzteschaft eine erhebliche Machtposition zuweisen und damit indirekt die bisherige Straffreiheit des Suizids schwächen würde. Im April 2015 veröffentlichten zahlreiche Strafrechtler eine Stellungnahme in der Frankfurter Allgemeinen Zeitung gegen die Einführung einer grundsätzlichen Strafbarkeit der Suizidassistenz in Deutschland.[112] Die Hausärztebefragung fand bereits im Juni und Juli 2014 statt, weshalb der Entwurf von Borasio et al. bei der Entwicklung des Fragebogens nicht berücksichtigt werden konnte. Es wäre interessant gewesen, diesen im Rahmen einer Umfrage Ärzten zur

---

haben; sonst wäre eine ausdrückliche Missbilligung ja nicht notwendig gewesen.
112 FAZ vom 14.04.2015, Reinhard Müller.

Auswahl vorzulegen, zusammen mit den vier für Ende 2015 zur Abstimmung im deutschen Bundestag vorgelegten Gesetzesentwürfen.

An dieser Stelle soll auf Ergebnisse der Hausärztebefragung vorgegriffen werden, um die Schwierigkeiten bei der Ableitung einer Meinung aus einzelnen Items zu verdeutlichen. Den Hausärzten wurden mehrere Items zu unterschiedlichen Aspekten des Suizids vorgegeben, wobei unvermeidlich die Sterbehilfedebatte als Bezugsrahmen wirkt. Auch wenn einzelne Items allgemein formuliert sind, sollten die Antworten darauf nicht isoliert interpretiert werden. Ein gutes Beispiel bietet die Aussage, dass man „alles tun" sollte, „um einen Suizid zu verhindern", welche trotz der totalen Formulierung („alles tun") mit einer hohen Zustimmung rechnen kann, auch wenn sich manche Befragte dennoch Ausnahmen vorstellen können und das Item im Sinne „man sollte prinzipiell alles tun" interpretieren, gemäß dem Selbstverständnis nationaler und internationaler Suizidpräventionsprogramme (vgl. Chehil/Kutcher: 11ff. und 123ff.). Tatsächlich stimmte eine große Mehrheit der befragten Hausärzte (62%) dieser Aussage zu; außerdem hatte niemand angegeben, er könne dies nicht beurteilen (vgl. Tabelle 41 auf Seite 224).

In Tabelle 10 wird dieses Item mit der fast gegenteiligen Aussage „Es gibt Situationen, in denen ein Suizid die beste Lösung ist" gekreuzt. Zwar werden die beiden Items insgesamt komplementär beantwortet, aber immerhin 50 Ärzte (15% absolut) stimmen beiden Aussagen zu und viele äußern sich ambivalent. Nur knapp die Hälfte derer, die eine unbedingte Suizidverhinderung befürworten, lehnen die Aussage ab, dass es dennoch Situationen gibt, in denen ein Suizid die beste Lösung ist. Ähnlich verhält es sich bei der Suizidoption für die Befragten selbst (Tabelle 11). Die Mehrheit der Ärzte möchte sich die Option eines Suizids bei eigener schwerer Krankheit offen halten, immerhin auch 43% derjenigen, die grundsätzlich dafür sind, alles zu tun, einen Suizid zu verhindern. Von den 332 Befragten lehnen nur 25,6% (n = 85) eindeutig den Suizid generell und für sich selbst ab.

Es gibt Situationen, in denen ein Suizid die beste Lösung ist.		Man sollte alles tun, um einen Suizid zu verhindern.			
		stimme zu	teils-teils	stimme nicht zu	Gesamt
stimme zu	n	50	36	44	130
	%	24,4%	59,0%	66,7%	39,2%
teils-teils	n	48	15	9	72
	%	23,4%	24,6%	13,6%	21,7%
stimme nicht zu	n	98	8	12	118
	%	47,8%	13,1%	18,2%	35,5%
kann ich nicht beurteilen	n	9	2	1	12
	%	4,4%	3,3%	1,5%	3,6%
Gesamt	n	205	61	66	332
	%	100,0%	100,0%	100,0%	100,0%

CV = 0,293** (nichtreduzierte Items: 0,270**; ohne „nicht beurteilen" r = -0,402**)

Tabelle 10: Kreuztabelle Suizid verhindern - Suizid als beste Lösung

Ich möchte die Möglichkeit haben, bei einer schweren Krankheit mein Leben vorzeitig zu beenden.		Man sollte alles tun, um einen Suizid zu verhindern.			
		stimme zu	teils-teils	stimme nicht zu	Gesamt
stimme zu	n	88	44	55	187
	%	42,9%	72,1%	83,3%	56,3%
teils-teils	n	29	11	4	44
	%	14,1%	18,0%	6,1%	13,3%
stimme nicht zu	n	85	6	6	97
	%	41,5%	9,8%	9,1%	29,2%
kann ich nicht beurteilen	n	3	0	1	4
	%	1,5%	0,0%	1,5%	1,2%
Gesamt	n	205	61	66	332
	%	100,0%	100,0%	100,0%	100,0%

CV = 0,274** (nichtreduzierte Items: 0,290**; ohne „nicht beurteilen" r = -0,424**)

Tabelle 11: Kreuztabelle Suizid verhindern - Suizid bei schwerer Krankheit

3.3.3 Das Vertrauensverhältnis zum Arzt

Das Vertrauen zum Arzt ist ein wichtiger Begriff in der Debatte um Sterbehilfe und wird von Politik, Kirchen und den meisten Ärzten als Leitwert behandelt – als vorausgesetzter oder anzustrebender Idealzustand und Voraussetzung für gute und richtige Entscheidungen am Lebensende der Patienten. Dieses Vertrauensverhältnis würde – je nach Position – durch die Zulassung oder aber das Verbot ärztlicher Sterbehilfe beeinträchtigt bzw. zerstört.

Mit Vertrauen oder einem Vertrauensverhältnis können sehr unterschiedliche Dinge gemeint sein. Zunächst denkt man an das persönliche Vertrauen im Rahmen einer freundschaftlichen Beziehung. Folgt man der Analyse der Arztrolle und des Arzt-Patienten-Verhältnisses durch Talcott Parsons, so würde dieser Aspekt nicht in Frage kommen. Im Rahmen seiner *pattern variables* charakterisiert Parsons die Arztrolle als universalistisch, funktional spezifisch und – vor allem – affektiv neutral (vgl. Parsons 1952: 434).[113] Demnach hält der Arzt eine gewisse professionelle Distanz zu seinen Patienten und behandelt in erster Linie die Krankheit, weniger den Patienten:

> „Affective neutrality is also involved in the physician's role as an applied scientist. The physician is expected to treat an objective problem in objective, scientifically justifiable terms. For example whether he likes or dislikes the particular patient as a person ist supposed to be irrelevant, as indeed it is to most purely objective problems of how to handle a particular disease." (ders.: 435)

Die Vorstellungen von der Arztrolle haben sich seit den 1950er Jahren gewandelt, das heutige Ideal ist von einer Stärkung der Patientenrolle und einem ganzheitlicheren Bild von Krankheit geprägt (vgl. Siegrist: 19-22, 251). Es nähert sich aber eher einem partnerschaftlichen Beratungs- und Dienstleistungsverhältnis an, nicht jedoch einer persönlichen Freundschaft.

---

[113] Zu den *pattern variables* allgemein ders.: 58ff.

Die Gegner ärztlicher Sterbehilfe (Suizidassistenz oder Tötung auf Verlangen) setzen voraus, dass der Arztberuf per se für die moralische Haltung eines konsequenten Lebensschutzes steht. Das Vertrauen in den Arzt als unbedingtem Lebensschützer würde durch die ausdrückliche Zulassung ärztlicher Suizidbeihilfe beschädigt werden. Der Patient kann sich im Falle einer Liberalisierung der geltenden Regelungen nicht mehr darauf verlassen, dass der Arzt alles tun würde, sein Leben zu bewahren. Vielmehr muss er befürchten, dass der Arzt auch eine vorzeitige Lebensbeendigung als Alternative zur Weiterbehandlung in Betracht ziehen könnte.[114] Das ist aber nur für diejenigen problematisch, die im Arzt grundsätzlich den unbedingten Lebensschützer sehen. Empirisch teilen ca. 70% der Bevölkerung diese Sicht offensichtlich nicht, wenn sie die Möglichkeit einer vorzeitigen Lebensbeendigung mit ärztlicher Hilfe wünschen (siehe Kapitel 4.1); ihr Vertrauen besteht wohl allgemeiner in der Erwartung, dass der Arzt in ihrem Interesse und gemäß ihren Wünschen berät, handelt und entscheidet und nicht andere Interessen verfolgt, die dem entgegenstehen (vgl. Lieb/Klemperer).

Die Befürworter einer gesetzlich streng reglementierten, ärztlich kontrollierten Suizidbeihilfe (Borasio/Jox/Wiesing/Taupitz, Hoerster) berufen sich ebenfalls auf ein grundlegendes Vertrauensverhältnis zwischen Arzt und Patient. Dieses basiert nicht auf einer persönlichen Beziehung, sondern auf transparenten Regeln und Verfahren, die bei einer Gesetzesänderung einzuführen wären. Der Patient weiß, was der Arzt darf und welche Voraussetzungen für eine Suizidbeihilfe erfüllt sein müssen und kann auf dieser Grundlage mit dem Arzt ein offenes Gespräch führen, ohne dass sein Anliegen von vornherein als abwegig oder pathologisch markiert wird. Das Vertrauen in die Suizidhilfepraxis selbst soll durch Kontrollmechanismen, Dokumentationspflichten und die wissenschaftliche Beobachtung ihrer Auswirkungen sichergestellt werden.

---

[114] Es gibt in der polemischen Variante der Debatte durchaus drastischere Formulierungen; Beispiele dazu bei Hoerster: 154ff. für die 70er und 90er Jahre.

Diejenigen, die den rechtlichen Status quo bewahren oder im Gegenteil massiv verschärfen wollen, sehen eine persönliche Arzt-Patienten-Beziehung gleichzeitig als eine Art Hintertür. Vordergründig wird der Arzt als Garant eines konsequenten Lebensschutzes markiert, um die negativen gesellschaftlichen Auswirkungen einer Zulassung ärztlicher Hilfe bei der Lebensbeendigung zu verhindern. Die persönliche Beziehung ist ein Ventil für Härtefälle, die z. B. allen Verheißungen zum Trotz dennoch extreme Leiden erdulden müssen und eröffnet nebenbei einen privaten Schonraum zur Praktizierung einer unmittelbaren intuitiven Moral abseits gesetzlicher und anderer Regelungen; einige Menschen erhalten dann doch ärztliche Suizidhilfe, aber eben nicht offiziell, sondern durch den persönlich vertrauten Arzt als Privatperson. Unklar bleibt, wie ein Patient Zugang zum Schonraum einer solchen persönlichen Beziehung erhält. Unter der Voraussetzung einer offiziellen Ächtung der Suizidassistenz kann sich ein Patient mit seinem Arzt erst dann offen darüber austauschen, nachdem das persönliche Verhältnis schon zustande gekommen ist. Ob sich diese soziale Investition lohnt, sollte aber vorher bekannt sein, sonst ist sie riskant – abgesehen von der Frage, inwieweit persönliche Beziehungen strategisch machbar sind. Für jemanden, der konkret Hilfe sucht, sind sie jedenfalls keine Option. Man kann nicht zu mehreren Hausärzten gleichzeitig ein vertrauensvolles Arzt-Patienten-Verhältnis aufbauen, vor allem nicht, wenn die Zeit drängt. Die Möglichkeit einer privaten Ausnahmepraxis haben dann wohl in erster Linie die Ärzte selbst und ihr näheres soziales Umfeld – Angehörige, enge Freunde. Soziales Kapital verschafft den Zugriff auf Ressourcen und informelle Hilfe jenseits der öffentlichen Angebote und Verfahren.

Zum Einfluss der Möglichkeit einer Suizidbeihilfe auf ein Vertrauensverhältnis zwischen Arzt und Patient können zwei sich widersprechende Hypothesen isoliert werden, die allerdings beide auf der Voraussetzung aufbauen, dass ein solches Vertrauensverhältnis normal bzw. zumindest anstrebenswert und für die Mehrheit der Patienten realisierbar ist: 1. Das (als normal vorausgesetzte) Vertrauen zum Arzt wird durch die Option einer ärztlichen Suizidhilfe gestört. 2. Ein Vertrauen wird durch die Bereitschaft eines Arztes zur Suizidhilfe erst ermöglicht. Diese beiden Hypothesen sind mit den beiden Leitwerten der Sterbehilfedebatte unterschiedlich kongruent.

Unbedingter Lebensschutz als Leitwert korrespondiert stark mit Hypothese 1: Wenn ein Patient einen Arzt konsultiert, der bei einem Suizid helfen würde, riskiert er, nicht ausreichend versorgt und vorzeitig aufgegeben zu werden, da die Suizidhilfe für den Arzt möglicherweise die bequemere und kostengünstigere Behandlungsoption ist. Die Suizidoption verzerrt tendenziell die Prognosen in den ungünstigen Bereich und führt zu einer häufigeren Indikation der Suizidhilfe. Bei einer grundsätzlichen Zulassung ärztlicher Sterbehilfe kann ein schwer erkrankter Mensch daher nicht mehr ohne Angst zum Arzt gehen. Diese Lesart hat mehrere Voraussetzungen: Der schwer Erkrankte will eine unbedingte Lebensverlängerung, zum Arzt besteht kein enges persönliches Verhältnis[115] und die meisten Ärzte bieten Suizidhilfe an bzw. der einzige Arzt vor Ort. Wenn Patienten ihren Arzt frei wählen können und Ärzte ihre jeweilige Haltung transparent machen, gibt es dieses Problem nicht, da sich der Patient den passenden Arzt aussuchen kann.

2. Autonomie: Wenn die Haltung des persönlichen Arztes zur Sterbehilfe nicht bekannt ist, besteht auch bei guter Bekanntheit das Risiko, dass im Ernstfall der Arzt die entgegengesetzte Haltung vertritt – es darf ohnehin bezweifelt werden, dass ein derart weitreichendes Vertrauensverhältnis zum eigenen Hausarzt der Normalfall ist. Es bleibt riskant, ihn ins Vertrauen zu ziehen, und zwar aus drei Gründen: Erstens könnte es im Ernstfall zum Wechsel des Arztes zu spät sein, z. B. aufgrund weit fortgeschrittener Beeinträchtigungen, und zweitens droht die Anwendung des Betreuungsrechtes, z. B. die Zwangseinweisung in eine Psychiatrie durch den

---

[115] Es geht vielmehr um das abstrakte Vertrauen in den Arzt als Instanz zur Lebensverlängerung.

Arzt, der damit eine selbstständige Umsetzung des Sterbewunsches verhindern möchte (siehe Kapitel 3.1.9). Dem konkreten Suizidwunsch vorgelagert könnte der Arzt – drittens – zu einer Beschönigung von Diagnosen und Prognosen tendieren, um einen solchen erst gar nicht aufkommen zu lassen. Die Möglichkeiten der kurativen und palliativen Behandlung würden übertrieben optimistisch dargestellt (bewusst oder unbewusst), um dem Patienten keinen Anlass zu geben, über eine vorzeitige Lebensbeendigung nachzudenken.

Die Arzt-Patienten-Beziehung ist grundsätzlich asymmetrisch, trotz Bemühungen zur Stärkung der Patientenautonomie.[116] Das Autoritätsgefälle resultiert aus der Expertise des Arztes und seinen rechtlichen Befugnissen – er bescheinigt das Vorliegen von Krankheit und die Berechtigung zur Inanspruchnahme von Leistungen; das Gefälle wird durch den Grad der Hilfsbedürftigkeit des Patienten und weitere Faktoren vergrößert (eine knappe Übersicht bei Eckart: 324-325). Der Arzt befindet sich nicht selbst in der verzweifelten Lage des Sterbewilligen, er gewährt oder verwehrt den Zugang zu Medikamenten und er hat meistens Fachkenntnisse zur Umsetzung eines Suizids – aber nicht immer. 70% der befragten Hausärzte gaben an, dass sie wüssten, wie sie einen (eigenen) Suizid umsetzen könnten (Tabelle 41, Seite 224); ein Arzt ergänzte seine Zustimmung mit der handschriftlichen Anmerkung: „Ich bin Arzt!". Interessanterweise stimmten aber immerhin 19% dieser Aussage nicht zu („teilteils": 8%). Das Item korreliert nicht oder nur sehr gering mit den Items zur grundsätzlichen Bewertung der Suizidbeihilfe (r durchweg < 0,200), so dass die Angaben wohl tatsächlich eher zur Sache gemacht wurden und nicht eine moralische Ablehnung unterstreichen sollen.

Betrachtet man die Ergebnisse der Bevölkerungsumfrage „Trust in Professionals 2014" des GfK-Vereins zum Vertrauen in Ärzte, finden sich kaum

---

[116] Ein wichtiges Schlagwort ist Empowerment, vgl. Hurrelmann 2013; vermutlich dürfte der Zugang zu Fachwissen über das Internet den stärksten Effekt zugunsten des Empowerments haben.

Unterschiede zwischen Deutschland und den Nachbarländern, in denen ärztliche Suizidassistenz oder Tötung auf Verlangen erlaubt ist. In Deutschland und den Niederlanden geben jeweils 88% der Befragten an, dass sie Ärzten „Voll und ganz" oder „überwiegend" vertrauen würden, In Belgien sind es 93%, in Österreich und der Schweiz jeweils 89% (die hohen Werte sind zum Teil durch die Abfrage bedingt – es gab nur vier Antwortkategorien und keine Mittelkategorie). Im ALLBUS 2012 wählten 71% der Befragten auf einer 5er-Skala die beiden zustimmenden Antwortoptionen für das Item „Alles in allem: Ärzten kann man vertrauen". In der Schweiz und den Niederlanden hat die vorzeitige Lebensbeendigung durch Ärzte trotz eines Anstiegs der Fallzahlen einen großen Rückhalt in der Bevölkerung.[117]

Eine viel größere Gefahr dürfte die allmähliche Transformation der Medizin bzw. des Gesundheitswesens in ein Segment des Wirtschaftssystem sein. Der binäre Code „krank/nicht krank" des Medizinsystems (vgl. Luhmann 1990: 183-195) weicht dem Code „Zahlung/keine Zahlung" einer Gesundheitswirtschaft, so dass die Profitorientierung der Akteure bestimmend wird und Krankheit, Leid und Ängste von Patienten[118] als Anlässe zum Verkauf gesundheitsbezogener Dienstleistungen genutzt werden (vgl. Unschuld 2009, Herbert 2006, Lieb et al. 2011 161ff.). Zwar ist das Ideal des Arztes als Helfer und Heiler immer noch wirkmächtig, sowohl in der Erwartung der Patienten als auch im Selbstverständnis der meisten Ärzte; es treten aber Rollen- bzw. Interessenskonflikte in den Vordergrund, die dieses Ideal in Frage stellen. So wird der Arzt (vor allem der niedergelassene) nach einigen Jahrzehnten Sozialstaat wieder stärker in das Wirtschaftssystem verstrickt; als Unternehmer, der seine Praxis wirt-

---

117 Zuletzt scheiterten 2011 in der Schweiz bei Volksabstimmungen zwei Initiativen der christlich-konservativen Splitterpartei EDU; „Stopp der Suizidbeihilfe" erhielt landesweit 15,5% Ja-Stimmen und „Nein zum Sterbetourismus im Kanton Zürich" 21,6%; Blick 15.05.2011, Spiegel online 16.05.2011.

118 Oder auch nur: der potentiellen Patienten – denn potentiell ist jeder Versicherte oder anderweitig Zahlungskräftige ein Kunde, ob krank oder nicht.

schaftlich führen muss, als Multiplikator für Medikamente (z. T. eingebunden in mehr oder weniger offene Vermarktungsprogramme großer
Pharmakonzerne), als Verkäufer von IGeL-Leistungen mit zweifelhaftem
medizinischem Nutzen. Dies könnte mittelfristig einen Rückgang des
Berufsprestiges bewirken, weg vom hohen Niveau des traditionellen
Arztbildes[119] und näher an Berufe wie Bankberater oder Versicherungs-
makler. Im ALLBUS 2012 stimmte mit 71% noch eine große Mehrheit
der Befragten der Aussage zu, dass man Ärzten „alles in allem […]
vertrauen" könne; ein Viertel der Befragten, die den Ärzten alles in allem
vertrauen, stimmte aber gleichzeitig der Aussage zu, dass Ärzte „sich
mehr fürs Geldverdienen" interessieren würden als für ihre Patienten; insgesamt erhielt diese Aussage 33% Zustimmung, 30% wählten die Mittelkategorie „weder noch" (ALLBUS 2012, vgl. Variable Report: 608-611).

Möglicherweise ist das langjährige Vertrauensverhältnis zum Hausarzt
eher ein Mythos, schon angesichts der hohen räumlichen Mobilität vor
allem bei jüngeren Menschen. Vielleicht existiert es partiell als schicht-
bzw. milieuspezifisches Phänomen – bevorzugt innerhalb der Ärzteschaft
und ihrem sozialen Umfeld, breiter eher bei manchen Landärzten mit
überschaubarem und relativ stabilem Patientenstamm. Eine Koppelung
des Zugangs zu ärztlicher Suizidassistenz an ein solches Vertrauensverhältnis dürfte für die meisten Menschen unrealistisch sein – mangels Rea-
lisierbarkeit und mangels der geschilderten Risiken, sowohl für Gegner
als auch für Befürworter einer persönlichen Suizidoption. Aus Patientensicht wäre Transparenz bezüglich der Wertvorstellungen und Motive der
Ärzte die bessere Alternative, wenn die Interessen von Gegnern und Befürwortern einer vorzeitigen Lebensbeendigung gleichermaßen berücksichtigt werden sollen. Die aktuellen Verhältnisse im Gesundheitswesen
markieren den Arzt als Nicht-Ansprechpartner für einen ernsthaften Sui-

---

[119] Damit ist das positive Bild seit der Mitte des 19. Jhd. gemeint, als die wissenschaftliche Medizin erstmals breite Erfolge erzielte; davor fiel die mangelhafte Wirksamkeit der medizinischen Methoden mit dem Selbstzahlersystem
zusammen und Ärzte hatten ein entsprechend schlechtes Image.

zidwunsch; die konsequente Ablehnung ist offiziell vorgegeben, so dass kein ergebnisoffenes Gespräch erwartet werden darf. Dies könnte einen Teil der empirischen Befunde erklären, wonach die meisten Ärzte noch nie oder nur vereinzelt ernsthaft nach Suizidassistenz gefragt worden sind (vgl. Schildmann et al. 2014, Thöns 2014); und für den persönlichen Eindruck vieler Palliativmediziner, dass fast alle Suizidwünsche, die an sie herangetragen werden, appellativ oder instrumentell seien.[120] In einer Studie über Patientenautonomie aus Sicht von ALS-Patienten fassen Burchardi et al. die Wahrnehmung der Arztrolle durch die Befragten folgendermaßen zusammen:

> „Mit ihren allgemeinen Festlegungen in der PV [Patientenverfügung] hatten die Patienten das Gefühl, vor dem Zugriff und der Einflussnahme Dritter ausreichend geschützt zu sein und die Entscheidungen über den Einsatz lebenserhaltender Behandlungen selbst zu treffen. Die Absicherung erfolgte in erster Linie gegenüber dem Arzt, der ausschließlich zur Lebenserhaltung verpflichtet angesehen wurde. Bei den von uns befragten Patienten führte ihr einseitiges Bild vom Arzt als Anwalt des Lebens dazu, dass sie ihn in der Regel nicht als adäquaten Gesprächspartner für Fragen der Therapiebegrenzung ansahen. Daher hatten sie sich bei der Abfassung ihrer PV mehrheitlich nicht vom Arzt beraten lassen." (Burchard/Rauprich/Vollmann in Vollmann et al. 2011: 191)

3.3.4 Organisierte Sterbehilfe

Möchte man die Möglichkeiten kranker Menschen nicht auf die riskante Voraussetzung eines persönlichen Vertrauensverhältnisses zu einem Arzt gründen, kommt eine Entlastungsmöglichkeit ins Spiel, die in der Debatte auf breite Ablehnung stößt: Professionelle Sterbehelfer und Sterbehilfevereine bzw. -organisationen. Wenn es keine gegenteiligen Gesetze oder Einschränkungen gibt, können diese ihre Wertvorstellungen und Kompetenzen klar erkennbar kommunizieren bzw. nach Außen vertreten. Die Mitarbeit in einer solchen Organisation ist freiwillig und ihre Konsultation ebenfalls. Die Mitarbeiter können sich gezielt die notwendige Expertise

---

[120] So z. B. Claudia Bausewein, LMU München, im DLF in der Sendung „Im Gespräch: Sollen Ärzte ihren Patienten helfen, sich selbst zu töten?" am 25.10.2014.

für die vorzeitige Lebensbeendigung aneignen und werden fachlich besser vorbereitet sein als die meisten Hausärzte, deren Hauptaufgabe ja die Diagnose von Krankheiten und die Behandlung bzw. Betreuung ihrer Patienten ist. Zudem würde die Ärzteschaft insgesamt entlastet, da die Stellung der Diagnose und die Darstellung der Handlungsoptionen von der Umsetzung der vorzeitigen Lebensbeendigung getrennt wären. Das könnte auch die Furcht von Patienten vermindern, die sich durch eine grundsätzliche Bereitschaft ihres Hausarztes zur Suizidbeihilfe bedroht fühlen würden. Der Präsident der Bundesärztekammer (BÄK) Montgomery bekräftigte seine Ablehnung jeglicher ärztlicher Suizidassistenz während einer Diskussion im Anschluss an eine Erklärung der BÄK zur ärztlichen Berufsordnung: „Lassen Sie es doch den Klempner oder den Apotheker oder den Tierarzt machen, aber eben nicht den Arzt."[121] Ungeachtet der abfälligen Konnotation kann diese Aussage als Plädoyer gegen die Fixierung auf Ärzte als Sterbehelfer aufgegriffen werden; möglicherweise ist diese Fixierung tatsächlich nicht zwingend und stützt sich mehr auf spezielle rechtliche Gegebenheiten wie das Betäubungsmittelgesetz als auf überzeugende ethische Argumente oder andere Notwendigkeiten. Viele Personen, die eine vorzeitige Lebensbeendigung befürworten und organisierte Hilfe nicht per se negativ bewerten, würden vermutlich auch nichtärztliche Helfer akzeptieren, wenn diese angemessen qualifiziert sind und Zugang zu den erforderlichen Mitteln haben. Das Risiko fachlicher Fehler oder anderer Komplikationen dürfte sogar geringer sein als bei einem auf diesem Gebiet unerfahrenen Arzt. Vor allem entfällt die Unsicherheit, ob der Hausarzt am Ende wunschgemäß helfen wird oder nicht.

Die gegenwärtige Kritik an organisierter Sterbehilfe konzentriert sich auf zwei Vorwurfskomplexe, die an die Kampagnen der 1970er und 1980er Jahre gegen sogenannte „Sekten" erinnern (vgl. Köster-Loßak/Seiwert in Deutscher Bundestag 1998: 315-374): Machtstreben und Sendungsbewusstsein der Führungsfiguren (bzw. anderer Personen in leitender Positi-

---

[121] Zitat laut Süddeutsche Zeitung, 12.12.2014.

on) an der Grenze zum Pathologischen oder Kriminellen und ein Profitstreben, welches tatsächlich hinter den nur vorgeschobenen offiziellen Anliegen stehe.[122] Die Klienten bzw. einfachen Mitglieder werden demgegenüber als eher passiv angesehen, als Opfer von Manipulation, Desin-
formation und Angstkampagnen. Modellhaft ist die hochbetagte, geistig
schon etwas verwirrte Frau, die von gewissenlosen Sterbehelfern zum Todeswunsch überredet wird; weniger gut in dieses Bild passen selbstsicher
auftretende Prominente wie z. B. der katholische Theologe Hans Küng;
vor allem aber diejenigen, die in den letzten Jahren tatsächlich – mit oder
ohne organisierte Hilfe – Suizid begangen haben und denen schwerer die
Rolle eines passiven, unreflektierten Opfers zugeschrieben werden
kann;[123] solche Zuschreibungen unterbleiben nicht völlig – sie leuchten
aber weniger Beobachtern ein.

Der Aspekt der Organisierung einer Tätigkeit wird in vielen moralisch
strittigen Themenfeldern als Verstärker des grundlegenden moralischen
Makels gedeutet. Eine moralisch geächtete Handlungsweise wie der Sui-

---

[122] Als negatives Modell dient in Politik und Medien oft der Rechtsanwalt Roger
Kusch mit seinem Verein „Sterbehilfe Deutschland", was folgende Pressemittei-
lung der BÄ vom 13.05.2014 illustriert: „Montgomery: Sterbehilfevereinen das
Handwerk legen [Überschrift, Anm. d. Verf.]. Bundesärztekammer-Präsident
Prof. Dr. Frank Ulrich Montgomery hat den wegen Totschlags angeklagten ehemaligen Hamburger Justizsenator Roger Kusch scharf kritisiert. 'Ich hoffe sehr,
dass die Justiz Herrn Kusch und seinen Helfern das Handwerk legt.' Es sei unerträglich, wie Kusch die Angst der Menschen vor dem Altern, vor Einsamkeit und
Pflegebedürftigkeit für seine Zwecke missbrauche. Zugleich bekräftigte Montgomery seine Forderung nach einem umfassenden Verbot der organisierten Sterbehilfe in Deutschland. Die Vorgänge zeigten, dass eine gesetzliche Regelung
dringend nötig sei. Die Bundesärztekammer hatte wiederholt darauf hingewiesen,
dass ein gesetzliches Verbot nicht nur die gewerbliche Sterbehilfe betreffen darf,
sondern auch die Organisationen miterfassen muss, bei denen rechtlich keine
Gewinnerzielungspraxis nachweisbar ist." Vgl. auch Brand et al.: 5.
[123] Einige Fälle der letzten Jahre, die in der Presse und anderen Massenmedien rezi-
piert wurden: Udo Reiter (Intendant des MDR), Fritz Raddatz (Schriftsteller),
Wolfgang Herrndorf (Schriftsteller und Maler), Gunther Sachs (Schauspieler),
Friedhelm „Timo" Konietzka (D/CH, Fußballtrainer), Christian de Duve (Belgien, Medizinnobelpreis 1974, This Jenny (CH, Politiker, Ständerat der SVP).

zid kann demnach allenfalls im direkten zwischenmenschlichen Bereich hingenommen werden, wenn zusätzlich bzw. vorrangig andere moralisch wertvolle Güter wie Mitleid und Freundschaft mit im Spiel sind. Eine organisierte, geschäftsmäßige, planvolle, professionelle Durchführung lässt das zwischenmenschliche Moment zurücktreten und im Gegenzug die Handlungsweise noch verwerflicher erscheinen. Die Verstärkung der Aversion gegen eine Praxis durch deren rationale, bürokratische oder technische Organisation lässt sich auch bei der Diskussion um andere moralisch umstrittene Praktiken beobachten. Die organisierte Umsetzung ist für viele Kritiker des Handlungsgegenstandes ein Apparat der Multiplikation des Bösen und kann so als Hebel in der Argumentation eingesetzt werden. Ganz pragmatisch soll durch die Unterbindung der Organisierung verhindert werden, dass eine nicht verbotene aber von den politischen Akteuren unerwünschte Tätigkeit sich etabliert oder ausbreitet. Aus rein technischer Sicht dient die organisierte Durchführung einer Handlung der Minimierung von Risiken für diejenigen, die keine moralischen Vorbehalte gegen diese Handlung haben. Die Organisation ermöglicht eine klare Darstellung der Ziele und Abläufe und vor allem den Aufbau von Fachkompetenz (Expertise).

In dem Maße, wie die Gegner einer vorzeitigen Lebensbeendigung deren organisierte Durchführung als Eskalation wahrnehmen, wird diese von den Befürwortern als Entlastung gesehen. Sie wissen, an wen sie sich wenden können und was die Bedingungen sind. Die Regelungen in den Niederlanden und in der Schweiz sind exemplarische Formen einer organisierten Sterbehilfe und werden in den folgenden Kapiteln dargestellt.

3.3.5 Sterbehilfevereine in der Schweiz

In der Schweiz steht die Beihilfe zum Suizid unter Strafe, wenn sie aus *selbstsüchtigen* Motiven geleistet wird. Die Existenz solcher Motive wird z. B. unter nahen Verwandten für möglich gehalten (z. B. Erbbegünstigte), weshalb in der Schweiz mit Befremden aufgenommen wird, dass in

Deutschland ausgerechnet diese Personengruppe von einem etwaigen Bei-
hilfeverbot ausgenommen werden soll. Vor allem ermöglicht die Schweizer Gesetzeslage im Umkehrschluss die Beihilfe aus nichtselbstsüchtigen
Motiven; letztere werden Ärzten und Sterbehilfeorganisationen bzw. -ver-
einen zugestanden. Die größte Sterbehilfeorganisation der Schweiz, die
1982 gegründete Vereinigung EXIT Deutsche Schweiz, berichtet einen
stetigen Mitgliederzuwachs, obwohl auch in der Schweiz über Risiken der
vorzeitigen Lebensbeendigung diskutiert wird. Zumindest die Mitglieder
betrachten die Arbeit von EXIT nicht als Gefahr für ihr eigenes Leben
oder als gesellschaftliches Risiko, sondern als eine Art Versicherung für
ihre Autonomie am Lebensende. Die Vereinigung versteht sich nicht als
punktueller Dienstleister, sondern als Anwalt für Patientenautonomie und
Interessenvertretung gegenüber der Regierung, den Kirchen, dem Gesundheitswesen und der organisierten Ärzteschaft (Exit-Info 1/2015: Werbe-
broschüre in der Heftmitte o. S.). Zum 31.12.2014 hatte EXIT – Deutsche
Schweiz nach eigenen Angaben rund 81.000 Mitglieder, was knapp einem
Prozent der Gesamtbevölkerung entspricht. Aufgrund des anhaltenden
starken Wachstums können es bis Ende 2016 bereits um die 100.000 sein.
Zum Vergleich die Mitgliederzahlen der beiden größten Parteien: Die konservative SVP (Schweizerische Volkspartei) hat ca. 90.000 Mitglieder, die
SP (Sozialdemokratische Partei) 30.000 (Quelle: Schweizerische Bundeskanzlei 2015). Hochgerechnet für Deutschland wären das ca. 800.000 Personen für EXIT – die CDU hat z. B. 480.000 Mitglieder, die SPD
460.000. Nach dem Jahresbericht wurden 2014 durch EXIT 583 „Freitod-
begleitungen" durchgeführt, wobei das durchschnittliche Alter der Suizidenten bei 77,5 Jahren lag (Exit-Info 1/2015: 19). Als problematisch wird
von EXIT angesehen, dass ca. ein Viertel der Suizidenten weniger als 3
Monate Mitglied war und die Mitgliedschaft offensichtlich kurzfristig, mit
bereits konkreter Suizidabsicht, beantragt hatte: „Wir hoffen, dass sich
dieser Prozentsatz mit steigender Mitgliederzahl und Bekanntheit unserer
Organisation künftig langsam vermindert." (ders.: 20). Dies prägt auch

den Blick auf das Ausland. So schreibt die Präsidentin Saskia Frei im Vorwort der Mitgliederzeitschrift:

„Mit etwelcher Besorgnis verfolgen wir die politische Debatte rund um das Thema 'Beihilfe zum Suizid' in Deutschland. [...] Obwohl gemäss deutschem Grundgesetz sowohl der Suizid als auch die Beihilfe dazu in Deutschland nicht strafbar sind, plant unser nördlicher Nachbarstaat eine nach rückwärts gewandte neue Gesetzgebung. [...] Wir hoffen, dass sich in unserem Nachbarland die liberalen Kräfte durchsetzen; diejenigen Kräfte also, die auch die Mehrheit der Bevölkerung repräsentieren. Es kann und darf schon aus mitmenschlichen Aspekten nicht sein, dass schwerstkranke sterbewillige Personen für ihren letzten Schritt unter Inkaufnahme von qualvollen Strapazen ins Ausland, also hier zu uns in die Schweiz, kommen müssen, weil ihnen zuhause niemand hilft." (Frei in Exit-Info 1.15: 3)

Die anderen Vereine haben weniger Mitglieder. Der separate Verein EXIT A. D. M. D. Suisse romande für die französische Schweiz hat nach Presseangaben[124] ca. 19.000; der 1998 gegründete Verein Dignitas ungefähr 7.000.[125] Zwei weitere, noch kleinere Organisationen (Lifecircle, Basel, gegründet 2011; und Ex International, Bern) bieten ebenfalls Suizidbegleitung für Nichtschweizer an. Für 2012 nennt EXIT 356 Begleitungen, das waren 70% der 508 vom BFS berichteten Fälle insgesamt. Anhand der bisher vorliegenden Zahlen des BFS ist die Gesamtzahl der begleiteten Suizide in der Schweiz von 2004 bis 2012 stetig gestiegen (Tabelle 12), um 12% pro Jahr im Gesamtzeitraum, in den letzten 4 Jahren sogar um durchschnittlich 19% pro Jahr. Überträgt man diese Wachstumsraten auf die folgenden Jahre, so erhält man zwischen 650 und 750 Fälle für 2014 (Anfang 2016 waren noch keine neueren Zahlen beim BFS abrufbar). Bezogen auf den höheren Schätzwert würden die 583 von EXIT für 2014

---

[124] Swissinfo CH, „Lebensmüde Senioren, die sterben wollen", 28.05.2014.

[125] Lt. Tagesanzeiger Zürich vom 12.06.2015. Im Gegensatz zu EXIT nimmt Dignitas auch Ausländer als Mitglieder auf, weshalb dessen Hilfe überwiegend von Menschen aus Deutschland, Frankreich und Großbritannien in Anspruch genommen wird. Zwischen 2001 und 2014 wurden pro Jahr knapp 70 Personen aus Deutschland begleitet (Quelle: www.dignitas.ch); diese recht geringe Zahl dürfte auch eine Folge der beträchtlichen Kosten sein, die zwischen 7.500 und 11.000 € pro Fall betragen.

dokumentierten Fälle einen Anteil von knapp 80% aller Suizidbegleitungen ausmachen.

Assistierte Suizide in der Schweiz (Anzahl)

Jahr	gesamt	Männer	< 65	> 65	% > 65	Frauen	< 65	> 65	% > 65
2003	187	70	19	51	72,9	117	29	88	75,2
2004	203	90	25	65	72,2	113	24	89	78,8
2005	205	96	15	81	84,4	109	29	80	73,4
2006	230	98	25	73	74,5	132	30	102	77,3
2007	249	113	24	89	78,8	136	29	107	78,7
2008	253	108	30	78	72,2	145	38	107	73,8
2009	297	132	33	99	75,0	165	34	131	79,4
2010	352	155	26	129	83,2	197	47	150	76,1
2011	431	185	39	146	78,9	246	43	203	82,5
2012	508	201	42	159	79,1	307	43	264	86,0

Tabelle 12: Assistierte Suizide in der Schweiz 2003-2012

3.3.6 Ärztliche Lebensbeendigung in den Niederlanden

In den Niederlanden ist die vorzeitige Lebensbeendigung gesetzlich verboten. Durch eine Sonderregelung werden Ärzte von einer Strafverfolgung ausgenommen, wenn sie schwer leidenden Patienten bei der vorzeitigen Lebensbeendigung helfen. Das gilt sowohl für Suizidbeihilfe als auch für die Tötung auf Verlangen, wobei Suizidfälle nur einen Anteil von 7% haben. In fast 90% der Fälle wird die vorzeitige Lebensbeendigung durch Hausärzte ermöglicht oder durchgeführt. Tötung auf Verlangen bleibt grundsätzlich strafbar, seit 2002 wird aber von einer Strafverfolgung abgesehen, wenn die Ärzte bestimmte gesetzlich festgeschriebene Sorgfaltskriterien einhalten, die in einem eigenen Sterbehilfegesetz niedergeschrieben sind.[126]

---

[126] „In den Niederlanden [...] sind die Lebensbeendigung auf Verlangen und die Hilfe bei der Selbsttötung nach Artikel 293 und 294 des Strafgesetzbuches grundsätzlich strafbar, es sei denn, sie werden von einem Arzt ausgeführt, der die gesetzlich festgelegten *Sorgfaltskriterien* einhält und sein Handeln dem örtlichen Leichenschauer *meldet*. In die vorgenannten Strafgesetzbuchartikel (Artikel 293

Die Einhaltung der Sorgfaltskriterien wird durch die Regionalen Kontroll-kommissionen für Sterbehilfe nachträglich überprüft und dokumentiert. Bei Verdacht auf Verletzung wird zunächst der verantwortliche Arzt kontaktiert und um eine Stellungnahme gebeten. Die Kontrollkommissio-nen fassen in ihrem Jahresbericht für 2013 die Sorgfaltskriterien wie folgt zusammen:

„Nach diesen Sorgfaltskriterien muss der Arzt:

a) zu der Überzeugung gelangt sein, dass der Patient seine Bitte freiwillig und nach reiflicher Überlegung geäußert hat,

b) zu der Überzeugung gelangt sein, dass keine Aussicht auf Besserung besteht und der Patient unerträglich leidet,

c) mit [sic] den Patienten über dessen Situation und über die medizinische Prognose aufgeklärt haben,

d) mit dem Patienten zu der Überzeugung gelangt sein, dass es für dessen Situation keine andere annehmbare Lösung gab,

e) mindestens einen anderen, unabhängigen Arzt zu Rate gezogen haben, der den Patienten untersucht und schriftlich zur Einhaltung der unter a bis d genannten Sorgfaltskriterien Stellung genommen hat und

f) die Lebensbeendigung oder Hilfe bei der Selbsttötung fachgerecht durchgeführt haben." (Regionale Kontrollkommissionen: 12)[127]

Die Zahl der Meldungen hat in den letzten Jahren stetig zugenommen, was von der Kommission nicht weiter kommentiert wird; die Verfasser klagen aber über eine hohe Arbeitsbelastung und einen dadurch verur-sachten „Verzug bei der Bearbeitung von Meldungen" (dies.: 4). 2014 wurden 5.306 Fälle gemeldet, davon 4.678 (88%) von Hausärzten. Haus-ärzte führen also den mit Abstand größten Teil der vorzeitigen Lebensbe-endigungen durch. In fast drei Viertel aller Fälle (n = 3.888) war die

---

Absatz 2 und Artikel 294 Absatz 2) wurde dies als *besonderer Strafaus-schließungsgrund* aufgenommen." (Regionale Kontrollkommissionen: 38-39; zusätzliche Erläuterungen bei Frieß 2011: 52ff. und Borasio et al. 2014: 41-42.).

[127] Deutschsprachige Variante; der Bericht wurde auf Niederländisch, Englisch, Deutsch und Französisch veröffentlicht. Der Bericht für 2014 war im April 2016 nur auf Niederländisch verfügbar.

Grunderkrankung ein Krebsleiden. Neben anderen Krankheiten gab es 81 Fälle (1,5%) mit Demenz, 41 (0,8%) mit psychiatrischen Erkrankungen und 257 (4,8%) mit multiplen Altersbeschwerden. Ausdrücklich muss bei Demenz und psychiatrischen Erkrankungen geprüft werden, ob diese die Willensfähigkeit des Patienten beeinträchtigen, ggf. unter Hinzuziehung von Sachverständigen. Die Kommission merkt in ihrem Bericht für 2013 an, dass „eine niedergeschlagene Stimmung in einer Situation, in der um Sterbehilfe gebeten wird, unter Umständen normal [ist] und nicht unbedingt ein Anzeichen für eine Depression." (dies.: 17). Betrachtet man die Entwicklung seit 2010, so sieht man eine stetige Zunahme der Fallzahlen, die sich aber von 2014 auf 2015 erstmals verlangsamt hat. Die Zunahme betrifft überwiegend die Tötungen auf Verlangen (Tabelle 13).

Vorzeitige Lebensbeendigungen	2010	2011	2012	2013	2014	2015
Tötung auf Verlangen	2910	3446	3965	4501	5033	5277
Ass. Suizid	182	196	185	286	242	208
Kombination	44	53	38	42	31	31
Summe	3136	3695	4188	4829	5306	5516

Quelle: Regionale Kontrollkommissionen; 2010-2014 Jahresberichte, abrufbar unter: http://www.euthanasiecommissie.nl/uitspraken; 2015: direkte Mitteilung

Tabelle 13: Vorzeitige Lebensbeendigung NL (2010 bis 2015)

Im Gegensatz zu Deutschland und den meisten anderen Staaten wird dem Unterschied zwischen Selbst- und Fremdtötung in den Niederlanden (und auch in Luxemburg und Belgien) keine fundamentale Bedeutung zugeschrieben. Daher können auch Menschen getötet werden, die aktuell zu einem Suizid nicht in der Lage wären, was den Möglichkeitsbereich vorzeitiger Lebensbeendigung ausweitet. Ist ein Patient nicht oder nicht mehr willensfähig oder kann sich nicht mehr äußern, kann zur Beurteilung eine Patientenverfügung mit hinzugezogen werden, falls eine solche vorliegt. Hinzu kommt die Beurteilung des aktuellen Zustandes und etwaiger verbaler oder nonverbaler Äußerungen durch den behandelnden Arzt und den Konsiliararzt.

Dies wird vielfach als Einfallstor für ärztliche Willkür kritisiert, mit z. T. sehr unterschiedlichen Argumenten. So sehen z. B. Borasio et al. eine erhöhte Missbrauchsgefahr, beziehen sich aber auch auf die anthropologische Vermutung, dass „die bei der Selbsttötung vorhandene psychologische Hemmschwelle wegfällt, welche einen wichtigen lebensschützenden Effekt hat." (Borasio et al.: 50-51). Van Loenen sieht hingegen u. a. das Problem eines starken ärztlichen Paternalismus:

> „Der Patient, der autonom sterben will, braucht dazu einen Arzt. Dieser Umstand setzt seiner Autonomie Grenzen. [...] Die eigentliche Grundlage für aktive Sterbehilfe und Beihilfe zur Selbsttötung in den Niederlanden bildet daher nicht Selbstbestimmung, sondern Barmherzigkeit oder Mitleid [sic!] bzw. - wenn dies für den einen oder anderen zu altmodisch klingt – das Mitgefühl des Arztes mit seinem leidenden Patienten." (van Loenen 2014: 13)[128]

3.3.7 Ärztliche Suizidassistenz in Oregon (USA)

Im Jahre 1997 wurde im US-Bundesstaat Oregon mit dem „Dead with Dignity Act (DWDA)" die ärztliche Beihilfe zum Suizid für Schwerkranke erlaubt. Anlass war ein Volksentscheid infolge eines Bürgerbegehrens („citizens' initative"), bei dem 1994 eine knappe Mehrheit von 51% der Befragten für den Gesetzentwurf gestimmt hatte. Durch eine gerichtliche Verfügung („injunction") wurde das Inkrafttreten des DWDA jedoch verzögert. Drei Jahre später wurde eine Abstimmung zur Aufhebung des DWDA angesetzt, die von 60% der Wähler abgelehnt wurde, so dass er schließlich umgesetzt werden konnte. „Those who bitterly opposed Oregon's controversial law first blocked it in the federal courts, and then forced it back onto the ballot in 1997. Again, the voters, by an even larger margin, backed their decision." (Humphry: 180). Nach den Angaben von Bronisch „folgten weitere US-Staaten nach: Washington 2008, Montana 2009, Vermont 2013 und New Mexico 2014. In wenigstens acht weiteren US-Staaten werden gesetzliche Regelungen zur Suizid-Assistenz derzeit

---

[128] Im Gegensatz hierzu Jox 2011: 126ff., der „Selbstbestimmung und [...] Fürsorge [...] im Einklang" sieht.

diskutiert bzw. mittelfristig angestrebt." (Bronisch: 93). Im Oktober 2015 wurde ärztliche Suizidhilfe in Kalifornien zugelassen.[129]

Erwachsene mit Wohnsitz in Oregon, die an einer zum Tod führenden Krankheit leiden, dürfen sich von einem Arzt ein tödliches Medikament verschreiben lassen. Sie können dieses Rezept nach eigenem Ermessen einlösen und das Mittel (in seltenen Fällen auch eine Kombination mehrerer Substanzen) selbst einnehmen. Die Verschreibung ist wie in der Schweiz oder den Niederlanden an die Einhaltung festgeschriebener Sorgfaltskriterien gekoppelt. So muss der Patient sein Anliegen zweimal mündlich und einmal schriftlich gegenüber seinem behandelnden Arzt äußern. Der Arzt muss einen zweiten, beratenden Arzt mit hinzuziehen, der die Diagnose und Prognose sowie die Einsichts- und Entscheidungsfähigkeit des Patienten bestätigt. Bei Verdacht einer psychischen Erkrankung muss ein Psychologe oder Psychiater mit hinzugezogen werden. Der Patient muss über palliative Behandlungsmöglichkeiten und eine Hospizunterbringung als Alternativen informiert werden. Außerdem gibt es umfangreiche Dokumentationspflichten gegenüber der staatlichen Gesundheitsbehörde.[130] Die Dokumentationspflichten ermöglichen eine statistische Beobachtung der Auswirkungen des DWDA.

Die Zahl der assistierten Suizide ist seit der Einführung allmählich gestiegen und überschritt im Jahr 2014 mit 105 Fällen erstmals die Marke Einhundert. Oregon hatte 2014 3,97 Millionen Einwohner (Schätzung des US Census Bureau auf Basis des Zensus 2010) und ca. 34.000 Todesfälle pro Jahr. Der Anteil assistierter Suizide an allen Todesfällen ist mit 0,31% (2,6 Fälle pro 100.000 Einwohner) relativ niedrig. In der Schweiz war der Anteil im Jahr 2012 mehr als doppelt so groß (508 Fälle = 0,8% der

---

[129] „Kalifornien legalisiert ärztliche Sterbehilfe" von Hakan Tanriverdi, Süddeutsche Zeitung vom 06.10.2015, online unter: http://www.sueddeutsche.de/panorama/us-bundesstaat-in-kalifornien-ist-aerztliche-sterbehilfe-nun-legal-1.2679129

[130] Quelle: Internetseiten der Oregon Public Health Division unter http://public. health.oregon.gov/ProviderPartnerResources/EvaluationResearch/DeathwithDign ityAct/Pages/faqs.aspx#whatis, letzter Abruf am 28.07.2015.

Todesfälle; das sind 6,3 Fälle pro 100.000 Einwohner; Basis: 64.000 Todesfälle bei 8,04 Millionen Einwohnern). Die amtliche Statistik von Oregon nennt für 2014 777 Suizide, wobei hier mangels gegenteiliger Angaben davon ausgegangen wird, dass die assistierten Suizide in dieser Zahl enthalten sind. Die Suizidziffer beträgt somit 19,7 und liegt in einem ähnlichen Bereich wie die der Schweiz (Schweiz 2012: 19,2 inklusive assistierter Suizide, Tabelle 9 auf Seite 136). Die Statistikbehörden von Oregon geben neben der Zahl der assistierten Suizide auch die Zahl der ausgestellten Rezepte an. Daran kann man sehen, dass relativ stabil ein Drittel der Rezepte nicht eingelöst wird, die betreffenden Patienten also ihre Suizidoption nicht realisieren.

Assistierte Suizide in Oregon

Jahr	Anzahl Fälle	Fälle pro 100.000 Einwohner	Anzahl Rezepte	% realisierte Rezepte	Todesfälle insgesamt	Einwohner (100.000)*
1998	16	0,48	24	66,7	29346	33,50
2000	27	0,79	39	69,2	29541	34,21
2002	38	1,08	58	65,5	31082	35,05
2004	37	1,03	60	61,7	30201	35,83
2006	46	1,25	65	70,8	31304	36,91
2008	60	1,58	88	68,2	32020	37,91
2010	65	1,70	97	67,0	31899	38,31**
2012	85	2,18	116	73,3	32475	38,99**
2014	105	2,64	155	67,7	34143	39,70**

Quelle: Oregon Health Authority, www.public.health.oregon.gov
* Population Research Center, Portland State University
** United States Census Bureau, www.factfinder.census.gov, ab 2012 geschätzt

Tabelle 14: Assistierte Suizide in Oregon

3.4 Gesetzesvorschläge zur Sterbehilfe in Deutschland

3.4.1 Die Rechtslage in Deutschland, der Schweiz und den Niederlanden

Die grundsätzliche Straffreiheit des Suizids mit der daraus abgeleiteten Straffreiheit der Beihilfe, eine gestärkte Patientenautonomie durch Gesetze sowie verschiedene einschlägige Gerichtsurteile seit den 1980er Jahren ermöglichten in Deutschland noch bis Ende 2015 eine professionelle oder semiprofessionelle Suizidassistenz, die teilweise durch Ärzte ehrenamtlich durchgeführt wurde. Auch Tötung auf Verlangen wurde und wird vereinzelt praktiziert, aufgrund des bereits bestehenden gesetzlichen Verbotes (§ 216 StGB) aber im Verborgenen (vgl. Schildmann 2014 und 2015). Bis zur Verabschiedung des § 217 StGB im November 2015 war die Gesetzeslage in Deutschland vergleichsweise liberal. Der Suizid selbst ist straffrei, und daraus abgeleitet im Prinzip auch die Beihilfe dazu. „Die Straflosigkeit setzt allerdings voraus, dass der Suizident freiverantwortlich handelt und die Tatherrschaft über den letzten tödlichen Akt selbst innehat." (Borasio et al.: 27-28)

Wenn eine Handlung straffrei ist, dann kann nach der gängigen Rechtstradition die Hilfe zu dieser Handlung nicht unter Strafe gestellt werden. Im Detail wird die Situation schwieriger, da die Straffreiheit einer Handlung nicht den Umkehrschluss zulässt, dass sie gebilligt bzw. als normal oder legitim angesehen wird. Wie in Kapitel 3.1.9 ausführlich dargestellt, werden Suizide allgemein negativ bewertet. Daher gibt es Maßnahmen zur Suizidprävention, die u. a. dazu geführt haben, dass in den letzten Jahrzehnten der Zugang zu einfachen Suizidmethoden erschwert oder unterbunden wurde. Es ist in der Praxis schwierig, einen Suizid zu begehen, ohne dabei andere Gesetze zu übertreten – man verstößt etwa gegen das

Betäubungsmittelgesetz (vgl. dies.: 31-33) oder begeht einen schweren Eingriff in den Straßen- oder Bahnverkehr.

Eine einfache, wenig aggressive Suizidmethode ist die Einnahme starker Betäubungsmittel. Vor allem durch die Medienberichterstattung über Sterbehilfe in der Schweiz breiter bekannt ist Natriumpentobarbital, welches zum Einschläfern von Tieren verwendet wird und entsprechend auch für den Menschen geeignet ist. Für die korrekte Anwendung solcher Mittel ist medizinisches Fachwissen nötig, für den Zugang eine ärztliche Verschreibung. Daher ist es naheliegend, zur Suizidhilfe einen Arzt zu konsultieren. Dem stehen jedoch drei Hindernisse entgegen: Das ärztliche Standesrecht und das rechtliche Konstrukt einer ärztlichen Garantenpflicht; durch den neu gefassten § 217 seit 2016 auch das Verbot einer Geschäftsmäßigkeit der Suizidhilfe.

Aktuell gelten berufsrechtliche Verbote durch das ärztliche Standesrecht als größtes Hindernis für ärztliche Suizidhilfe. Die Bundesärztekammer (BÄ) positioniert sich seit Jahren eindeutig gegen jede Art der vorzeitigen Lebensbeendigung und vor allem gegen ärztliche Mitwirkung dabei. Die Haltung der BÄ ist aber für die Ärzte nicht bindend, entscheidend sind die Berufsordnungen der Landesärztekammern (LÄK). 10 von 17 LÄK verbieten ausdrücklich eine ärztliche Beihilfe zum Suizid, so dass ein Arzt bei Zuwiderhandlung seine Zulassung (Approbation) verlieren könnte und nicht mehr als Arzt arbeiten dürfte. In 6 weiteren LÄK ist Suizidhilfe lediglich „keine ärztliche Aufgabe", so dass ein Arzt sie durchführen darf, aber nicht muss („keine ärztliche Aufgabe" ist z. B. allgemein die Abtreibung). In einer LÄK ist die Formulierung unklar (vgl. dies.: 33-36).

Früher wurde die unmittelbare Lebensrettung als derart charakteristisch für die Arztrolle gesehen, dass der Arzt zum Garanten der ihm anvertrauten Menschen erklärt wurde, was einer Suizidhilfe widerspricht; unklar ist, ob ein Arzt immer seine Arztrolle innehat oder in machen Situationen auch eine Privatperson sein kann. Frieß beschreibt zwei wichtige Fälle der deutschen Rechtsprechung aus den 1980er Jahren (Wittig und Hermy

E./Hackethal), die zu einer Stärkung der Patientenautonomie geführt haben (Frieß: 44-47, vgl. Jox: 62ff.). Inwieweit eine Garantenstellung des Arztes für die heutige Rechtslage noch Relevanz hat, ist unklar. Borasio geht zwar davon aus, „dass Ärzte und Angehörige [...] den Suizidenten im Augenblick des Todes allein lassen müssen, wenn sie sich nicht strafbar machen wollen" (Borasio 2011: 211), erwähnt dann aber unmittelbar danach in einer Fußnote einen Fall aus dem Jahr 2010, in dem das Gericht die freiwillige Entscheidung zum Suizid über die Garantenpflicht gestellt hatte. Die Beurteilung solcher Details hängt stark von Grundannahmen zum Suizid und dessen Ursachen bzw. Motiven ab. Folgt man dem Krankheitsparadigma, wonach ein Suizid immer die Folge einer psychischen Krankheit ist, so ist die Diskussion hinfällig, da es per Definition keinen freiverantwortlichen Suizid geben kann.

In der Schweiz ist wie in Deutschland die Tötung auf Verlangen strafrechtlich verboten (vgl. Frieß: 48ff.). Wer Beihilfe zum Suizid leistet, kann in Ausnahmefällen bestraft werden, „wenn er aus selbstsüchtigen Beweggründen heraus handelt (Art. 115 StGB)." (Schwarzenegger et al.: 2). Die Suizidhilfepraxis in der Schweiz wird durch zwei Umstände ermöglicht. Zum Einen hat die Schweizerische Akademie der Medizinischen Wissenschaften (SAMW), die für das ärztliche Standesrecht zuständig ist, ihre Richtlinien liberalisiert. Seit 1995 war ärztliche Suizidassistenz als „keine ärztliche Aufgabe" klassifiziert, 2004 wurde die Mitwirkung beim Suizid dem ärztlichen Gewissen im Einzelfall anheimgestellt (Frieß: 49, Schöne-Seifert nennt das Jahr 2005, Schöne-Seifert: 127). Zweitens wird die Tätigkeit von Sterbehilfeorganisationen als nicht selbstsüchtig aufgefasst; ein Risiko wird eher bei Verwandten gesehen, die z. B. erbberechtigt sein können.

In den Niederlanden liegt die vorzeitige Lebensbeendigung ausschließlich in den Händen der Ärzteschaft. Suizidbeihilfe und Tötung auf Verlangen stehen grundsätzlich unter Strafe, durch eine Sonderregelung wird aber von einer Strafverfolgung abgesehen, wenn diese von Ärzten unter Einhaltung spezieller Sorgfaltskriterien durchgeführt wird. Die Praxen in der Schweiz und in den Niederlanden sind also sehr verschieden konstruiert, die Option der Tötung auf Verlangen in den Niederlanden ist nicht das Ergebnis einer liberaleren gesetzlichen Regelung, sondern basiert auf der Übernahme einer ethischen Position, wonach der aktive oder passive Charakter einer Handlung nicht für ihre moralische Bedeutung ausschlaggebend ist (vgl. Schöne-Seifert: 79-80). Die Regelungen in Belgien und Luxemburg ähneln denen der Niederlande. Ein Regelungsbedarf für Deutschland wurde im Vorfeld der Neufassung von § 217 StGB – falls überhaupt – für ganz unterschiedliche Aspekte der Sterbehilfe gesehen.

3.4.2 Gesetzesvorschläge von Nichtpolitikern

Bereits 1998 hatte Norbert Hoerster eine Änderung des StGB vorgeschlagen, welche ein grundsätzliches Verbot der Suizidhilfe in einem neuen § 214 mit einer Erlaubnis der Tötung auf Verlangen für Ärzte in § 214 und § 216a kombinierte. Resultat wäre eine verschärfte Variante des derzeitigen Niederländischen Modells gewesen; verschärft dadurch, dass die Suizidbeihilfe ausschließlich Ärzten erlaubt würde und denselben strengen Voraussetzungen und Kontrollmechanismen unterliegen würde, wie die Tötung auf Verlangen (vgl. Hoerster 1998: 167-170). Hoerster begründet die Notwendigkeit einer strenge Regulierung der Suizidhilfe ausschließlich durch moralische Überlegungen, die sich aus sozial schädlichen Folgen des Suizids und einer präferenzutilitaristischen Ethik ergeben; demnach darf ein Suizid, der aus dem momentanen Willen eines Subjektes folgt, vereitelt werden, wenn davon ausgegangen werden kann, dass dieser Suizid tatsächlich nicht im Interesse dieses Subjektes liegt, weil es ihn z. B. später bereuen würde (post decision regret, vgl. Kapitel 3.1.8). Als Religionskritiker lehnt Hoerster dagegen strikt jede religiöse bzw. theologische Begründung moralischer Vorschriften in staatlichen Gesetzen ab (ders.: 154ff.).

Im Oktober 2014 haben Borasio/Jox/Tauping/Wiesing (allesamt Mediziner oder Medizinethiker) einen eigenen ausgearbeiteten Gesetzesvorschlag als Buch veröffentlicht. Wesentlicher Bestandteil ist ein strafrechtliches Verbot der Suizidbeihilfe durch eine Änderung von § 217 StGB mit
einem Ausnahmetatbestand für Ärzte (in Anlehnung an die gesetzliche
Regelung im US-Bundesstaat Oregon). Im Unterschied zu Hoersters Entwurf wird die Tötung auf Verlangen nicht berührt und bleibt verboten, da
ihrer Ansicht nach durch deren Zulassung

> „die Missbrauchsgefahr steigt – auch im Sinne der in den Niederlanden nach-
> weislich durchgeführten Tötungen von nicht einwilligungsfähigen Menschen,
> bei denen ein 'mutmaßliches Verlangen nach Tötung' konstruiert wird."
> (Borasio/Jox/Taupitz/Wiesing: 51)

Neben Ärzten sind auch Angehörige und andere nahestehende Personen
von einer strafrechtlichen Verfolgung ausgenommen, „wenn sie einem
freiverantwortlich handelnden Volljährigen Beihilfe leisten" (dies.: 22).
So taucht hier die Vorstellung eines geringeren Missbrauchsrisikos auf,
wenn Angehörige involviert sind. Insgesamt wird Suizidhilfe aber hauptsächlich Ärzten überantwortet, wobei die Übernahme den Ärzten freige-
stellt ist wie bei der Abtreibung. Zum Zeitpunkt der Veröffentlichung dieses Gesetzesvorschlags war die Hausärztebefragung schon abgeschlossen,
so dass er nicht als weitere Option vorgegeben werden konnte. Ein Vergleich der Zustimmung zum Schweizer Modell wäre interessant gewesen,
da dieser Entwurf auf Sterbehilfeorganisationen verzichtet und Ärzten
eine größere Verantwortung und damit eine größere Bedeutung als moralische Instanz zuweist.

Schon 2012 hatte die damalige Justizministerin der FDP (Sabine Leut-
heusser-Schnarrenberger) einen Gesetzesentwurf zum Verbot gewerbs-
mäßiger Suizidhilfe vorgelegt, der aber letztlich nicht realisiert wurde. Im
November 2015 wurde im Deutschen Bundestag ein Gesetz zur Regelung
der vorzeitigen Lebensbeendigung verabschiedet. Bis zur Mitte des Jahres
2015 kursierten zahlreiche Positionspapiere verschiedener Abgeordneten-

gruppen bzw. Abgeordneter, die zum Teil miteinander fusionierten. Im Laufe des Juni 2015 wurden vier konkrete Gesetzesvorschläge als Gruppenentwürfe vorgelegt, am 03. Juli fand die erste Lesung im Bundestag statt. Die meisten Gruppen legten Wert darauf, mehrere Parteien zu vertreten, womit ein gesamtgesellschaftlicher Anspruch abseits von Klientelpolitik betont werden sollte. Die größte Gruppe umfasste zehn Abgeordnete aller Bundestagsfraktionen, darunter die SPD-Politikerin Eva Högl, die in ihrem Internetblog schrieb: „Mit unserem Gesetzentwurf, den wir in enger Abstimmung mit sachkundigen Expertinnen und Experten erarbeitet haben, beschreiten wir einen Weg der Mitte." (Eva Högl auf http://blog.eva-hoegl.de/blog/ am 09.06.2015)

Nachfolgend werden die konkreten Gesetzesentwürfe kurz umrissen und die vorlegenden bzw. federführenden Politiker aufgelistet; zusätzlich mit Angabe des Berufs und speziellen Funktionen, wenn diese konkrete Bezüge zum Themenbereich Sterbehilfe nahelegen – also kirchliche Ämter und Funktionen oder eine Mitwirkung in weltanschaulichen, philosophischen oder medizinischen Organisationen bzw. Interessengruppen, die von vornherein bestimmte Haltungen zur Thematik vertreten. Diese Informationen wurden im Spätsommer 2015 den Biografien der Abgeordneten auf den Internetseiten des Deutschen Bundestags entnommen[131], falls nicht anders angegeben. Die Gesetzesentwürfe sind als Drucksachen im PDF-Format über die Homepage des Deutschen Bundestages unter http://pdok.-bundestag.de/index.php?start=drs verfügbar. Alle nicht extra gekennzeichneten Zitate in den nachfolgenden Zusammenfassungen stammen aus dem jeweiligen Entwurf. Ein fünfter Entwurf forderte nur die Beibehaltung der bestehenden Gesetzeslage und wird daher nicht dargestellt.

3.4.3 Brand et al.: Verbot geschäftsmäßiger Suizidbeihilfe

Drucksache 18/5373 vom 01.07.2015, vorgelegt von Michael Brand (MdB CDU, Angestellter); Michael Frieser (MdB CSU, Rechtsanwalt); Kerstin

---

131 Im Internet unter: http://www.bundestag.de/bundestag/abgeordnete18/biografien

Griese (MdB SPD, Historikerin, Mitglieder der Synode der EKD, Sprecherin des Arbeitskreises „Christinnen und Christen in der SPD"); *Ansgar Heveling (MdB CDU, Mitglied des Kirchenvorstandes einer kath. Pfarrgemeinde); Dr. Eva Högl (MdB SPD, Juristin); Dr. Claudia Lücking-Michel (MdB CDU, kath. Theologin, Generalsekretärin Cusanuswerk, Mitglied im Zentralkomitee der deutschen Katholiken); Elisabeth Scharfenberg (MdB Grüne, Dipl.-Sozialpädagogin); Dr. med. Harald Terpe (MdB Grüne, Facharzt für Pathologie); Kathrin Vogler (MdB Linke, Berufspolitikerin); Halina Wawzyniak (MdB Linke, Rechtsanwältin)*

Dieser Vorschlag wurde Ende 2015 durch die Neufassung von § 217 StGB und eine Ergänzung im BGB umgesetzt und ist seit Anfang 2016 in Kraft. Zentraler Inhalt ist ein strafrechtliches Verbot jeder geschäftsmäßigen Suizidbeihilfe, wobei Suizid und Suizidbeihilfe grundsätzlich straffrei bleiben sollen. Hinzu kommt ein „Werbeverbot für das Angebot von Sterbehilfeleistungen". Als zentrale Begründung wird im Vorschlag die ad-hoc-Empfehlung des Deutschen Ethikrates vom 18.12.2014 zitiert:

„Eine Suizidbeihilfe, die keine individuelle Hilfe in tragischen Ausnahmesituationen, sondern eine Art Normalfall wäre, etwa im Sinne eines wählbaren Regelangebots von Ärzten oder im Sinne der Dienstleistung eines Vereins, wäre geeignet, den gesellschaftlichen Respekt vor dem Leben zu schwächen." (Deutscher Ethikrat: 3, im Gesetzentwurf zitiert als: 4).

Der Entwurf folgt weitgehend den Ausführungen in den oben zitierten ad-hoc-Empfehlungen des Deutschen Ethikrates. Drei der zehn Abgeordneten sind Funktionsträger bzw. Amtsinhaber kirchlicher Organisationen (Griese, Heveling, Lücking-Michel). Im Antrag wird aber kein religiöses oder theologisches Vokabular verwendet. Terpe gibt explizit an, konfessionslos zu sein.

Suizidhilfe wird durch dieses Gesetz auf einen persönlichen Nahbereich reduziert, ausdrücklich „sollen Angehörige oder andere [...] nahestehende Personen, die sich lediglich als nicht geschäftsmäßig handelnde Teilnehmer an der Tat beteiligen, von der Strafandrohung ausgenommen werden." Die Bundesärztekammer unterstützte diesen Entwurf im Vorfeld ausdrücklich und zitierte ihren Präsidenten Frank-Ulrich Montgomery:

> „Wir haben immer davor gewarnt, dass sogenannte Sterbehilfsorganisationen unter wechselndem Rechtsstatus ihren Geschäften nachgehen können. Deshalb auch haben wir immer ein Verbot der organisierten Beihilfe zum Selbstmord [sic!] gefordert. Der heute vorgelegte Gruppenentwurf kommt dieser Forderung nach und zeigt die rote Linie auf. Wir halten das für richtig und wichtig und unterstützen diesen Vorschlag." (Mitteilung auf www.aerzteblatt.de/nachrichten vom 09.06.2015).

Durch die Realisierung dieses Gesetzesentwurfs wird jegliche Befürwortung oder Partizipation an vorzeitiger Lebensbeendigung zu einem rechtlichen Risiko – auch für die Personengruppen, denen diese ausnahmsweise zugestanden wird. Durch die unklare Definition der Geschäftsmäßigkeit müssen Ärzte mit ihrer Kommunikation noch zurückhaltender sein als bisher. Bereits der Austausch mit Kollegen über deren Erfahrungen und der Aufbau von Expertise könnten als Indizien für eine Geschäftsmäßigkeit gewertet werden. Auch wenn die Wahrscheinlichkeit gering wäre, werden viele Ärzte das Risiko von Rechtsstreitigkeiten scheuen. Es sei hier noch darauf hingewiesen, dass in der Schweiz ausgerechnet die Suizidhilfe durch Angehörige als Gefahr betrachtet wird, da hier am ehesten Einzelpersonen mit selbstsüchtigen Motiven erwartet werden.

3.4.4 Künast et al.: Geregelte Zulassung von Sterbehilfeorganisationen

Drucksache 18/5375 vom 30.06.2015, vorgelegt von Kai Gehring (MdB Grüne, Sozialwissenschaftler), Renate Künast (MdB Grüne, Rechtsanwältin) und Dr. Petra Sitte (MdB Linke, Wirtschaftswissenschaftlerin)

Gewerbliche Suizidbeihilfe und deren Förderung sollen nach diesem Entwurf zwar verboten werden, aber nicht eine organisierte Suizidhilfe ohne Gewinnabsicht. Somit würde die Arbeit von Sterbehilfeorganisationen zugelassen, für deren Arbeit werden aber Auflagen formuliert. Dieser Vorschlag ist vergleichsweise liberal und ähnelt dem Schweizer Modell. Die

Verfasser betonen, dass Suizidwünsche nicht nach den „religiösen oder moralischen Kriterien" anderer Menschen bewertet werden dürften. Interessanterweise werden subjektive religiöse und moralische Kriterien allein in diesem Entwurf erwähnt, und zwar als Gegenstand eines Abwehrrechtes – die beiden adressierten konservativen Alternativvorschläge vermeiden entsprechende Bezüge. Ärzten wird die freiwillige Mitwirkung beim Suizid erlaubt („Suizidbeihilfe kann eine ärztliche Aufgabe sein"), berufsständische Verbote werden hingegen ausdrücklich für unwirksam erklärt. Im Gegenzug werden Vorschriften für Einzelpersonen und Vereine, die Suizidhilfe anbieten, eingeführt, z. B. eine verpflichtende Beratung von Suizidwilligen durch einen Arzt und Dokumentationspflichten. Die „Wirksamkeit dieses Gesetzes" soll alle vier Jahre evaluiert werden.

Dieser Entwurf hätte an der bis Ende 2015 geltenden Rechtslage – und damit an den Risiken für Patienten – wenig geändert. Die Praxis der vorzeitigen Lebensbeendigung durch Ärzte würde durch die Rechtssicherheit zu einer offen kommunizierbaren Option und damit für die Patienten transparent. Sieht man dies für sich schon als mögliche Quelle sozialen Drucks, so würde die Ebene durch die Umsetzung dieses Entwurfs etwas schiefer.

3.4.5 Hintze et al.: Zulassung ärztlicher Suizidbeihilfe

Drucksache 18/5374 vom 30.06.2015, vorgelegt von Peter Hintze (MdB CDU, evangelischer Theologe) und Prof. Dr. Karl Lauterbach (MdB SPD, Arzt, Gesundheitsökonom)

Der Entwurf von Hintze et al. hätte das bestehende Strafrecht nicht verändert – und damit eine grundsätzliche Zulässigkeit der Suizidbeihilfe. Die Verfasser begründen dies mit einem „zunehmenden Wertepluralismus", aufgrund dessen „moralische Bewertungen auch innerhalb der Glaubensgemeinschaften zunehmend eine Angelegenheit des individuellen Dafürhaltens" sind.

„Dem weltanschaulich neutralen Staat des Grundgesetzes obliegt es, im Fall einer gesetzlichen Regelung des ärztlich assistierten Suizids ausreichend Raum für vom individuellen Gewissen und individueller religiöser Überzeugung geleitete Entscheidungen zu lassen."

Um ärztliche Suizidbeihilfe ausdrücklich zu gestatten, sollten über eine Regelung im Bürgerlichen Gesetzbuch die bisherigen berufsständischen Verbote einiger LÄK außer Kraft gesetzt werden. Im Gegenzug würde die ärztliche Suizidbeihilfe an Voraussetzungen geknüpft, ähnlich denen des niederländischen Modells. Dazu gehören eine unheilbare, tödlich verlaufende Krankheit, eine umfangreiche Beratung über andere Behandlungsmöglichkeiten sowie eine Überprüfung der Diagnose und der Einwilligungsfähigkeit des Patienten durch einen zweiten Arzt. Die Mitwirkung an Suiziden wäre für Ärzte freiwillig. Im Unterschied zum niederländischen Modell bliebe Tötung auf Verlangen aber verboten, außerdem kämen für die Suizidhilfe nur volljährige Patienten in Frage. Die Verfasser betonen in ihrer Begründung, „dass die Notwendigkeit, das eigene Leben nur selbst beenden zu können, eine besondere Entscheidungsqualität und Entscheidungstiefe erfordert und daher eine wirksame Schwelle vor übereilten Entscheidungen bildet" und folgen damit der Argumentation von Borasio et al., wonach die Tötung auf Verlangen schwerer zu begrenzen sei und zu einer Ausbreitung tendiere (Borasio/Jox/Taupitz/Wiesing: 51). Der Gesetzesvorschlag regelt allein die ärztliche Suizidhilfe und verzichtet auf weitere Eingriffe in die bisherige Gesetzeslage. Somit würden Sterbehilfevereine nicht beeinträchtigt, da die Verfasser in deren Tätigkeit keine relevante Gefahr sehen und durch die Regelung ärztlicher Suizidhilfe sogar eine suizidpräventive Wirkung erwarten:

„Die ausdrückliche gesetzliche Gestattung einer ärztlichen Suizidassistenz gibt schwer kranken Patienten die Möglichkeit, sich von vornherein gegen die Inanspruchnahme einer durch eine Sterbehilfeorganisation vermittelten oder von solchen Personen durchgeführten Suizidassistenz zu entscheiden, die eine solche von sich aus anbieten."

3.4.6 Sensburg/Dörflinger: Verbot jeglicher Suizidbeihilfe

Drucksache 18/5376 vom 30.06.2015, vorgelegt von Prof. Dr. Patrick Sensburg (MdB CDU, Verwaltungswissenschaftler, stellv. Bundesvorsitzender KKV-Bundesverband der Katholiken in Wirtschaft und Verwaltung e.V.), Dörflinger (MdB CDU, Journalist, Bundesvorsitzender des Kolpingwerkes Deutschland, Mitglied im Zentralkomitee der deutschen Katholiken lt. Mitgliederliste des ZdK)

Sensburg und Dörflinger fordern ein striktes Verbot jeglicher Suizidbeihilfe ohne Ausnahme mit einem eigenen Strafrechtsparagraphen. Ihr Gesetzesentwurf ist der kürzeste und lautet vollständig:

> „§ 217 Teilnahme an einer Selbsttötung: (1) Wer einen anderen dazu anstiftet, sich selbst zu töten, oder ihm dazu Hilfe leistet, wird mit Freiheitsstrafe bis zu fünf Jahren bestraft. (2) Der Versuch ist strafbar."

Zwar wird auch in diesem Entwurf und der enthaltenen Begründung explizit religiöses Vokabular sorgfältig vermieden, auf seiner Homepage wurde Sensburg aber deutlicher und schrieb:

> „Das Leben und vor allem die Würde sind dem Menschen nicht disponibel. Anfang und Ende bestimmt nicht der Mensch. Insoweit zumindest sind wir in Gottes Hand. Wir dürfen hier keine Ausnahmen zulassen. Jede Ausnahme würde nämlich bereits die Grundfesten des Würdeschutzes erschüttern und zerstören."[132]

Sensburg und Dörflinger sind Funktionäre in katholischen Organisationen. Insgesamt unterstützten 35 weitere Abgeordnete diesen Entwurf, alle Mitglieder der CDU/CSU.[133] Trotz des Verzichts auf religiöses Vokabular folgen die Begründungen den Ausführungen zum Suizid im katholischen Katechismus (vgl. Kapitel 3.1.5); einige Male verwenden die Verfasser auch den Begriff „Selbstmord" (S. 7) anstelle von Suizid oder Selbsttötung. Die

---

[132] Unter http://www.patrick-sensburg.de/8-news-startseite/507-regelung-der-suizid beihilfe, letzter Aufruf am 15.06.2015.

[133] 31 nennen in ihrer Abgeordnetenbiografie eine Konfession: 23 katholisch, 8 evangelisch, 4 machen hierzu keine Angabe. Einer davon (Heinrich) ist Mitglied des Hauptvorstandes der Evangelischen Allianz

Begriffswahl suggeriert eine Nähe von Liberalisierungsbestrebungen zu den Tötungsprogrammen im Nationalsozialismus:

Hinter dem Begriff der Beihilfe zur Selbsttötung verbirgt sich ein gesellschaftsweit wachsendes Unwerturteil hinsichtlich bestimmter Formen menschlichen Lebens. Unter Beihilfe zur Selbsttötung wird dabei eine Hilfeleistung zur Selbsttötung, auch durch einen nahen Angehörigen oder den Arzt verstanden. Der Gehilfe einer Selbsttötung billigt dabei nicht nur die Wertentscheidung des Suizidenten, sondern er strebt selbst den Tötungserfolg an. Dabei urteilt er aus der Lebenssituation des Gesunden und nicht des Kranken, dessen Äußerung sterben zu wollen allzu oft nur ein Hilferuf ist. Dabei vergisst der Gehilfe, dass der Leidende ein Ende der Leiden will, nicht aber ein Ende des Lebens. Es darf aber nicht zugelassen werden, dass das Leben eines Kranken, Schwachen, Alten oder Behinderten als lebensunwert angesehen wird – von ihm selbst oder von Dritten." (Sensburg/Dörflinger: 6)

Der Entwurf ist sehr konservativ ausgerichtet und reicht weit über das Thema Sterbehilfe hinaus. Ein Nebeneffekt ist, dass der andere konservative Entwurf von Brand, Högl et al. im Vergleich dazu etwas liberaler erscheint. Dadurch wurde im Zuge der Debatte indirekt Eva Högls Anspruch von einem „Weg der Mitte"[134] für deren eigenen, ebenfalls eher konservativen, Entwurf unterstützt.

Aus der Sicht des religiös motivierten Lebensschutzes ist der Entwurf von Sensburg/Dörflinger konsequent. Für die Befürworter der Möglichkeit zu vorzeitiger Lebensbeendigung wäre eine Realisierung ein schwerer Rückschritt, der jegliche Liberalisierungsbestrebungen in das Dunkelfeld der Gesetzeswidrigkeit und ins liberale Ausland verdrängen würde. Die daraus resultierenden Risiken sind dieselben wie beim Entwurf von Brand, Högl et al.: Die Verdrängung ins Dunkelfeld würde den Eindruck hervorrufen, dass es kaum oder keine vorzeitigen Lebensbeendigungen gäbe, eine wissenschaftliche Beobachtung würde erschwert. Der öffentliche Druck zum Aufbau einer flächendeckenden Palliativversorgung könnte abnehmen. Schwerkranke würden wie bisher zu verfrühten, selbstständi-

---

[134] So Eva Högl im Newseintrag auf www.eva-hoegl.de (zuletzt abgerufen am 25.09.2015).

gen Suizidversuchen verleitet, wenn sie z. B. befürchten, ihr zukünftiges Leiden könnte durch Umdeutung kleingeredet oder ignoriert werden.

3.4.7 Beurteilung der Risiken der Gesetzesentwürfe

Die vier in den Bundestag eingebrachten Gesetzesentwürfe können grob zwei Kategorien zugeordnet werden. 1. Eine Ächtung jeglicher Suizidbeihilfe, wenn auch mehr (Sensburg/Dörflinger) oder weniger (Brand/Griese/Högl et al.) offen. 2. Die grundsätzliche Zulassung oder Duldung ärztlicher Suizidhilfe und damit eine Modifikation der derzeitigen Lage.

Durch eine Ächtung der Suizidhilfe (egal ob direkt oder indirekt) wird die öffentliche Sichtbarkeit der Tätigkeit suizidfördernder Personen und Organisationen stark eingeschränkt, was aus Sicht von Lebensschützern den von ihnen befürchteten sozialen Druck auf Alte und Kranke zunächst vermindern würde. Auch wenn die Suizidhilfe in Ausnahmefällen straffrei bleibt (Brand/Griese/Högl et al.), wird sie weitgehend in ein Dunkelfeld verdrängt – das Gesetz wirkt als indirektes Verbot, da vor allem die Möglichkeit der Vernetzung und Kommunikation eingeschränkt wird. Daraus folgen weitere Risiken, die alle Schwerkranken und Sterbenden betreffen: Die Sichtbarkeit der beiden Problemfelder Überversorgung durch unnötig lange Lebenserhaltung (solange diese finanziert wird) und Unterversorgung (durch fehlende oder mangelhafte palliative Angebote) am Lebensende könnte abnehmen und damit der Druck zum Aufbau einer flächendeckenden Palliativversorgung; das Risiko einer vorzeitigen Lebensbeendigung durch unzureichende Behandlung bleibt bestehen, da passive Praktiken wie der Behandlungsabbruch und -verzicht durch das Gesetz nicht berührt werden (auch diese können ja gegen den Weiterlebenswillen eines Patienten bzw. ohne dessen Wissen geschehen).

Schwerkranke werden – wie bisher – zu vorgezogenen, selbstständigen Suizidversuchen verleitet, wenn sie befürchten, dass sie unzureichend versorgt werden und ihr Leiden kleingeredet oder ignoriert wird. Falls sie keinen persönlichen Kontakt zu informellen Sterbehilfezirkeln herstellen können, sind sie auf sich alleine gestellt oder müssen auf Angebote im Ausland zurückgreifen, wenn sie die nötigen finanziellen Mittel dazu haben. Durch die Praxen in der Schweiz, Belgien, Luxemburg und den Niederlanden bleibt vorzeitige Lebensbeendigung als Handlungsoption sichtbar. Wenn man allein schon durch Kommunikation und Sichtbarkeit einen sozialen Druck auf Schwerkranke befürchtet, müsste man in der Konsequenz die Berichterstattung in den Medien unterbinden. In der Stoßrichtung dieses Gesetzesentwurfs könnte – ausnahmsweise aus liberaler Perspektive – eine schiefe Ebene gesehen werden, die Frieß als eine mögliche „Route in die Zukunft" bzw. als Weg beschreibt, „der ganz auf den Schutz jedes menschlichen Lebens durch eine übergeordnete Macht ausgerichtet ist" (Frieß: 137) und weitere Ziele angehen wird, vor allem ein völliges Verbot der Abtreibung. Die grundsätzliche Zulassung oder Duldung ärztlicher Suizidhilfe würde zunächst für alle Patienten die Transparenz erhöhen, da Ärzte ihre Haltung zur Suizidhilfe offen mitteilen könnten. Aus Sicht des Lebensschutzes ist bereits Transparenz per se riskant, da ja sichtbar wird, dass es unterschiedliche moralische Haltungen gibt und die vorzeitige Lebensbeendigung allein durch ihre Sichtbarkeit als grundsätzliche Option markiert und damit aufgewertet wird, was per se schon einen sozialen Druck auf Alte und Kranke erzeugen kann. Andererseits haben Patienten, die einen unbedingten Lebensschutz befürworten, die Möglichkeit, sich gegen diese Option zu entscheiden und sich dabei von großen Organisationen wie den Kirchen oder ähnlich eingestellten Patientenschutzverbänden bekräftigen und unterstützen zu lassen. Ist eine Situation der Wahlmöglichkeiten etabliert, bleibt für Patienten mit dem Wunsch nach unbedingtem Lebensschutz das Risiko, dass kein Arzt verfügbar sein könnte, der aufgrund derselben Wertehaltung für sie vertrauenswürdig ist. Für Suizidbefürworter gibt es zwei Risiken; allgemein, dass erstens vor Ort kein Arzt verfügbar ist, der Suizidhilfe leisten will; beim Entwurf von Hintze/Lauterbach kommt zweitens das Risiko hinzu, dass ihr Gesuch nicht akzeptiert wird, weil die Voraussetzungen als nicht erfüllt angesehen werden (was aber keine gravierenden Folgen hätte, da Ärzte anders als in den Niederlanden nicht die einzigen Ansprechpartner sind, die Situation wäre dieselbe wie heute). Übergeordnet ist das totale Risiko des gesellschaftlichen Dammbruchs nach dem Szenario des Lebensschutzes, welches alle Patienten gleichermaßen bedroht, wenn es denn tatsächlich gegeben sein sollte.

4 Erfassung der Einstellung zur „Sterbehilfe"

4.1 Die Bewertung der Sterbehilfe in Umfragen

Mit der Intensivierung der politischen Diskussion über Sterbehilfe und vorzeitige Lebensbeendigung in Deutschland ging ein erhöhtes Aufkommen einschlägiger Umfragen einher. Wie für andere Bereiche bzw. Themen dienen Umfragen nicht nur der reinen Informationsgewinnung. Weitere mögliche Motive der Initiatoren sind die Setzung von Themen und Meinungen sowie die Beeinflussung der in der Diskussion angewandten Unterscheidungen; und ganz allgemein die Generierung von Aufmerksamkeit oder das Betonen des Gewichts der eigenen Position (falls ausreichend hohe Zustimmungswerte erzielt werden – auch die Initiierung einer Umfrage kann riskant sein, wenn unliebsame Ergebnisse nicht unter Verschluss gehalten werden können). Bei der Betrachtung von Umfrageergebnissen sollte jedoch beachtet werden, dass es für eine moralische Argumentation zunächst unerheblich ist, ob 40, 60 oder 70% der Zielgruppe hinter der jeweiligen Position stehen. Denn auch eine Mehrheit kann sachlich und/oder moralisch irren bzw. eine Minderheit für sich die Wahrheit oder Vernunft beanspruchen. Auf jeden Fall ermöglichen Umfragen es erst, die vorhandenen Einstellungsmuster überhaupt zu quantifizieren; es wird dann für einzelne Akteure einer Diskussion schwieriger, ad hoc zu behaupten, sie würden mit ihrer Meinung die Mehrheit repräsentierten. Unklar und im Einzelfall schwer nachweisbar sind die Auswirkungen von Mehrheiten auf die politische Meinungsbildung: Mobilisiert der Befund einer Mehrheit für Position A die Befürworter von Position B und festigt damit deren ablehnende Haltung, oder motiviert dieser Befund im Gegenteil zu einer Annäherung an die Mehrheitsmeinung? Beide Effekte sind grundsätzlich plausibel; unabhängig davon, welcher wie wirkt, wird allein schon durch deren Möglichkeit die Komplexität der Interpretation erhöht (vgl. Faas 2014: 9 in bpb/APuZ 43-45 2014).

Zusammen mit allgemein geläufigen, grundsätzlichen wissenschaftstheoretischen und methodischen Problemen der Datengewinnung durch standardisierte Befragung muss bei der Rezeption von Antworten unbedingt die exakte Fragestellung betrachtet werden. Viele Umfragen sind recht kurz und werden im Auftrag von Medien (z. B. Tageszeitungen oder Publikumszeitschriften) oder Akteuren der Debatte (DGHS, Bundesärztekammer, Kirchen etc.) durch kommerzielle Umfrageinstitute realisiert. Sie beschränken sich dann auf die Erhebung einzelner oder weniger Items, welche die diskutierten Sachverhalte komprimieren sollen. Entsprechend variieren Antwortverteilungen auf vorgeblich ähnliche Fragen – in den meisten Fällen wohl ohne strategische Absichten. Allein die Möglichkeit bietet aber Angriffspunkte für Verdächtigungen oder Kritik, vor allem, wenn Akteure der Debatte mit den Mehrheitsverhältnissen nicht zufrieden sind. So behauptet z. B. Böttger-Kessler zu Beginn ihrer Darstellung von Umfrageitems zur Sterbehilfe,

„dass zumindest die DGHS, die des öfteren Auftraggeber solcher öffentlichen Meinungsumfragen war, die Fragestellungen und die Ergebnisse zum Teil höchst manipulativ eingesetzt hat, um ihre politischen Forderungen zu untermauern." (Böttger-Kessler: 135)

Betrachtet man die anschließende vorgestellte Sammlung von Items aus drei Jahrzehnten (1973 – 2003), so fällt in der Tat die enorme Variationsbreite mit teilweise unklaren Formulierungen auf, bis hin zur Verwendung emotional aufgeladener Begriffe wie „Todesspritze"[135] in einer Forsa-Umfrage aus dem Jahr 2000 oder „Euthanasie" (dies.: 139). Unklar bleibt, wie Böttger-Kessler nun die manipulative Absicht der DGHS von den Itembeispielen der deutschen Hospizstiftung abgrenzt, die sie als Kontrast präsentiert. Ihre Kritik an der Verwendung des Begriffes „Sterbehilfe" als

---

[135] Die „Todesspritze" erhält interessanterweise dennoch eine Zustimmung von 64%; die betreffende Umfrage war übrigens nicht von der DGHS beauftragt, sondern von der Zeitung „Die Woche".

Synonym für eine vorzeitige Lebensbeendigung in einer von der DGHS beauftragten Umfrage ist aus Expertensicht schlüssig (auch „passive" bzw. „indirekte" Sterbehilfe ist Sterbehilfe), die Antworthäufigkeiten legen aber nahe, dass die Befragten die Fragen durchaus im Sinne der Fragesteller verstanden hatten. Böttger-Kesslers Beispiele für bessere Fragen sind hingegen wenig überzeugend; so führt sie z. B. Items einer Emnid-Umfrage aus dem Jahr 2000 für den Epd-Wochenspiegel im Auftrag der Deutschen Hospizstifung an – mit einer Zustimmung von nur 35,4% für eine vorzeitige Lebensbeendigung; offensichtlich mussten sich die Befragten dort zwischen den Optionen „Ja zur Aktiven Sterbehilfe" oder „Für Schmerztherapie und Sterbebegleitung" entscheiden (ebd.).

Die Einschätzung, ob bei Umfragen Manipulationen im Spiel sind und welchem Auftraggeber man solche eher vorwerfen kann, ist schwierig und hängt u. a. von der Meinung bzw. politischen Position des Beobachters ab. Nach Sichtung sehr vieler Umfragen von verschiedenen Auftraggebern für diese Arbeit überwiegt aber der Eindruck, dass Umfrageitems und Fragestellungen im Rahmen der fachwissenschaftlichen und medialen Debatte seit dem Ende der 2000er Jahre allgemein präziser geworden sind (mit vereinzelten Ausreißern), was die Interpretation bzw. Beurteilung von Antwortverteilungen grundsätzlich erleichtert. Es ist vor allem fraglich, ob mit eindeutig manipulativen Fragen für den Initiator etwas gewonnen wäre. Als aktuelle Beispiele für im Detail abweichende Itemtexte werden in Tabelle 15 Einzelitems zur ärztlichen Suizidbeihilfe mit Antwortverteilungen gegenübergestellt.[136]

---

[136] Vgl. die Ergebnisdarstellung der EKD-Umfrage, EKD/Ahrens 2015; die Zahlen wurden vom Verfasser nochmals anhand der Originalquellen überprüft.

Bevölkerungsumfragen zur Suizidbeihilfe – Hauptitems und Antwortverteilungen	n	Ja	Nein	k. A./ weiß nicht
Im Falle schwerster Krankheit möchten sie selbst die Möglichkeit haben, auf aktive Sterbehilfe (also beispielsweise ärztliche Hilfe bei der Selbsttötung) zurückzugreifen *(Forsa im Auftrag der DAK Gesundheit, Januar 2014)**	1005	70%	22%	8%
Sollte in Deutschland Ärzten erlaubt werden, Menschen, die sich das Leben nehmen wollen, dabei zu unterstützen? (zusammengefasste Antwortoptionen: „ja, in jedem Fall" (10%) und „nur, wenn es sich um unheilbar Erkrankte mit begrenzter Lebenserwartung handelt" (69%) *(infratest dimap, Jauch; Januar 2014)*	1000	79%	18%	3%
Sollte es in Deutschland bei einer schweren, unheilbaren Erkrankung ein Recht auf eine "Beihilfe zur Selbsttötung" geben? *(ZQP/Forsa; August 2014)*	1003	77%	16%	6%
Zurzeit wird ja viel über aktive Sterbehilfe diskutiert. Das bedeutet, dass man das Leben schwerkranker Menschen, die keine Chance mehr zum Überleben haben, auf deren eigenen Wunsch hin beendet. Sind Sie für oder gegen die aktive Sterbehilfe? (IfD; Oktober 2014)	1530	67%	13%	20%
Wie stehen Sie zu der folgenden Möglichkeit, todkranke Menschen am Ende ihres Lebens medizinisch zu begleiten? Sie erhalten vom Arzt ein Medikament, um damit den eigenen Tod herbeizuführen. *(SI-EKD, Emnid; April 2015)*	2052	63%	31%	6%

* aus der Ergebnisdarstellung von Forsa geht leider nicht hervor, ob der hier eingeklammert wiedergegebene Passus Teil der Fragestellung war oder nur für die Ergebnisdarstellung ergänzt wurde; die orthografischen Fehler der Quelle wurden beibehalten.

Tabelle 15: Fragen nach der Meinung zur Suizidbeihilfe 2014-2015

Vergleicht man die Fragentexte in der Tabelle, so fällt z. B. auf, dass das SI-EKD offen lässt, ob der todkranke Mensch das Medikament auf eigenen Wunsch vom Arzt erhält oder ob ihm dieses vom Arzt angeboten wird. Ob dieser Unterschied in der Fragestellung tatsächlich ausschlaggebend für die höhere Ablehnung des Items war, ließe sich zuverlässig nur mit einem experimentellen Design oder offenen Interviews überprüfen; inhaltlich ist er aber augenfällig und provoziert damit Zweifel an einer Vergleichbarkeit der Ergebnisse. Einige Items lassen die Option einer Tötung auf Verlangen offen (DAK/Forsa, IfD), ohne dass dies zu gravierenden Einbrüchen bei der Zustimmung führt. Dies lässt sich auch im ALLBUS feststellen. In den Wellen 1990, 2000, 2002 und 2012 wurde nach der moralischen Bewertung „verschiedene[r] Verhaltensweisen" (Fragestellung aus ALLBUS 2012 - Variable Report: 94) gefragt, unter anderem nach ärztlicher Sterbehilfe mit der genauen Spezifikation „Ein Arzt gibt einem unheilbar kranken Patienten auf dessen Verlangen hin ein tödliches Gift." Der Unterschied zwischen Suizidassistenz und Tötung auf Verlangen bleibt unklar, da mit „geben" sowohl das Verschaffen und Aushändigen der Substanz gemeint sein kann, als auch das Verabreichen der Substanz durch den Arzt mit Übernahme der Tatherrschaft im juristischen Sinne.

Verhaltensbeurteilung: Ärztliche Sterbehilfe (ALLBUS); Itemtext: „Ein Arzt gibt einem unheilbar kranken Patienten auf dessen Verlangen hin ein tödliches Gift."

	1990		2000		2002		2012	
	n	%	n	%	n	%	n	%
sehr schlimm	235	14,8	323	14,6	438	15,7	531	15,4
ziemlich schlimm	228	14,4	346	15,6	398	14,2	495	14,3
weniger schlimm	541	34,1	822	37,1	1128	40,3	1365	39,5
gar nicht schlimm	511	32,2	540	24,4	809	28,9	988	28,6
weiß nicht	70	4,4	184	8,3	23	0,8	75	2,2
Gesamt	1585	100	2215	100	2797	100	3455	100

Häufigkeiten mit personenbezogenem Ost-West-Gewicht (1990 nur West); aufgrund marginaler Ost-West-Unterschiede wirkt sich die Gewichtung kaum aus

Tabelle 16: Die Bewertung ärztlicher Sterbehilfe im ALLBUS

Die Antwortverteilungen sind über alle Wellen ähnlich – ca. 70% der Befragten beurteilen die geschilderte Handlung als „weniger schlimm" oder „gar nicht schlimm". Lediglich im Jahr 2000 war der Zuspruch geringer, allerdings nicht zugunsten einer größeren Ablehnung, sondern aufgrund eines hohen Anteils der Kategorie „weiß nicht". Die Ablehnung ärztlicher Sterbehilfe bleibt über 22 Jahre bei ca. 30% und ist damit sehr stabil. Die Grenze zwischen Suizid und Tötung auf Verlangen halten die meisten offiziellen Diskussionsteilnehmer[137] für gravierend; und juristisch wird sie auch so behandelt – die Tötung auf Verlangen ist strafbar, die Suizidbei-

---

[137] Gemeint sind Führungskräfte und Fachleute aus den als relevant markierten Organisationen bzw. Gesellschaftssystemen, vor allem Medizin, Politik, Recht und Kirchen.

hilfe (noch) nicht. Auf Ebene der Bevölkerung scheint diese Grenze aber nicht erkannt oder für weniger wichtig erachtet zu werden. In einer Umfrage von Infratest Dimap vom August 2015 im Auftrag der Deutschen Palliativstiftung wählten 77% der Befragten die Antwortoption: „Tötung auf Verlangen sollte in bestimmten Fällen erlaubt werden."[138] (Deutsche Palliativstiftung 2015, unveröffentlichter Ergebnisbericht). Grundsätzlich kritikwürdig ist die mangelhafte methodische Dokumentation von Umfragen durch viele kommerzielle Umfrageinstitute: In keiner der für Tabelle 15 herangezogenen Ergebnisdarstellungen – selbst in den ausführlichen Datenblättern der Institute – wurden Ausschöpfungsquoten genannt. Diese liegen – nach eigenen Erfahrungen – bei telefonischen Befragungen in der Wohnbevölkerung seit Jahren nur noch zwischen 5% und 30% (abhängig von Thema und Auftraggeber) und schränken die Aussagekraft bzw. die Übertragbarkeit auf die Gesamtbevölkerung ein. Dies ist ein allgemeines Problem der Umfrageforschung und könnte daher transparenter gehandhabt werden, ohne dass einzelne Akteure Imageschäden im Vergleich zu ihren Konkurrenten befürchten müssten. Vielleicht befürchten die Institute einen Verlust des Marktwertes der Demoskopie per se.

Um Ambivalenzen oder Missverständnisse zu vermeiden, sollten komplexe Konstrukte wie Sterbehilfe in verschiedene Items zu Einzelaspekten zerlegt werden. Informativer als Einzelitems und Kurzumfragen ist etwa die Umfrage des IfD Allensbach aus dem Jahr 2009 innerhalb der deut-

---

[138] Der Einführungstext hierzu: „Während die Hilfe zu einer Selbsttötung nicht ungesetzlich ist, ist aktive Sterbehilfe in Deutschland verboten. Aktive Sterbehilfe liegt dann vor, wenn der Tod eines Patienten von einer anderen Person direkt herbeigeführt wird, indem ihm z.B. ein Mittel verabreicht wird, das zum Tode führt. Eine solche Handlung ist ungesetzlich, auch wenn sie vom Patienten ausdrücklich gewünscht wird. Zu dieser sogenannten Tötung auf Verlangen gibt es verschiedene Meinungen.
- Die einen sagen, sie sollte in bestimmten Fällen, z.B. bei einer aussichtslosen tödlichen Krankheit, künftig erlaubt werden.
- Die anderen sagen, sie sollte weiterhin verboten bleiben, weil man Leiden und Schmerzen in jedem Fall medizinisch lindern kann.
Welcher Meinung schließen Sie sich an?"

schen Ärzteschaft, die Umfrage von Schwarzenegger et. al. 2010 in der Schweizer Bevölkerung oder die Umfrage von Brauer et. al. 2014 in der Schweizer Ärzteschaft. Bei differenzierten Abfragen lassen sich außerdem auch im Nachhinein m. E. vergleichbare Ergebnisse modellieren, auch wenn sich einzelne Items im Detail unterscheiden.

4.2 Operationalisierung im Hausärztefragebogen

4.2.1 Religiosität und Gottesglauben

Im ALLBUS 2012 wird direkt die Religiosität der Zielpersonen erfragt: „Würden Sie von sich sagen, dass Sie eher religiös oder nicht religiös sind" (10-stufige Antwortskala von „nicht religiös" bis „religiös"); ebenso die Spiritualität. Für den Hausärztefragebogen wurde auf die Verwendung dieser beiden komplexen Konstrukte verzichtet, um nicht zusätzliche Deutungsspielräume bei der Analyse der Antworten zu eröffnen. Stattdessen wurden konkretere Aspekte von Glaubensvorstellungen mit direkter Relevanz für die Forschungsfrage erfragt, ähnlich den Items einer Emnid-Umfrage im Auftrag der Zeitschrift chrismon 2012 (Tabelle 19).

Für die vorliegende Arbeit ist von Interesse, ob der Tod eher als endgültiges Ende der persönlichen Existenz oder als Übergang in eine andere Daseinsform gesehen wird. Eine besondere Schwierigkeit ist theologisches Vokabular, wenn bei den Zielpersonen kein entsprechendem Spezialwissen vorausgesetzt werden kann. Man kann aber mit einer rudimentären Vertrautheit der Bevölkerungsmehrheit mit Grundbegriffen der christlichen Lehre rechnen, auch wenn sie keiner Kirche angehören bzw. nicht religiös erzogen worden sind. Vordergründig geläufige Begriffe können Probleme bereiten, wenn sie spezifische theologische Bedeutungen haben, aber alltagssprachlich mit anderen oder zusätzlichen Bedeutungen behaftet sind; möglicherweise gibt es auch Unterschiede zwischen den Konfessionen oder intrakonfessionelle Differenzen zwischen verschiedenen theologischen Traditionen. Als Beispiel sei hier der Begriff des Wunders genannt, welcher einen wohlwollenden göttlichen Eingriff in die diesseitige Welt bezeichnen kann – aber auch schlicht als Oberbegriff für außerordentlich positive, bzw. positiv überraschende, unwahrscheinliche diesseitige Ereignisse dient (ggf. romantisierend getönt).

Aus dem christlichen Vokabular wurden im Hausärztefragebogen die Begriffe „Auferstehung der Toten", „Seele", „Himmel" und „Paradies" eingesetzt. Um Missverständnisse bei der Frage nach der Seele zu vermeiden, wurde diese an den Aspekt der Weiterexistenz nach dem Tode gekoppelt; auf den Begriff Unsterblichkeit wurde verzichtet, weil er neue Unklarheiten aufgeworfen hätte – es geht hier allein um die Frage, ob eine Seele als geistige Essenz den Tod des Körpers überdauert, ungeachtet dessen, ob dieses Überdauern selbst wieder nur temporär oder tatsächlich ewig ist.

ALLBUS 2012	Fragebogen Tod, Sterben, Risiko
Es gibt einen persönlichen Gott.	Ich glaube fest an Gott
	Ich glaube an Gott, auch wenn ich manchmal zweifle
Es gibt irgendein höheres Wesen oder eine geistige Macht.	Ich glaube, dass es eine höhere geistige Macht (oder höhere geistige Mächte) gibt
Ich weiß nicht richtig, was ich glauben soll.	Vielleicht gibt es Gott oder andere höhere geistige Mächte, vielleicht aber auch nicht
Ich glaube nicht, dass es einen persönlichen Gott, irgendein höheres Wesen oder eine geistige Macht gibt.	Ich glaube nicht an Gott oder eine andere höhere geistige Macht

Tabelle 17: Items zur Abfrage eines Gottesglaubens

Für die Formen des Gottesglaubens wurde das entsprechende Item aus dem ALLBUS 2012 modifiziert (v185); die Antwortoptionen wurden aber stärker als persönliche Glaubensaussagen formuliert und etwas bestimmter ausgeführt (vor allem wurde die Aussage „Ich weiß nicht richtig [...]" in eine dezidiert agnostische Position umformuliert), der Gottesglaube wurde in zwei Stufen der Glaubensgewissheit differenziert. Zudem wurde die Reihenfolge der Optionen umgekehrt. In beiden Varianten des Itemblocks lässt die Erwähnung höherer geistiger Mächte Anschlussmöglich-keiten für religiöse Konzepte außerhalb der monotheistischen Traditionen, im Hausärztefragebogen wird noch ausdrücklich eine polytheistische Option angedeutet. Neben der formalen Zugehörigkeit wurde noch die Verbundenheit zur jeweiligen Religionsgemeinschaft abgefragt.[139]

4.2.2 Religiöse Vorstellungen über den Tod

Da die Frage nach Tod, Sterben und der Zulässigkeit vorzeitiger Lebens-beendigung elementare religiöse Fragen (und Antworten) berührt und in Deutschland die beiden Großkirchen zentrale Akteure der Sterbehilfede-batte sind, ist eine Erfassung relevanter individueller religiöser Einstellun-gen unverzichtbar. Neben äußeren Merkmalen wie der Religions- bzw. Konfessionszugehörigkeit sind die Religiosität bzw. persönliche Glau-bensvorstellungen der Zielpersonen relevant. Im Fragebogen für die Haus-ärztebefragung 2014 wurde nicht direkt nach „Religiosität" gefragt, wie weiter oben erwähnt, sondern nach verschiedenen konkreteren Vorstellun-gen und Glaubensinhalten, die direkt auf das Thema Tod und Sterben bezogen sind. Dabei wurde teilweise auf Items aus vorliegenden Um-fragen zurückgegriffen. In mehreren Wellen des ALLBUS kam eine Batterie mit Items zu wichtigen religiösen Vorstellungen über Tod und Endlichkeit zur Anwendung. Während die Kernitems weitgehend iden-tisch blieben (Leben nach dem Tod, Himmel, Hölle, Wiedergeburt), wurde die Abstufung der Antwortkategorien zwischen zwei (ALLBUS 2002 und 2012: ja/nein) und vier Stufen (ALLBUS 2008) variiert, wobei stets eine „weiß nicht"-Option zur Verfügung stand. Im ALLBUS 2014 ist das ISSP Religion nicht enthalten. In Tabelle 18 werden die Itemtexte mit den Antworthäufigkeiten der Befragten aus Westdeutschland dargestellt (die

---

[139] Auf eine Betonung des Filtercharakters der formalen Zugehörigkeit wurde ver-zichtet, was zur Folge hatte, dass einige Personen, die sich „keiner Reli-gionsgemeinschaft" zuordneten, dennoch das Item zur Verbundenheit beant-worteten – meist mit der Kategorie „wenig oder gar nicht". Diese wurden bei der Aufbereitung als „trifft nicht zu" eingeordnet.

Zustimmung zu den Items ist bei den Befragten aus den östlichen Bundesländern durchgängig niedriger).

ALLBUS 2012 / ISSP Religion: Ich lese Ihnen nun Verschiedenes vor. Sagen Sie mir bitte jeweils, ob Sie daran glauben oder nicht. Glauben Sie ...	% ja	% nein	% weiß nicht
... an ein Leben nach dem Tod?	48,0	43,4	8,4
... an den Himmel?	39,9	53,7	6,2
... an die Hölle?	24,5	69,7	5,5
... an die Reinkarnation, d. h. Wiedergeburt, also daran, dass wir noch einmal in diese Welt geboren werden?	23,7	68,0	7,9
... an Wunder?	53,0	43,9	2,9
... an Geister?	19,2	77,9	2,5
... an Engel?	40,3	56,3	3,1
... an Teufel?	22,1	74,4	3,1

Quelle: ALLBUS 2012, Variable Report, Terwey et al 2013, Befragte West (n = 2.358)

Tabelle 18: ALLBUS 2012 / ISSP Religion: Items

Zum Vergleich zeigt Tabelle 19 einen Itemblock zum selben Thema aus einer Emnid-Umfrage für das christliche Magazin Chrismon. Hier sind einige Items unklar formuliert. Der Passus „Ich hoffe [...]" lässt offen, ob bzw. inwieweit man den zugrundeliegenden Sachverhalt für realistisch hält – entsprechend ist die Zustimmung für die Begegnung im Jenseits recht hoch; die Abgrenzung dieses Aspekts zur Auferstehung der Toten dürfte für Nichttheologen unklar sein. Zwei Aussagen haben bei wörtlicher Auslegung eine zu hohe Reichweite: „Mit dem Tod ist alles aus" könnte sich auch auf die ganze Welt beziehen, während „Alles Lebendige wird wiedergeboren" auch Pflanzen und Mikroben mit einschließt – in der populären Religion dürften vor allem Menschen und Tiere im Fokus stehen. Dass beide Items dennoch eine recht hohe Zustimmung erhielten, deutet darauf hin, dass die Befragten sie tatsächlich eher subjektiv gedeutet haben – im intendierten Sinn. Für den Itemblock II.1 „Aussagen über den Tod" (vgl. Tabelle 30) wurden Aussagen aus beiden Instrumenten herangezogen, aber teilweise umformuliert und präzisiert. Die Endversion ist stark auf christliche Vorstellungen ausgerichtet – es war aber im

Vorfeld der Ärztebefragung damit zu rechnen, dass die überwiegende Mehrheit der Zielpersonen einen christlichen (bzw. jüdischen oder islamischen) Hintergrund hat und nur wenige Anhänger anderer Lehren (Buddhismus etc.) sind. Ambivalenzen und Unsicherheiten wurden soweit möglich aus den Itemtexten in die Antwortskala verlagert, so dass diese durch die Befragten gezielt abgebildet werden können.

Chrismon/Emnid 2012: Schon immer machen sich Menschen Gedanken darüber, ob mit dem Tod wirklich alles zu Ende ist. Welchen der nachfolgenden Aussagen können Sie zustimmen?	stimme zu
Ich hoffe, dass ich im Jenseits lieben Menschen wieder begegne	62%
Mit dem Tod ist alles aus	48%
Die Seele des Menschen lebt in irgendeiner Form weiter	46%
Ich hoffe auf die Auferstehung der Toten	31%
Alles Lebendige wird wiedergeboren	25%
böswillige Menschen kommen in die Hölle	12%
weiß nicht / keine Angabe	2%

1.006 Befragte, Befragungszeitraum 02/2012, keine Angabe zur Ausschöpfung

Tabelle 19: Chrismon/Emnid 2012: Items zu Todesvorstellungen

4.2.3 Items zu Einzelaspekten von Suizid und Sterbehilfe

Für die Abfrage der Haltung zu den verschieden Aspekten einer vorzeitigen Lebensbeendigung wurde in Block III des Hausärztefragebogens eine umfangreiche Itembatterie zusammengestellt, für die zum Teil Items aus vorhandenen Umfragen verwendet wurden. Als Hauptquellen wurden die präzise und verständlich formulierten Items von Schwarzenegger (aufgelistet in Tabelle 20, aus Schwarzenegger et al. 2010: 11) und von Hoffmann (z. B. Hoffmann 2011: 162) herangezogen. Die Schweizer Kriminologen um Schwarzenegger legten den Befragten auch kurze Vignetten vor, in denen typische Einzelfälle (angelehnt an reale Fälle der letzten Jahre) möglichst knapp beschrieben wurden.

Items von Schwarzenegger et al. 2010	Zuordnung	Mittelwert*
Jeder erwachsene Mensch sollte selber darüber entscheiden dürfen, wann er sein Leben beenden will.	Selbst-bestimmung	6,48
Wenn jemand wirklich sterben will, aber von seinem Arzt kein tödliches Medikament bekommen kann, beendet er sein Leben halt auf eine andere Art, z. B. mit Schlaftabletten oder indem er vor einen Zug springt.	Suizid-prävention	6,37
Das Leben ist ein Geschenk Gottes und der Mensch hat nicht das Recht, darüber zu entscheiden, wann es endet.	Religion	5,16
Ich lehne Sterbehilfe ab, weil ich finde, dass auch die Erfahrung von Leid am Lebensende zum Menschenleben dazugehört.	Religion	4,18
Sterbehilfe sollte verboten werden, weil die Gefahr einfach zu groß ist, dass Leute versuchen, ein Geschäft daraus zu machen.	Gewerbs-mäßigkeit	4,89
Wenn man das Verabreichen von tödlichen Medikamenten auf den ausdrücklichen Wunsch eines Patienten hin erlaubt, führt das längerfristig auch dazu, dass man solche Medikamente einsetzt, wenn die Patienten das nicht wollen.	Dammbruch	4,18
Suizidbeihilfe wie sie von Sterbehilfe-Organisationen gemacht wird, ermöglicht ein würdevolles Sterben im Beisein von Angehörigen.	organisierte Suizidbeihilfe	6,43
Sterbehilfe-Organisationen sollten auch Menschen mit schwerer psychischer Krankheit bei der Selbsttötung helfen können, wenn sich diese Menschen über die Konsequenzen im Klaren sind.	organisierte Suizidbeihilfe	4,68
Die Tätigkeit von Sterbehilfe-Organisationen führt dazu, dass Menschen dazu gedrängt werden, ihr Leben vorzeitig zu beenden, um keine weiteren Behandlungskosten zu verursachen.	organisierte Suizidbeihilfe	4,03
Suizidbeihilfe von Sterbehilfe-Organisationen sollte auch bei alten Menschen, die kein körperliches Leiden haben, erlaubt sein, wenn sie nicht mehr leben wollen, aber noch bei klarem Verstand sind.	organisierte Suizidbeihilfe	3,86

*Skala: 1 „lehne ich völlig ab" bis 10 „stimme voll und ganz zu", Skalenmitte = 5,5

Bevölkerungsrepräsentative Telefonumfrage in der Schweiz, zweistufige Zufallsstichprobe, Ausschöpfungsquote 63%

Tabelle 20: Items zur Sterbehilfe von Schwarzenegger et al. 2010

Den Vignetten folgte eine differenzierten Beurteilung moralischer und rechtlicher Aspekte einer Suizidassistenz im jeweiligen Fall (Tabelle 21, aus Schwarzenegger et al. 2010: 5-6). Die Vignetten dienten als Vorlage für den Itemblock III.4, wobei dort allein eine moralische Bewertung von Suizidfällen erfragt wurde, ohne die Erwähnung einer Mitwirkung Dritter. Es wurde außerdem auf Formulierungen wie „todkrank" oder „bei klarem Verstand" verzichtet, um vorweggenommene Wertungen auszuschließen (vgl. Tabelle 53, S. 237). So kann z. B. die Einschätzung „bei klarem Verstand" in Fall 4 ein Ansatzpunkt für Kritik sein. Folgt der Betrachter dem Paradigma des Suizidwunsches als Indikator für eine psychische Beeinträchtigung, wirkt die Spezifizierung paradox oder suggestiv.

Items von Schwarzenegger et al. 2010
Fall 1: Todkranke Frau (Krebspatientin), unerträgliche Schmerzen, nahe dem Tod.
Fall 2: Mann mit tödlicher Muskelkrankheit, gelähmt, atmet nur mit Hilfe eines Beatmungsgeräts, bei klarem Verstand (Vorbild: Fall von Piergiorgio Welby, Italien 2006).
Fall 3: Todkranke Frau (Lungenkrebs), 54 Jahre, mehrere Chemotherapien erfolglos, Schmerzen (ständige Erstickungsgefühle), nahe dem Tod.
Fall 4: Mann, 85 Jahre, bei klarem Verstand, leidet an mehreren nicht-tödlichen Krankheiten (Polymorbidität), im Rollstuhl, findet Leben nicht mehr lebenswert.
Fall 5: Frau, 30 Jahre, seit 10 Jahren im Koma, auf künstliche Ernährung und Pflege angewiesen, keine Patientenverfügung vorliegend (Vorbilder: Fall Terri Schiavo, USA 2005; Eluana Englaro, Italien 2009).
Fall 6: Mann, 60 Jahre, Alzheimer-Patient, sich der Krankheit und des tödlichen Verlaufs bewusst. (nur Suizid)

Dimensionen der Bewertung Abfrage jeweils mit einer 10-stufigen Skala von „völlig richtig" bis „völlig falsch"	A: Moralische Würdigung der Suizidbeihilfe: Der Arzt verschreibt ein tödliches Medikament, damit sich die Person mit Hilfe einer Sterbehilfeorganisation das Leben nehmen kann.
	B: Rechtliche Würdigung der ärztlichen Handlung.
	C: Rechtliche Würdigung der Handlung des Sterbehelfers.
	D: Moralische Würdigung der direkten aktiven Sterbehilfe: Der Arzt spritzt der Person ein tödliches Medikament.
	E: Rechtliche Würdigung der ärztlichen Handlung.

Tabelle 21: Fallvignetten von Schwarzenegger et al. 2010

Selbstverständlich lassen sich keine zuverlässigen Meinungsbilder allein auf Grundlage solcher Vignetten bilden, da diese fast beliebig variiert werden können und Ansatzpunkte für suggestive Absichten von allen Seiten der Diskussion bieten. Als Beispiel werden nachfolgend zwei etwas ausführlichere Anekdoten von Eibach wiedergegeben, welche seiner Ansicht nach die Unzuverlässigkeit von Willensäußerungen kranker bzw. sterbender Patienten belegen sollen. Eibach führt sie als „Beispiele" (Eibach 2012) an ohne näher auf ihr Zustandekommen einzugehen. Die Dramaturgie der Gespräche lässt aber vermuten, dass es sich mehr um Gleichnisse als um authentische Fallbeschreibungen handelt:

> „Frau K. liegt mit fortgeschrittenem Krebs auf einer onkologischen Station. Bei den Besuchen klagt sie über unerträgliche Schmerzen. Der behandelnde Oberarzt sagt, sie sei schmerzmäßig gut eingestellt. Wiederholt äußert sie, sie möchte tot sein. Nachdem eine vertrauensvolle Beziehung entstanden ist, sagt sie eines Abends: 'Herr Pfarrer, ich kann und will nicht mehr. Es soll da eine Organisation geben, die einem hilft zu sterben. Da kann man Mittel bekommen. Können Sie mir die besorgen!?' Ich schweige. Daraufhin sagt sie: 'Können Sie mir denn wenigstens die Adresse besorgen?!' Nach einer Weile sage ich: 'Frau K., was ist denn das Schlimmste, das sind doch nicht nur die Schmerzen?!' Sie beginnt laut zu weinen. Als sie sich beruhigt hat, sagt sie: 'Herr Pfarrer, ich habe 4 Kinder, die wohnen alle in der Umgebung, aber in dieser Woche (es ist Freitag) hat mich nur eins besucht.' Ich sage: 'Das ist das Schlimmste?!' Sie nickt. Wir sprechen über diese Enttäuschung, über ihre Angst vor dem Tod, die insbesondere abends ihre Seele massiv erfasst, und über die dadurch gesteigerten Schmerzen. Beim Abschied sagt sie: 'Jetzt sind meine Schmerzen fast weg.' Nach diesem Abend hat Frau K. die Thematik 'Tötung' nicht mehr erwähnt und ihre Schmerzen immer als 'erträglich' bezeichnet." (ebd.)

> „Ein über 80jähriger General a.D. ist mit einem metastasierten Prostata-Karzinom aus einem anderen Krankenhaus in die Klinik eingewiesen worden. Bald nach Beginn des Gesprächs sagt er: 'Herr Pfarrer, machen Sie sich keine Mühe, ehe es so weit ist, werde ich ›in Ehren abtreten‹!' Ich sage: 'Sie wollen nicht auf die Hilfe anderer angewiesen sein!?' Er: 'Genau, das sehen Sie richtig. Man darf nicht von anderen abhängig werden!' Nach einer Weile greife ich zu einer konfrontativen Intervention und sage: 'Und Ihre Frau, wenn die einen Brustkrebs hat, der so ähnlich metastasiert, die soll auch in Ehren abtreten, bevor sie auf Ihre Hilfe angewiesen ist!?' Der General ist sichtlich verunsichert, ringt mit sich und antwortet dann nach einer längeren Pause: 'Ich würde sie schon gerne pflegen!'" (ebd.)

Vielleicht hat Eibach hier verschiedene tatsächlich erlebte Episoden zu idealtypischen Geschichten zusammengefasst, die seine Sicht auf Sterbehilfe und den Wunsch nach vorzeitiger Lebensbeendigung unterstützen sollen. Mit zunehmender Ausführlichkeit solcher Schilderungen steigt jedoch die Gefahr von Suggestionen, weshalb im empirischen Einsatz knappere, möglichst sachlich gehaltene Texte vorzuziehen sind.

4.2.4 Items zur eigenen Betroffenheit von Tod oder Krankheit

Hoffmann berechnet auf Basis verschiedener Items seiner Studie „Schwere Krankheit und Tod"[140] einen Todeskontaktindex, der die persönliche Nähe bzw. die Betroffenheit der Befragten vom eigenen Tod abbilden soll (Tabelle 22, vgl. ders.: 143). Dieser war eine wertvolle Anregung für die Konstruktion eines eigenen Inventars (III.7 bis III.9, vgl. Kapitel 5.7.6). Der Hauptunterschied besteht in der differenzierten Abfrage nahestehender Personen bei Hoffmann, auf die im Hausärztefragebogen verzichtet wurde, da durch unterschiedliche Lebens- bzw. Familienverhältnisse der Befragten die Vergleichbarkeit der Angaben erschwert wird.

Frage/Item	Antwort	Gewichtung
Haben/hatten Sie bereits eine schwere Krankheit?	ja, und zwar...	3
Ist das schon länger her?	nein	3
Hatten Sie schon einen lebensbedrohlichen Unfall?	ja	3
Verlust einer nahestehenden Person: In welcher Beziehung stand die verstorbene Person zu Ihnen?	„Kind"	3
	„Lebenspartner/in"	2
	„Ein Elternteil"	1,5
	„Familienangehörige"	1
	„Ein Großelternteil"	0,5
	„Sonstige Familienangehörige"	0,5
	„Freunde"	0,5
Haben Sie das Sterben eines Menschen schon einmal miterlebt?	ja, einmal	2
	ja, mehrmals	3,5

Tabelle 22: Todeskontaktindex von Hoffmann 2011

Neben der Frage nach objektiven Vorsorgemaßnahmen – Organspendeausweis oder Patientenverfügung – hatte Hoffmann auch direkte Fragen

---

[140] Eine Bevölkerungsumfrage im Raum Trier Ende 2006, Hoffmann 2011: 131ff.

zur persönlichen Beschäftigung mit dem eigenen Tod gestellt und dafür vergebene differenzierte Punktwerte zu einem eigenen Todesbewusstseinsindex verrechnet (Tabelle 23, vgl. ders.: 144).

Frage	Antwort	Gewichtung
Haben Sie sich schon einmal Gedanken über Ihren eigenen Tod gemacht?	ja	1
War das eher häufig oder eher selten?	eher häufig	1
Haben Sie sich schon einmal mit anderen Personen über Ihren Tod unterhalten?	ja	1
War das eher häufig oder eher selten?	eher häufig	1
	Festlegung der Bestattung	2,5
	Testament	1,5
	Patientenverfügung	1,5
	Organspendeausweis	1,5
Haben Sie Vorbereitungen getroffen, die	Sterbeversicherung	2
sich auf Ihr Lebensende beziehen?	Lebensversicherung	1

Tabelle 23: Todesbewusstseinsindex von Hoffmann 2011

In Anlehnung an den Todeskontaktindex wurde für den Hausärztefragebogen ein ähnliches Inventar entwickelt, aber letztlich aus Platzgründen wieder verworfen. Es blieb die Abfrage von Vorsorgemaßnahmen für das eigene Sterben: Testament, Patientenverfügung, Vorsorgevollmacht und Organspendeausweis mit einem etwas ausführlicheren Antwortschema in Itemblock III.10. Das Vorhandensein einer Lebens- oder Sterbeversicherung erschien als Indiz für eine geringere Distanz zum eigenen Tod wenig plausibel, da die Anbieter daran interessiert sind, diese an Kunden mit möglichst großer Distanz zu verkaufen.

Für beide Indizes fielen die Mittelwerte übrigens insgesamt sehr niedrig aus, so dass Hoffmann zu dem Schluss kommt,

„dass der 'durchschnittliche Laie' [...] selten mit Tod und Sterben konfrontiert wird und sich daher keine großen Gedanken über diese Thematik macht, sie auch nicht zum Gegenstand von Gesprächen in der Familie oder mit Freunden macht." (ebd.)

5 Die Hausärztebefragung zu Tod und Sterbehilfe

5.1 Aufbau des Hausärztefragebogens

Der Fragebogen wurde mit dem Ziel entwickelt, die Einstellung zu Tod und Sterben im Kontext der Sterbehilfedebatte hinreichend differenziert zu erfassen, was neben einer präzisen Bewertung verschiedener Aspekte der Sterbehilfe auch religiöse Vorstellungen und persönliche Lebens- und Sterbeperspektiven umfassen sollte. Um nicht jeden praktikablen Rahmen zu sprengen (es wurde eine Bearbeitungsdauer von 15-20 Minuten angestrebt), waren bei der Konstruktion der Items bzw. Fragen Kompromisse und Abkürzungen unerlässlich. Außerdem sollten diese auch für die breite Bevölkerung verständlich sein – ungeachtet der Tatsache, dass zunächst nur Ärzte und andere im Gesundheitswesen tätige Personen als Zielgruppe vorgesehen waren. Um Vergleichsmöglichkeiten zu erhalten, wurden einige Items aus vorhandenen Umfragen übernommen (vgl. Kapitel 4.2.2 bis 4.2.4), auch wenn teilweise Anpassungen an die Erfordernisse der vorliegenden Arbeit erforderlich waren. Der Fragebogen ist in vier Abschnitte gegliedert:

I. Kontextitems

II. Religiöse Vorstellungen im Kontext von Tod und Sterben

III. Die Haltung zur Sterbehilfe und die Bewertung von Suizid, assistiertem Suizid und Tötung auf Verlangen

IV. Demografische Angaben.

Die Kontextitems in Block I. des Fragebogens wurden im Wesentlichen aus dem ALLBUS 2012 entnommen und umfassen Vorstellungen, die das eigene Leben und Verhalten bestimmen, das Vertrauen in öffentliche Einrichtungen und Organisationen und die Zufriedenheit mit der eigenen Lebenssituation. Die Kontextitems wurden an den Anfang des Fragebogens gesetzt, um den Einstieg in die heiklen Themen Religion und Tod zu puffern. Bei den ersten Pretestinterviews hatte ein unmittelbarer Einstieg zu Irritationen geführt. Allerdings waren auch die Kontextitems nicht unproblematisch, zumindest inhaltlich.

Viele Kontextitems sind inhaltlich vage und eröffnen damit Interpretationsspielräume.[141] Um die Vergleichbarkeit mit den Ergebnissen des ALLBUS zu gewährleisten, wurden sie aber unverändert übernommen – mit einer Ausnahme: Aufgrund mehrfach geäußerter Kritik[142] während der Pretestinterviews wurde die Frage nach dem Vertrauen in „die politischen Parteien" (ALLBUS 2012) durch die Formulierung „die politische Partei, der Sie am ehesten nahestehen" präzisiert. Konsequenterweise musste das auch für „das Fernsehen" oder „die Zeitungen" in Erwägung gezogen werden; in den Pretests konzentrierte sich die Kritik aber ausschließlich auf die Frage nach den Parteien, so dass für die übrigen Items um einer besseren Vergleichbarkeit willen die Formulierung des ALLBUS beibehalten wurde.

Block II. Erfasst Todesvorstellungen zum Tod, Formen des Gottesglaubens und die Zugehörigkeit bzw. Verbundenheit zu einer Kirche oder Religionsgemeinschaft.

Block III.1 und III.2 umfassen zahlreiche Einzelitems zur moralischen Bewertung von Suizid, assistiertem Suizid bei Krankheit und Tötung auf Verlangen. Hierbei werden auch wichtige Positionen zur Motivation von Suizid- bzw. Sterbewünschen abgefragt, unter anderem das Krankheits-

---

[141] Z. B. hängt die Bewertung des Aspektes „Sich und seine Bedürfnisse gegen Andere durchsetzen" davon ab, wer diese Anderen sind und was die eigenen Bedürfnisse sind; die Anderen können Nachbarn, Migranten oder sozial Benachteiligte sein, aber auch einflussreiche Akteure der Gesellschaft wie Politiker oder Interessenvertreter von Industrie und Kirchen. In der Grundtendenz dürfte das Item dennoch ein Indikator für Egoismus bzw. Hedonismus sein.

[142] Sinngemäß: Eine Person wählt ja Partei X unter anderem auch, weil sie den anderen Parteien eben nicht vertraut – das entspräche bei fünf Parteien im Schnitt der Kategorie „eher nicht", hat aber im Prinzip nicht diese Bedeutung.

paradigma der psychiatrisch orientierten Suizidologie. In III.3 wird konkret die Meinung zum Schweizer Modell der Suizidassistenz abgefragt, inklusive einer ambivalenten bzw. neutralen Antwortoption. III.4 besteht aus knappen Vignetten in Anlehnung an Schwarzenegger et al. (vgl. Tabelle 20 S. 192). Die Vignetten umreißen grob bestimmte Situationen, sind aber notorisch unvollständig. Entsprechend merkten einige der befragten Ärzte an, dass die Vignetten zu wenige Informationen liefern würden. Andererseits besteht die Gefahr, bei zu viel Details unvergleichbare Einzelfälle jenseits des Typischen zu konstruieren, die zudem für moralische Suggestionen anfällig werden (vgl. die ausführlichere Diskussion in Kapitel 4.2.3, S. 191). Es wurde aber nicht angestrebt, mit den Vignetten ein repräsentatives Spektrum typischer Suizidfälle in Deutschland abzubilden, sondern Szenarien, die sich in Reichweite der Sterbehilfediskussion befinden. Daher gibt es z. B. keine Vignette für einen Ehemann und Vater, der sich ohne Vorwarnung eines Tages erhängt und sein Umfeld ratlos zurücklässt oder einen Psychiatriepatienten, der von Stimmen zum Suizid getrieben wird. III.5 vermischt gängige Vorstellungen eines guten oder erstrebenswerten Todes mit den häufigsten tatsächlichen Todesarten (Tod im Alter nach kurzer oder langer Krankheit) und platziert zudem die Option des Suizids.

Ab III.6 wird nach und nach die Perspektive auf den eigenen Tod eingeführt, indem bei einigen der Items zu Palliativmedizin und Sterbebegleitung die Ich-Form gewählt wird. Als Zuspitzung des Problems, dass das eigene Sterben aktuell meist fiktiv ist, wurde für Item III.12 das sogenannte „Wachkoma" gewählt. Der fiktive Charakter betrifft hier nicht nur das Ereignis selbst, sondern auch die Vorwegnahme eines Zustands der Unfähigkeit einer Willensäußerung bzw. der Fähigkeit, überhaupt einen Willen zu haben. Die Entwicklung des entsprechenden Items entpuppte sich als schwierig, da neben vielen populären (und esoterischen) Rezeptionen des Themas nur wenige fundierte Daten verfügbar waren. Die im Item verwendeten Informationen zu Überleben und Rekonvaleszenz wurden der

Monographie von Geremek (Geremek 2009) entnommen. Für eine Befragung von Personen nichtmedizinischer Berufe bzw. Arbeitsfelder wird eine Vereinfachung der Beschreibungen erforderlich sein – hier wurde absichtlich Fachvokabular mit verwendet, um gegenüber den Ärzten die fachliche Fundierung der Informationen zu betonen.

Für die Befragung von Hausärzten bzw. Allgemeinärzten konnte in Block IV auf Teile der Standarddemografie verzichtet werden (Beruf, höchster Bildungsabschluss). Neben dem aktuellen Erwerbsstatus wurden Fachgebiete und Arbeitsbereiche abgefragt, wobei hier vor allem von Interesse war, ob die Befragten eine palliativmedizinische Qualifikation haben. Entsprechende Nennungen wurden anhand der offenen Angaben manuell mittels eines dichotomen Items kodiert. Die offene Abfrage der Fachgebiete erwies sich zudem als hilfreich für die Identifikation einiger Nicht-Ärzte (v. a. Heilpraktiker), die versehentlich in die Stichprobe geraten waren.

5.2 Stichprobe und Erhebung

Ursprünglich sollten mit dem Fragebogen Mitarbeiterbefragungen in Kliniken bzw. Krankenhäusern durchgeführt werden, um die Angaben von Ärzten mit denen von Pflege- und Verwaltungspersonal vergleichen und etwaige Spezifika der Arztrolle herausarbeiten zu können. Ein Nachteil wäre hierbei eine biographische Einengung der Zielpopulation gewesen – unter aktiven Krankenhausmitarbeitern befinden sich keine Personen, die sehr alt oder schwerkrank sind. Das Problem erledigte sich schließlich damit, dass nach einer mehrmonatigen Kontaktphase kein einziges größeres Klinikum im weiteren Umkreis (ca. 150 km) zu einer Kooperation bereit war und eine Mitarbeiterbefragung ermöglichen wollte. Nur in zwei kleineren Kliniken mit jeweils spezifischer Ausrichtung konnten Mitarbeiterbefragungen durchgeführt werden: In einem kirchliches Haus mit geriatrischem Schwerpunkt und in einer Privatklinik mit Spezialisierung auf alternative Medizin. Die Ergebnisse wurden diesen Häusern in deskriptiver Form unmittelbar nach der Befragung zur Verfügung gestellt, sie konnten aber aufgrund der geringen Fallzahlen nicht für weitergehende Analysen verwendet werden. Dennoch lieferte die Auswertung der Antworten wertvolle Impulse für die anschließende Hauptbefragung unter Hausärzten und diente quasi als erweiterter Pretest; nach der Auswertung beider Mitarbeiterbefragungen wurde der Text zu Frage III.9 (Subjektive Restlebenszeit) leicht umformuliert, da es gehäuft inkonsistente Antwortmuster gegeben hatte.

Für die Hausärztebefragung wurden zunächst die vier Bezirksärztekammern (BÄK) Baden-Württembergs kontaktiert. Eine der BÄK sagte ihre Unterstützung zu, diese Zusage wurde aber bereits am nächsten Tag auf Beschluss der Landesärztekammer aufgrund von Datenschutzbedenken (mündliche Auskunft der Kontaktperson der betreffenden BÄK) wieder zurückgezogen. Die Zusage hatte darin bestanden, dass der BÄK durch den Verfasser 2.000 komplett vorkonfektionierte Fragebögen ausgehändigt werden sollten. Diese wären dann intern mit den Adressen von Hausarztpraxen und Hausärzten im Ruhestand versehen worden; es wäre für die BÄK nicht erforderlich gewesen, Adressen herauszugeben. Auch der Hausärzteverband und Medi waren nicht zu einer Unterstützung bereit; beide begründeten dies mit entsprechenden internen Datenschutzregeln. Ein Versuch, Ärzte im Ruhestand mit einer Kleinanzeige im Deutschen Ärzteblatt zu erreichen, war wenig erfolgreich – auf die Anzeige hin meldeten sich nur 18 Ärzte; diese wurden nicht in die Stichprobe mit aufgenommen. Schließlich wurden von einem kommerziellen Adresshändler 2.000 Hausärzteadressen für Baden-Württemberg bezogen, als Zufallsstichprobe aus dem Gesamtbestand von 6.500 Adressen, welche weitgehend alle tätigen Hausärzte in Baden-Württemberg beinhalten sollten.[143] Die Aussendung der Fragebögen erfolgte in zwei Wellen; zuerst einmalig 1.000 Stück Anfang Juni 2014, um die Teilnahmebereitschaft

---

[143] Zum 31.12.2013 waren 5.700 Personen als Allgemeinärzte bzw. praktische Ärzte in freier Praxis tätig, Statistisches Landesamt BW, Statistische Berichte Baden-Württemberg A IV 1 – j/13 vom 21.11.2014.

abschätzen zu können. Als nach zwei Wochen über 100 Antworten einge-
gangen waren, wurde die zweite Welle vorbereitet und am 30. Juni versendet. Im Gegensatz zur ersten Welle wurde im Einleitungstext eine Teil-
nahmefrist bis zum 02. August gesetzt. An diesem Passus konnten die Bö-
gen der beiden Wellen voneinander unterschieden werden. Jedem Bogen
war ein adressierter Rückumschlag („Porto zahlt Empfänger") beigefügt,
am Ende des Fragebogens stand die Anmerkung „Sie können meine Arbeit zusätzlich unterstützen, indem Sie Ihre Rücksendung als Standardbrief frankieren". Dieser Bitte folgten ca. 200 Befragte (53%), was zu
einer spürbaren Kostenersparnis führte. 44 Fragebögen kamen mit dem
Vermerk „Empfänger unter der angegebenen Adresse nicht zu erreichen"
zurück, zwei wurden von Hinterbliebenen mit dem Hinweis zurückge-
schickt, dass der Adressat schon seit Jahren verstorben sei. Es gab außerdem eine Rücksendung eines unbearbeiteten Fragebogens ohne Kommen-
tar. Insgesamt 26 Personen füllten den Bogen aus, gaben aber an, kein
Arzt zu sein und nannten andere Berufe, meist Heilpraktiker oder Psycho-
therapeut; diese 26 Personen machen 6,86% der realisierten Stichprobe
aus. Geht man – konservativ – von einer homogenen Teilnahmequote
aus[144], kann die Zahl der Nichtärzte in der Stichprobe auf 134 Personen
geschätzt werden. Bereinigt man die Stichprobe um diese 134 Personen,
umfasst sie noch 1819 Personen – mutmaßlich allesamt Allgemeinmedizi-
ner bzw. Hausärzte. Die Teilnahmequote beträgt demnach 19,4% (ohne
diese Bereinigung der Bruttostichprobe wären es 18,3%).

Die Teilnahmequote ist für eine unangekündigte schriftliche Befragung im
Feld zufriedenstellend (Tabelle 24), zumal zur Vermeidung von Datenschutzbedenken auf Maßnahmen zur Erhöhung des Rücklaufs (z. B. durch
gezielte Erinnerungsschreiben mit anonymisierter Rücklaufkontrolle) verzichtet wurde. Es sollte jeder Verdacht auf Ansatzpunkte einer Umgehung
der Anonymität vermieden werden. Unabhängig davon gelten Ärzte gene-

---

[144] Da im Einleitungstext des Fragebogens ausdrücklich Ärzte angesprochen wurden, ist tatsächlich mit einer geringeren Teilnahmequote von Nichtärzten zu
rechnen. Es gibt aber keinen Anhaltspunkt für deren Höhe.

rell als schwer erreichbare Zielgruppe, da sie einer großen zeitlichen Belastung und einem hohen Werbedruck ausgesetzt sind.

Anzahl Aussendungen	2000
Stichprobenneutrale Ausfälle	47
Bereinigte Stichprobe I	**1953**
Nichtärztlicher Heilberuf (NÄ)	26*
Bereinigte Stichprobe II	**1819**
Ausgefüllte Fragebögen Welle 1	176
Ausgefüllte Fragebögen Welle 2	177
Alle Rücksendungen (inkl. NÄ)	379
Rücksendungen: nur Ärzte	353
Teilnahmequote Ärzte	**19,4%**

26 = 6,86% von 379 → 1953 – 6,86% = 1819

Tabelle 24: Stichprobe und Rücklauf

Über Gründe der Teilnahme bzw. Nichtteilnahme lässt sich nur spekulieren. Kritisch wäre es, wenn die Gründe mit der Einstellung der betreffenden Personen zum Gegenstand assoziiert wären – z. B. in der Form, dass entweder Gegner oder Befürworter einer Liberalisierung der Gesetze und Vorschriften zur Sterbehilfe bevorzugt teilgenommen hätten. Wie später noch zu sehen ist, gibt es keine wesentlichen Zusammenhänge mit demographischen Grunddaten, so dass von einer Nachgewichtung der Ergebnisse anhand statistischer Rahmendaten abgesehen wurde (Redressment, vgl. Diekmann 1995: 366).[145] Plausible Gründe einer Nichtteilnahme an der Befragung sind Zeitmangel und/oder Desinteresse bzw. ein subjektiv unzureichender Informationsstand zum Thema, so dass eine Verzerrung – falls überhaupt – symmetrisch in Richtung einer dezidierten Meinung Pro oder Contra vorliegen dürfte (vgl. Petermann 2005: 60-61). Ältere Ärzte

---

[145] Allgemein sind Gewichtungen schematisch nach demographischen Eckdaten wie Alter oder Geschlecht problematisch; immer wieder werden diese verwendet, weil es so üblich ist oder keine anderen, tatsächlich für relevant erachteten Variablen verfügbar sind. Für die vorliegende Arbeit interessante Rahmendaten – wie etwa die Konfessionszugehörigkeit – liegen z. B. den Ärztekammern nicht vor.

scheinen – ebenfalls symmetrisch – mehr Interesse am Thema zu haben und sind in der Stichprobe daher überrepräsentiert, ohne dass ein relevanter Zusammenhang zwischen dem Alter und der Einstellung zur vorzeitigen Lebensbeendigung erkennbar wäre. In der Ärztebefragung des IfD Allensbach 2009 hatten 33% der niedergelassenen Ärzte eine Legalisierung des ärztlich assistierten Suizids befürwortet, bei dichotomer Abfrage (Ablehnung oder Befürwortung). In der vorliegenden Befragung sind dies 40% der Befragten (Tabelle 41). Die beiden Samples sind nicht völlig vergleichbar, da sich unter den niedergelassenen Ärzten der IfD-Stichprobe neben Allgemeinmedizinern verschiedene Fachärzte befunden haben dürften. Der Grad der Befürwortung liegt jedoch in einem ähnlichen Bereich. Insgesamt kann davon ausgegangen werden, dass die Antworten der Hausärztebefragung in etwa das Meinungsspektrum der Hausärzte Baden-Württembergs widerspiegeln, wobei vermutlich Ärzte unterrepräsentiert sind, die das Gefühl haben, sich mit dem Thema wenig auszukennen und/oder keine Meinung dazu haben. Übertragen auf die Frage nach dem Schweizer Modell (Tabelle 52, S. 235) ist zu erwarten, dass der Anteil der Ärzte, die nicht wissen, was sie davon halten sollen, tatsächlich größer ist.

5.3 Demografische Daten der Stichprobe

Zur Vermeidung fehlender Angaben aus Datenschutzbedenken wurden zur Abfrage des Alters im Fragebogen Kategorien vorgegeben. Das Kategorienschema wurde vom ALLBUS 2012 übernommen, da von vorneherein ein Abgleich mit ALLBUS-Daten vorgesehen war. Nachteilig ist bei einer kategorisierten Abfrage, dass der Vergleich mit Daten erschwert wird, denen ein anderes Kategorienschema zugrunde liegt; hier z. B. das Ärzteverzeichnis der Landesärztekammer (LÄK) Baden-Württembergs[146] (Tabelle 25).

---

[146] Niedergelassene Ärztinnen/Ärzte nach Altersgruppen zum 31.12.2013, abgerufen von: http://www.aerztekammer-bw.de/40presse/05aerztestatistik/index.html

Insgesamt sind die Teilnehmer der Hausärztebefragung älter als die Gesamtheit der niedergelassenen Ärzte, was verschiedene Gründe haben kann: Ein größeres Interesse älterer Ärzte am Thema (Selbstselektion bei der Teilnahme); aber auch abweichende Populationen der beiden Stichproben, da es keine völlige Deckung zwischen niedergelassenen Allgemeinärzten und Hausärzten gibt; außerdem eine Verzerrung der Altersverteilung in der Adressdatenbank, aus der die Stichprobe gezogen wurde. Von den Befragten der Hausärztestichprobe befinden sich 18% (n = 65) bereits im Ruhestand und sind damit überwiegend älter (Tabelle 26); 19 Ruheständler gaben an, weiterhin zu praktizieren – 6 in Vollzeit und 13 in Teilzeit. Die LÄK-Statistik enthält hingegen keine Ärzte, die offiziell im Ruhestand sind. Grundsätzlich wäre die gezielte Befragung einer Stichprobe von Ruheständlern für die vorliegende Untersuchung interessant gewesen; eine solche war anfangs auch ergänzend geplant, konnte aber aus den im vorigen Kapitel genannten Gründen nicht realisiert werden.

Hausärztestich-probe BW	n	% gültig	Niedergelassene Ärzte (LÄK BW)	n	% gültig
18-29	0	0,0	bis 39	130	2,6
30-44	14	4,0			
			40-49	938	18,6
45-59	142	40,2	50-59	1956	38,8
60-74	172	48,7	60-65	1453	28,8
75-89	17	4,8	über 65	561	11,1
über 89	8	2,3			
Gesamt	353	100,0	Gesamt	5038	100,0

Tabelle 25: Vergleich Alterskategorien eigene Stichprobe - LÄK BW

Der Anteil von Ärztinnen beträgt in der Hausärztestichprobe 37% und entspricht damit den Daten der LÄK mit 35% niedergelassenen Ärztinnen in Baden-Württemberg. In der Hausärztestichprobe sind die Frauen insgesamt etwas jünger als die Männer (Taub = 0,269**; ohne Tabelle). Es las-

sen sich aber bei den für die Forschungsfragen relevanten Ergebnissen –
vor allem der Einstellung zur vorzeitigen Lebensbeendigung – kaum bzw.
keine geschlechts- und altersspezifischen Unterschiede feststellen.

Erwerbsstatus (Hausärztestichprobe)	n	% der Befragten
berufstätig (Vollzeit)	262	74,2
berufstätig (Teilzeit)	43	12,2
für längere Zeit krank geschrieben	1	0,3
Ruhestand (Rente/Pension)	65	18,4
Hausfrau/Hausmann, Familienzeit	3	0,8
Gesamt (353 Befragte, 374 Nennungen)*	353	105,9

Mehrfachantworten möglich, leere Kategorien ausgeblendet

Tabelle 26: Erwerbsstatus der befragten Hausärzte

Drei Viertel der Befragten sind Vollzeit berufstätig (Männer 77%, Frauen
70%), 12% arbeiten teilweise (Männer 7%, Frauen 21%) und 18% befinden sich offiziell im Ruhestand (Männer 22%, Frauen 12%). Das Fachgebiet mit Zusatzqualifikationen wurde offen abgefragt; dabei waren vor
allem eine palliativmedizinische (Zusatz-) Ausbildung oder Qualifikatio-
nen im Umfeld der Sterbebegleitung von Interesse. Entsprechende Quali-
fikationen wurden von 9% der Befragten genannt (n = 31, davon eine
Nennung „Hospizausbildung", die restlichen „Palliativmedizin").

5.4 Kontextvariablen

Zum Vergleich mit den befragten Hausärzten werden die Antworten des
ALLBUS 2012 für das Erhebungsgebiet West herangezogen. Die Angaben der beiden Erhebungsgebiete West/Ost unterscheiden sich zwar für
die Kontextvariablen kaum, es gibt aber große Abweichungen bei der
Konfessionszugehörigkeit und religiösen Glaubensvorstellungen. Insgesamt sind die Einwohner der östlichen Bundesländer erheblich weniger
religiös bzw. weniger konfessionell gebunden. Bei der Verwendung des
gesamten Erhebungsgebietes als Vergleichsgröße könnte der Eindruck

entstehen, dass Hausärzte religiöser wären als die Gesamtbevölkerung, was bereinigt um den West/Ost-Unterschied nicht der Fall ist.

I.1 Werte/Motive: (...) wie wichtig sind dann die folgenden Dinge für Sie persönlich?	Hausärzte BW		ALLBUS 2012 (West)	
	n	Mittelwert	n	Mittelwert
Gesetz und Ordnung respektieren	351	2,07	2358	1,58
Nach Sicherheit streben	351	2,12	2354	1,86
Sozial Benachteiligten und gesellschaftlichen Randgruppen helfen	350	2,01	2347	2,25
Sich und seine Bedürfnisse gegen Andere durchsetzen	348	2,95	2344	2,59
Auch solche Meinungen tolerieren, denen man eigentlich nicht zustimmen kann	349	2,22	2340	2,29
Die guten Dinge des Lebens in vollen Zügen genießen	351	2,50	2354	2,14
Einen hohen Lebensstandard haben	350	2,92	2356	2,43

Skala von 1 = sehr wichtig bis 5 = unwichtig, ALLBUS-Skala angepasst

Tabelle 27: Itemblock I.1 – Werte/Motive

Bezüglich der allgemeinen Wertvorstellungen gibt es keine großen Unterschiede zwischen den Hausärzten und der Vergleichsbevölkerung (Tabelle 27). Insgesamt sind die Hausärzte etwas häufiger sozial orientiert und messen demgegenüber materiellen und hedonistischen Motiven etwas weniger Bedeutung bei. Am stärksten ist der Unterschied bezüglich der Bewertung von Gesetz und Ordnung, die bei den Ärzten knapp einen halben Skalenpunkt hinter der Vergleichsgruppe liegt, wenn auch auf einem insgesamt hohen Niveau. Noch geringer sind die Unterschiede beim Vertrauen in verschiedene „öffentliche Einrichtungen und Organisationen" (Tabelle 28), das Vertrauen in das Gesundheitswesen ist geringfügig niedriger, die Abweichung bei den Parteien dürfte auf die modifizierte Formulierung zurückzuführen sein, die man auch für „Das Fernsehen" und „Die Zeitungen" in Erwägung ziehen könnte.[147]

---

[147] Wer vertraut schon allen Zeitungen oder Fernsehsendern gleichermaßen? Der Einführungs- bzw. Fragentext wurde exakt aus dem ALLBUS 2012

I.2 Vertrauen in öffentliche Einrichtungen und Organisationen	Hausärzte BW		ALLBUS 2012 (West)	
	n	**Mittelwert**	n	**Mittelwert**
Die Justiz	351	**4,66**	2330	**4,58**
Das Fernsehen	352	**2,95**	2339	**3,05**
Die Zeitungen	350	**3,60**	2337	**3,66**
Die Bundesregierung	350	**3,86**	2323	**3,96**
Die Polizei	350	**4,77**	2347	**5,06**
Die politische Partei, der Sie am ehesten nahe stehen *(ALLBUS: Die politischen Parteien)*	348	**3,75**	2302	**3,25**
Das Gesundheitswesen	351	**4,31**	2347	**4,54**

Skala von 1 = kein Vertrauen bis 7 = großes Vertrauen, exakte Skalenmitte = 3,5

Tabelle 28: Itemblock I.2 - Vertrauen

Im Vergleich zu den Befragten des ALLBUS (hier nach Ost/West differenziert) geben die Hausärzte für alle drei Aspekte ihrer Lebenssituation eine höhere Zufriedenheit an, am deutlichsten mit ihrer persönlichen wirtschaftlichen Lage (Tabelle 29). Absolut sind nur 10 Ärzte (2,8%) mit ihrem Gesundheitszustand unzufrieden (eher/sehr) und 16 (4,5%) mit ihrer wirtschaftlichen Lage. Die Vergleichbarkeit der Angaben zum Gesundheitszustand wird allerdings dadurch eingeschränkt, dass im ALLBUS ungeschickterweise die mittlere Antwortkategorie mit „zufriedenstellend" bezeichnet ist, was vermutlich von vielen Befragten noch als positive Bewertung interpretiert wurde, während die Benennung „teilsteils" in der Hausärztebefragung auch semantisch die Skalenmitte markiert. Die grafisch mittlere Position eines Kästchens dürfte zwar schwerer wiegen als die semantische Position der Beschriftung, aber eine leichte Verzerrung ist plausibel. Der große Unterschied beim Gesundheitszustand könnte somit teilweise ein Artefakt dieser asymmetrischen Skalenbeschriftung sein – im ALLBUS haben 28% „zufriedenstellend"

übernommen, Variable Report: 58: „Hier werden einige öffentliche Einrichtungen und Organisationen aufgelistet. Geben Sie bitte zu jeder Einrichtung oder Organisation an, wie groß das Vertrauen ist, das Sie ihr insgesamt entgegenbringen." Die Modifikation für die Parteien wurde in Kapitel 5.1 erläutert.

genannt, in der Hausärztebefragung hingegen nur 12% „teils-teils". Die Antwortkategorien für die wirtschaftliche Lage sind aber vergleichbar, die Ärzte sind hier eindeutig zufriedener.

I.3 Wenn Sie an Ihre derzeitige Lebenssituation denken, wie zufrieden sind Sie...	Hausärzte BW		ALLBUS 2012			
			(West)		(Ost)	
	n	Mittelwert	n	Mittelwert	n	Mittelwert
... mit ihrem Leben insgesamt?*	352	1,69	2356	1,89	1121	2,07
... mit ihrem Gesundheitszustand?	353	1,78	2356	2,42	1122	2,53
... mit ihrer persönlichen wirtschaftlichen Lage?	353	1,79	2354	2,41	1122	2,58

Skala von 1 = sehr zufrieden bis 5 = sehr unzufrieden, *ALLBUS-Skala angepasst

Tabelle 29: Itemblock I.3 – Lebenszufriedenheit

5.5 Aussagen über den Tod

5.5.1 Aussagen über den Tod: Übersicht

Die Aussagen über Todesvorstellungen folgten im Fragebogen unmittelbar nach den Kontextitems und wurden von den meisten Befragungsteilnehmern beantwortet; nur neun Personen haben den gesamten Block ausgelassen. In Tabelle 30 sind die Antworthäufigkeiten dargestellt, wobei die beiden zustimmenden und die beiden ablehnenden Kategorien jeweils zusammengefasst sind (eine detaillierte Häufigkeitsauszählung befindet sich im Anhang.); die Fokussierung auf christliche Vorstellungen hat sich angesichts der angegebenen Religionszugehörigkeiten als unproblematisch herausgestellt; nur zwei Befragte nannten „Buddhismus", die anderen „sonstigen" gehören zum Umfeld der drei klassischen monotheistischen Religionen (Islam = 1, Judentum = 1, NAK = 1, Christengemeinschaft = 3, Mennoniten = 1).

Betrachtet man die Antworten anhand des Kriteriums, ob der Tod als Übergang gesehen wird oder nicht, so stimmt knapp über die Hälfte der Befragten entsprechenden Aussagen zu. Weniger Zustimmung erhalten Aussagen, die speziellen religiösen Lehren zugeordnet werden können. An eine Auferstehung der Toten, einen Himmel oder ein Paradies sowie an ein Totengericht glaubt jeweils ein Viertel der Befragten, wobei die beiden ersten dieser Items erwartungsgemäß sehr hoch miteinander korrelieren (r = 0,854**), ebenfalls hoch ist deren Korrelation mit der Verantwortung für eigene Taten (r = 0,692** bzw. 0,773**). Eine breitere Zustimmung erhält die Vorstellung einer weiterexistierenden Seele, an die knapp die Hälfte der Befragten glaubt. Die Vorstellung einer Wiedergeburt wird mehrheitlich abgelehnt.

II.1 Aussagen über den Tod % der Nennungen ohne „keine Angabe", gültige n pro Item: min. 340, max. 344	ja*	vielleicht	nein**	kann ich nicht beurteilen
Die Toten werden wieder auferstehen	23,4	14,3	52,6	9,6
Es gibt einen Himmel oder ein Paradies	25,9	19,2	45,2	9,6
Der Mensch hat eine Seele, die nach dem Tod weiterexistiert	45,3	17,4	30,5	6,7
Nach dem Tod wird es ein Wiedersehen mit anderen Menschen im Jenseits geben	22,7	23,3	45,3	8,7
Mit dem Tod endet meine persönliche Existenz vollständig	47,1	10,8	37,7	4,4
Der Mensch wird nach seinem Tod in diese Welt wiedergeboren	8,5	12,0	72,3	7,3
Jeder Mensch muss sich nach seinem Tod für seine Taten verantworten	22,1	19,7	50,9	7,4
Wenn ein Mensch gestorben ist, bleibt ein Teil von ihm in den Erinnerungen der Hinterbliebenen oder seinen Nachkommen erhalten	89,0	7,6	2,3	1,2

*Ja = „da bin ich mir sicher" und „eher ja" / **nein = „eher nicht" und „sicher nicht"

Tabelle 30: Aussagen über den Tod (% kompakt)

Auf individueller Ebene gibt es zahlreiche Kombinationen; das Item „Mit dem Tod endet meine persönliche Existenz vollständig" kann aber als Grundlinie verwendet werden, welche sozusagen die Verortung des Menschen allein im Diesseits von der Erwartung eines Jenseits trennt.

Dieses Item korreliert mit den anderen Items (mit Ausnahme des letzten Items) negativ. Das letzte Item zielt auf Ansätze einer eher immanenten Sinngebung für das Leben, welche auf den Kreislauf der Natur oder den Beitrag für die Gesellschaft zielen. Das Fortdauern in den Nachkommen oder in den Erinnerungen Anderer ist für sich genommen keine subjektive Weiterexistenz (vgl. Mackie: 362-363); es ist aber mit den meisten konkreteren Glaubenssystemen kompatibel, weshalb es nicht überrascht, dass der Aussage fast 90% der Befragten zustimmen. Die separate Abfrage dieses Aspekts sollte vor allem verhindern, dass er in die Beantwortung der anderen Items mit einfließt. Erwartungsgemäß korreliert das Item nicht oder kaum mit den restlichen sieben Items; am stärksten noch (r = -0,111 / p = 0,052) mit der Auferstehung der Toten. Zu einer trennscharfen Typisierung ist es aber ungeeignet und wird deshalb bei den folgenden Analysen nicht berücksichtigt. Die ersten sieben Items aus Itemblock II.1 sollen als Indikatoren für eine Vorstellung vom Tod als Übergang unter Beibehaltung einer subjektiven Kontinuität verwendet werden. Darunter fällt jedes Geschehen, das vom betroffenen Subjekt als Weiterexistenz aufgefasst wird, unabhängig von der konkreten Form. Entscheidend ist, dass das Subjekt davon ausgeht, nach dem Übergang immer noch es selbst oder eine Ableitung davon zu sein; zumindest soweit, dass positive Jenseitsszenarien (Himmel, Paradies etc.) freudig erwartet bzw. negative gefürchtet werden. Abstraktere Vorstellungen aus der christlichen Theologie werden dahingehend berücksichtigt, dass der Glaube an die Auferstehung der Toten allein als Indikator nicht genügt, da es ja Konzepte gibt, wonach in der Postexistenz die Individualität in Gott aufgeht und somit bedeutungslos wird (siehe Kapitel 1.4.7).

Maßgeblich ist der Glaube an eine weiterexistierende Seele, ein Wiedersehen mit anderen Individuen im Jenseits, eine Wiedergeburt in diese Welt in Verbindung mit einer Ablehnung des vollständigen Endes der persönlichen Existenz und/oder ein Totengericht (das ebenfalls ein Individuum mit Erinnerungen erfordert – unter Voraussetzung einer eher modernen

Vorstellung von persönlicher Schuld und Gericht bei den Befragten). Eine ausschließliche Zustimmung zum Ende der persönlichen Existenz wird als Ablehnung der Vorstellung vom Tod als Übergang interpretiert. Für die Typisierung werden die Items dichotomisiert und allein die Zustimmungen gewertet. Die Restkategorie „kann ich nicht beurteilen" gilt zusammen mit „vielleicht" und den ablehnenden Nennungen als Nicht-Glauben an den Gegenstand der Aussage. Tabelle 31 zeigt die Zustimmungen mit den entsprechenden Fallzahlen. Die höchsten Zustimmungswerte erhalten das völlige Ende der persönlichen Existenz (47%) und die weiterexistierende Seele (45%), mit großem Abstand nach der universal anschlussfähigen Erhaltung in Erinnerungen (89%).

II.1 Aussagen über den Tod dichotom % der Zustimmungen (sicher/eher ja)	n	% Zustimmung
Die Toten werden wieder auferstehen	80	23,3
Es gibt einen Himmel oder ein Paradies	89	25,9
Der Mensch hat eine Seele, die nach dem Tod weiterexistiert	156	45,3
Nach dem Tod wird es ein Wiedersehen mit anderen Menschen im Jenseits geben	78	22,7
Mit dem Tod endet meine persönliche Existenz vollständig	161	46,8
Der Mensch wird nach seinem Tod in diese Welt wiedergeboren	29	8,4
Jeder Mensch muss sich nach seinem Tod für seine Taten verantworten	75	21,8
Wenn ein Mensch gestorben ist, bleibt ein Teil von ihm in den Erinnerungen der Hinterbliebenen oder seinen Nachkommen erhalten	306	89,0
Anzahl Befragte*	344	100,0

inklusive 6 Personen, die keinem dieser Items zugestimmt haben

Tabelle 31: Aussagen über den Tod (dichotom)

5.5.2 Ende oder Weiterexistenz als Grundtypen der Todesvorstellung

Die Befragten werden anhand der Antworten auf die „Aussagen über den Tod" in die beiden Grundtypen „Tod als Ende" und „Weiterexistenz nach dem Tod" eingeteilt. Als Basisindikator für die Vorstellung vom Tod als Ende der eigenen Existenz dient das Item „Mit dem Tod endet meine persönliche Existenz vollständig", welches sich im Kontext der anderen Items als einigermaßen trennscharf herausgestellt hat. Insgesamt haben 127 Ärzte ausschließlich dieser Aussage zugestimmt („da bin ich mir sicher" oder „eher ja"). Kombinationen mit Zustimmungen zu anderen Aussagen werden als Indikator für einen Glauben an (bzw. eine Hoffnung auf) eine Fortexistenz gewertet. 34 Personen weisen solche Kombinationen auf, eine Übersicht bietet Tabelle 32.

Anzahl	die Toten werden auferstehen	Himmel oder Paradies	Seele, die nach dem Tod weiter-existiert	Wieder-sehen im Jenseits	persönliche Existenz endet vollständig	Wieder-geburt in diese Welt	Gericht
127					X		
28	(X)	(X)	X	(X)	X	(X)	(X)
4					X		X
1					X	X	
1				X	X		

X = von allen Befragten der Zeile genannt / (X) = von einigen Befragten der Zeile genannt

Tabelle 32: Tod als Ende der Existenz, kombiniert mit anderen Aspekten

Meist wurde zusätzlich zum vollständigen Ende der Existenz die Vorstellung einer weiterexistierenden Seele genannt, was darauf schließen lässt, dass unter der persönlichen Existenz zunächst die diesseitige materielle bzw. leibliche verstanden wurde. Wenn die Befragten mehr als zwei Aspekte genannt haben, war die weiterexistierende Seele stets mit dabei; die entsprechenden Kombinationen sind in der Tabelle nicht einzeln aufgeführt, sondern stehen in Klammern in derselben Zeile. Es haben somit 28 Personen zusätzlich die weiterexistierende Seele genannt, teilweise in Kombination mit weiteren Items. Zwei Personen haben jeweils sechs der sieben Aspekte genannt (einmal ohne die Auferstehung der Toten, einmal ohne die Wiedergeburt).

5.5.3 Typisierung der Todesvorstellungen mittels Clusteranalyse

Im Zuge einer hierarchischen Clusteranalyse werden alle Einzelfälle eines Datensatzes schrittweise anhand ihrer Ähnlichkeit zu Gruppen (aufgrund der mehrdimensionalen Kriterien „Cluster" genannt) zusammengefasst. Die Analyse besteht aus zwei Komponenten – einem Verfahren zur Distanzmessung, welches als Grundlage für die Ähnlichkeit der Einzelfälle dient (und später der Ähnlichkeit der Cluster; Einzelfälle und Cluster werden vereinheitlicht als „Objekte" bezeichnet), sowie einem Fusionierungsalgorithmus, welcher die Art der Fusion ähnlicher Objekte bestimmt und einem neu gebildeten Cluster eine Position zuweist, anhand der wiederum dessen Distanz zu Einzelfällen bzw. den anderen aktuell vorhandenen Clustern berechnet werden kann. Wenn zwei Objekte fusioniert werden, die nicht völlig identisch sind, nimmt die Heterogenität des Clusters zu – die Einzelfälle zu Beginn der Clusterbildung sind alle in sich homogen, der Gesamtcluster am Ende ist maximal heterogen. Es werden stets alle Schritte durchgerechnet und protokolliert, von den Einzelfällen bis zur finalen Fusion zu einem einzigen Cluster. Anhand eines Maßes zur Messung der Heterogenität (als Summe über alle Cluster hinweg) kann die Zunahme der Streuung bei fortschreitender Fusionierung der Cluster beobachtet werden. Es obliegt dem Anwender, einen Fusionsschritt augenscheinlich als optimale Lösung zu identifizieren und herauszugreifen. In der Literatur werden Faustregeln und vereinzelt Gütemaße vorgeschlagen, die eine Orientierung hierbei bieten;[148] entscheidend ist aber, ob die Lösung sinnvoll interpretiert werden kann. Ein weiterer Anhaltspunkt für eine gute Lösung ist die Streuung der Variablen, die als Kriterium der Clusteranalyse verwendet wurden. Im Idealfall ist die Streuung jeder Kriteriumsvariablen in allen Clustern geringer als die Streuung auf Gesamtebene. Dies kann, wiederum per Augenschein, anhand der Standardabweichung oder mittels einfaktorieller ANOVA überprüft werden.

---

[148] Vgl. Backhaus et al.: 430ff. und Rudolf/Müller: 280ff.

Zur Überprüfung der Überlegungen zur Typisierung der Todesvorstellungen wurden alle Items außer dem letzten („bleibt ein Teil [...] in den Erinnerungen [...] erhalten") hierarchischen Clusteranalysen mit verschiedenen konservativen Verfahren unterzogen.[149] Die Ergebnisse bestätigen im Wesentlichen die Überlegungen zur maßgeblichen Bedeutung des Todes als Ende oder Übergang. Exemplarisch ist das Ergebnis des Ward-Verfahrens: Es entsteht recht früh ein Hauptcluster mit 70 Befragten, die von einem vollständigen Ende ausgehen und alle anderen Items deutlich ablehnen. Dieser Cluster wird mit einem kleineren fusioniert, der aus 9 Personen besteht, die alle Aussagen ablehnen und bleibt bis zur 3-Cluster-Lösung stabil. Die übrigen Cluster unterscheiden sich in der Kombination verschiedener Glaubensvorstellungen und im Ausmaß ambivalenter Nennungen (vielleicht – vielleicht auch nicht). Gut interpretieren lässt sich eine 5-Cluster-Lösung, die in Tabelle 33 zur Illustration mit Mittelwerten dargestellt wird. Diese Cluster werden wie folgt charakterisiert:

- Cluster 1 (n = 76): Ambivalent mit Tendenz zum Glauben an eine Weiterexistenz
- Cluster 2 (n = 79): Tod als Ende, Ablehnung der anderen Glaubensvorstellungen
- Cluster 3 (n = 72): Ambivalent mit Tendenz zum Glauben an ein vollständiges Ende
- Cluster 4 (n = 16): Mischung aus christlichen und anderen religiösen Vorstellungen; ein vollständiges Ende wird abgelehnt, große Unterschiede bei der Bewertung der Auferstehung der Toten und dem Wiedersehen im Jenseits, Einigkeit beim Glauben an Wiedergeburt und eine weiterexistierende Seele.
- Cluster 5 (n = 25): Traditionell christliche Vorstellungen – Auferstehung der Toten statt Wiedergeburt, Ablehnung eines Endes der persönlichen Existenz.

---

[149] Distanzmessung: quadrierter euklidischer Abstand, Clusteralgorithmus: Average Linkage between Groups und Ward, die Items werden metrisch interpretiert.

Hierarchische Clusteranalyse der ersten sieben Items aus II.1 → Mittelwerte nach Clustern (5-Cluster-Lösung)		Cluster (Quadr. Euklid/Ward)					
		1. ambig. tendenz. Fortexist.	2. Tod als Ende	3. ambiv. tendenz. Ende	4. christl. Mischtyp	5. trad. christlich	gesamt
Die Toten werden wieder auferstehen	Mittelwert	2,59	5,00	4,19	2,88	1,12	3,61
	n	76	79	72	16	25	268
	Std.abw.	0,912	0,000	0,685	1,628	0,332	1,445
Es gibt einen Himmel oder ein Paradies	Mittelwert	2,49	4,97	3,76	1,88	1,28	3,41
	n	76	79	72	16	25	268
	Std.abw.	0,721	0,158	0,639	1,025	0,614	1,386
Der Mensch hat eine Seele, die nach dem Tod weiterexistiert	Mittelwert	1,83	4,71	2,96	1,00	1,00	2,85
	n	76	79	72	16	25	268
	Std.abw.	0,700	0,558	0,911	0,000	0,000	1,516
Nach dem Tod wird es ein Wiedersehen m. and. Menschen im Jenseits geben	Mittelwert	2,62	4,95	3,79	1,87	1,24	3,45
	n	76	79	72	16	25	268
	Std.abw.	0,692	0,221	0,711	1,455	0,663	1,393
Mit dem Tod endet meine persönliche Existenz vollständig	Mittelwert	3,55	1,49	2,28	5,00	4,88	2,81
	n	76	79	72	16	25	268
	Std.abw.	1,088	1,153	1,038	0,000	0,332	1,566
Der Mensch wird nach seinem Tod in diese Welt wiedergeboren	Mittelwert	3,74	4,95	4,50	1,06	4,52	4,21
	n	76	79	72	16	25	268
	Std.abw.	1,038	0,273	0,650	0,250	0,823	1,163
Jeder Mensch muss sich nach seinem Tod für seine Taten verantworten	Mittelwert	2,99	4,89	4,01	1,19	1,64	3,59
	n	76	79	72	16	25	268
	Std.abw.	0,872	0,320	0,831	0,403	0,700	1,353

alle Items: Skala von 1 „da bin ich mir sicher" bis 5 „sicher nicht", exakte Skalenmitte 3,0

Tabelle 33: Typen von Todesvorstellungen - Clusteranalyse

Die 2-Cluster-Lösung am Ende stellt die Grundtendenz „Tod als Ende" (Cluster 2 und 3 der 5er-Lösung) der Grundtendenz „Weiterexistenz" (Cluster 1, 4 und 5 der 5er-Lösung) gegenüber. Ein Durchlauf mit einem binären Verfahren (Dichotome Varianten der Items: Zustimmung/keine Zustimmung inklusive „vielleicht") lieferte ähnliche Ergebnisse: Recht früh bildet sich ein großer Cluster, der gekennzeichnet ist durch die Vorstellung eines vollständigen Endes in Verbindung mit einer tendenziellen Ablehnung der übrigen Items; dazu kommen verschiedene Cluster mit unterschiedlichen Kombinationen der religiösen Glaubensvorstellungen, die nach und nach zu einem religiösen Cluster fusioniert werden.

Grundsätzlich können Clusterzugehörigkeiten als Gruppenvariable für weitere Analysen verwendet werden, dies wurde hier aber aus mehreren Gründen nicht getan: Die Items haben inhaltlich eine unterschiedliche Relevanz und müssten gewichtet werden, um die Intention der Gruppierung abzubilden; damit würde die explorative Absicht unterlaufen. Die Qualität der Lösungen ist mathematisch gesehen schlecht aufgrund hoher Streuungen innerhalb einzelner Cluster.[150] Eine Bereinigung fehlender Werte im Vorfeld wurde wegen der explorativen Zielsetzung unterlassen, den Modellen liegen daher unterschiedliche Populationen zugrunde. Die abgebildete Lösung basiert auf 268 Personen (344 haben zumindest zu einigen der Items Angaben gemacht, aber nur 268 zu allen). Der schematische Charakter der Clusteranalyse wurde bewusst in Kauf genommen, um zu sehen, ob es Muster bzw. Inkonsistenzen gibt, die nicht aufgrund theoretischer Vorannahmen erwartbar waren. Die empirischen Inkonsistenzen betreffen in erster Linie spezifische religiöse Deutungen und tangieren kaum die Leitdifferenz Tod als Ende ↔ Tod als Übergang bzw. Fortexistenz, so dass deren dominante Rolle bestätigt wird. Die Vorannahmen bei der Konstruktion der Items zielten offensichtlich in die richtige Richtung; eine direkte Typisierung der Befragten anhand der Kriterien Ende/ Weiterexistenz scheint damit keine willkürliche äußere Zuschreibung zu sein.

5.6 Gottesglaube und Konfessionen

5.6.1 Gottesglaube

Insgesamt geben 39% der Befragten an, dass sie an Gott glauben; 12% berichten einen festen Gottesglauben (Tabelle 34). Zum Vergleich wird in Tabelle 35 die Verteilung des Gottesglaubens aus dem ALLBUS 2012 für

---

[150] Vor allem der „christliche Mischtyp" ist bei der Auferstehung der Toten und dem Wiedersehen im Jenseits sehr inhomogen.

die erwachsene Bevölkerung Baden-Württembergs bzw. der westlichen Bundesländer dargestellt. Durch die Modifikation für die Hausärztebefragung sind die Items nicht deckungsgleich; wenn man aber „Gott" und die „höhere geistige Macht" als Kontinuum einer Konkretisierung (in Richtung einer Personalisierung) der Gottesvorstellung auffasst, zeigt die Antwortverteilung in der Hausärztestichprobe keine auffällige Abweichung.

II.2 Glauben Sie an Gott oder andere höhere Mächte?		n	%	% gültig
	Ich glaube nicht an Gott oder eine andere höhere geistige Macht.	62	17,6	18,1
	Vielleicht gibt es Gott oder andere höhere geistige Mächte, vielleicht aber auch nicht.	60	17,0	17,5
	Ich glaube, dass es eine höhere geistige Macht (oder höhere geistige Mächte) gibt.	88	24,9	25,7
	Ich glaube an Gott, auch wenn ich manchmal zweifle.	90	25,5	26,3
	Ich glaube fest an Gott.	42	11,9	12,3
Gültig	Gesamt	342	96,9	100,0
Fehlend	k. A.	11	3,1	
Gesamt		353	100,0	

Tabelle 34: Gottesglauben Hausärztebefragung

Gottesglauben – ALLBUS 2012	Deutschland (W)		Baden-Württemberg	
	n	% gültig	n	% gültig
Ich glaube nicht, dass es einen persönlichen Gott, irgendein höheres Wesen oder eine geistige Macht gibt.	479	20,7	58	14,7
Ich weiß nicht richtig, was ich glauben soll.	389	16,8	66	16,8
Es gibt irgendein höheres Wesen oder eine geistige Macht	867	37,5	138	35,0
Es gibt einen persönlichen Gott	579	25,0	132	33,5
Gesamt	2314	100,0	394	100,0

Tabelle 35: Gottesglauben ALLBUS 2012

Kreuzt man die Abfrage des Gottesglaubens mit der Typisierung der Todesvorstellung Ende/Weiterexistenz, so zeigt sich ein deutlicher Zusammenhang dahingehend, dass Personen mit einem Glauben an Gott oder höhere geistige Mächte überwiegend an eine Weiterexistenz nach dem Tod glauben, Personen ohne einen entsprechenden Glauben hingegen nicht (Tabelle 36). Die überwiegende Mehrheit der Personen mit einem festen Gottesglauben geht auch von einer Weiterexistenz nach dem Tod aus. Es gibt übrigens einen sehr schwachen, nichtlinearen Zusammenhang zwischen dem Gottesglauben und dem Alter der Befragten (CV = 0,135 / p = 0,072). Die Ärzte im Alter von 45-59 Jahren glauben häufiger an Gott (41%) oder eine höhere geistige Macht (30%) als die Ärzte im Alter von 60-75 Jahren (36% / 24%). Noch weniger glauben die 30-44jährigen, dort ist die Verteilung aber aufgrund der geringen Fallzahl statistisch nicht belastbar.

II.2 Gottesglaube - Hausärztebefragung		Todesvorstellung: Tod als ...		Gesamt
		Weiterexistenz	Ende	
Ich glaube nicht an Gott oder eine andere höhere geistige Macht	n	11	51	62
	%	17,7	82,3	100,0
Vielleicht gibt es Gott oder andere höhere geistige Mächte, vielleicht aber auch nicht	n	25	35	60
	%	41,7	58,3	100,0
Ich glaube, dass es eine höhere geistige Macht (oder höhere geistige Mächte) gibt	n	69	19	88
	%	78,4	21,6	100,0
Ich glaube an Gott, auch wenn ich manchmal zweifle	n	70	20	90
	%	77,8	22,2	100,0
Ich glaube fest an Gott	n	40	2	42
	%	95,2	4,8	100,0
Gesamt	n	215	127	342
	%	62,9	37,1	100,0

Phi/Cramers V = 0,547 / Chi² hochsignifikant mit p < 0,0005

Tabelle 36: Todesvorstellung nach Gottesglaube

5.6.2 Religionszugehörigkeit

Der evangelischen Kirche gehören 42% der befragten Ärzte an, 24% sind konfessionslos und 27% katholisch. Evangelische und Konfessionslose sind im Vergleich zur Bevölkerung Baden-Württembergs (Tabelle 37) in der Hausärztestichprobe stärker vertreten, Katholiken sind dagegen unterrepräsentiert. Von den 7 Personen, die eine andere Religionsgemeinschaft genannt haben, sind 2 Buddhisten; außerdem wurden das Judentum (1), die Christengemeinschaft (3) und die Neuapostolische Kirche (NAK, 1) genannt.

Religion/Konfession	Hausärztestichprobe		Baden-Württemberg*	
Religionsgemeinschaft	n	%	n (tausend)	%
keine/konfessionslos	83	23,5	2248,60	21,6
Evangelische Kirche	149	42,2	3552,45	34,1
Evangelische Freikirche	8	2,3	119,62	1,1
Römisch-katholische Kirche	96	27,2	3916,16	37,6
andere (7) oder k. A.	17	4,8	574,16	5,5
Gesamt	353	100,0	10410,99	100,0

*Zensus 2011, unter http://www.statistik.baden-wuerttemberg.de

Tabelle 37: Konfessionszugehörigkeit

Wie in der übrigen Bevölkerung glauben die Angehörigen der monotheistischen Religionsgemeinschaften häufiger an Gott als Konfessionslose; ebenso ist die Zugehörigkeit nicht deckungsgleich mit dem entsprechenden Glauben. In der vorliegenden Stichprobe stellen die Katholiken mit 51% den höchsten Anteil an Gottgläubigen. Aber auch 24% derjenigen, die keiner Religionsgemeinschaft angehören, haben einen Glauben an „höhere geistige Mächte" genannt, zusätzlich zu 12% mit einem mehr oder weniger festen Gottesglauben (Tabelle 38). Die dichotomisierte Todesvorstellung (nach Ende/Weiterexistenz) variiert zwischen den Konfessionen (Tabelle 39) nur wenig; es dominiert die „Weiterexistenz", wohingegen Personen ohne Religions-/Konfessionszugehörigkeit mehrheitlich in die Kategorie „Tod als Ende" fallen.

II.2 Gottesglaube		Religionsgemeinschaft				
		keine	ev. Kirche	ev. Frei-kirche	röm.-kath.	Gesamt
Ich glaube nicht an Gott oder eine andere höhere geistige Macht	n	38	11	0	13	62
	%	46,3	7,4	0,0	13,5	18,6
Vielleicht gibt es Gott oder andere höhere geistige Mächte, vielleicht aber auch nicht	n	14	29	1	16	60
	%	17,1	19,6	12,5	16,7	18,0
Ich glaube, dass es eine höhere geistige Macht (oder höhere geistige Mächte) gibt	n	20	46	1	18	85
	%	24,4	31,1	12,5	18,8	25,4
Ich glaube an Gott, auch wenn ich manchmal zweifle	n	5	46	0	36	87
	%	6,1	31,1	0,0	37,5	26,0
Ich glaube fest an Gott	n	5	16	6	13	40
	%	6,1	10,8	75,0	13,5	12,0
Gesamt	n	82	148	8	96	334
	%	100,0	100,0	100,0	100,0	100,0

Tabelle 38: Kreuztabelle Gottesglaube - Religion/Konfession

Zusätzlich zur Zugehörigkeit wurde auch gefragt, wie stark sich die Befragten ihrer jeweiligen Religionsgemeinschaft verbunden fühlen.[151] Die Mehrheit der Mitglieder fühlt sich ihrer Gemeinschaft mittelmäßig oder wenig verbunden, nur etwas über ein Viertel gibt eine (eher) starke Verbundenheit an (Tabelle 40). Unabhängig von der Religionsgemeinschaft hängt der Grad der Verbundenheit ihrer Mitglieder mit der Todesvorstellung zusammen. Personen mit geringerer Verbundenheit fallen häufiger in die Kategorie „Tod als Ende" (ohne Tabelle). Bei allen Gemeinschaften, die in einem nennenswerten Umfang vertreten sind, handelt es

---

[151] Auf eine Filterführung für Nichtmitglieder wurde verzichtet, da ein Papierfragebogen keine Antworten erzwingt und davon ausgegangen wurde, dass die Verbundenheit einfach ausgelassen wird. Tatsächlich wurde das Item häufig dennoch beantwortet, und zwar fast immer mit der Option „wenig oder gar nicht". Nachträglich wurde sämtlichen Nichtmitgliedern der fehlende Wert TNZ (Trifft nicht zu) zugewiesen.

221

sich um christliche Konfessionen – im wesentlichen die evangelische und die römisch-katholische Kirche, hinzu kommen einige Mitglieder evangelischer Freikirchen.

II.3 Zugehörigkeit Religionsgemeinschaft		Todesvorstellung		
		Weiterexistenz	Ende	Gesamt
keine Religionsgemeinschaft	n	38	45	83
	%	45,8	54,2	100,0
evangelische Kirche	n	108	41	149
	%	72,5	27,5	100,0
evangelische Freikirche	n	5	3	8
	%	62,5	37,5	100,0
römisch-katholische Kirche	n	60	36	96
	%	62,5	37,5	100,0
Gesamt	n	211	125	336
	%	62,8	37,2	100,0

Tabelle 39: Kreuztabelle Todesvorstellung - Religion/Konfession

II.4 Wie stark fühlen Sie sich mit Ihrer Kirche bzw. Religions- gemeinschaft verbunden?		Religionsgemeinschaft			
		evangelisch	ev. Frei- kirche	röm.-kath.	Gesamt
stark	n	17	4	5	26
	%	11,5	50,0	5,3	10,4
eher stark	n	23	0	20	43
	%	15,5	0,0	21,1	17,1
mittelmäßig	n	53	2	32	87
	%	35,8	25,0	33,7	34,7
eher wenig	n	38	2	27	67
	%	25,7	25,0	28,4	26,7
wenig oder gar nicht	n	17	0	11	28
	%	11,5	0,0	11,6	11,2
Gesamt	n	148	8	95	251
	%	100,0	100,0	100,0	100,0

Cramers V = 0,192 / keine Signifikanzschätzung wg. zu niedriger Erwartungswerte

Tabelle 40: Kreuztabelle Verbundenheit - Kirche/Gemeinschaft

Da die Groß- und Freikirchen in Deutschland offiziell allesamt Suizidassistenz und Tötung auf Verlangen ablehnen, kann die Verbundenheit als Indikator für die Übereinstimmung formaler Mitglieder per se – ob gläubig oder nicht – mit der offiziellen Position der jeweiligen Organisation dienen, auch wenn der Begriff „Verbundenheit" Spielraum für Interpretationen lässt und sicher nicht einheitlich aufgefasst wurde.[152]

Die bisherigen Befunde bekräftigen, dass bei der Suche nach Einflüssen religiöser Glaubensvorstellungen auf die Einstellung zur Sterbehilfe verschiedene Dimensionen berücksichtigt werden müssen und man nicht unmittelbar von der offiziellen Haltung bestimmter Religionsgemeinschaften auf die Haltung ihrer Mitglieder schließen darf. Dies betrifft zudem nicht nur Religionsgemeinschaften, sondern z. B. auch politische Vereinigungen oder Interessenverbände wie die Ärztekammern bzw. die Bundesärztekammer.

5.7 Bewertung der Aussagen zur Sterbehilfedebatte

5.7.1 Antworthäufigkeiten

Die Itembatterie III.1/III.2/III.6 versucht, die wesentlichen Argumente der aktuellen Diskussion um die Zulässigkeit von assistiertem Suizid und Tötung auf Verlangen abzubilden. Die Gruppierung erfolgte thematisch, vereinzelt aber auch aus layouttechnischen Gründen; außerdem sollte ein zu großer monolithischer Block vermieden werden. Bei der Konstruktion der Items wurde auf eine inhaltliche Trennung religiös bzw. säkular begründeter Argumente Wert gelegt. In Kapitel 5.7.2 werden die Items einer explorativen Faktorenanalyse unterzogen und zu Subskalen zusammengefasst.

---

[152] Bezugspunkt kann die Organisation sein; oder Repräsentanten, lokale Strukturen.

Antwortverteilung Itemblock III.2 in % (Zustimmung und Ablehnung zusammengefasst)	stimme zu	teils-teils	stimme nicht zu	nicht beurt.
Das Leben ist ein Geschenk Gottes und der Mensch hat nicht das Recht, darüber zu entscheiden, wann es endet.	37,5	15,0	44,0	3,5
Mein Leben und Sterben folgt einem höheren Plan, am Ende wird alles einen Sinn ergeben.	43,8	10,9	36,8	8,5
Ich möchte die Möglichkeit haben, bei einer schweren Krankheit mein Leben vorzeitig zu beenden.	56,9	13,2	28,7	1,2
Leiden und Schmerzen gehören zum Leben dazu, sie rechtfertigen nicht eine vorzeitige Beendigung des Lebens.	28,7	21,6	48,8	0,9
Mit einer guten Betreuung (medizinisch, psychologisch, seelsorgerisch) muss heutzutage kein sterbender Mensch mehr schwer leiden.	57,0	22,1	20,1	0,9
Jeder erwachsene Mensch sollte selbst darüber entscheiden dürfen, ob er sein Leben beenden will.	49,9	17,0	31,7	1,5
Wenn ein schwerkranker Mensch sein Leben beenden will, ist das eigentlich ein Ruf nach mehr Zuwendung.	37,4	33,9	26,6	2,0
Das Leben ist ein Wert an sich, unabhängig von der Lebensqualität.	48,7	17,3	32,8	1,2
Ich möchte mein Leben beenden können, wenn ich keine ausreichende Lebensqualität mehr habe.	47,4	14,3	35,7	2,6
Suizid ist Selbstmord und damit ein Verbrechen.	9,9	7,3	81,6	1,2
Es gibt Situationen, in denen ein Suizid die beste Lösung ist.	39,3	21,1	35,8	3,8
Suizid ist letztlich immer die Folge einer Depression.	17,8	17,5	63,7	0,9
Man sollte alles tun, um einen Suizid zu verhindern.	61,9	18,3	19,8	0,0
Ich kann mir Situationen vorstellen, in denen ich einem nahestehenden Menschen beim Suizid helfen würde.	39,7	13,5	42,6	4,1
Wenn ich mich umbringen wollte, wüsste ich, wie ich das umsetzen kann.	69,9	8,0	18,0	4,1
Anderen nicht zur Last fallen zu wollen, kann ein berechtigter Grund für einen Suizid sein.	31,3	18,4	48,8	1,5
Es sollte Ärzten erlaubt sein, schwerkranken Menschen beim Suizid zu helfen, die dies ausdrücklich wünschen.	40,2	16,9	41,1	1,7
Es sollte Ärzten erlaubt sein, schwerkranke Menschen zu töten, die dies ausdrücklich wünschen.	12,9	12,3	72,7	2,1
Mich würde es beunruhigen, wenn mein Hausarzt Suizidbeihilfe für schwerkranke Patienten anbieten würde.	42,2	11,2	44,2	2,4
Wenn Suizidbeihilfe oder Tötung auf Verlangen gesetzlich erlaubt werden, wird dies zu Missbrauch führen.	54,7	18,1	23,1	4,1

Tabelle 41: Übersicht Itemblock III.1/2 - Sterben und Sterbehilfe

Zunächst fällt auf, dass bei den meisten Items keine „Flucht in die Mittelkategorie" stattfand (Tabelle 41). Nur für die Bewertung eines Suizidwunsches als Ruf nach Zuwendung ist die Mitte mit 34% stärker besetzt als die dezidierten Bewertungen.[153] Die Mittelkategorie markiert durch die Bezeichnung „teils-teils" eindeutig eine ambivalente Haltung und keine Enthaltung von einer Bewertung; für letztere wurde die Option „kann ich nicht beurteilen" angeboten, die aber nur selten ausgewählt wurde. Nur für eine einzige religiöse Aussage („Mein Leben und Sterben folgt einem höheren Plan [...]") liegt der Anteil über 5%. Zusammenfassend lässt sich feststellen, dass die befragten Hausärzte mehrheitlich dezidierte Meinungen zu den abgefragten Aspekten haben und sich keineswegs der Diskussion enthalten – möglicherweise infolge einer selektiven Befragungsteilnahme. Es wurde ja bereits in Kapitel 5.2 bei der Beschreibung der Stichprobe vermutet, dass Personen mit Interesse am Thema häufiger an derartigen Umfragen teilnehmen.Ein wichtiges Argument gegen die Zulassung von ärztlich assistiertem Suizid ist eine palliativmedizinische Versorgung als grundsätzlich bessere Option, die Suizidwünsche überflüssig machen bzw. bei größerer Bekanntheit gar nicht erst aufkommen lassen würde. Bei der Einschätzung der Palliativmedizin müssen zwei Dimensionen unterschieden werden – einerseits die grundsätzlichen medizinischen Möglichkeiten (was kann sie leisten, was nicht) und andererseits die Angebotssituation bzw. Verfügbarkeit für die Betroffenen. Betrachtet man die zusammengefassten Häufigkeiten der Antworten, so fällt zunächst die insgesamt eher positive Einschätzung der Palliativmedizin auf (allerdings mit vielen ambivalenten Nennungen). Kaum ein Arzt gibt an, die fachlichen Aspekte nicht beurteilen zu können (Tabelle 42). Die Perspektive Arzt/Patient wird bei drei Items gekreuzt – der Erwartung, dass man sein Leben unter allen Umständen lebenswert finden wird, dem persönlichen Vertrauen auf die Palliativmedizin und der Option eines Suizids als letztem Ausweg für sich selbst.

---

[153] In der Tabelle sind für Zustimmung und Ablehnung jeweils 2 Kategorien zusammengefasst, eine detaillierte Häufigkeitsauszählung befindet sich im Anhang.

Antwortverteilung Itemblock III.6 in % (Zustimmung und Ablehnung zusammengefasst)	trifft (eher) zu	teils- teils	trifft (eher) nicht zu	kann ich nicht be- urteilen
Hospize und Palliativmedizin sorgen dafür, dass heutzutage niemand mehr beim Sterben schwer leiden muss.	56,6	31,8	11,7	0,0
Ich werde mein Leben immer lebenswert finden, auch wenn ich schwer krank, pflegebedürftig oder beeinträchtigt/behindert bin.	25,9	19,5	43,4	11,1
Dank der Palliativmedizin vertraue ich darauf, dass ich im Falle einer schweren Krankheit ohne große Leiden sterben kann.	62,9	25,9	10,9	0,3
Die Möglichkeiten der Palliativmedizin und der Hospize werden überschätzt.	24,9	21,1	52,0	2,0
Wenn jeder Sterbende optimal palliativmedizinisch versorgt wird oder einen Platz im Hospiz bekommt, wird niemand mehr einen vorzeitigen Tod wünschen.	21,8	21,5	53,8	2,9
Ich nehme bei schwerer Krankheit gerne die Hilfe der Palliativmedizin an oder gehe in ein Hospiz, aber als letzten Ausweg möchte ich die Möglichkeit haben, mein Leben selbst zu beenden.	52,6	8,4	35,5	3,5
Palliativmedizin und Hospizpflege sowie Suizidhilfe und Tötung auf Verlangen sind keine Gegensätze, sondern ergänzen sich und sollten gleichermaßen zur Verfügung stehen.	43,9	11,7	43,0	1,5

Tabelle 42: Übersicht Itemblock III.6 - Palliativmedizin

Die Antwortverteilungen für die persönlich formulierten Items wirken auf den ersten Blick inkonsistent. Einerseits geben 63% an, im Falle eigener schwerer Krankheit den Möglichkeiten der Palliativmedizin zu vertrauen. Andererseits befürworten 53% für sich einen Suizid als Exit-Option. Entsprechend zurückhaltend ist die Prognose für die Wahrnehmung der eigenen Lebensqualität bei potentieller Krankheit oder anderen Formen von Beeinträchtigung oder Abhängigkeit – mit einem vergleichsweise hohen Anteil ambivalenter Nennungen (30,6% „teils-teils" und „kann ich nicht beurteilen"), die wohl auch eine Reaktion auf das fiktive Szenario sind. Eine Kreuztabelle zeigt, dass mit 47% (n = 98) fast die Hälfte derjenigen Ärzte, die angaben, der Palliativmedizin zu vertrauen, dennoch für sich die Option auf einen Suizid haben möchte (Tabelle 43). Bei den Ärzten, die der Palliativmedizin nicht oder nur teilweise vertrauen, sind es fast zwei Drittel; die beiden Items korrelieren folglich nur gering (r = -0,163* / für die dreistufigen Varianten r = -0,135*). Viele Ärzte bewahren sich demnach eine gewisse Skepsis gegenüber der *offiziellen* bzw. grundsätzlichen Einschätzung, die sie in der Arztrolle selbst vertreten – ein Muster, das auch aus Untersuchungen zu Behandlungsentscheidungen bei eigener Betroffenheit bekannt ist. So tendieren manche Ärzte dazu, bei der Wahl von Behandlungsoptionen für sich persönlich ein größeres Mortalitätsrisiko in Kauf zu nehmen, wenn die entsprechende Option eine höhere Lebensqualität mit sich bringt. Gegenüber ihren Patienten bevorzugen sie hingegen konservative Optionen mit geringerer Mortalität (vgl. Ubel et al. 2011). Die verschiedenen Risiken werden unterschiedlich gewichtet; das Mortalitätsrisiko ist augenfälliger und die Ärzte scheinen es gegenüber sich selbst eher verantworten zu können als gegenüber ihren Patienten.

III.6 Dank der Palliativmedizin vertraue ich darauf, dass ich im Falle einer schweren Krankheit ohne große Leiden sterben kann.		(...) aber als letzten Ausweg möchte ich die Möglichkeit haben, mein Leben selbst zu beenden.			
		trifft (eher) zu	teils-teils	trifft (eher) nicht zu	Gesamt
trifft (eher) zu	n	98	26	83	207
	%	47,3	12,6	40,1	100,0
teils-teils	n	57	1	26	84
	%	67,9	1,2	31,0	100,0
trifft (eher) nicht zu	n	24	2	11	37
	%	64,9	5,4	29,7	100,0
Gesamt	n	179	29	120	328
	%	54,6	8,8	36,6	100,0

r = -0,163* / p = 0,003 *(Korrelation der 5-stufigen Items)*

Tabelle 43: Kreuztabelle Vertrauen in Palliativmedizin – Suizidoption

Der Wunsch nach einer vorzeitigen Lebensbeendigung als persönliche Exit-Option unterscheidet sich kaum zwischen den Konfessionen (Tabelle 44), auch jeweils die Hälfte der Kirchenmitglieder stimmt der Aussage zu.

III.6 [...] aber als letzten Ausweg möchte ich die Möglichkeit haben, mein Leben selbst zu beenden.		Religionsgemeinschaft			
		keine	ev. ohne Freikirchen	röm.-kath. Kirche	Gesamt
trifft (eher) zu	n	55	69	48	172
	%	67,1	51,1	52,7	55,8
teils-teils	n	8	10	7	25
	%	9,8	7,4	7,7	8,1
trifft (eher) nicht zu	n	19	56	36	111
	%	23,2	41,5	39,6	36,0
Gesamt	n	82	135	91	308
	%	100,0	100,0	100,0	100,0

Cramers V = 0,115 / p = 0,087 (bei 5-stufigem Item V = 0,155 / p = 0,062)

Tabelle 44: Kreuztabelle Exit-Option – Konfessionszugehörigkeit

II.2 Gottesglaube		III.6 [...] möchte ich die Möglichkeit haben, mein Leben selbst zu beenden.			
		trifft (eher) zu	teils-teils	trifft (eher) nicht zu	Gesamt
Ich glaube nicht an Gott oder eine andere höhere geistige Macht	n	45	6	8	59
	%	76,3	10,2	13,6	100,0
Vielleicht gibt es Gott oder andere höhere geistige Mächte, vielleicht aber auch nicht	n	37	6	14	57
	%	64,9	10,5	24,6	100,0
Ich glaube, dass es eine höhere geistige Macht (oder höhere geistige Mächte) gibt	n	49	7	26	82
	%	59,8	8,5	31,7	100,0
Ich glaube an Gott, auch wenn ich manchmal zweifle	n	36	7	41	84
	%	42,9	8,3	48,8	100,0
Ich glaube fest an Gott	n	10	0	30	40
	%	25,0	0,0	75,0	100,0
Gesamt	n	177	26	119	322
	%	55,0	8,1	37,0	100,0

*Cramers V = 0,278** (bei 5-stufigem Item V = 0,217**)*

Tabelle 45: Kreuztabelle Gottesglaube – Exit-Option

Einen größeren Unterschied macht hingegen der persönliche Gottes-glaube. Drei Viertel der Ärzte, die fest an Gott glauben, verzichten auf die Möglichkeit eines Suizids als letztem Ausweg bei schwerer Krankheit;

fast komplementär zu den Nichtgläubigen (Tabelle 45). Dieser Verzicht ist also religiös motiviert, ein wichtiger Indikator ist der Glaube an einen persönlichen Gott. Maßgeblich sind die Konsequenzen dieses Glaubens: Die fest Glaubenden stimmen hier auch überwiegend (86%) dem Item zu, dass der Mensch kein Recht auf eine vorzeitige Lebensbeendigung hätte, weil das Leben ein Geschenk Gottes sei und folgen damit der von den Kirchen vertretenen theologischen Tradition.

5.7.2 Faktorenanalyse und Konstruktion von Subskalen

Zur Straffung der Zusammenhangsanalysen werden die Items soweit möglich zu Unterskalen zusammengefasst.[154] Es werden durch Aufsummierung der Variablenwerte vier Subskalen berechnet, drei Items bleiben separat (Tabelle 46). Die Zuordnung der Items erfolgte vorrangig nach inhaltlichen Erwägungen, aber unter Berücksichtigung der Ergebnisse der explorativen Faktorenanalysen; so z. B. der Bewertung des Suizids als Selbstmord: Obwohl dieses Item insgesamt wenig Zustimmung erhält, geht eine solche dann tendenziell einher mit einer Zustimmung zu den anderen religiösen/transzendent konnotierten Bewertungen. Keinesfalls soll unterstellt werden, alle religiös motivierten Lebensschützer würden den Selbstmordbegriff mit inhärenter moralischer Verurteilung bejahen; aber einige tun dies – diese Kombination markiert damit eine verschärfte

---

[154] Die Zuordnung der Items wurde mit einer explorativen Faktorenanalyse überprüft. Eine Hauptkomponentenanalyse (PCA) der Itembatterie bei sehr guter Stichprobeneignung (KMO-Kriterium mit MSA = 0,932) ergab einen dominierenden Faktor mit 38% Varianzaufklärung, welcher die übergeordnete Bewertung der zur Debatte stehenden erweiterten Praktiken auf der Achse Liberalisierung/ Verbot abbildet. Die meisten Items, die später den Subscores *trans* und *subj* zugeordnet werden, laden auf diesen Faktor mit Ladungen > |0,3|. Ein weiterer deutlich abgegrenzter Faktor mit 8,5% Varianzaufklärung fasst die Einschätzung der Möglichkeiten der Palliativmedizin zusammen, welche später dem Subscore pall zugeordnet werden. Bei Verwendung des Eigenwertkriteriums werden 4 weitere Faktoren gezogen; einer trennt nicht scharf von Faktor 1, drei werden nur durch einzelne Items spezifiziert: Beunruhigung, wenn der eigene Hausarzt Suizidhilfe anbieten würde, Suizid als Symptom von Depression, Wissen um Suizidmethoden.

Variante des Lebensschutzkonzeptes. Dies gilt auch für die Bewertung der Tötung auf Verlangen im Rahmen der Dimension „Autonomie des Subjektes".

Subskala	Items	Bedeutung *(Wertebereich: 1 = Zustimmung bis 5 = Ablehnung)*
trans	6	Absoluter Lebensschutz, religiös/transzendent begründet
subj	8	Autonomie des Subjektes ist maßgeblich
soz	5	Suizid/Todeswunsch als gesellschaftliche Fehlentwicklung
pall	5	Palliativmedizin macht vorzeitigen Tod überflüssig
-	1	Suizid ist letztlich immer die Folge einer Depression. (III.2.12)
-	1	Wenn ich mich umbringen wollte, wüsste ich, wie ich das umsetzen kann. (III.2.15)
-	1	Mich würde es beunruhigen, wenn mein Hausarzt Suizidbeihilfe für schwerkranke Patienten anbieten würde. (III.2.19)

Tabelle 46: Subskalen Itemblock III

III. Subskala *trans*: Absoluter Lebensschutz, transzendent/religiös begründet *(u = Item umgepolt)*	Score
Das Leben ist ein Geschenk Gottes und der Mensch hat nicht das Recht, darüber zu entscheiden, wann es endet. (III.201)	trans
Mein Leben und Sterben folgt einem höheren Plan, am Ende wird alles einen Sinn ergeben. (III.202)	trans
Leiden und Schmerzen gehören zum Leben dazu, sie rechtfertigen nicht eine vorzeitige Beendigung des Lebens. (III.204)	trans
Das Leben ist ein Wert an sich, unabhängig von der Lebensqualität. (III.208)	trans
Suizid ist Selbstmord und damit ein Verbrechen. (III.210)	trans
Ich werde mein Leben immer lebenswert finden, auch wenn ich schwer krank, pflegebedürftig oder beeinträchtigt/behindert bin. (III.602)	trans
Cronbachs Alpha = 0,841 (unbereinigte Items)	

Tabelle 47: III. Subskala trans: Items

Trotz der verhältnismäßig geringen Anzahl von Items pro Subskala[155] sind die internen Konsistenzen recht hoch (Tabellen 47 bis 51). Die Subskalen

---

[155] Zur Berechnung der Subskalen wurden fehlende Werte der Einzelitems durch den jeweiligen Itemmittelwert ersetzt. Fälle mit mehr als 50% fehlenden Werten pro Subskala wurden für die Berechnung der Subskalen ausgeschlossen. Das betraf pro Subskala zwischen 10 und 11 Personen, die meist alle Items nicht beantwortet hatten.

sind auf den Wertebereich der Einzelitems (1 bis 5, exakte Skalenmitte = 3,0) standardisiert; niedrige Werte drücken eine Zustimmung zur Zentralaussage der Skala aus, hohe Werte zeigen eine Ablehnung an.

III. Subskala *subj*: Autonomie des Subjektes ist maßgeblich *(u = Item umgepolt)*	Score
Ich möchte die Möglichkeit haben, bei einer schweren Krankheit mein Leben vorzeitig zu beenden. (III.2.03)	subj
Jeder erwachsene Mensch sollte selbst darüber entscheiden dürfen, ob er sein Leben beenden will. (III.2.06)	subj
Ich möchte mein Leben beenden können, wenn ich keine ausreichende Lebensqualität mehr habe. (III.2.09)	subj
Ich kann mir Situationen vorstellen, in denen ich einem nahestehenden Menschen beim Suizid helfen würde. (III.21.4)	subj
Es sollte Ärzten erlaubt sein, schwerkranken Menschen beim Suizid zu helfen, die dies ausdrücklich wünschen. (III.2.17)	subj
Es sollte Ärzten erlaubt sein, schwerkranke Menschen zu töten, die dies ausdrücklich wünschen. (III.2.18)	subj
Ich nehme bei schwerer Krankheit gerne die Hilfe der Palliativmedizin an oder gehe in ein Hospiz, aber als letzten Ausweg möchte ich die Möglichkeit haben, mein Leben selbst zu beenden. (III.6.06)	subj
Palliativmedizin und Hospizpflege sowie Suizidhilfe und Tötung auf Verlangen sind keine Gegensätze, sondern ergänzen sich und sollten gleichermaßen zur Verfügung stehen. (III.6.07)	subj
Cronbachs Alpha = 0,929 (unbereinigte Items)	

Tabelle 48: III. Subskala subj: Items

III. Subskala *soz*: Suizid/Todeswunsch als gesellschaftliche Fehlentwicklung *(u = Item umgepolt)*	Score	
Wenn ein schwerkranker Mensch sein Leben beenden will, ist das eigentlich ein Ruf nach mehr Zuwendung. (III.2.07)	soz	
Es gibt Situationen, in denen ein Suizid die beste Lösung ist. (III.2.11)	soz	u
Man sollte alles tun, um einen Suizid zu verhindern. (III.2.13)	soz	
Anderen nicht zur Last fallen zu wollen, kann ein berechtigter Grund für einen Suizid sein. (III.2.16)	soz	u
Wenn Suizidbeihilfe oder Tötung auf Verlangen gesetzlich erlaubt werden, wird dies zu Missbrauch führen. (III.2.20)	soz	
Cronbachs Alpha = 0,712 (unbereinigte Items)		

Tabelle 49: III. Subskala soz: Items

III. Subskala *pall*: Palliativmedizin macht vorzeitigen Tod überflüssig (u = Item umgepolt)	Score	
Mit einer guten Betreuung (medizinisch, psychologisch, seelsorgerisch) muss heutzutage kein sterbender Mensch mehr schwer leiden. (III.2.05)	pall	
Hospize und Palliativmedizin sorgen dafür, dass heutzutage niemand mehr beim Sterben schwer leiden muss. (III.6.01)	pall	
Dank der Palliativmedizin vertraue ich darauf, dass ich im Falle einer schweren Krankheit ohne große Leiden sterben kann. (III.6.03)	pall	
Die Möglichkeiten der Palliativmedizin und der Hospize werden überschätzt. (III.6.04)	pall	u
Wenn jeder Sterbende optimal palliativmedizinisch versorgt wird oder einen Platz im Hospiz bekommt, wird niemand mehr einen vorzeitigen Tod wünschen. (III.6.05)	pall	
Cronbachs Alpha = 0,798 (unbereinigte Items)		

Tabelle 50: III. Subskala pall: Items

Die verbliebenen drei Einzelitems korrelieren mit den übrigen Aussagen insgesamt gering oder gar nicht (sie waren auch bei explorativen Faktorenanalysen separiert worden). Man könnte z. B. erwarten, dass die Aussage „Mich würde es beunruhigen, wenn mein Hausarzt Suizidbeihilfe für schwerkranke Patienten anbieten würde" in die Subskala *soz* passt, allerdings fällt Alpha bei einer entsprechenden Zuordnung unter einen Wert von 0,7. Ein Grund könnte sein, dass im Itemtext die Unterscheidung Arzt/Patient auffällig gekreuzt wird. Eine solche Kreuzung gibt es in mehreren Items, die Befragungsteilnehmer werden hier jedoch ausdrücklich als potentielle Patienten gegenüber einem anderen Hausarzt angesprochen – eine Konstellation, die übrigens in der Ärzteschaft als problematisch angesehen wird (siehe Kapitel 3.3.1). Aufgrund entsprechender Vorüberlegungen war auf ein zusätzliches, gegenläufig formuliertes Item verzichtet worden: „Es würde mich beunruhigen, wenn ich wüsste, dass mein Hausarzt versuchen würde, einen Suizid zu verhindern." Bei einer Befragung von Nichtärzten sollte solch ein Item aber angeboten werden (vielleicht etwas einfacher formuliert), um die Symmetrie von Ängsten auf beiden Seiten der Debatte abzubilden und nicht die Angst vor dem Hausarzt als Suizidhelfer als Norm zu setzen – zumal ja nach den vorliegenden Umfrageergebnissen die Mehrheit der Bevölkerung eine solche Norm nicht teilt.

Die gebräuchlichen statistischen Tests (Shapiro-Wilk und Kolmogorow-Smirnow) ergeben zwar für alle Subskalen signifikante Abweichungen von der Normalverteilung, die Histogramme zu den empirischen Verteilungen zeigen aber keine kritischen Verzerrungen, so dass eine Verwendung der Scores für Verfahren, welche formal eine Normalverteilung voraussetzen, vertretbar erscheint.[156] Die Mittelwerte der Scores liegen +/- 0,5 Skalenpunkte von der theoretischen Skalenmitte, der Wertebereich wird fast vollständig ausgeschöpft (Tabelle 51). Die Subskalen *trans*, *soz* und *pall* korrelieren untereinander positiv, mit der Subskala *subj* hingegen jeweils negativ, was die Befunde der explorativen Faktorenanalyse unterstützt, wonach es im Prinzip eine Hauptkomponente gibt, welche die Dimension *Lebensschutz* versus *liberale Haltung zur vorzeitigen Lebensbeendigung* abbildet. Grob gesehen haben die Befragten für den Wunsch Todkranker oder Sterbender nach vorzeitiger Lebensbeendigung eher Verständnis oder eben nicht. Die individuellen Meinungen bewegen sich entlang dieser Achse, ungeachtet der theoretisch bzw. inhaltlich gut unterscheidbaren Teilaspekte der Diskussion.

III. Subskalen: Deskriptive Statistik	n	Min	Max	**Mittelwert**	Std.abw.
Absoluter Lebensschutz, transzendent/religiös begründet *(trans)*	342	1,00	5,00	**3,33**	0,97
Autonomie des Subjekts ist maßgeblich *(subj)*	341	1,00	5,00	**3,00**	1,18
Suizid/Todeswunsch als gesellschaftliche Fehlentwicklung *(soz)*	341	1,00	5,00	**2,66**	0,89
Palliativmedizin macht vorzeitigen Tod überflüssig *(pall)*	343	1,00	4,80	**2,66**	0,84
Skala von 1 "Zustimmung" bis 5 "Ablehnung", exakte Skalenmitte 3,0					

Tabelle 51: III. Subskalen (Deskriptive Statistik)

---

[156] Der Subscore „Autonomie" (subj) ist z. B. eher gleichverteilt, mit einer leichten Spitze bei der konsequenten Ablehnung (Abbildung 2). Bei den anderen drei Scores ist der mittlere Bereich stärker besetzt, während die Ränder flacher sind.

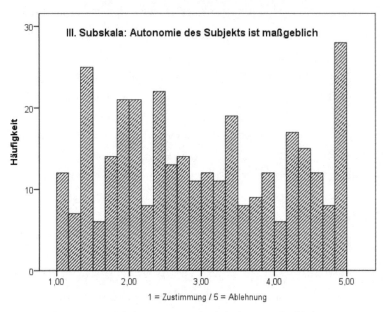

Abbildung 2: III. Subskala: Autonomie des Subjekts ist maßgeblich

5.7.3 Bewertung des Schweizer Modells

Mit Item III.3 wird konkret nach der Meinung zur Schweizer Praxis der Suizidassistenz gefragt, wobei eine ambivalente Haltung zugelassen wurde (Tabelle 52, vgl. Hoffmann 2011: 11). Die meisten Hausärzte haben sich aber für eine Zustimmung (41%) oder Ablehnung (36%) entschieden;[157] im Vergleich zu den Antworten auf das inhaltlich ähnliche Item der IfD-Umfrage von 2009 (dort für die Untergruppe „Niedergelassene Ärzte") liegt die Zustimmung insgesamt höher. Dies könnte an der Erwähnung von Sterbehilfevereinen als vermittelnder Instanz zwischen Arzt und

---

[157] Die Formulierung „sollte in Deutschland verboten bleiben" ist streng genommen nicht korrekt, da es zum Zeitpunkt der Umfrage kein juristisches Verbot der geschilderten Praxis gab; in den Pretests wurde die Formulierung von den Testpersonen aber wie beabsichtigt so verstanden, dass Suizidhilfe in der geschilderten Form in Deutschland de facto nicht möglich bzw. nicht zulässig ist.

Patient liegen – beim Text des IfD-Items ist der Arzt direkter und damit stärker involviert. Es gibt bei vielen moralischen Fragen eine Distanz zwischen der grundsätzlichen Zustimmung zu einer Praxis und der Bereitschaft zur aktiven Mitwirkung.[158] Dass Hausärzte (meist: Fachärzte für Allgemeinmedizin oder Innere Medizin) und niedergelassene Ärzte nicht deckungsgleich sind, könnte sich ebenfalls auf die Antworten ausgewirkt haben; vermutlich ist der Einblick niedergelassener Fachärzte in Patientenbiografien stärker sequentiell, vergleichbar der Perspektive von Klinikärzten. Da das Verhältnis von Hausärzten zu nichthausärztlichen Fachärzten in der Untergruppe der IfD-Stichprobe nicht bekannt ist (das IfD konnte hierzu keine Auskunft geben), lässt sich ein etwaiger Einfluss an dieser Stelle nicht abschätzen.

III.3 In der Schweiz gibt es Sterbehilfevereine (z. B. EXIT oder Dignitas), die schwerkranken Menschen einen Suizid ermöglichen; sie vermitteln ihnen einen Arzt, der ein tödliches Medikament verschreibt und begleiten sie bis zum Tod. Was halten Sie davon?			*Es wird über eine Regelung diskutiert, die es dem Arzt erlaubt, einen unheilbar Kranken beim Suizid zu unterstützen, z. B. indem er ihm tödliche Medikamente verschafft, die dieser dann selbst einnimmt. Befürworten Sie eine solche Regelung für einen ärztlich begleiteten Suizid, oder lehnen Sie das ab?*		
Hausärzte 2014	n	% gültig	IfD Allensbach 2009 (nur niedergelassene Ärzte)	n*	% gültig*
So etwas sollte es auch in Deutschland geben	138	40,9	befürworte Regel	(88)	33
So etwas sollte in Deutschland verboten bleiben	122	36,2	lehne sie ab	(160)	60
Ich weiß nicht, was ich davon halten soll	77	22,8	unentschieden	(19)	(7)
Gesamt	337	100,0	Gesamt	266	100,0
k. A.	16				
	353				

*die eingeklammerten Werte wurden anhand der vorhandenen Angaben des IfD berechnet

Tabelle 52: Suizidbeihilfe durch Ärzte - Vergleich mit IfD-Umfrage

---

[158] Z. B. auch in der Schweiz; 44% der von Brauer et al. befragten Ärzte können sich vorstellen, selbst Suizidhilfe zu leisten, 77% halten sie grundsätzlich für zulässig (Brauer, Bolliger, Strub: 51, 54).

5.7.4 Beispielhafte Suizidfälle (Vignetten)

Die Beispiele in Vignettenform für Suizidfälle wurden jeweils sehr unterschiedlich bewertet (Tabelle 53). Obwohl einige Befragungsteilnehmer im Fragebogen angemerkt hatten, dass die Texte zu knapp seien und daher die Informationsbasis für eine Beurteilung der Fälle zu gering sei, gab es keine gehäufte Auswahl der Option „kann ich nicht beurteilen". Für eine grobe Charakterisierung der Fälle genügten die Vignetten den meisten Befragten offensichtlich.[159]

Am meisten Verständnis wurde für den Magenkrebs im Endstadium und die fortschreitende Demenz im höheren Alter geäußert, am wenigsten für den jungen Studenten mit Depressionen und die Mutter mit Multipler Sklerose (MS). Es gibt keine Korrelationen zwischen dem Geschlecht der Befragten und den Antworten auf die Vignetten. Für die beiden Vignetten „Alkoholiker" (r_s = -0,119* / p = 0,032) und „Magenkrebs" (r_s = -0,123* / p = 0,027) geben ältere Befragte tendenziell etwas mehr Verständnis an. Erstellt man Kreuztabellen mit den zusammengefassten Items (inklusive „kann ich nicht beurteilen", wie in Tabelle 53 dargestellt), gibt es leichte Unterschiede für die beiden Vignetten mit weiblichen Patienten. Bei der Witwe zeigen Ärztinnen mehr Verständnis (Phi/CV = 0,108 / nicht sig. mit p = 0,262), bei der Mutter mit MS haben mehr Ärztinnen *kein* Verständnis bei deutlich geringerer Nennung von „teils-teils" (Phi/CV = 0,145 / knapp nicht sig. mit p = 0,068). Interessant könnte eine Folgestudie mit Variationen von Geschlecht und Alter der Patienten in den Vignetten sein, was allerdings höhere Fallzahlen erfordern würde. Vielleicht wird einem Vater eher ein Suizid zugestanden als einer Mutter, und dies eher durch männliche Befragte als durch weibliche.

---

[159] Prinzipiell kann die Informationsmenge für Ferndiagnosen niemals völlig ausreichend sein – streng genommen ist sie es nicht einmal bei Anamnesen im direkten Gespräch; es besteht immer die Möglichkeit, dass etwas Entscheidendes fehlt. Maßgeblich ist, dass ein Punkt erreicht wird, an dem sich der Arzt hinreichend informiert fühlt, um seine Entscheidung zu treffen.

Antwortverteilung Itemblock III.4 in % (Zust. und Ablehnung zusammengefasst)	Ver- ständnis	teils- teils	kein Ver- ständnis	... nicht beurteilen
Alkoholiker (50 Jahre) arbeitslos, hoch verschuldet, wurde von seiner Frau verlassen.	32,1	18,7	43,1	6,1
Mann (50) mit Magenkrebs, Metastasen in der Leber; Schmerzen, die mit starkem Schmerzmittel behandelt wurden; nach Meinung der Ärzte hätte er noch 3-6 Monate zu leben.	70,3	13,1	12,0	4,7
Witwe (80), lebte alleine, konnte sich nicht mehr selbst versorgen und sollte nächste Woche in ein Pflegeheim kommen.	40,2	16,3	39,7	3,8
Student (25) hatte immer wieder schwere depressive Schübe, seit Jahren in Behandlung.	20,5	19,9	52,9	6,7
Frau (40), 2 Kinder (3 und 5 J.), verheiratet, fortgeschrittene Multiple Sklerose: Rollstuhl, starke Schmerzen, Blasenschwäche, Zustand hatte sich nach einem Schub weiter verschlechtert.	30,7	24,3	40,9	4,1
Mann (72) mit fortschreitender Demenz (Alzheimer). Er schrieb in einem Abschieds- brief, dass er ein Ende machen wolle, solange er noch kann.	66,2	13,7	16,3	3,8

Tabelle 53: Vignetten zu exemplarischen Suizidfällen (Itemblock III.4)

5.7.5 Gibt es einen guten Tod?

Die Vorgaben für den „guten Tod" versammeln neben alten und modernen Idealen den Suizid im Alter, hier quasi als harte Variante einer Suizidakzeptanz. Es gab kaum fehlende Angaben; 8 Personen haben die gesamte Fragebogenseite nicht bearbeitet. Hinzu kommen 3 Personen, die keine der Optionen genannt haben, eine mit der Anmerkung: „Es kommt wie es kommt, einen 'guten Tod' gibts nicht :-)"

Die hohe Präferenz für die beiden ersten Kategorien (der Tod im hohen oder sehr hohen Alter, erwartet und unerwartet) ist erstaunlich stabil und unterscheidet sich kaum zwischen Befragten unterschiedlicher Glaubens-vorstellungen. Angesichts der Grundzüge einer christlichen ars moriendi wäre zu erwarten, dass gläubige Christen einen erwarteten Tod mit bewusstem Sterbeprozess, der eine rituelle und seelsorgerische Begleitung ermöglicht, bevorzugen würden; traditionell wird dem gegenüber ein plötzlicher, unerwarteter Tod gefürchtet. Dies ist hier aber nicht der Fall, die Präferenz im 80%-Bereich bleibt erhalten, auch wenn man nach Kon-fession, Gottesglauben, Verbundenheit mit der eigenen Religionsgemein-schaft oder konkreten Todesvorstellungen differenziert.

III.5 Seit Jahrhunderten wird über den „guten Tod" nachgedacht. Wenn Sie sich folgende Beispiele anschauen – welche würden Sie als einen guten Tod ansehen? *(Mehrere Nennungen möglich)*	n	% der Befragten
Guter Tod: In hohem Alter (80-90) an Altersschwäche sterben, auf dem Sterbebett im Kreise der Familie und Freunde.	303	85,8
Guter Tod: Im höheren Alter (70-80) im Schlaf sterben und einfach nicht mehr aufwachen, ohne davon etwas mitzubekommen.	287	81,3
Guter Tod: Im jüngeren oder mittleren Erwachsenenalter sein Leben für das Leben anderer Menschen opfern, z. B. bei einer Katastrophe oder der Vereitelung eines Verbrechens.	63	17,8
Guter Tod: Im jüngeren oder mittleren Erwachsenenalter als Soldat im Krieg für die Freiheit und Sicherheit seines Staates/Heimatlandes sterben.	15	4,2
Guter Tod: Im höheren Alter (70-80) nach längerer Krankheit sterben, medizinisch/ärztlich und seelsorgerisch gut versorgt und von nahestehenden Menschen gepflegt.	188	53,3
Guter Tod: Im höheren Alter (70-80) nach unerwarteter, kurzer, schwerer Krankheit sterben, medizinisch und seelsorgerisch gut versorgt.	244	69,1
Guter Tod: Sich im höheren Alter mit einem Medikament selbst das Leben nehmen, wenn der Tod bevorsteht oder eine Zeit schweren Leidens.	88	24,9
Gesamt	342	100,0

* Summe > 100% aufgrund von Mehrfachantworten

Tabelle 54: Guter Tod - Häufigkeiten

Ebenso gibt es keine relevanten Unterschiede nach persönlicher Betrof-fenheit, Geschlecht, Altersgruppe oder palliativmedizinischer Qualifika-tion (vorhanden: ja/nein). Gegebenenfalls könnte man Effekte erzielen, wenn man den Begriff „plötzlich" spezifizieren würde. z. B. durch die Vorgabe konkreter Zeitintervalle zwischen Ereignis und Tod. Ein Sterbe-

prozess von z. B. zwei Wochen Dauer würde von Vielen noch als „plötzlich" angesehen werden, wenn das Ereignis gleichzeitig unerwartet war.
Von besonderem Interesse ist das letzte Item – der Suizid zur Vermeidung
von Leid. Nur 25% der Befragten halten dies für einen „guten Tod", die
im medizinischen Sinne natürlichen Todesarten werden klar bevorzugt –
sogar der Tod nach längerer Krankheit (eine gute Versorgung vorausgesetzt). Wenig überraschend hängt die Klassifizierung des hier beschriebenen Suizids als „guter Tod" mit dem Wunsch nach einer persönlichen Suizidoption zusammen (r = -0,492**), aber selbst die Befragten, die einer
Möglichkeit nach vorzeitiger Lebensbeendigung für sich zustimmen,
sehen dies mehrheitlich (57%) nicht als guten Tod an. Das ist dahingehend
plausibel, dass sich das Item auf eine ungünstige Prognose bezieht, die
wohl bei der Bewertung als Teil des Gesamtsettings mit berücksichtigt
wird – es ist ja ein subjektiv insgesamt leidvoller Verlauf mit ungünstiger
Prognose, der schließlich den Suizidwunsch aufkommen lässt. Der Suizid
beendet bzw. verkürzt die Leidensphase, macht aber per se aus dem
Geschehen keinen „guten Tod". Die quasi-natürlichen Tode wurden
bewusst positiv gezeichnet, um nicht den Vorwurf suggestiver Itemtexte
zu riskieren. Es fehlt ein Sterbeverlauf, der bei einem Bemühen um
erschöpfende Kategorien mit vorgegeben werden müsste: Im höheren oder
hohen Alter nach einer längeren Leidensgeschichte sterben, mit phasen-
weiser oder durchgängig schlechter Versorgung und teilweise ohne trag-
fähiges soziales Netzwerk. Dass dies in Deutschland derzeit recht häufig
vorkommen dürfte, wird gerne unterschlagen, wenn in der Debatte Palliativmedizin und Hospize als stets bessere Option zur vorzeitigen Lebensbeendigung propagiert werden – meist gefolgt vom Aufruf zu vermehrter
Anstrengung und der Versicherung, dass die Zahl der Angebote zunehmen
würde – eben weil sie aktuell völlig unzureichend ist.

Eine Kreuztabelle des Suizids als „gutem Tod" mit der Einschätzung des
„Schweizer Modells" zeigt ein ähnlich ambivalentes Bild. Auch knapp die

Hälfte der Befürworter eines assistierten Suizids nach dem Schweizer Modell sieht diesen trotzdem nicht als guten Tod an (Tabelle 55).

III.3 In der Schweiz gibt es Sterbehilfevereine [...], die schwerkranken Menschen einen Suizid ermöglichen [...]. Was halten Sie davon?		III.5 Guter Tod: Sich im höheren Alter mit einem Medikament selbst das Leben nehmen, wenn der Tod bevorsteht [...]		
		nicht gen.	genannt	Gesamt
So etwas sollte es auch in Deutschland geben	n	65	70	135
	%	48,1%	51,9%	100%
So etwas sollte in Deutschland verboten bleiben	n	117	3	120
	%	97,5%	2,5%	100%
Ich weiß nicht, was ich davon halten soll	n	64	10	74
	%	86,5%	13,5%	100%
Gesamt	n	246	83	329
	%	74,8%	25,2%	100%

Phi/Cramers V = 0,520**

Tabelle 55: Suizid als guter Tod - Schweizer Modell

5.7.6 Die persönliche Betroffenheit mit Tod und Sterben

Meist zielt die Befragung von Ärzten allein auf die Arztrolle, so dass die Ärzte aus einer Außenperspektive auf die tatsächlich betroffenen Personen schauen. Das muss nicht grundsätzlich ein Vorteil oder Nachteil sein. Ärzten wird qua Profession eine besondere Kompetenz in der Beurteilung der Möglichkeiten der Palliativmedizin zugeschrieben, zudem werden sie mehrheitlich als bevorzugte Akteure für die Umsetzung einer gesetzlich geregelten Suizidassistenz betrachtet, auch wenn dies nicht zwingend ist. Interessant ist aber, wenn diese Grenze gekreuzt wird. So gilt das Thema „Arzt als Patient" als problematisch, allerdings weniger im Zusammenhang mit schweren Erkrankungen.[160] Im Fragenblock III.7 wurden persönliche Erfahrungen mit einem ja/nein-Antwortschema abgefragt

---

[160] Sucht man in den Archiven einschlägiger Zeitschriften nach dieser Begriffskombination, erhält man überwiegend Artikel über Suchterkrankungen von Ärzten (vgl. Kapitel 3.3.1).

(Tabelle 56). Das erste Item („Haben Sie beruflich mit Tod und Sterben zu tun?") wurde von allen Ärzten mit „ja" beantwortet – einige Befragungsteilnehmer kritisierten es als trivial (was für die hier Befragten sicherlich zutrifft, bei einer Anwendung des Fragebogens über Haus- und Klinikärzte hinaus ist das Item durchaus relevant). Insgesamt 9 Befragte gaben an, konkret mit dem eigenen Tod zu rechnen, diese verteilen sich über alle Alterskategorien ab 45 Jahren. Deutlich mehr waren aber schon einmal mit der konkreten Möglichkeit des eigenen Todes konfrontiert – einer falschen Diagnose oder einer bedrohlichen Erkrankung (136 Personen; falscher Alarm: 50 / Erkrankung: 53 / beides: 33).

III.7 Persönliche Erfahrungen mit Tod und Sterben	Anzahl „ja"	% der Befragten*
Haben oder hatten Sie beruflich mit Tod und Sterben zu tun?	344	97,5
Haben Sie schon einmal den Tod eines nahestehenden Menschen miterlebt?	327	92,6
Hatten Sie schon einmal eine schwere Krankheit, die zum Tod hätte führen können?	89	25,2
Haben Sie aktuell eine schwere Krankheit, die in absehbarer Zeit zum Tod führen wird?	4	1,1
Rechnen Sie momentan damit, bald (innerhalb der nächsten zwei Jahre) zu sterben?	5	1,4
Haben Sie schon einmal einen „falschen Alarm" hinsichtlich einer lebensbedrohlichen Krankheit erlebt (z. B. eine Diagnose, die sich bei der Überprüfung als falsch herausgestellt hatte)?	83	23,5
Gesamt (344 Befragte*, Mehrfachantworten möglich)	852	100,0

*auf 344 fehlend: keine Angabe für den gesamten Itemblock

Tabelle 56: Persönliche Erfahrung mit Tod und Sterben

Um die Präsenz des eigenen Todes einschätzen zu können, war mit III.8 zusätzlich danach gefragt worden, wie lange eine etwaige subjektive Bedrohung zurückliegt.[161] Die Angaben aus III.7 und III.8 wurden zu einem Punktewert (Score) addiert, welcher die subjektive Präsenz des

---

[161] Die Frage wurde nicht weiter differenziert, in der Erwartung, dass im Falle mehrerer entsprechender Ereignisse die Distanz zum jüngsten bzw. prägnantesten genannt würde.

eigenen Todes eindimensional abbilden soll. Für die Nennung eines Todes im persönlichen Umfeld, einer schweren Krankheit oder eines falschen Alarms wurde jeweils ein Punkt vergeben. Für eine aktuelle Krankheit oder die Erwartung bald zu sterben kam insgesamt ein Punkt hinzu (es gibt hier nur eine einzige Überschneidung – 4 Personen gaben also an, mit ihrem baldigen Tod zu rechnen, ohne dass sie gleichzeitig eine akute Erkrankung genannt hatten). Für die zeitliche Nähe wurden 1 (vor 5-10 Jahren), 2 (vor 2-5 Jahren) oder 3 (< 2 Jahre) Punkte vergeben. Bei fehlenden Angaben für die zeitliche Distanz wurden 2 Punkte vergeben, was ungefähr der mittleren Kategorie der übrigen positiven Zeitnennungen (Mittelwert = 1,9) entspricht. Wegen der Möglichkeit redundanter Nennungen wurde der Score auf 5 Punkte gedeckt, so dass vergangene Erfahrungen und eine aktuelle Betroffenheit nicht kumuliert wurden.

Score persönliche Betroffenheit	Punkte	n	% gültig
(hohe Werte = hohe Betroffenheit)	0	14	4,1
	1	189	54,9
	2	46	13,4
	3	50	14,5
	4	17	4,9
	5	28	8,1
	Gesamt	344	100,0

Tabelle 57: Score persönliche Betroffenheit (III.7 und III.8)

Der Score hat somit eine Spanne von 0 bis 5 Punkten, wobei die Mehrheit der Befragten einen Punkt aufweist, meist aufgrund des Todes einer nahestehenden Person (Tabelle 57). Einen Wert von 4 oder 5 erhalten 45 Personen, die somit als stark betroffen gelten bzw. eine subjektiv geringe Distanz zum eigenen Tod haben. Der Score zeigt leichte Unterschiede nach Alter und Geschlecht – Frauen und ältere Befragte weisen etwas höhere Werte auf. Ermittelt man Eta als Effektstärke, so ergeben sich keine statistisch relevanten Effekte (Eta = 0,049 für die Scorewerte nach Geschlecht; ohne Tabelle); beim Alter vor allem, weil höhere Mittelwerte nur für die beiden höchsten, nur schwach besetzten, Alterskategorien vorliegen (Tabelle 58).

	Score persönliche Betroffenheit				
Alter	n	**Mittelwert**	Std.abw.	Min.	Max.
30-44	14	**1,86**	1,099	1	4
45-59	140	**1,79**	1,344	0	5
60-74	165	**1,84**	1,264	0	5
75-89	17	**2,06**	1,478	1	5
über 89	8	**2,88**	2,232	0	5
Insgesamt	344	**1,86**	1,331	0	5

hohe Werte = hohe Betroffenheit

Eta = 0,126 (ANOVA nicht signifikant mit p = 0,248)

Tabelle 58: Persönliche Präsenz des Todes nach Alter

Zusätzlich wurde eine neue Variable erstellt, welche erfasst, ob jemand schon einmal schwer krank war oder dies aktuell ist (nur sehr wenige Personen gaben eine aktuelle Bedrohung an), um eine direkte persönliche Betroffenheit abzubilden – unabhängig von der zeitlichen Distanz und ohne den „falschen Alarm". Etwas über ein Viertel der Befragten kann so als direkt persönlich betroffen charakterisiert werden (% gültig: 26,5% ja / 73,5% nein). Der modifizierte Score zeigt einen ähnlichen Alterseffekt wie der ursprüngliche Score der generellen persönlichen Betroffenheit. Beide Scores korrelieren mit der Bewertung des eigenen Gesundheitszustandes dahingehend, dass persönlich Betroffene (generell: $r = 0,301$** / direkt: $r = 0,289$**) tendenziell weniger zufrieden sind; dieser Zusammenhang bleibt auch dann bestehen, wenn der Alterseinfluss mittels Partialkorrelation herausgerechnet wird. Es gibt außerdem geringe Unterschiede hinsichtlich der religiösen Glaubensvorstellungen. Während der Gesamtscore keine relevanten Zusammenhänge zeigt, glauben die direkt Betroffenen etwas seltener an eine Auferstehung der Toten ($r = 0,111$ / $p = 0,054$) und im Gegenzug häufiger an ein vollständiges Ende ihrer persönlichen Existenz ($r = -0,112$*).

Die Konstruktion des Itemblocks zur subjektiven Restlebenszeit hatte sich als schwierig herausgestellt. Der fiktive Charakter der Schätzung wurde durch eine Operationalisierung als subjektive Restlebenswahrscheinlichkeit betont, wobei das Hauptziel eine Allgemeinverständlichkeit der Fragestellung war, ohne dass ein tieferes Verständnis der Wahrscheinlichkeitsrechnung erforderlich ist. Auf eine Abfrage oder Vorgabe numerischer Wahrscheinlichkeiten wurde deshalb verzichtet, nur die Mittelkategorie wurde mit „50 zu 50" benannt. Nach den beiden initialen Mitarbeiterbefragungen wurde der Itemtext geändert – aufgrund einiger inverser Antwortmuster.[162] Dennoch kamen auch in der Hauptbefragung noch vereinzelt inverse Antwortmuster vor, wenn auch deutlich weniger; sie wurden, soweit eindeutig möglich, bei der Dateneingabe korrigiert.[163]

Wie zu erwarten war, hängen die Wahrscheinlichkeitsschätzungen mit dem Alter der Befragten zusammen, wobei die Korrelation mit zunehmender Restlebensdauer höher wird (Tabelle 59). Es gibt unter den älteren Ärzten etliche Optimisten – die Hälfte der 14 Befragten in der Altersgruppe 75-89 sieht gute Chancen, in 20 Jahren noch zu leben (sehr wahrscheinlich: n = 3 / eher: n = 1 / 50 zu 50: n = 3); für 10 Jahre ist es sogar die große Mehrheit (sehr wahrscheinlich: n = 7 / eher: n = 4). Leider lassen die geringen Fallzahlen in den höheren Altersgruppen keine differenzierten Analysen zu. Bei einer gezielten Befragung von Ärzten im Ruhestand könnten feinere Kategorien vorgegeben werden.

Der Score der persönlichen Betroffenheit korreliert mit den SRLW-Werten nur schwach, am stärksten im Bereich von 2 bis 5 Jahren, womit vermutlich die Grenze zwischen einem persönlich vorstellbaren Bereich und einer ferneren Zukunft markiert wird. Allerdings muss einschränkend

---

162 Einige Befragte hatten eine hohe Wahrscheinlichkeit für ein langes Überleben zusammen mit abnehmenden Wahrscheinlichkeiten für kürzere Zeiträume genannt.

163 Wenn z. B. für 5 oder 10 Jahre „sehr wahrscheinlich" angekreuzt war, wurden die beiden davor liegenden Kategorien entsprechend ergänzt. Bei einer Person, die für 2 Jahre „eher wahrscheinlich" angekreuzt hatte, wurde dies auf 1 Jahr übertragen. Bei 4 Personen, die für 5 Jahre „eher wahrscheinlich" bzw. „50 zu 50" angekreuzt hatten, wurde dies jeweils für den Zeitraum davor (2 Jahre) ergänzt, für 1 Jahr die nächstwahrscheinlichere Stufe. Ebenso wurde für 5 Personen verfahren, die nur für 20 Jahre „sehr wahrscheinlich" genannt hatten. Auf Ergänzungen fehlender Nennungen in die Zukunft wurde verzichtet.

darauf hingewiesen werden, dass bis zu einer SRLW von 5 Jahren die Variation der Antworten fast ausschließlich zwischen „sehr wahrscheinlich" und „eher wahrscheinlich" stattfindet, also nicht etwa zwischen Lebens- und Todeserwartung sondern eher zwischen voller und verhaltener Zuversicht. Bei den Älteren ist diese Zuversicht etwas verhaltener als bei den Jüngeren.

Spearman-Rangkorrelation		Score persönliche Betroffenheit (hohe Werte = hohe Betroffenheit)	Alter	Zufrieden... mit ihrem Gesundheitszustand? (niedrige Werte = zufrieden)
SRLW: 1 Jahr (niedrige Werte = hohe Wahrsch.)	r_s	0,168*	0,121*	0,167*
	Sig.	0,002	0,028	0,002
	n	331	331	331
SRLW: 2 Jahre	r_s	0,232**	0,215**	0,155*
	Sig.	0,000	0,000	0,005
	n	329	329	329
SRLW: 5 Jahre	r_s	0,231**	0,327**	0,236**
	Sig.	0,000	0,000	0,000
	n	329	329	329
SRLW: 10 Jahre	r_s	0,188**	0,383**	0,267**
	Sig.	0,001	0,000	0,000
	n	324	324	324
SRLW: 20 Jahre	r_s	0,143*	0,515**	0,300**
	Sig.	0,010	0,000	0,000
	n	321	321	321

*Korrelation 2-seitig signifikant mit $p < 0,05$ bzw. ** $p < 0,001$*

Tabelle 59: Korrelation SRLW mit Alter und Betroffenheit

Rechnet man lineare Regressionen auf die unterschiedlichen SRLW-Schätzungen, mit Alter, Betroffenheit und der Einschätzung der Gesundheit als unabhängigen Variablen, so zeigt sich eine steigende Modellgüte mit zunehmender zeitlicher Distanz bis hin zu $R = 0,583$ für 20 Jahre, wobei mit der Distanz der Einfluss des Alters wächst. In allen Modellen ist der Einfluss aller drei unabhängigen Variablen signifikant, ausgenommen der minimale Einfluss des Score bei dem Modell für eine SRLW von einem Jahr. Alle Modelle sind mit p < 0,001 hochsignifikant (Tabelle 60).

Lineare Regressionen (abhängig: SRLW)	R	R²	R² korr.	Beta Ges. Zustand	Beta Alter	Beta Betroffenheit
SRLW: 1 Jahr	0,298	0,089	0,080	0,177*	0,184**	0,082
SRLW: 2 Jahre	0,375	0,140	0,133	0,128*	0,269**	0,165*
SRLW: 5 Jahre	0,487	0,237	0,230	0,156*	0,370**	0,195**
SRLW: 10 Jahre	0,522	0,272	0,266	0,206**	0,411**	0,164*
SRLW: 20 Jahre	0,583	0,340	0,334	0,228**	0,495**	0,097*

alle Modelle signifikant mit p < 0,001 (alle Modelle inklusive Konstante)
* Beta signifikant mit p < 0,05 / ** Beta signifikant mit p < 0,001

Tabelle 60: Regressionen auf SRLW (Alter, Betroffenheit, Gesundheitszustand)

Jeweils ungefähr die Hälfte der Hausärzte gibt an, eine Patientenverfügung, eine Vorsorgevollmacht, einen Organspendeausweis oder ein Testament zu besitzen. Auffällig ist eine Spaltung hinsichtlich des Organspendeausweises. Knapp die Hälfte hat keinen und plant auch keine Anschaffung. Einzelne Befragte hatten auf dem Fragebogen ihre grundsätzliche Ablehnung von Organtransplantationen betont (z. T. mit dem Hinweis auf eine speziell angepasste Patientenverfügung).

III.10 Haben Sie...		ja	noch nicht [...]	nein	Gesamt
... eine Patientenverfügung?	n	158	85	96	339
	% gültig	46,6	25,1	28,3	100,0
... eine Vorsorgevollmacht?	n	152	87	97	336
	% gültig	45,2	25,9	28,9	100,0
... einen Organspende-ausweis?	n	159	15	160	334
	% gültig	47,6	4,5	47,9	100,0
... ein Testament?	n	173	49	116	338
	% gültig	51,2	14,3	34,3	100,0

Tabelle 61: III.10 Dokumente zum Lebensende

Jeweils ein Viertel der Befragten plant die Verfassung einer Patientenverfügung und/oder einer Vorsorgevollmacht (Tabelle 61). Personen mit Patientenverfügung haben oder planen auch eher eine Vorsorgevollmacht ($Tau_b = 0,756**$), aber nicht unbedingt die Anschaffung eines Organspendeausweises (Tau$_b$ = 0,251** bzw. 0,200**). Der Besitz von Patientenverfügung, Vorsorgevollmacht und Testament ist bei älteren Befragten weiter verbreitet, die statistischen Zusammenhänge sind aber schwach aufgrund der niedrigen Fallzahlen in den oberen Alterskategorien. Ab 75 Jahren hat die Mehrheit eine Patientenverfügung, eine Vorsorgevollmacht oder ein Testament; kaum jemand gibt „noch nicht" an – man hat sich dafür oder dagegen entschieden; beim Organspendeausweis zeigt sich kein Zusammenhang mit dem Alter – weder gerichtet (Tau$_b$ = 0,044) noch unspezifisch (Cramers V = 0,097). Ca. 48% der Ärzte bis 74 Jahren haben einen Organspendeausweis, wobei sich die drei Kategorien dieses Altersspektrums kaum unterscheiden; etwas mehr jüngere Ärzte geben an, eine Anschaffung zu planen, die Fallzahlen sind aber (wie bei den Älteren) gering und statistisch nicht belastbar. In den höheren Altersgruppen ist der Anteil der Ausweisbesitzer kleiner, was auch eine Folge medizinischer Erwägungen sein kann. Wie groß der Anteil bewusster Transplantationsgegner ist, hätte explizit erfragt werden müssen und lässt sich im Nachhinein nicht ermitteln. Das Vorhandensein einer Patientenverfügung oder einer Vorsorgevollmacht lässt per se keine Schlussfolgerungen auf die Haltung des Inhabers zu einer vorzeitigen Lebensbeendigung zu – man kann eine unbedingte Lebenserhaltung verfügen oder aber die Unterlassung einer solchen (vgl. Kapitel 1.3.4). In der Hausärztestichprobe sind keine Zusammenhänge mit der Religions-/Konfessionszugehörigkeit, dem Vorhandensein bzw. der Ausprägung eines Gottesglaubens, Detailvorstellungen zum Wesen des Todes oder dem Vertrauen zum Gesundheitswesen nachweisbar. Die Entscheidung zum Verfassen einer Patientenverfügung oder einer Vorsorgevollmacht hängt damit zusammen, ob man es für sinnvoll hält, die betreffenden Belange des eigenen Lebens zu regeln, oder ob man sozialen Instanzen (Verwandte, Ärzte, Gerichte) oder transzendenten Instanzen (Gott oder das Schicksal) vertrauen kann oder sogar muss.

Es finden sich in den vorliegenden Daten kaum Hinweise auf diese Differenz. So wäre zu erwarten, dass das Vorhandensein einer Patientenverfügung mit einem geringeren Vertrauen in das Gesundheitswesen einhergeht, was hier aber nicht der Fall ist. Mit den Aussagen zum Wert und der Verfügbarkeit des Lebens aus III.1 gibt es keine oder nur sehr geringe Zusammenhänge (Tabelle 62); maßgeblich wären hier vor allem der Glaube an einen „höheren Plan", wobei auch dann noch Spielraum bleibt für die Bestimmung, was Bestandteil des Plans ist und was nicht.

Aussagen aus III.1/.2	Haben Sie...	...eine Patienten-verfügung?	...einen Organ-spendeausweis?
Das Leben ist ein Geschenk Gottes und der Mensch hat nicht das Recht, darüber zu entscheiden, wann es endet.	Tau_b	-0,082	-0,039
	Sig.	0,087	0,431
	n	315	311
Mein Leben und Sterben folgt einem höheren Plan, am Ende wird alles einen Sinn ergeben.	Tau_b	-0,027	-0,132*
	Sig.	0,576	0,010
	n	300	296
Leiden und Schmerzen gehören zum Leben dazu, sie rechtfertigen nicht eine vorzeitige Beendigung des Lebens.	Tau_b	-0,130*	-0,026
	Sig.	0,006	0,605
	n	325	321
Das Leben ist ein Wert an sich, unabhängig von der Lebensqualität.	Tau_b	-0,002	-0,053
	Sig.	0,961	0,281
	n	324	320
Ich werde mein Leben immer lebenswert finden, auch wenn ich schwer krank, pflegebedürftig oder beeinträchtigt/ behindert bin.	Tau_b	-0,105*	-0,044
	Sig.	0,033	0,389
	n	300	296

* 2-seitig signifikant mit $p < 0,05$ / ** 2-seitig signifikant mit $p < 0,001$

Tabelle 62: Patientenverfügung, Organspendeausweis - Stellenwert des Lebens

III.11 Ich möchte es gar nicht wissen; ich nehme es, wie es kommt		III.10 Haben Sie eine Patientenverfügung?			
		ja	noch nicht [...]	nein	Gesamt
nicht genannt	n	115	61	59	235
	%	48,9	26,0	25,1	100,0
genannt	n	43	24	37	104
	%	41,3	23,1	35,6	100,0
Gesamt	n	158	85	96	339
	%	46,6	25,1	28,3	100,0

Cramers V = 0,108 (nicht signifikant mit $p = 0,141$)

Tabelle 63: Patientenverfügung - Unverfügbarkeit des Todes

Ebenso verhält es sich mit dem ersten Item von Block III.11, wenn man es als Indikator für einen Kontrollverzicht verwendet – der Anteil der Ärzte mit Patientenverfügung ist für beide Untergruppen ähnlich (Tabelle 63). Auch von denen, die bei einer schweren Erkrankung nicht wissen möchten, wie lange sie noch zu leben haben, besitzen 41% eine Patientenverfügung und knapp ein Viertel plant, sich eine zuzulegen. Offensichtlich ist die grundsätzliche Diskreditierung der Patientenverfügung als Mangel an Vertrauen[164] Ausdruck einer speziellen Philosophie oder Theologie, die sich in den Antworten der befragten Hausärzte kaum niederschlägt. Die Mehrheit derer, die an einen höheren Plan, ein Schicksal oder Gott glauben, scheint hier eher pragmatisch zu sein.Insgesamt ist der Itemblock III.11 für präzise Untersuchungen weniger geeignet, da die Items zum Teil sehr fiktiv sind, wie einige Ärzte berechtigterweise angemerkt haben. Von Interesse war bei der Konstruktion vorrangig das letzte Item, das auf die Haltung zur aktiven Beendigung des Lebens zielte (die vorangegangenen Items dienten auch der kognitiven Aktivierung des persönlichen Bezugs). Diesem letzten Item haben 72 Personen (21%) zugestimmt – viel weniger als den Items „Ich möchte die Möglichkeit haben, bei einer schweren Krankheit mein Leben vorzeitig zu beenden" (57%) oder „Ich möchte mein Leben beenden können, wenn ich keine ausreichende Lebensqualität mehr habe" (47%) (Block III.1/2, Tabelle 41).

5.7.7 Risikoerwartungen und Wachkoma

Ein geläufiges Thema von Patientenverfügungen und Vorsorgevollmachten ist das sogenannte Wachkoma, medizinisch als Apallisches Syndrom oder PVS (persistent vegetative state – andauernder vegetativer Zustand) bezeichnet. Dieser Zustand tritt ein, wenn ein Mensch sich vegetativ von einem Koma (meist nach einer Hirnverletzung oder einem Schlaganfall) erholt, aber bewusstlos bleibt. Die Formulierung des Items III.12 erforderte umfangreiche Erläuterungen, um der Expertise der Zielgruppe gerecht zu werden und Artefakte infolge verkürzter Darstellungen

---

[164] In die Gesellschaft oder übermenschliche Mächte wie Gott oder das Schicksal bzw. das „Geschick", um Maios Terminologie zu folgen (Maio: 9).

zu vermeiden. Im Wesentlichen wurden die Hintergrundinformationen der Monographie von Geremek entnommen (Geremek 2009), welche einen Überblick über den Forschungsstand und die Datenlage der Biomedizin bietet.[165] Die Erläuterung der Prognose[166] folgt der Glasgow-Outcome-Scale (GOS, Geremek 2009: 67).

Das Wachkoma ist ein schillerndes Beispiel für die Probleme einer Projektion des gegenwärtigen Willens in die Zukunft, weil es mehrere Themenkomplexe der Diskussion um Leben, Sterben und Tod gleichzeitig überschneidet. Zunächst wird dieser Zustand durch moderne technische Lebenserhaltungssysteme erst ermöglicht; durch die Ernährung über eine Magensonde, teilweise durch die maschinelle Beatmung.[167] Das Wachkoma ist – neben dem Aufwachen und dem Tod – ein möglicher vorläufiger Ausgang des Komas und endet selbst wiederum mit dem Tod oder dem Aufwachen des Betroffenen. Das Wesen dieses Zustandes und damit seine Bewertung ist umstritten; die Interpretationen reichen von einem bewusstlosen Dahinvegetieren[168] über „einen Zustand zwischen Koma und Wachbewusstsein" (Böttger-Kessler 2006: 91) mit temporären oder qualitativen Bewusstseinsresten oder -inseln bis hin zu romantisierenden Spekulationen, dass es ein besonderer Zustand des In-sich-gekehrt-seins sei, der eine eigene Qualität aufweise und damit keineswegs beunruhigend oder gar defizitär sei.[169] Die Schwierigkeiten der medizinischen bzw. psychologischen Diagnose und Bewertung des Wachkomas hängen direkt mit den Schwierigkeiten einer Definition des Bewusstseins zusammen, die an dieser Stelle nicht erörtert werden können (vgl. z. B. Edelman, Libet). Von

---

165 Mit „Biomedizin" soll hier die akademische evidenzbasierte Medizin bezeichnet werden, in Abgrenzung zur großen Zahl *alternativer* Medizinen.

166 Aufwachen oder nicht, außerdem der Grad der Beeinträchtigung nach einem etwaigen Aufwachen.

167 Die Bezeichnung künstlich wird hier bewusst vermieden, weil sie sich nicht abgrenzen lässt – auch eine Infusion oder eine Spritze ist letztlich künstlich, mitsamt ihres Inhalts (vgl. Kapitel 2.2.6).

168 Dies wird durch die offiziellen Bezeichnungen PVS bzw. „Apallisches Syndrom" ausgedrückt.

169 Vgl. die Kritik von Hoerster, vor allem in Auseinandersetzung mit Dörner: 157.

Interesse ist für unsere Untersuchung die gegenwärtige Perspektive der befragten Ärzte und ihre Bewertung eines fiktiven eigenen Wachkomas. Die Gefahr, selbst in ein Wachkoma zu geraten, ist nicht groß, aber angesichts von grob geschätzt 4.000 Personen, denen dies pro Jahr in Deutschland widerfährt (Geremek 2009: 36) im Rahmen des Möglichen; zum Vergleich: 2013 starben knapp 3.800 Menschen bei Verkehrsunfällen.

Je nach Deutung des Wachkomas können völlig gegensätzliche Aspekte als Risiko behandelt werden. Im Item werden zwei Aspekte thematisiert, nämlich die Frage des Überlebens per se und die Frage der zu erwartenden Lebensqualität nach einem Erwachen bzw. der Grad der Rekonvaleszenz. Es ist zunächst riskant eine Patientenverfügung zu verfassen oder darauf zu verzichten. Die Patientenverfügung soll verhindern, dass zukünftig gegen den eigenen Willen entschieden wird, wenn man diesen selbst nicht mehr äußern kann. Ein Schaden entstünde durch die Patientenverfügung, wenn der zukünftig aktuelle Wille mit dem schriftlich verfügten (also in der Vergangenheit fixierten) Willen nicht übereinstimmt. Es herrscht die doppelte Unsicherheit, dass man nicht weiß, welchen Willen die zukünftig an der Entscheidung Beteiligten haben werden, und dass man nicht weiß, welchen Willen man selbst haben wird – falls man überhaupt einen haben wird. Betrachtet man das Leben gegenwärtig als absoluten Wert, so ist die vorzeitige Lebensbeendigung eine Bedrohung und man kann verfügen, dass das Leben erhalten werden soll bzw. wie weit diese Erhaltung gehen soll. Möchte man aus gegenwärtiger Sicht nicht im Wachkoma vor sich hin vegetieren, kann man verfügen, dass sofort oder nach einer gewissen Zeit die Lebenserhaltung (Beatmung, Ernährung) beendet wird. Lässt man sich auf Spekulationen ein, wonach manche (oder alle) Wachkomapatienten eine Form von Bewusstsein haben, ändert sich für beide Grundeinstellungen zur vorzeitigen Lebensbeendigung wenig. Je nach Kommunikationsfähigkeit werden solche Patienten mehr oder weniger hilflose Beobachter des Geschehens sein. Ist für einen Menschen die subjektive Lebensqualität maßgeblich, würde ein etwaiges (Rest-)Bewusstsein bei ungewollter Lebenserhaltung bzw. -verlängerung sogar eine zusätzliche Leidensdimension eröffnen, nämlich das Erleben der fortwährenden, aussichtslosen Hilflosigkeit. Vertraut man einer Selbstregulation der subjektiven Lebensqualität, so könnte ein bewusster Locked-In-Zustand dann noch bedrohlich sein, wenn er nicht erkannt wird und man wie ein faktisch apallischer Patient behandelt wird; man kann also jetzt befürchten, dass man in so einer Situation permanent Angst davor haben würde, vernachlässigt oder getötet zu werden, weil die Anderen einen für faktisch tot halten.

Für jede Meinung zum Wert des eigenen Lebens besteht das Risiko einer zukünftigen Meinungsänderung. Der Ausweg durch Vertrauen auf ein wohlwollendes „Geschick" (Maio 2010: 13) klingt nur vordergründig verlockend, denn es bleibt auch hier das Risiko, zukünftig dieses Vertrauen oder den Glauben verloren zu haben und sein Leben beenden zu wollen, weil sich die Lebenszufriedenheit doch nicht einreguliert. Eine Operationalisierung dieser Aspekte für den Fragebogen hätte erfordert, die Erwartungen an ein Bewusstsein während des Wachkomas zu erfassen, was das Item noch komplizierter gemacht hätte. Es wurde die Präsentation des einfachen, biomedizinischen Aspektes beibehalten. Fast alle befragten Ärzte haben III.12 beantwortet, wobei die Antwortverteilungen der beiden Szenarien deutlich voneinander abweichen (Tabelle 64).

III.12 Wie würden Sie ... (für sich selbst) entscheiden?		Fortführung Lebenserh.	Entscheidung durch Ärzte/ Angehörige	Abschaltung Lebenserh.	Gesamt
Seit 3 Monaten im Wachkoma	n	98	108	129	335
	% gültig	29,3	32,2	38,5	100
Seit 6 Monaten im Wachkoma	n	35	90	209	334
	% gültig	10,5	26,9	62,6	100

Tabelle 64: III.12 Lebenserhaltung bei Wachkoma

Der Anteil derjenigen, die eine Abschaltung der Lebenserhaltung wünschen, steigt von 39% auf 63%. Eine Fortführung wünschen nach 3 Monaten noch 29%, nach 6 Monaten nur noch 11%. Der Anteil der Befragten, die eine Entscheidung den Ärzten und Angehörigen überlassen würden, sinkt dagegen nur gering von 32% auf 27%. Inkonsistente Antwortmuster für die beiden Szenarien gab es keine, Auslassungen wurden soweit möglich ergänzt (z. B. „Abschaltung" nach 3 Monaten → „keine Angabe" nach 6 Monaten wurde durch „Abschaltung" ersetzt). Die Antwortverteilungen für die beiden Szenarien hängen nicht mit dem Vertrauen in das Gesundheitswesen, dem Alter oder der persönlichen Betroffenheit der Befragten (gemäß der vorliegenden Operationalisierung) zusammen. Schwache Zusammenhänge gibt es mit den Subskalen *trans*, *subj* und *soz* zu Fragenblock III (ermittelt durch einfaktorielle ANOVA, Eta zwischen 0,2 und 0,25 – ein Beispiel in Tabelle 65), wobei Personen, die eine Fortführung der Lebenserhaltung im Wachkoma wünschen, niedrigere Werte für *trans* und *soz* sowie höhere Werte für *subj* aufweisen.

III.12 Seit 6 Monaten im Wachkoma	III. Subskala *subj*: Autonomie des Subjekts ist maßgeblich		
	n	Mittelwert	Std.abw.
Fortführung der Lebenserhaltung	34	**3,68**	1,061
Entscheidung durch Ärzte/Angehörige	86	**3,14**	1,180
Abschaltung der Lebenserhaltung	203	**2,83**	1,160
Total	323	**3,00**	1,183

UniANOVA: Eta = 0,227** / Skala von 1 = Zustimmung bis 5 = Ablehnung

Tabelle 65: Unianova Autonomie des Subjektes nach Wachkoma

Die Unterschiede sind für das pessimistischere Szenario (nach 6 Monaten Wachkoma) höher, bei einer stark geschrumpften Gruppe der Überlebenswilligen – auch die Mehrheit derjenigen, die dem Leben einen absoluten Wert unabhängig von der Lebensqualität zuschreiben, plädiert dann für eine Abschaltung der Lebenserhaltung oder überlässt diese Entscheidung den Ärzten und Angehörigen. Die Antwortverteilung legt nahe, dass die Erwartung, im Wachkoma ein Bewusstsein zu haben (verbunden mit einer akzeptablen Lebensqualität), bei den Befragten wenig oder nicht vertreten ist; Hausärzte mit einer solchen Erwartung müssten sich unter den 34 Personen befinden, die für eine Fortsetzung der Lebenserhaltung plädieren.

Anmerkungen hierzu oder Kritik an den Hinweistexten bzw. begleitenden Informationen zum Item gab es keine.

5.8 Zusammenhangsanalysen

5.8.1 Hypothesen

Ziel der folgenden Analysen ist es, Zusammenhänge zwischen der Bewertung einer vorzeitigen Lebensbeendigung und den erhobenen Drittvariablen zu untersuchen. Dabei werden im Wesentlichen die folgenden Hypothesen überprüft, die allesamt der aktuellen Sterbehilfedebatte entnommen werden können:

1. Ärzte, die Gott vertrauen, können auf eine vorzeitige Lebensbeendigung verzichten und lehnen daher Suizidassistenz und Tötung auf Verlangen ab. Eine vertrauensvolle Beziehung zu Gott oder entsprechenden, prinzipiell wohlwollenden Mächten macht Sorgen und Ängste um das eigene Sterben überflüssig, da dieses sinnhaft in einen Gesamtzusammenhang eingebettet ist und zu einem guten Ende führen wird (vgl. Gronemeyer: 241ff.). Ein *Gottvertrauen* wurde nicht explizit abgefragt, der Glaube an Gott dürfte aber hoch mit einem entsprechenden Vertrauen korreliert sein; zumindest ist der Glaube notwendige Bedingung für ein Vertrauen. Es sind zwar negativ besetzte Gottesbeziehungen denkbar, diese dürften aber selten und eher episodisch sein.[170] Kriteriumsvariablen: Gottesglaube und Verbundenheit mit der Religionsgemeinschaft.

2. Wenn der Tod als Übergang zu einer Weiterexistenz geglaubt wird, ist die Art des Sterbens als vorübergehende Episode weniger mit Ängsten besetzt, als wenn der Tod das absolute Ende der persönlichen Existenz markiert. Daher wird eine vorzeitige Lebensbeendigung eher von Perso-

---

[170] In dem Sinne, dass kaum jemand permanent eine negative Beziehung zu Gott unterhält, sondern dass eine solche mit einer positiven Beziehung abwechselt, oder mittelfristig in eine positive Beziehung oder in einen Verlust des Glaubens übergeht.

nen befürwortet, die den Tod als absolutes Ende des Subjektes sehen. Kriteriumsvariablen: Tod als Übergang und Einzelitems.

3. Ärzte, die Suizidassistenz und Tötung auf Verlangen befürworten, sind stärker materialistisch und hedonistisch und weniger sozial eingestellt: Der Wunsch nach vorzeitiger Lebensbeendigung ist Zeichen einer egoistischen Haltung, die von einer Machbarkeit des Lebens ausgeht (v. a. Maio). Kriteriumsvariablen: ALLBUS-Kontextvariablen.

4. Ärzte, die Suizidassistenz und Tötung auf Verlangen befürworten, sind eher jünger und haben keine oder wenig Bezug zu ihrer eigenen Endlichkeit. Der Wunsch nach Sterbehilfe und Tötung auf Verlangen ist ein Ausdruck irrationaler Ängste von Menschen, die sich eine entsprechende Situation gar nicht vorstellen können und ihre eigene Sterblichkeit verdrängen (vgl. Woellert/Schmiedebach: 70-72). Kriteriumsvariablen: Persönliche Betroffenheit, Alter.

5. Ärzte differenzieren zwischen ihren eigenen Belangen und den Belangen ihrer Patienten. Die Haltung des Arztes in der Arztrolle kann von seiner persönlichen Haltung abweichen – nicht nur, weil er persönlich betroffen ist, sondern auch, weil es einen Unterschied macht, ob er eine riskante Entscheidung primär vor sich selbst oder vor Dritten verantworten muss. Diese Hypothese wurde bereits auf Seite 146 mit Tabelle 11 und auf Seite 227 mit Tabelle 43 bestätigt und entspricht den Befunden von Ubel et al. 2011. Die Befunde zeigen, dass dies zwar nicht pauschal für alle Ärzte gilt, aber für einen gewissen Teil.

5.8.2 Vorzeitige Lebensbeendigung und religiöser Glaube

Die Religiosität der Befragten wurde durch bestimmte Glaubensvorstellungen, die Frage nach der Zugehörigkeit zu einer Religionsgemeinschaft und die Verbundenheit zu dieser Gemeinschaft operationalisiert. In der Hausärztestichprobe sind fast ausschließlich die evangelische und die römisch-katholische Kirche vertreten, andere Religionen bzw. Religionsgemeinschaften wurden nur vereinzelt genannt (vgl. Kapitel 5.6.2). Religionsgemeinschaft (hier de facto: Konfessionszugehörigkeit), Gottesglauben und Verbundenheit zur eigenen Gemeinschaft hängen zusammen; die Meinungsprofile von Katholiken und Evangelischen ähneln sich, Abweichungen werden durch die Verbundenheit zur Gemeinschaft und die Form des Gottesglaubens moderiert – ähnlich gläubige Katholiken, Protestanten (und auch die wenigen Mitglieder evangelischer Freikirchen) unterscheiden sich kaum in ihrer Haltung zur vorzeitigen Lebensbeendigung. Der etwas höhere Anteil von Anhängern eines strikten Lebensschutzes unter den Katholiken kann durch den größeren Anteil Gottgläubiger bzw. Verbundener erklärt werden.[171] Fast identische Antwortmuster zeigen die Mitglieder der beiden großen Kirchen bei der Bewertung des Lebens als unverfügbarem Geschenk Gottes (44% Zustimmung / 17% ambivalent / 38% Ablehnung) und der Verurteilung des Suizids als Selbstmord (jeweils über > 80% Ablehnung, obwohl die katholische Lehre den Suizid ausdrücklich als Selbstmord und schwere Sünde bezeichnet). Nachfolgend konzentrieren sich die Analysen daher auf die erfassten Glaubensvorstellungen, nicht auf die formale Religions- bzw. Konfessionszugehörigkeit.

Sowohl Nichtgläubige als auch Hausärzte mit nicht-gottgebundenem religiösem Glauben möchten für sich mehrheitlich eine Möglichkeit der Lebensbeendigung bei schwerer Krankheit haben; nur diejenigen, die angeben, fest an Gott zu glauben, verzichten mehrheitlich auf eine solche Option (66,7%; CV = 0,283**). Ein Drittel hält sich die Option offen oder ist ambivalent. In starkem Kontrast dazu beträgt die Zustimmung bei den Nichtgläubigen 87% (Tabelle 66).

Die Zustimmung zu einer Lebensbeendigung bei unzureichender Lebensqualität fällt insgesamt etwas geringer aus als bei schwerer Krankheit, der Zusammenhang mit der Ausprägung eines Gottesglaubens ist ähnlich (CV

---

[171] Dieser höhere Anteil könnte natürlich wiederum auf die Anforderungen der kath. Kirche an ihre Mitglieder oder den Katholizismus zurückgeführt werden.

= 0,227**). Auch hier ist nicht ein religiöser Glaube allgemein ausschlaggebend, sondern die spezielle Form des Gottesglaubens. Nachlaufend kann am Itemtext kritisiert werden, dass die Formulierung „ich keine ausreichende Lebensqualität mehr habe" teilweise zirkulär ist, da sie bereits eine subjektive Lebensverneinung ausdrückt – aus demselben Grund war im Fragebogen auf die in der Diskussion oft verwendete Rede von unerträglichen Leiden verzichtet worden. Bei zukünftigen Befragungen wäre eine Modifikation zu erwägen, z. B. in „wenn meine Lebensqualität stark eingeschränkt ist".

Gottesglaube		Ich möchte die Möglichkeit haben, bei einer schweren Krankheit mein Leben vorzeitig zu beenden.			
		stimme zu	teils-teils	stimme nicht zu	gesamt
Ich glaube nicht an Gott oder eine andere höhere geistige Macht	n	53	5	3	61
	%	86,9	8,2	4,9	100,0
Vielleicht gibt es Gott oder andere höhere geistige Mächte, vielleicht aber auch nicht	n	44	9	6	60
	%	74,6	15,3	10,2	100,0
Ich glaube, dass es eine höhere geistige Macht (oder höhere geistige Mächte) gibt	n	56	8	22	87
	%	65,1	9,3	25,6	100,0
Ich glaube an Gott, auch wenn ich manchmal zweifle	n	32	16	39	89
	%	36,8	18,4	44,8	100,0
Ich glaube fest an Gott	n	9	5	28	42
	%	21,4	11,9	66,7	100,G
Gesamt	n	194	43	98	339
	%	57,9	12,8	29,3	100,0

CV = 0,283** (Berechnungsgrundlage: nichtreduzierte Items ohne „nicht beurt.")

Tabelle 66: Kreuztabelle Gottesglauben - Lebensbeendigung bei Krankheit

Die beiden Items zur Lebensbeendigung (bei schwerer Krankheit / bei unzureichender Lebensqualität) korrelieren mit r = 0,791** hoch, aber nicht perfekt. 41 Personen, die einer Lebensbeendigung bei schwerer Krankheit zustimmen, lehnen dies bei unzureichender Lebensqualität ab (21) oder sind ambivalent (20). Der Begriff Lebensqualität ist weitreichend und lässt viel Interpretationsspielraum.[172] Der in der Sterbehilfediskussion hauptsächlich adressierte Aspekt – Schmerz und Leiden – wurde deshalb gesondert abgefragt. Hierbei zeigt sich eine deutliche Diskrepanz zwischen den Religions- bzw. Glaubenstypen dahingehend, dass Gottgläubige dazu neigen, Leiden und Schmerzen als sinnhaften Bestandteil des Lebens zu betrachten, während Nichtgläubige bzw. Ärzte mit nicht gottbezogenem Glauben dies mehrheitlich ablehnen (Tabelle 67).

Gottesglaube		Leiden und Schmerzen gehören zum Leben dazu, sie rechtfertigen nicht eine vorzeitige Beendigung des Lebens.			
		stimme zu	teils-teils	stimme nicht zu	Gesamt
Ich glaube nicht an Gott oder eine andere höhere geistige Macht	n	5	13	43	61
	%	8,2	21,3	70,5	100,0
Vielleicht gibt es Gott oder andere höhere geistige Mächte, vielleicht aber auch nicht	n	8	9	43	60
	%	13,3	15,0	71,7	100,0
Ich glaube, dass es eine höhere geistige Macht (oder höhere geistige Mächte) gibt	n	20	22	44	86
	%	23,3	25,6	51,2	100,0
Ich glaube an Gott, auch wenn ich manchmal zweifle	n	36	22	30	88
	%	40,9	25,0	34,1	100,0
Ich glaube fest an Gott	n	27	8	7	42
	%	64,3	19,0	16,7	100,0
Gesamt	n	96	74	167	337
	%	28,5	22,0	49,6	100,0

*CV = 0,245** (Berechnungsgrundlage: nichtreduzierte Items ohne „nicht beurt.")*

Tabelle 67: Kreuztabelle Gottesglaube - Sinnhaftigkeit von Schmerz und Leiden

Dies ist ein elementarer Aspekt, da sich hierauf die Ängste von Personen ohne die entsprechende Form eines gottbezogenen Glaubens beziehen können: Jene könnten befürchten, dass Leid und Schmerzen Sterbender vor dem Hintergrund einer religiösen Leidensverherrlichung durch ent-

---

[172] Vgl. Hoffmann 2011, der in seinem Konzept des sozialen Sterbens die Bedeutung des Verlustes erworbener Fähigkeiten sowie der Kontrolle über den eigenen Körper betont.

sprechend orientiertes medizinisches Personal nicht konsequent bekämpft würden, dass es vielleicht sogar zu Missionierungsversuchen auf dem Sterbebett kommen könnte.[173] Hierzu wären zusätzliche Befragungsitems denkbar, z. B.: Mich würde es beunruhigen, wenn mein Hausarzt Suizid-beihilfe strikt ablehnt / bzw. wenn er Leiden und Schmerzen als Teil des Lebens sieht / bzw. wenn er ein gläubiger Christ ist.

Gottesglaube		Mein Leben und Sterben folgt einem höheren Plan, am Ende wird alles einen Sinn ergeben.			
		stimme zu	teils-teils	stimme nicht zu	Gesamt
Ich glaube nicht an Gott oder eine andere höhere geistige Macht	n	3	3	51	57
	%	5,3	5,3	89,5	100,0
Vielleicht gibt es Gott oder andere höhere geistige Mächte, vielleicht aber auch nicht	n	9	6	35	50
	%	18,0	12,0	70,0	100,0
Ich glaube, dass es eine höhere geistige Macht (oder höhere geistige Mächte) gibt	n	44	13	21	78
	%	56,4	16,7	26,9	100,0
Ich glaube an Gott, auch wenn ich manchmal zweifle	n	55	13	15	83
	%	66,3	15,7	18,1	100,0
Ich glaube fest an Gott	n	37	2	3	42
	%	88,1	4,8	7,1	100,0
Gesamt	n	148	37	125	310
	%	47,7	11,9	40,3	100,0

CV = 0,405** (Berechnungsgrundlage: nichtreduzierte Items ohne „nicht beurt.")

Tau_b = -0,550** (bei ordinaler Interpretation von „Gottesglaube", Berechnung wie CV)

Tabelle 68: Kreuztabelle Gottesglaube - höherer Plan für eigenes Leben

Für die Frage nach dem Sinn des Lebens und Sterbens als Teil eines über-geordneten Planes verläuft die Grenze zwischen Zustimmung und Ableh-nung nicht zwischen Gottesglauben und anderem Glauben, sondern zwi-schen religiösem Glauben per se und Agnostizismus bzw. Nichtglauben. Auch Ärzte, die an eine höhere geistige Macht[174] glauben, stimmen der

---

[173] Spiritual Care würde aus diesem Blickwinkel zu einer Art spiritueller Übergriffigkeit.

[174] Als abstrakteres Konzept in Differenz zum persönlichen Gott.

Aussage mehrheitlich zu, dass ihr Leben und Sterben einen höheren Sinn hat (Tabelle 68). Dies weist auf die Offenheit der Vorstellung von einem Plan bzw. höheren Sinn hin, da ja klärungsbedürftig ist, was zum Plan gehört und was nicht. Ungeachtet dessen stimmen Gottgläubige der Grundaussage mit großer Mehrheit zu, Nichtgläubige und Agnostiker lehnen sie in deutlichem Kontrast dazu mit großer Mehrheit ab.

Gottesglaube		Ich kann mir Situationen vorstellen, in denen ich einem nahestehenden Menschen beim Suizid helfen würde.			
		stimme zu	teils-teils	stimme nicht zu	Gesamt
Ich glaube nicht an Gott oder eine andere höhere geistige Macht	n	39	8	13	60
	%	65,0	13,3	21,7	100,0
Vielleicht gibt es Gott oder andere höhere geistige Mächte, vielleicht aber auch nicht	n	28	9	21	58
	%	48,3	15,5	36,2	100,0
Ich glaube, dass es eine höhere geistige Macht (oder höhere geistige Mächte) gibt	n	37	15	31	83
	%	44,6	18,1	37,3	100,0
Ich glaube an Gott, auch wenn ich manchmal zweifle	n	24	11	48	83
	%	28,9	13,3	57,8	100,0
Ich glaube fest an Gott	n	7	3	30	40
	%	17,5	7,5	75,0	100,0
Gesamt	n	135	46	143	324
	%	41,7	14,2	44,1	100,0

CV = 0,224** (Berechnungsgrundlage: nichtreduzierte Items ohne „nicht beurt.")

Tabelle 69: Kreuztabelle Gottesglaube - Bereitschaft zur Suizidbeihilfe

Da der Fragebogen nicht ausschließlich für die Befragung von Ärzten entwickelt wurde, enthält er kein Item, welches gezielt danach fragt, ob der Befragte als Arzt Suizidassistenz anbieten oder sich daran beteiligen würde, wenn es in Deutschland eine gesetzliche Grundlage ähnlich der in der Schweiz, den Niederlanden oder Oregon geben würde. Die potentielle Bereitschaft zur Suizidbeihilfe gegenüber einem nahestehenden Menschen kann daher nur als Indikator dienen, ist aber nicht mit einer Assistenz im Rahmen des Arzt-Patienten-Verhältnisses deckungsgleich. Als zweiter

Indikator kann die Aussage dienen, dass man (aus Patientensicht, hier mit der Annahme, dass die befragten Ärzte nicht scharf zwischen Arzt- und Patientenrolle trennen) beunruhigt wäre, wenn der eigene Hausarzt eine solche Assistenz anbieten würde. Der Zusammenhang zwischen der Ausprägung eines Gottesglaubens und der Vorstellbarkeit einer Suizidbeihilfe im Nahbereich ist relativ schwach (CV = 0,224**). Allein die Personen mit festem Gottesglauben konzentrieren sich bei der Ablehnung (75%) einer Suizidbeihilfe. Von den Personen mit gelegentlichen Zweifeln sind es 58% (Tabelle 69). Eine Beunruhigung durch eine Bereitschaft des eigenen Hausarztes zur Suizidassistenz erwarten 43% der Befragten, 45% wären nicht beunruhigt. Die Unterschiede zwischen den Glaubenstypen sind hier gering (CV = 0,150*). 42% der Nichtgläubigen und 53% der Gottgläubigen wären beunruhigt. Gelassener zeigen sich hier die Agnostiker mit nur 27% Beunruhigten. Im Vergleich zur Bevölkerung scheint ein größerer Anteil der befragten Hausärzte potentiell beunruhigt zu sein.

Die Beurteilung des Schweizer Modells der Suizidbeihilfe (III.3) zeigt wieder das mehrfach aufgefundene Antwortmuster. Nichtgläubige, Agnostiker und Personen mit nicht gottbezogenem religiösem Glauben sehen das Modell eher als Vorbild für eine Regelung in Deutschland an, die meisten (aber nicht alle) Gottgläubigen lehnen es ab. In allen Glaubenskategorien – ausgenommen bei den fest Gottgläubigen – ist rund ein Viertel der Befragten unschlüssig (Tabelle 70). Die Diskrepanz zwischen Personen, die an einen Gott glauben oder nicht, betrifft den Suizid und die Suizidassistenz, aber nicht die Tötung auf Verlangen. Letztere wird allgemein mehrheitlich abgelehnt, auch von den Ärzten, die nicht an Gott oder an eine andere höhere Macht glauben. Der Zusammenhang ist insgesamt sehr gering (CV = 0,157*). Neben der hohen Itemschwierigkeit liegt das daran, dass auch einzelne Gottgläubige eine Zulassung der Tötung auf Verlangen befürworten – nimmt man den zweifelnden und den festen Glauben zusammen, sind es 12% (n = 15) gegenüber 13% (n = 16) der Nichtgläubigen und Agnostiker. 22% (n = 26) der Nichtgläubigen und Agnostiker sind hier ambivalent, im Gegensatz zu nur 5% der Gottgläubigen.

In der Schweiz gibt es Sterbehilfevereine (z. B. EXIT oder Dignitas), die schwerkranken Menschen einen Suizid ermöglichen; sie vermitteln ihnen einen Arzt, der ein tödliches Medikament verschreibt und begleiten sie bis zum Tod. Was halten Sie davon?

Gottesglaube		(...) sollte es auch in Deutschland geben	(...) sollte in Deutschland verboten bleiben	Ich weiß nicht, was ich davon halten soll	Gesamt
Ich glaube nicht an Gott oder eine andere höhere geistige Macht	n	38	7	15	60
	%	63,3	11,7	25,0	100,0
Vielleicht gibt es Gott oder andere höhere geistige Mächte, vielleicht aber auch nicht	n	28	15	15	58
	%	48,3	25,9	25,9	100,0
Ich glaube, dass es eine höhere geistige Macht (oder höhere geistige Mächte) gibt	n	42	24	21	87
	%	48,3	27,6	24,1	100,0
Ich glaube an Gott, auch wenn ich manchmal zweifle	n	21	45	22	88
	%	23,9	51,1	25,0	100,0
Ich glaube fest an Gott	n	8	30	4	42
	%	19,0	71,4	9,5	100,0
Gesamt	n	137	121	77	335
	%	40,9	36,1	23,0	100,0

CV = 0,293**

Tabelle 70: Kreuztabelle Gottesglaube - Schweizer Modell (III.3)

Zum Abschluss wird die Einstellung zur vorzeitigen Lebensbeendigung in Abhängigkeit vom Gottesglauben in Form der Mittelwerte der aggregierten Items dargestellt (Tabelle 71). Dabei werden die bereits dargestellten Detailbefunde bestätigt. Allein die Einschätzung der palliativmedizinischen Möglichkeiten unterscheidet sich nur wenig zwischen den Glaubenstypen, vielleicht wegen des mehr medizinisch-fachlichen Charakters der Aussage. Vergleicht man die Mittelwerte der vier Subskalen zwischen den Konfessionen (keine/katholisch/evangelisch), so sind die Unterschiede durchweg deutlich geringer (keine Abbildung, schwache Zusammenhänge mit Eta zwischen 0,210 und 0,250). Insgesamt zeigen die

Antworten, dass die Haltung zur Zulässigkeit eines Suizids[175] damit zusammenhängt, ob die befragten Personen an einen Gott glauben oder nicht. Personen mit einem nicht an Gott gebundenen religiösen Glauben tendieren eher zu einer Akzeptanz des Suizids.

Mittelwertvergleiche mit ANOVA		Subskalen zu Itemblock III Skala von 1,0 (Zustimmung) – 5,0 (Ablehnung)			
Gottesglaube		Absoluter Lebens- schutz, transz./relig. begründet	Autonomie des Sub- jekts ist maßgeblich	Suizid/To- deswunsch: gesellsch. Fehlent- wicklung	Palliativ- medizin macht vor- zeitigen Tod überflüssig
Ich glaube nicht an Gott	**Mittelwert**	**4,16**	**2,24**	**3,29**	**2,97**
oder eine andere höhere	n	61	61	61	60
geistige Macht	Std.abw.	0,632	0,876	0,879	0,805
Vielleicht gibt es Gott	**Mittelwert**	**3,80**	**2,69**	**2,83**	**2,83**
oder andere höhere	n	60	60	60	60
geistige Mächte, vielleicht aber auch nicht	Std.abw.	0,665	0,961	0,714	0,843
Ich glaube, dass es eine	**Mittelwert**	**3,28**	**2,88**	**2,72**	**2,54**
höhere geistige Macht	n	87	87	86	84
(oder höhere geistige Mächte) gibt	Std.abw.	0,900	1,151	0,876	0,826
Ich glaube an Gott, auch	**Mittelwert**	**2,96**	**3,36**	**2,38**	**2,49**
wenn ich manchmal	n	90	89	90	88
zweifle	Std.abw.	0,791	1,120	0,771	0,707
	Mittelwert	**2,33**	**4,02**	**1,99**	**2,47**
Ich glaube fest an Gott	n	42	42	42	40
	Std.abw.	0,897	1,128	0,751	0,992
ANOVA	**Eta**	**0,587****	**0,453****	**0,438****	**0,235***
	Mittelwert	3,33	3,00	2,66	2,65
Insgesamt	n	340	339	339	332
	Std.abw.	0,968	1,185	0,893	0,836

*ANOVA signifikant mit p < 0,05 / ** mit p < 0,001*

Tabelle 71: Mittelwerte Subskalen III nach Gottesglaube

Der moralischen Disqualifizierung des Suizids als Selbstmord schließen sich nur sehr wenige Befragte an, am stärksten bei den fest Gottgläubigen mit einer Zustimmung von 33% (n = 14 für „stimme zu" und „stimme eher zu"). Die Konfessionszugehörigkeit ist dabei von nachrangiger Bedeutung, entscheidend ist die Form und Intensität des religiösen Glaubens.

---

[175] Sowohl prinzipiell als auch bei schwerer Krankheit oder subjektiv unzureichender Lebensqualität.

Der Zusammenhang zwischen Gottesglauben und Suizidakzeptanz ist aber für alle erfassten Aspekte nicht besonders stark – es gibt Nichtgläubige, die den Suizid und/oder eine vorzeitige Lebensbeendigung bei Leid und Krankheit ablehnen; und es gibt Gläubige, die dies akzeptieren. Die Möglichkeit einer Tötung auf Verlangen wird aber innerhalb aller Glaubensformen mehrheitlich abgelehnt.

5.8.3 Vorzeitige Lebensbeendigung und Todesvorstellung

Bei der Analyse der konkreten Todesvorstellungen konnten aus den Antwortmustern zwei grundlegende Vorstellungstypen isoliert werden: Der Tod als vollständiges Ende der eigenen Existenz und der Tod als Übergang, nach dem es irgendwie weitergeht, sei es als Wiedergeburt, christliche Auferstehung oder in einer anderen Form. Personen, die an eine Weiterexistenz nach dem Tod glauben, lehnen eine Suizidhilfe nach dem Schweizer Modell eher ab, die übrigen befürworten sie mehrheitlich. In beiden Gruppen äußern sich über 20% ambivalent. Der statistische Zusammenhang ist aber nur schwach ausgeprägt (Tabelle 72).

In der Schweiz gibt es Sterbehilfevereine (z. B. EXIT oder Dignitas), die schwerkranken Menschen einen Suizid ermöglichen; sie vermitteln ihnen einen Arzt, der ein tödliches Medikament verschreibt und begleiten sie bis zum Tod. Was halten Sie davon?		Tod als Ende der persönlichen Existenz		
		Weiter-existenz	Ende	Gesamt
So etwas sollte es auch in Deutschland geben	n	72	66	138
	%	34,0%	52,8%	40,9%
So etwas sollte in Deutschland verboten bleiben	n	89	33	122
	%	42,0%	26,4%	36,2%
Ich weiß nicht, was ich davon halten soll	n	51	26	77
	%	24,1%	20,8%	22,8%
Gesamt	n	212	125	337
	%	100,0%	100,0%	100,0%

CV = 0,192*

Tabelle 72: Kreuztabelle Schweizer Modell - Tod als Weiterexistenz/Ende

Etwas deutlicher sind die Unterschiede bei den grundsätzlichen bzw. auf die eigene Person bezogenen Aussagen (Abbildung 3). Hausärzte, die den

Tod als vollständiges Ende betrachten, stehen einer Suizidbeihilfe bzw. einer Suizidoption insgesamt aufgeschlossener gegenüber, starke statistische Zusammenhänge gibt es aber auch hier nicht. Die höchsten Korrelationen erhält man für die Aussagen „Ich möchte die Möglichkeit haben, bei einer schweren Krankheit mein Leben vorzeitig zu beenden" (r = -0,323**) und „Ich möchte mein Leben beenden können, wenn ich keine ausreichende Lebensqualität mehr habe" (r = -0,270**; Berechnung jeweils mit den 5-stufigen Originalitems). Damit ist die Annahme zumindest tendenziell bestätigt.

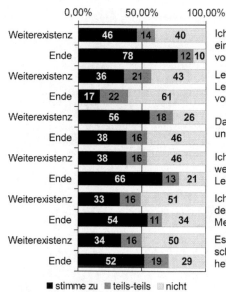

Abbildung 3: Aussagen zum Suizid nach Tod als Weiterexistenz/Ende

Bei der Interpretation der Zusammenhänge muss allerdings die starke Koppelung der Endlichkeitserwartung an den Gottesglauben bzw. die Verbundenheit zu einer Religionsgemeinschaft berücksichtigt werden. Der Gottesglaube kann als latente Drittvariable interpretiert werden, ebenso die Verbundenheit,[176] die wiederum stark mit dem Gottesglauben zusammenhängt. Rechnet man eine Partialkorrelation für den Zusammenhang „Möglichkeit zur Lebensbeendigung bei schwerer Krankheit" mit der dichotomen Todesvorstellung und setzt die Verbundenheit zur eigenen Religionsgemeinschaft als Kontrollvariable, so verschwindet die Korrelation weitgehend (r = -0,112; p = 0,075). In der vorliegenden Hausärztestichprobe lassen sich Gottesglaube, Endlichkeitsvorstellungen und die Verbundenheit zu einer der beiden großen christlichen Kirchen also kaum voneinander isolieren. Dies unterstützt die geläufige religionswissenschaftliche Vermutung, dass die Bewältigung der Todesfurcht eine wichtige Komponente religiöser Vorstellungen sei – oder sogar ihr Fundament (vgl. Zinser: 257ff.).

5.8.4 Sterbehilfe und Hedonismus

In der Schweiz gibt es Sterbehilfevereine [...], die schwerkranken Menschen einen Suizid ermöglichen; sie vermitteln ihnen einen Arzt, der ein tödliches Medikament verschreibt und begleiten sie bis zum Tod. Was halten Sie davon?

Mittelwerte: Skala von sehr wichtig (1) bis unwichtig (5), Skalenmitte = 3,0	... sollte es auch in D geben	... sollte in D verboten bleiben	ich weiß nicht, was ich davon halten soll	Eta
Gesetz und Ordnung respektieren	2,10	1,94	2,17	0,106
Nach Sicherheit streben	2,09	2,14	2,11	0,025
Sozial Benachteiligten und gesellschaftlichen Randgruppen helfen	2,13	1,90	1,96	0,124
Sich und seine Bedürfnisse gegen Andere durchsetzen	2,82	3,04	3,07	0,123
Auch solche Meinungen tolerieren, denen man eigentl. nicht zustimmen kann	2,16	2,27	2,24	0,057
Die guten Dinge des Lebens in vollen Zügen genießen	2,33	2,66	2,38	0,148*
Einen hohen Lebensstandard haben	2,75	3,12	2,83	0,177*

* ANOVA signifikant mit p < 0,05

Tabelle 73: Mittelwerte Hedonismus und Schweizer Modell

---

[176] Die Hausärzte in der Stichprobe gehören fast ausschließlich der katholischen oder einer evangelischen Kirche an. Konfessionslose wurden als nicht/wenig verbunden klassifiziert im Sinne einer absoluten Interpretation des Items als *Verbundenheit zu irgendeiner Religionsgemeinschaft.*

Mehr oder weniger ausdrücklich wird den Befürwortern einer optionalen vorzeitigen Lebensbeendigung oft eine hedonistische, antisoziale Grundhaltung vorgeworfen (z. B. von Maio, Eibach, Gronemeyer). Ein Mangel an Vertrauen an Gott oder das Schicksal gehe mit einem überzogenen, schädlichen oder schlicht irrigen Glauben an die Machbarkeit des eigenen Lebens bzw. dessen Ende einher. Eine solche Grundhaltung ist komplex und daher kaum sauber zu erfassen. Für die vorliegende Befragung wurden entsprechende Items aus dem ALLBUS direkt übernommen, um die Antworten mit denen der Gesamtbevölkerung vergleichen zu können (Kapitel 5.4).

Betrachtet man die mittleren Nennungen der Items differenziert nach den Bewertungskategorien des Schweizer Modells, so zeigen sich insgesamt keine oder nur sehr geringe Unterschiede. Zur besseren Beurteilung wurde für jedes Item eine einfaktorielle ANOVA gerechnet, mit Eta als Effektstärke (Tabelle 73). Den größten Unterschied zeigen die beiden Items „Die guten Dinge des Lebens in vollen Zügen genießen" und „Einen hohen Lebensstandard haben", wobei jeweils die Effektstärke deutlich unter 0,2 bleibt. Man kann allenfalls von einer leichten Tendenz in die postulierte Richtung sprechen, aber ein belastbarer Zusammenhang lässt sich nicht nachweisen. Etwas stärkere Zusammenhänge gibt es mit den grundlegenden Aussagen zum Suizid bzw. der vorzeitigen Lebensbeendigung, die anhand der beiden Subskalen „Absoluter Lebensschutz" und „Autonomie des Subjektes ist maßgeblich" (vgl. Kapitel 5.7.2) näher untersucht werden sollen (Tabelle 74, 75). Zur besseren Anschaulichkeit werden die Korrelationskoeffizienten in den Tabellen zusammen mit einer Mittelwertsübersicht der Subskalen dargestellt, analog zu Tabelle 73 nach zusammengefassten Antwortkategorien der Wertpräferenzen (sehr wichtig/wichtig sowie eher unwichtig/unwichtig). Die Korrelationen wurden stets mit den nichtreduzierten Items berechnet. Ärzte, denen die Respektierung von Gesetz und Ordnung eher unwichtig ist, lehnen einen absoluten Lebensschutz eher ab und messen der Autonomie des Subjekts eine höhere Bedeutung bei, die Korrelationskoeffizienten liegen aber jeweils deutlich unter |0,2| und sind damit sehr schwach.

Mittelwerte: Skala von sehr wichtig (1) bis unwichtig (5), Skalenmitte = 3,0	III. Subskala: Absoluter Lebensschutz, transzendent/religiös begründet			
	wichtig	mäßig wichtig	unwichtig	r
Gesetz und Ordnung respektieren	3,29	3,25	4,00	0,152**
Nach Sicherheit streben	3,37	3,29	2,92	-0,113*
Sozial Benachteiligten und gesellschaftlichen Randgruppen helfen	3,29	3,36	3,61	0,101
Sich und seine Bedürfnisse gegen Andere durchsetzen	3,43	3,33	3,17	-0,121
Auch solche Meinungen tolerieren, denen man eigentl. nicht zustimmen kann	3,34	3,40	3,11	-0,042
Die guten Dinge des Lebens in vollen Zügen genießen	3,50	3,21	2,96	-0,198**
Einen hohen Lebensstandard haben	3,56	3,33	3,01	-0,222**

*Korrelation 2-seitig signifikant mit p < 0,05 / ** 2-seitig signifikant mit p < 0,001*

Tabelle 74: Subskala absoluter Lebensschutz nach Wertepräferenzen

Am stärksten sind die Unterschiede für die beiden hedonistischen Werte „Einen hohen Lebensstandard haben" und „Die guten Dinge des Lebens in vollen Zügen genießen" mit Werten um |0,2| oder knapp darüber. Eine klare Trennung zwischen egoistischen Hedonisten und Altruisten lässt sich aus diesen geringen Unterschieden nicht konstruieren, aber in der Tendenz scheinen die meisten Befürworter einer Zulassung vorzeitiger Lebensbeendigung hedonistischer eingestellt zu sein, oder – wenn man die moralisch negative Konnotation des Begriffes vermeiden möchte – den Genüssen des diesseitigen Lebens stärker zugewandt, was sich dann in der Bewertung der Lebensqualität niederschlägt; und in der Bewertung eines vorweg genommenen Verlustes der Lebensqualität. Doch auch das entsprechend formulierte Einzelitem „Ich möchte mein Leben beenden können, wenn ich keine ausreichende Lebensqualität mehr habe" korreliert nur schwach mit dem Wert „Die guten Dinge des Lebens in vollen

Zügen genießen" (r = -0,236**) – selbst 60 Befragte, die diesen Wert als unwichtig (n = 21) oder lediglich mäßig wichtig (n = 39) einstufen, bejahen die Option einer vorzeitigen Lebensbeendigung für sich (n gesamt = 331). Zwischen dem Item „Die guten Dinge des Lebens in vollen Zügen genießen" und der Todesvorstellung (Absolutes Ende oder Übergang) gibt es übrigens überhaupt keinen Zusammenhang (r = -0,036) – die Erwartung einer Weiterexistenz geht bei den befragten Ärzten nicht mit einer vermehrt asketischen Grundhaltung einher. Allein die Ärzte mit einem festen Gottesglauben weichen etwas von der Gesamttendenz ab; die Mehrheit, die den Genuss der guten Dinge des Lebens für wichtig hält, fällt mit 43% geringer aus als bei den übrigen Glaubenstypen, die allesamt deutlich über 50% liegen (CV = 0,132 / nicht signifikant mit p = 0,158).

Mittelwerte: Skala von sehr wichtig (1) bis unwichtig (5), Skalenmitte = 3,0	**III. Subskala: Autonomie des Subjekts ist maßgeblich**			
	wichtig	mäßig wichtig	unwichtig	r
Gesetz und Ordnung respektieren	3,05	3,04	2,37	-0,109*
Nach Sicherheit streben	2,95	3,08	3,51	0,095
Sozial Benachteiligten und gesellschaftlichen Randgruppen helfen	3,07	2,88	2,63	-0,111*
Sich und seine Bedürfnisse gegen Andere durchsetzen	2,82	3,00	3,27	0,143**
Auch solche Meinungen tolerieren, denen man eigentlich nicht zustimmen kann	2,98	2,86	3,53	0,096
Die guten Dinge des Lebens in vollen Zügen genießen	2,79	3,19	3,40	0,221**
Einen hohen Lebensstandard haben	2,69	3,10	3,27	0,221**

*Korrelation 2-seitig signifikant mit p < 0,05 / ** 2-seitig signifikant mit p < 0,001*

Tabelle 75: Subskala Autonomie nach Wertepräferenzen

5.8.5 Vorzeitige Lebensbeendigung und eigene Betroffenheit

Das Grundproblem allen Nachdenkens über den Tod ist, dass er für den diesseitig Nachdenkenden fiktiv ist. Jeder Lebende hat eine gewisse objektive und subjektive Nähe zu seinem Tod, die in den meisten Fällen nicht genau bestimmt werden kann. Die objektive Distanz kann man statistisch (d. h. relativ präzise für größere Populationen, aber nicht für den Einzelfall) mit Daten wie dem Alter oder dem Gesundheitszustand schätzen bzw. eingrenzen, die subjektive Distanz wird zusätzlich durch persönliche Erfahrungen und/oder die Beschäftigung mit der eigenen Endlichkeit beeinflusst. In Anlehnung an die Überlegungen von Hoffmann (Hoffmann: 131ff.) wurden einzelne Aspekte einer persönlichen Betroffenheit vom Tod ausgewählt, welche in der Regel eine Beschäftigung mit der eigenen Sterblichkeit anstoßen dürften. Dies ist vor allem für die Befragung von Menschen wichtig, die beruflich mit dem Tod (stets: anderer Menschen) zu tun haben und auf einfache Anfrage durchweg angeben, sie hätten selbstverständlich mit „dem Tod" zu tun. Diese einfache Anfrage war im Fragebogen enthalten, was bei einigen Ärzten zu Verwunderung führte und entsprechend kommentiert wurde, z. B. mit der Anmerkung „Ich bin Arzt!!!". Das Item wurde absichtlich im Fragebogen belassen, da dieser auch für Nichtmediziner anwendbar sein soll; abgesehen davon gibt es selbstverständlich auch Ärzte, die aktuell im Berufsalltag nicht oder nur selten mit dem Tod von Menschen zu tun haben (freilich kaum unter Hausärzten).

Wenn jemand (ob Arzt oder nicht) sich für oder gegen die Möglichkeit einer vorzeitigen Lebensbeendigung ausspricht, kann dies in Bezug auf seine eigene Betroffenheit mit unterschiedlichen Denkfiguren bearbeitet werden (die allesamt in der Diskussion aufzufinden sind), je nachdem, ob die Haltung des Befragten mit der Haltung des Beobachters übereinstimmt oder nicht. Grundsätzlich kann ein hohes Alter ebenso wie ein geringes Alter als Ansatz für Kritik an der geäußerten Meinung verwendet werden; entsprechend eine starke persönliche Betroffenheit ebenso wie eine geringe persönliche Betroffenheit. Spricht sich eine junge und/oder wenig betroffene Person für oder gegen die individuelle Option einer vorzeitigen Lebensbeendigung (bei schwerer Krankheit oder geringer Lebensqualität) aus, so kann eingewandt werden, dass sie dies aufgrund der Distanz zum Tod jetzt überhaupt noch nicht beurteilen kann und sicher ihre Meinung noch ändern wird, wenn sie tatsächlich in Todesnähe gerät (ähnlich argumentiert Hoerster für ein Suizidverbot, vgl. Hoerster 1998: 31-35). Ist die befragte Person alt und/oder krank und/oder war selbst schon einmal mit der Möglichkeit des eigenen Todes konfrontiert, kann man zwei Aspekte gegen ihre Einstellung anführen: Sie ist erstens durch ihre Erfahrungen traumatisiert bzw. auf das Thema fixiert und kann aufgrund einer zu geringen Distanz nicht objektiv urteilen. Zweitens steht sie – im Fall einer akuten Betroffenheit (Krankheit, Schmerzen) – unter Druck und wird durch momentane irrationale Angst in ihrer Meinung beeinflusst.[177]

Diese Denkfiguren lassen sich gleichermaßen von Lebensschützern auf Sterbehilfebefürworter und von Sterbehilfebefürwortern auf Lebensschützer anwenden. Den folgenden Untersuchungen liegt daher eine ungerichtete Hypothese zugrunde: Es wird überprüft, ob das Alter und/oder die persönliche Betroffenheit der befragten Ärzte[178] einen Einfluss auf die Haltung zu einer vorzeitigen Lebensbeendigung haben, und wenn ja, wie dieser aussieht. Die Identifikation eines Alterseffektes wird durch die grobe Kategorisierung erschwert. Insgesamt befürworten ältere Hausärzte das Schweizer Modell etwas häufiger als jüngere und lehnen es zudem seltener ab. Die wenigen jüngeren Ärzte unter 45 Jahren sind häufiger ambivalent. Die höchste Zustimmung erhält das Schweizer Modell bei den Ärzten über 75 Jahren (Tabelle 76). Ähnlich verhält es sich mit den Einzelitems zur moralischen Bewertung unterschiedlicher Aspekte des Suizids bzw. ärztlicher Sterbehilfe und den daraus berechneten Subskalen. Der Einfluss des Alters ist durchweg sehr gering, die älteren Ärzte sind

---

[177] Eine je nach Position bestechende oder zynische Argumentation.
[178] Anhand der vorliegenden Operationalisierung, die unzureichend sein könnte.

insgesamt etwas häufiger liberal eingestellt als die jüngeren. Zur Illustration wird in Tabelle 77 die Bewertung der Tötung auf Verlangen nach Alter dargestellt. Dieses Item korreliert am stärksten mit dem Alter, der Zusammenhang ist dennoch absolut gesehen sehr gering.

In der Schweiz gibt es Sterbehilfevereine […], die schwerkranken Menschen einen Suizid ermöglichen; sie vermitteln einen Arzt, der ein tödliches Medikament verschreibt und begleiten sie bis zum Tod. Was halten Sie davon?		Alter in Jahren				
		30-44	45-59	60-74	75+	Gesamt
So etwas sollte es auch in Deutschland geben	n	3	53	71	11	138
	%	21,4	39,0	43,3	47,8	40,9
So etwas sollte in Deutschland verboten bleiben	n	4	59	51	8	122
	%	28,6	43,4	31,1	34,8	36,2
Ich weiß nicht, was ich davon halten soll	n	7	24	42	4	77
	%	50,0	17,6	25,6	17,4	22,8
Gesamt	n	14	136	164	23	337
	%	100,0	100,0	100,0	100,0	100,0

$CV = 0,135 / p = 0,057$

Tabelle 76: Schweizer Modell nach Alter

Alter in Jahren		Es sollte Ärzten erlaubt sein, schwerkranke Menschen zu töten, die dies ausdrücklich wünschen.			
		stimme zu	teils-teils	nicht	Gesamt
30-44 Jahre	n	0	1	12	13
	%	0,0	7,7	92,3	100,0
45-59 Jahre	n	12	13	108	133
	%	9,0	9,8	81,2	100,0
60-74 Jahre	n	27	25	113	165
	%	16,4	15,2	68,5	100,0
75 Jahre und älter	n	5	3	15	23
	%	21,7	13,0	65,2	100,0
Gesamt	n	44	42	248	334
	%	13,2	12,6	74,3	100,0

$Tau_b = -0,161^*$ *(Berechnungsgrundlage: nichtreduzierte Items ohne „nicht beurt.")*

Tabelle 77: Kreuztabelle Tötung auf Verlangen nach Alter

Die persönliche Betroffenheit wurde in unterschiedlichen Dimensionen erfasst und zur besseren Übersichtlichkeit aggregiert (Kapitel 5.7.6). Die einzelnen Aspekte der Itembatterie III.7 (Persönliche Erfahrungen mit Tod und Sterben) hängen unterschiedlich stark mit der Haltung zur vorzeitigen Lebensbeendigung zusammen. Personen, die das Sterben von Anderen oder einen persönlichen „falschen Alarm" erlebt haben, zeigen keine auffälligen Abweichungen von den Antwortmustern auf Gesamtebene.

III.1 Ich möchte die Möglichkeit haben, bei einer schweren Krankheit mein Leben vorzeitig zu beenden.	III.7 Direkte persönliche Betroffenheit					
	nein		ja		Gesamt	
	n	%	n	%	n	%
stimme zu	79	32,5	44	51,2	123	37,4
stimme eher zu	53	21,8	12	14,0	65	19,8
teils-teils	33	13,6	11	12,8	44	13,4
stimme eher nicht zu	39	16,0	8	9,3	47	14,3
stimme nicht zu	39	16,0	11	12,8	50	15,2
Gesamt	243	100	86	100	329	100

$r = -0,127^*$ (p = 0,022) / CV = 0,178* (p = 0,034)

Tabelle 78: Kreuztabelle persönliche Suizidoption nach direkter Betroffenheit

III.2 Es sollte Ärzten erlaubt sein, schwerkranken Menschen beim Suizid zu helfen, die dies ausdrücklich wünschen.	III.7 Direkte persönliche Betroffenheit					
	nein		ja		Gesamt	
	n	%	n	%	n	%
stimme zu	36	14,9	30	34,1	66	20,1
stimme eher zu	51	21,2	17	19,3	68	20,7
teils-teils	45	18,7	12	13,6	57	17,3
stimme eher nicht zu	41	17,0	13	14,8	54	16,4
stimme nicht zu	68	28,2	16	18,2	84	25,5
Gesamt	241	100	88	100	329	100

$r = -0,176^*$ (p = 0,001) / CV = 0,218* (p = 0,004)

Tabelle 79: Kreuztabelle ärztliche Suizidhilfe nach direkter Betroffenheit

Wichtiger ist die tatsächliche persönliche Betroffenheit in Form einer eigenen lebensbedrohlichen Erkrankung. Persönlich betroffene Befragte wünschen sich etwas häufiger die Option einer vorzeitigen Lebensbeendigung (Tabelle 78, r = -0,127*) bzw. eine Zulassung ärztlicher Suizidbeihilfe (Tabelle 79, r = -0,176*); die Zusammenhänge sind aber sehr schwach, vor allem aufgrund der Fallzahlen. Lediglich 8 Personen sind aktuell krank und/oder rechnen mit ihrem baldigen Tod; von diesen möchten 7 für sich die Möglichkeit einer vorzeitigen Lebensbeendigung haben, eine hingegen nicht. Zur Kontrolle wurde zusätzlich Cramers V ermittelt, welches auch ungerichtete (nichtlineare) Zusammenhänge erkennt. Die Werte liegen zwar für beide Items (Tabellen 78 und 79) über den Korrelationskoeffizienten, die Unterschiede sind aber gering.

Korrelationen: Scores der Betroffenheit mit den Subskalen (niedrige Skalenwerte = Zustimmung)	(hohe Werte = hohe Betroffenheit)	
	Score persönliche Betroffenheit	Direkte persönliche Betroffenheit
III. Subskala: Absoluter Lebensschutz, transzendent/religiös begründet r	0,022	0,022
p	0,684	0,683
n	334	334
III. Subskala: Autonomie des Subjekts ist maßgeblich r	-0,086	-0,149*
p	0,119	0,007
n	333	333
III. Subskala: Suizid/Todeswunsch als gesellschaftliche Fehlentwicklung r	0,122*	0,159*
p	0,026	0,004
n	333	333
III. Subskala: Palliativmedizin macht vorzeitigen Tod überflüssig r	-0,008	0,075
p	0,877	0,164
n	343	343

Die Korrelation ist auf dem Niveau von 0,05 (2-seitig) signifikant.

Tabelle 80: Korrelationsmatrix Betroffenheit mit Subskalen

Überhaupt keinen Einfluss zeigt die direkte persönliche Betroffenheit dagegen auf die Bereitschaft, selbst Suizidbeihilfe zu leisten und die Bewertung des Schweizer Modells (ohne Tabellen). Der Score für die persönliche Betroffenheit korreliert kaum mit den Subskalen, ebensowenig die zeitliche Distanz. Die Einschränkung als „direkte persönliche

Betroffenheit" erweist sich als geringfügig trennschärfer, die Zusammenhänge bleiben dennoch im marginalen Bereich (Tabelle 80). Insgesamt befürworten Ärzte, die selbst schon einmal schwer erkrankt waren bzw. aktuell schwer krank sind, die Möglichkeit einer vorzeitigen Lebensbeendigung etwas häufiger als die übrigen Ärzte; der Effekt ist aber insgesamt sehr gering. Es gibt Hinweise auf einen stärkeren Einfluss einer akuten Betroffenheit, der sich aber aufgrund der geringen Fallzahl nicht belegen lässt (eine Befragung eigens von Ärzten im Ruhestand könnte hier Aufklärung bringen). Keinesfalls geht eine liberalere Haltung mit einer größeren persönlichen Distanz zur eigenen Endlichkeit einher – die Befürwortung von Möglichkeiten zur vorzeitigen Lebensbeendigung ist jedenfalls kein Ausdruck einer Verdrängung der eigenen Sterblichkeit.

5.9 Übergreifende Modelle

5.9.1 Lineare Regressionen – Merkmalsselektion

Nach den umfangreichen bivariaten Analysen sollen die Dritt- und Kontextvariablen in linearen Regressionsmodellen zur Beschreibung der Haltung gegenüber einer vorzeitigen Lebensbeendigung zusammengefasst werden. Als Zielvariablen dienen die drei Einzelitems „Ich möchte die Möglichkeit haben, bei einer schweren Krankheit mein Leben vorzeitig zu beenden" (subjektive Perspektive), „Es sollte Ärzten erlaubt sein, schwerkranken Menschen beim Suizid zu helfen, die dies ausdrücklich wünschen" (eine eher politische Perspektive) und „Ich kann mir Situationen vorstellen, in denen ich einem nahestehenden Menschen beim Suizid helfen würde" (die persönliche Perspektive als potentieller Sterbehelfer). Die Items sind ordinal oder metrisch skaliert und bei metrischer Interpretation als abhängige Variable einer linearen Regression verwendbar – mit der Einschränkung, dass aufgrund der fünf Antwortstufen (diskrete Werte) grundsätzlich keine perfekt passende Regressionsgleichung gefunden werden kann. Die Auswahl der unabhängigen Variablen erfolgte durch gezielte Auswahl anhand der Befunde der bivariaten Voranalysen und anhand der Ergebnisse explorativer schrittweiser Modellbildungen. Letztere, da aufgrund zahlreicher wechselseitiger Zusammenhänge der in Frage kommenden Variablen untereinander Moderator-, Mediator- und Suppressoreffekte zu erwarten sind, die durch eine ausschließlich theoriegeleitete Auswahl nicht greifbar sind. Zunächst wurden segmentäre Modelle gerechnet, in welche die Kontextitems blockweise einbezogen wurden. Items ohne erkennbaren Erklärungsbeitrag wurden sukzessive entfernt. In die Exploration wurden folgende Itemblöcke und Einzelvariablen aufgenommen:

- Itemblock I.1 (Leitwerte/Lebensziele)
- Itemblock I.2 (Vertrauen in öffentliche Einrichtungen und Organisationen)
- Itemblock I.3 Lebenssituation
- Itemblock II.1 Tod als Ende oder Weiterexistenz
- Items und Aggregate: Gottesglauben (II.2), Verbundenheit mit der Kirche/Religionsgemeinschaft (III.4), persönliche Betroffenheit (Gesamtscore und direkte persönliche Betroffenheit), Alter, Geschlecht, palliativmedizinische Qualifikation.

Um logische Zirkel zu vermeiden, wurden die Einstellungsitems zur vorzeitigen Lebensbeendigung nicht zur Erklärung verwendet. Die Möglichkeit solcher Zirkel wird damit nicht völlig ausgeräumt – z. B. könnte der Erwerb einer palliativmedizinischen Qualifikation selbstselektiv erfolgen;[179] die betreffende Variable zeigt aber keinen relevanten Einfluss und ist in den Modellen nicht enthalten.

Die Verwendung der Items „Gottesglauben" und „Verbundenheit zur Kirche/Religionsgemeinschaft" bedarf näherer Erläuterungen. Eine wichtige Voraussetzung ist, dass in der vorliegenden Stichprobe die meisten Mitglieder von Religionsgemeinschaften der katholischen, einer evangelischen Kirche oder einer anderen Gemeinschaft im jüdisch-christlich-

---

[179] Wenn etwa Gegner vorzeitiger Lebensbeendigung häufiger eine derartige Qualifikation erwerben, weil sie persönlich zur Stärkung der Palliativmedizin beitragen möchten.

islamischen Umfeld[180] angehören (es gibt nur zwei Buddhisten, vgl. 5.6.2), so dass hier fast ausschließlich monotheistische Religionen vertreten sind. Die Verbundenheit zur eigenen Kirche bzw. Religionsgemeinschaft kann als Indikator für einen traditionell/institutionell gebundenen Gottesglauben interpretiert werden. Das Item zum Gottesglauben scheint zunächst formal für eine lineare Regression ungeeignet; es kann aber ordinal interpretiert werden im Sinne eines Kontinuums vom Nichtglauben hin zu einem festen Gottesglauben, wobei der zweifelnde Gottesglaube und der Glaube an eine abstraktere bzw. diffusere höhere Macht eine Mittelstellung einnehmen. Die tatsächliche Rangfolge der beiden Kategorien „Ich glaube an Gott, auch wenn ich manchmal zweifle" und „Ich glaube, dass es eine höhere geistige Macht [...] gibt" bleibt hierbei unklar (falls es eine gibt). Die vorliegende Rangfolge der Kategorien wird beibehalten, da die Einflussstärke des Items bei den Explorationen zu den Regressionsmodellen in dieser Form jeweils am höchsten war. Fasst man die beiden unklaren Kategorien zusammen oder tauscht ihre Reihenfolge, dann verringert sich der Einfluss des Items geringfügig.

5.9.2 Lineare Regression – vorzeitige Lebensbeendigung

III.1 Ich möchte die Möglichkeit haben, bei einer schweren Krankheit mein Leben vorzeitig zu beenden.	Koeff.	SE	t	p	Beta
Die guten Dinge des Lebens in vollen Zügen genießen	0,207	0,068	3,062	0,002	**0,143**
Zufrieden mit dem Leben insgesamt	0,259	0,111	2,343	0,020	**0,122**
Zufrieden mit dem Gesundheitszustand	-0,244	0,099	-2,475	0,014	**-0,129**
Tod: Ende (1) oder Weiterexistenz (0)	-0,461	0,154	-2,996	0,003	**-0,150**
Verbundenheit mit Kirche/Rel.gemeinschaft	-0,482	0,059	-8,213	0,000	**-0,416**
Konstante	3,858	0,321	12,004	0,000	.

n = 333; R = 0,552; R² = 0,305 (korr. = 0,294); p < 0,001

Tabelle 81: Regression auf die Option zur vorzeitigen Lebensbeendigung 1

---

[180] Die Christengemeinschaft wird hier dem christlichen Umfeld zugeordnet.

Im ersten Modell hat die Verbundenheit mit der eigenen Kirche bzw. der eigenen Religionsgemeinschaft den stärksten Einfluss, in weitem Abstand gefolgt von der dichotomen Todesvorstellung (Tabelle 81). Wer eine Möglichkeit zur vorzeitigen Lebensbeendigung wünscht, ist aktuell eher mit seinem Leben zufrieden, mit seinem Gesundheitszustand eher unzufrieden, glaubt an den Tod als Ende und fühlt sich weniger einer Kirche oder Religionsgemeinschaft verbunden. Da sowohl die dichotome Todesvorstellung als auch die Verbundenheit bivariat mit dem Gottesglauben zusammenhängen, wird dieser in einem weiteren Modell gezielt hinzugenommen, obwohl er bei den Explorationen mit schrittweisen Verfahren nicht ausgewählt worden war. Beide Variablen werden in einem zweiten Modell als Indikatoren für eine traditionelle Religiosität verwendet, wobei der Gottesglaube den inhaltlichen Aspekt repräsentiert, die Verbundenheit hingegen eher den formalen Aspekt. Sie leisten nun zusammen einen deutlichen Erklärungsbeitrag (Tabelle 82) und neutralisieren weitgehend den eigenen Einfluss des Items „Tod als Ende oder Weiterexistenz" (welches ja mit beiden jeweils bivariat zusammenhängt).

III.1 Ich möchte die Möglichkeit haben, bei einer schweren Krankheit mein Leben vorzeitig zu beenden.	Koeff.	SE	t	p	Beta
Die guten Dinge des Lebens in vollen Zügen genießen	0,205	0,067	3,047	0,003	**0,141**
Zufrieden mit dem Leben insgesamt	0,266	0,109	2,444	0,015	**0,125**
Zufrieden mit dem Gesundheitszustand	-0,229	0,097	-2,350	0,019	**-0,121**
Tod: Ende (1) oder Weiterexistenz (0)	-0,223	0,165	-1,352	0,177	**-0,073**
Gottesglaube (hohe Werte = Glaube)	0,265	0,073	3,650	0,000	**0,230**
Verbundenheit mit Kirche/Rel.gem.	-0,354	0,068	-5,187	0,000	**-0,306**
Konstante	2,492	0,495	5,037	0,000	.

$n = 331$; $R = 0,576$; $R^2 = 0,332$ (korr. $= 0,320$); $p < 0,001$

Tabelle 82: Regression auf die Option zur vorzeitigen Lebensbeendigung 2

Hausärzte, die für sich die Option einer vorzeitigen Lebensbeendigung bei schwerer Krankheit haben möchten, sind mit ihrem Leben etwas stärker zufrieden, halten den Genuss der schönen Dinge des Lebens für wichtiger und sind mit ihrem Gesundheitszustand etwas weniger zufrieden (ohne relevanten Alterseinfluss). Außerdem glauben sie seltener an Gott, fühlen sich weniger einer Religionsgemeinschaft/Kirche verbunden und gehen davon aus, dass ihre persönliche Existenz mit ihrem Tod endet.

Es lassen sich mit Hilfe einer schrittweisen Methode,[181] unter initial gleichzeitiger Berücksichtigung aller Kontextvariablen Modelle mit höheren Passungen finden. Diese beinhalten für die Zielvariable „Ich möchte die Möglichkeit haben [...] mein Leben vorzeitig zu beenden" anstelle der dichotomen Variablen „Tod als Ende oder Weiterexistenz" die Einzelitems „Es gibt einen Himmel oder ein Paradies" und „Jeder Mensch muss sich nach seinem Tod für seine Taten verantworten", was aber mit einer deutlich geringeren Fallzahl einhergeht. Das Modell mit der höchsten Passung hat ein R^2 von 0,401 für eine Population von nur noch 281 Ärzten. Daher werden die beiden in Tabelle 81 und 82 dargestellten Modelle als optimal beibehalten. Interessant ist der maßgebliche Einfluss vom monotheistischen Gottesglauben und der Verbundenheit zur jeweiligen Religionsgemeinschaft. Das deutet darauf hin, dass die Ablehnung einer vorzeitigen Lebensbeendigung in erster Linie mit speziellen religiösen Einstellungsmustern zusammenhängt und andere Aspekte eher unterstützenden Charakter haben, aber per se selten tragfähig sind.

Nimmt man als abhängige Variable das Item „Es sollte Ärzten erlaubt sein, schwerkranken Menschen beim Suizid zu helfen, die dies wünschen", zeigt sich ebenfalls der maßgebliche Einfluss einer traditionellen Religiosität in Kombination von Gottesglauben und Verbundenheit zur Kirche (Tabelle 83). Überraschend ist der schwache Einfluss der Variable „direkte persönliche Betroffenheit", wonach die Zustimmung bei Betroffenen etwas geringer ist; Außerdem stimmen Ältere etwas häufiger zu. Derartige Einflüsse waren a priori für die Modelle mit der Regression auf

---

[181] Eine ausführliche Beschreibung der Merkmalsselektionsverfahren bei der schrittweisen Regression mit SPSS z. B. bei Rudolf/Müller 2012: 55-56.

die persönliche Möglichkeit zur vorzeitigen Lebensbeendigung erwartet worden, weniger für die politische Perspektive, welche mehr aus der Beobachterperspektive formuliert ist. Die Varianzaufklärung ist aber mit 24% insgesamt geringer als beim Modell für die persönliche Option zur vorzeitigen Lebensbeendigung mit immerhin 33%.

III.2 Es sollte Ärzten erlaubt sein, schwerkranken Menschen beim Suizid zu helfen, die dies ausdrückl. wünschen.	Koeff.	SE	t	p	Beta
Einen hohen Lebensstandard haben	0,232	0,078	2,958	0,003	**0,147**
Gottesglaube	0,205	0,072	2,841	0,005	**0,179**
Verbundenheit mit Kirche/Rel.gemeinschaft	-0,300	0,072	-4,140	0,000	**-0,262**
Direkte persönliche Betroffenheit; J(1)/N(0)	-0,410	0,165	-2,489	0,013	**-0,123**
Alter (5 Kategorien)	-0,302	0,099	-3,054	0,002	**-0,151**
Konstante	4,063	0,597	6,801	0,000	.

n = 323; R = 0,494; R² = 0,244 (korr. = 0,232); p < 0,001

Tabelle 83: Regression auf die Zulässigkeit ärztlicher Suizidhilfe

Zum Abschluss folgt eine lineare Regression auf die persönliche Bewertung der Suizidhilfe aus Sicht des Helfers, wobei das Item nicht die Arztrolle adressiert. Es zielt damit eher auf das Ideal der vertrauensvollen persönlichen Beziehung zwischen Arzt und Patient,[182] nicht auf das formale, eher sachbezogene Arzt-Patientverhältnis[183] (vgl. Rau/Pauli: 162-163, Siegrist: 40-41 und 250ff., Parsons: 434). Die grundsätzliche Akzeptanz ärztlicher Suizidhilfe muss nicht mit der Bereitschaft einhergehen, diese auch selbst durchzuführen. Von den Hausärzten, die eine ärztliche Suizidhilfe befürworten, können sich 14% keine eigene Mitwirkung vorstellen, 17% äußern sich ambivalent.[184] In der Schweiz befürworten ca.

---

[182] Aber auch: Kollegen, Freund, Angehörigem. Bei zukünftigen Umfragen könnte zwischen Patienten mit oder ohne persönliche Beziehung unterschieden werden.

[183] Es sollte nicht vergessen werden, dass ein persönliches Verhältnis auch Nachteile mit sich bringen kann und für die meisten therapeutischen Beziehungen eine gewisse professionelle Distanz als unumgänglich gilt.

[184] Hier werden die Tücken der Detailformulierungen deutlich – es wurde ja nach einer Suizidhilfe gegenüber „nahestehenden" Menschen gefragt. Ob die Bereit-

28% der Ärzte das dortige Modell der Suizidhilfe, ohne selbst bei einem Suizid mitwirken zu wollen; 21% lehnen das Modell ab, 43% sind selbst zur Mitwirkung bereit (Brauer, Bolliger, Strub 2014: 58).

Die Ergebnisse der Regression spiegeln die aus ärztlicher Sicht unklare juristische Bewertung der Suizidhilfe wider, auch wenn diese in der Zielvariablen nicht direkt angesprochen wurde (Tabelle 84). Ärzte, die sich eine Suizidhilfe bei Nahestehenden vorstellen können, halten „Gesetz und Ordnung respektieren" eher für weniger wichtig und haben weniger Vertrauen in die Bundesregierung. Sie glauben seltener an Gott und fühlen sich weniger einer Kirche bzw. Religionsgemeinschaft verbunden.

III.2 Ich kann mir Situationen vorstellen, in denen ich einem nahestehenden Menschen beim Suizid helfen würde.	Koeff.	SE	t	p	Beta
Gesetz und Ordnung respektieren	-0,193	0,092	-2,095	0,037	**-0,110**
Vertrauen in die Bundesregierung	0,201	0,072	2,812	0,005	**0,172**
Vertrauen in die Polizei	-0,310	0,073	-4,278	0,000	**-0,258**
Gottesglaube	0,304	0,078	3,925	0,000	**0,259**
Verbundenheit mit Kirche/Rel.gem.	-0,175	0,080	-2,174	0,030	**-0,148**
Konstante	3,955	0,680	5,812	0,000	.

n = 319; R = 0,451; R² = 0,203 (korr. = 0,191); p < 0,001

Tabelle 84: Regression auf eigene Bereitschaft zur Suizidhilfe

Aus dem Rahmen fällt ein tendenziell höheres Vertrauen in die Polizei; es kann mit den vorliegenden Daten nicht schlüssig erklärt werden. Bivariat

---

schaft gegenüber weniger/nicht nahestehenden Menschen größer oder geringer wäre, ist unklar. Parsons postuliert ja für sein Modell des Arzt-Patienten-Verhältnisses Spezifität und affektive Neutralität, also eine fachlich geprägte, distanzierte Beziehung ohne emotionale Bindung; und ein solches Verhältnis ist für die Bewältigung des ärztlichen Alltags unter heutigen Bedingungen vermutlich auch unumgänglich. Die hier beschriebene persönliche Hilfe ist also explizit eine private Hilfe, die von den Ressourcen der ärztlichen Profession des Suizidhelfers profitiert. Die Vorstellung von Parsons genießt breite Akzeptanz, es ist unplausibel, dass das in Bezug auf Suizidassistenz anders sein sollte. Niemand würde z. B. ein persönliches, langjähriges Vertrauensverhältnis zum durchführenden Arzt als Idealvoraussetzung für einen Schwangerschaftsabbruch propagieren.

korrelieren die beiden Variablen nicht (r = -0,097 / p = 0,082); hingegen korrelieren alle Vertrauensvariablen paarweise miteinander (rmin 0,332 bis rmax 0,680). Möglicherweise handelt es sich hier um einen Wechselwirkungseffekt in Folge der hohen Binnenkorrelationen in diesem Itemblock.

5.10 Einstellungstypen zur Sterbehilfe

5.10.1 Typisierung durch hierarchische Clusteranalyse

Abschließend sollen die Einstellungen der befragten Hausärzte zur Sterbehilfe anhand der aggregierten Aussagen mit einem statistischen Verfahren typisiert werden. Dazu bietet sich eine hierarchische Clusteranalyse der Subskalen an, die aus den Itembatterien III.1, III.2 und III.6 gebildet wurden. Die Verwendung von nur vier metrischen Variablen verspricht Übersichtlichkeit; die obligatorischen Versuchsdurchläufe mit unterschiedlichen Algorithmen ergaben dennoch viele Variationen abseits zweier Grundtypen, die sich stabil reproduzieren ließen. Diese Grundtypen sind Antagonisten auf der Hauptachse Lebensschutz – liberalisierte Sterbehilfe, die sich bereits bei den Einzelitems mittels Faktorenanalyse gezeigt hatte (siehe Abschnitt 5.7.2). Diese Hauptachse wird definiert durch die beiden Subskalen „Absoluter Lebensschutz, transzendent/religiös begründet" *trans* und „Autonomie des Subjekts ist maßgeblich" *subj* (r = -0,750**), die komplementär dieselbe statistische Dimension erfassen, aber aus theoretischen Erwägungen getrennt erstellt wurden.[185] Zusätzliche Versuche unter Miteinbeziehung der Einzelitems, die nicht in Subskalen aufgenommen worden waren (v. a. die Aussage „Wenn ich mich umbringen wollte, wüsste ich, wie ich das umsetzen kann."), brachten bei der Exploration keinen analytischen Mehrwert und wurden daher nicht

---

[185] Die Items, die zur Subskala „Absoluter Lebensschutz (...)" zusammengefasst wurden, nehmen i. d. R. explizit Bezug auf Gott oder sind anderweitig normativ begründet.

systematisch mit einbezogen. Entgegen den allgemeinen Erfahrungen (vgl. Backhaus et al.: 430ff.) lieferten die Clusteralgorithmen „Ward" und „Zentroid" nicht die besten Ergebnisse im Sinne einer guten Interpretierbarkeit. Brauchbarer waren die Ergebnisse des Verfahrens „Average Linkage between Groups", wobei sich dessen Tendenz, Ausreißer und Kleinstgruppen zu bilden, in Grenzen hielt bzw. sogar als hilfreich erwies.

Nachfolgend wird ein Modell exemplarisch dargestellt, das sich gut interpretieren lässt. Es besteht aus fünf Hauptclustern, einem Nebencluster und einem Ausreißer, welcher konsequent auch bei den meisten Versuchsdurchläufen mit anderen Clusteralgorithmen (außer Ward) separiert worden war. Ein manueller Ausschluss des betreffenden Falls vorab veränderte die übrigen Ergebnisse nicht. In Tabelle 85 werden die Mittelwerte der zur Clusterbildung verwendeten Variablen differenziert nach Clusterzuordnung dargestellt. Ein wichtiges Gütekriterium der Lösungen ist, dass die Varianzen innerhalb der Cluster für alle Kriteriumsvariablen geringer sind als die Streuung auf Gesamtebene; dies ist hier durchgängig erfüllt.

Im vorangegangenen Iterationsschritt wurden ein Nebencluster mit nur drei Fällen und ein Einzelfall (beide mit einem ähnlichen Wertemuster in unterschiedlicher Stärke) zum vorliegenden Cluster 6 fusioniert. Im nächsten Schritt werden die Cluster 2 und 4 zu einem Großcluster mit 147 Fällen fusioniert, wobei die unterschiedlich starke Ausprägung der beiden Hauptskalen *trans* und *subj* nivelliert wird.

Zwei Grafiken verdeutlichen im Anschluss die Verteilung zweier prägnanter Variablen zwischen den Clustern: Der Glaube an ein Wiedersehen im Jenseits (Abb. 4), mit großen Abweichungen und die direkte persönliche Betroffenheit (Abb. 5) mit geringen Abweichungen.

Clusteranalyse: Subskalen aus III.1/2/6 Quadrierter Euklidischer Abstand / Average Linkage (between groups)		Lebens- schutz, relig. begründet (trans)	Autonomie des Subjekts maßgeblich (subj)	Suizid als gesellsch. Fehlentw. (soz)	Palliativmed. macht vor- zeitigen Tod überflüssig (pall)
Cluster 1	Mittelwert	3,65	2,47	2,91	2,33
Reserviert Liberale	n	64	64	64	64
mit tend. Vertrauen in Palliativmedizin	Std.abw.	0,525	0,623	0,527	0,533
Cluster 2	Mittelwert	2,18	4,63	1,52	1,82
Religiös motivierte	n	55	55	55	55
Lebensschützer	Std.abw.	0,727	0,353	0,336	0,494
Cluster 3	Mittelwert	3,36	2,63	2,37	3,76
Reserviert Liberale,	n	21	21	21	21
skeptisch bezüglich Palliativmedizin	Std.abw.	0,381	0,577	0,471	0,320
Cluster 4	Mittelwert	2,80	3,72	2,26	2,40
Ambivalent mit	n	92	92	92	92
Tendenz zum Lebensschutz	Std.abw.	0,517	0,608	0,424	0,525
Cluster 5	Mittelwert	4,36	1,76	3,61	3,28
Befürworter einer	n	94	94	94	94
liberalen Lösung	Std.abw.	0,456	0,431	0,595	0,734
Cluster 6	Mittelwert	1,33	4,53	1,70	4,05
Religiöser Lebens-	n	4	4	4	4
schutz ohne Pall.	Std.abw.	0,236	0,773	0,529	0,500
Cluster 7	Mittelwert	3,67	4,38	1,60	3,80
Ausreißer	n	1	1	1	1
	Mittelwert	3,33	3,01	2,64	2,65
Insgesamt	n	331	331	331	331
	Std.abw.	0,976	1,182	0,887	0,838
ANOVA	Eta	0,840	0,896	0,836	0,728

Tabelle 85: Einstellungstypen zur Sterbehilfe (Clusteranalyse)

Die Balken der Grafiken sind jeweils mit den absoluten Häufigkeiten beschriftet, wurden aber auf dieselbe Länge gestreckt, damit die Proportionen der Verteilungen verglichen werden können. Der unterste Balken („Total") enthält die Gesamtsummen über alle Cluster.

II.1 Nach dem Tod wird es ein Wiedersehen mit anderen Menschen im Jenseits geben

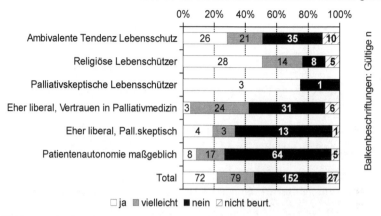

Abbildung 4: Wiedersehen im Jenseits nach Clustern

Direkte persönliche Betroffenheit (Score)

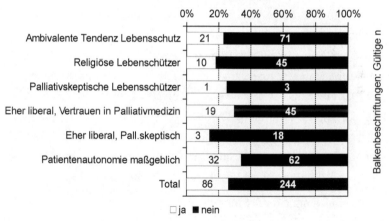

Abbildung 5: Direkte persönliche Betroffenheit nach Clustern

5.10.2 Charakterisierung der Cluster

Die einzelnen Cluster der 7-Cluster-Lösung (6 Cluster und 1 Ausreißer) werden nachfolgend anhand der Mittelwerte der Kriterienvariablen charakterisiert und dann mit Hilfe demografischer Merkmale und weiterer Variablen näher beschrieben. Die Zuordnung einzelner Personen zu bestimmten Clustern ist bei uneinheitlichen Mustern der Kriterienvariablenwerte ein Kompromiss, der je nach Clusterverfahren zu abweichenden Ergebnissen führen kann. Es kann vorkommen, dass in einem speziell charakterisierten Cluster einzelne Personen enthalten sind, die anhand einer Einzelskala nicht dort vermutet werden (z. B. drei Personen in Cluster 2 mit Mittelwerten von 3,56 bis 4,33 für die Skala *trans*). Die Cluster sind Kondensate statistischer Tendenzen, die daraus abgeleiteten Gruppen zwangsläufig unscharf.

Cluster 1 - Tendenziell Liberale mit Vertrauen in die Palliativmedizin
(n = 64)

Die Bewertungen der Ärztinnen und Ärzte in diesem Cluster sind für alle vier Subskalen insgesamt verhalten. Die Argumente für einen religiös begründeten Lebensschutz werden eher abgelehnt oder ambivalent bewertet; komplementär dazu ist eine tendenzielle Zustimmung zu den Aussagen, die eine Liberalisierung der Sterbehilfe und das Recht jedes Menschen auf Selbstbestimmung betonen. Bestimmend (in Abgrenzung zu Cluster 5) ist eine eher positive Sicht auf die Möglichkeiten der Patientenbetreuung und Palliativmedizin. Der Mittelwert für „Suizid als gesellschaftliche Fehlentwicklung" liegt nahe am Skalenmittelwert.

Die Verteilung der Konfessionszugehörigkeiten ähnelt der Gesamtebene (45% sind evangelisch, 27% katholisch, 22% ohne Konfession). Auffällig ist ein höherer Frauenanteil (45% gegenüber 37,5% insgesamt). Die Mehrheit (58%, n = 37) glaubt an eine Weiterexistenz nach dem Tod, aber nur 5% (n = 3) konkret an ein Wiedersehen mit anderen Menschen im Jenseits. Die direkte persönliche Betroffenheit von Tod und Krankheit ist mit 30% (n = 19) leicht erhöht.

Cluster 2 - Religiös motivierte Lebensschützer *(n = 55)*

Dieser Cluster repräsentiert den Grundtypus der deutlichen Ablehnung von Suizid und vorzeitiger Lebensbeendigung. Die meisten Befragten stimmen den Items zur religiös begründeten Ablehnung eher zu (90% haben für die Subskala *trans* Mittelwerte von 1,3 bis 3,1). Suizid wird klar als Fehlentwicklung gesehen, die moderne Palliativmedizin als Korrektiv vorzeitiger Sterbewünsche.

Die Ärzte und Ärztinnen in diesem Cluster gehören mit großer Mehrheit einer der großen Kirchen an; 47% (n = 26) sind evangelisch, 45% (n = 19) katholisch. Hinzu kommen drei Mitglieder einer Freikirche und 9% (n = 5) Konfessionslose. Zwei Personen geben an, nicht an Gott zu glauben bzw. äußern sich agnostisch – beide sind Kirchenmitglieder. Die Mitglieder fühlen sich ihrer Kirche/Gemeinschaft überwiegend mäßig bis eher stark verbunden (nur die drei Mitglieder in Cluster 6 geben im Schnitt eine noch stärkere Verbundenheit an). Direkt von Krankheit und Tod betroffen sind/waren 18% (n = 10), was unter dem Durchschnitt von 26% liegt. 82% (n = 45) glauben an eine Weiterexistenz nach dem Tod, 51% (n = 28) konkret an ein Wiedersehen mit anderen Menschen im Jenseits (zzgl. 25% „vielleicht").

Cluster 3 - Tendenziell Liberale mit Skepsis gegenüber den Möglichkeiten der Palliativmedizin *(n = 21)*

Dieser Cluster ähnelt Cluster 1 mit einer leichten Tendenz zur Befürwortung einer Liberalisierung der Sterbehilfe. Im Unterschied zu Cluster 1 sehen die Befragten den Suizid bzw. den Wunsch nach vorzeitiger Lebensbeendigung aber etwas häufiger als Fehlentwicklung, verbunden mit einer eher pessimistischen Sicht auf die Möglichkeiten der Palliativmedizin.

Ein Drittel der Befragten in diesem Cluster ist konfessionslos (n = 7); 7 weitere sind evangelisch, 6 katholisch (1 NAK). Die Verbundenheit der Mitglieder zu ihrer Kirche/Religionsgemeinschaft ist eher gering. Nur 14% (n = 3) weisen eine direkte Betroffenheit von Krankheit/Tod auf. 48% (n = 10) glauben an eine Weiterexistenz nach dem Tod, davon 4 konkret an ein Wiedersehen mit anderen Menschen im Jenseits (zzgl. n = 3 „vielleicht"). Mit nur 2 Ärztinnen weist dieser Cluster als einziger mit nennenswerter Fallzahl ein abweichendes Geschlechterverhältnis auf.

Cluster 4 - Ambivalente mit Tendenz zum Lebensschutz *(n = 92)*

Die Ärztinnen (42%) und Ärzte dieses Clusters bewegen sich bei den Hauptskalen eher im Bereich der Mitte (teils-teils) mit einer Tendenz zugunsten den Argumenten des Lebensschutzes. Der Wunsch nach vorzeitiger Lebensbeendigung wird als Fehlentwicklung gesehen, verbunden mit einer tendenziell optimistischen Sicht auf die Möglichkeiten der Palliativmedizin. Das Meinungsprofil von Cluster 4 zeigt ähnliche Tendenzen wie dasjenige von Cluster 2, aber in deutlich abgeschwächter Form.

48% (n = 44) sind evangelisch, 30% (n = 28) katholisch und 17% (n = 16) konfessionslos; die Mitglieder fühlen sich ihrer Kirche eher mittelmäßig verbunden (Mittelwert = 2,73). An eine Weiterexistenz nach dem Tod glauben 75% (n = 69), an ein Wiedersehen mit anderen Menschen 28% (n = 26, zzgl. 23% „vielleicht"). Damit zeigt sich dieser Cluster weniger religiös als Cluster 2. Eine palliativmedizinische (Zusatz-) Qualifikation haben 14% (n = 13) genannt.

Cluster 5 - Befürworter der Patientenautonomie hinsichtlich einer vorzeitigen Lebensbeendigung *(n = 94)*

Die Befragten im größten Cluster befürworten das Recht jedes Einzelnen, über eine vorzeitige Lebensbeendigung selbst zu entscheiden und lehnen im Gegenzug die Aussagen zugunsten eines absoluten Lebensschutzes deutlich ab. Der Wunsch nach einem vorzeitigen Tod wird eher nicht als Fehlentwicklung bzw. ambivalent gesehen, auch die Möglichkeiten der

Palliativmedizin werden ambivalent bewertet. Dieser Cluster ist komplementär zu Cluster 2 (mit Ausnahme der Einschätzung palliativmedizinischer Möglichkeiten).

In Cluster 5 ist der Anteil Konfessionsloser mit 41% (n = 39) am höchsten, gefolgt von Mitgliedern der ev. (36%) und kath. (22%) Kirche. Die Mitglieder fühlen sich ihren Kirchen im Schnitt eher wenig verbunden. 56% halten den Tod für das vollständige Ende der persönlichen Existenz, 9% (n = 8) glauben an ein Wiedersehen mit anderen Menschen im Jenseits (zzgl. 18% „vielleicht"). Eine palliativmedizinische (Zusatz-) Qualifikation haben 5% (n = 5) genannt.

Cluster 6 – Religiös motivierter Lebensschutz, Ablehnung von Patientenautonomie hinsichtlich einer vorzeitigen Lebensbeendigung *(n = 4)*

Die vier Lebensschützer (eine Frau, drei Männer) in diesem Cluster unterscheiden sich von den Ärzten in Cluster 2 durch eine eher pessimistische Sicht auf die Möglichkeiten der Palliativmedizin. Angesichts der geringen Fallzahl dienen die demographischen Details nur der Illustration. Alle vier glauben an eine Weiterexistenz nach dem Tode; drei sind Kirchenmitglieder, einer ist konfessionslos. Die drei Kirchenmitglieder glauben an ein Wiedersehen im Jenseits, der Konfessionslose nicht. Keiner hat eine palliativmedizinische Zusatzqualifikation.

Cluster 7 – Ausreißer *(n = 1)*

Dieser Einzelfall (männlich) hat die Items zum Lebensschutz als auch die Items zur Betonung der Patientenautonomie am Lebensende ambivalent oder ablehnend beantwortet, wobei die Ablehnung der Patientenautonomie deutlicher ausfällt. Dies geht einher mit einer pessimistischen Sicht auf die Möglichkeiten der Palliativmedizin und einer deutlich negativen Beurteilung der vorzeitigen Lebensbeendigung. Der Arzt ist evangelisch, der Kirche verbunden und glaubt an ein Wiedersehen im Jenseits. Bei allen verwendeten Clusterverfahren (außer Ward) wurde er ausgesondert, das Einstellungsmuster ist also exotisch und mit den vorliegenden Daten kaum interpretierbar.

5.10.3 Fazit der Clusteranalyse

Ähnliche Clustertypen wie bei der oben vorgestellten Lösung fanden sich auch bei den meisten Versuchsläufen mit anderen Clusterverfahren, auch wenn dort meist die Differenzierung unschärfer war (vor allem beim Ward-Verfahren). Auffällig ist, dass die beiden vorab vermuteten Grundtypen (Befürwortung einer vorzeitigen Lebensbeendigung versus absoluter Lebensschutz) dominant sind und jeweils große Cluster bilden; weitere Cluster werden in erster Linie durch unterschiedliche Akzentuierungen bei der Einschätzung der Möglichkeiten der Palliativmedizin definiert. Entweder folgen die Befragten der Postulierung zwingender moralischer Gründe für einen unbedingten Lebensschutz (meist religiös basiert – der Wille Gottes) oder sie lehnen dies ab. Argumente wie gesellschaftlich schädliche Auswirkungen oder die Überflüssigkeit vorzeitiger Lebensbeendigung aufgrund heutiger medizinischer und pflegerischer Möglichkeiten scheinen eher als Neben- oder Hilfsargumente zu dienen, die den beiden Haupttypen nachgeordnet sind; sie kommen dann zum Tragen, wenn keine eindeutige Bevorzugung eines der beiden dominierenden Grundtypen vorliegt. Es handelt sich dann aber um Ausreißer bzw. Kleinstcluster.

Zur Illustration dieses Befundes werden in Abbildung 6 die Verteilungen der Angaben zum Gottesglauben nach Clustern grafisch dargestellt – der Glaube an höhere Mächte ist hier aus Platzgründen mit dem zweifelnden Glauben zusammengefasst, die Balken bilden die Prozente ab, sind aber mit den absoluten Häufigkeiten beschriftet. In den Clustern mit Tendenz zum Lebensschutz stellen Gläubige die große Mehrheit, wohingegen in den anderen Clustern alle Glaubenstypen vertreten sind.

Zwischen den Clustern gibt es keine auffälligen demografischen Unterschiede. Eine größere Abweichung vom Verhältnis der Geschlechter auf

Gesamtebene[186] zeigt allein Cluster 3 (21 Personen; tendenziell Liberale mit skeptischer Einschätzung der Palliativmedizin): 90,5% der Befragten sind hier männlich, über den Grund dieses Überhangs kann nur spekuliert werden. Bei der Altersverteilung lassen sich generell keine belastbaren Abweichungen feststellen, was auch an den niedrigen Fallzahlen für die jüngsten und ältesten Altersgruppen liegt. Insgesamt hatten 9% der Befragten, die in die Clusteranalyse mit eingingen, eine palliativmedizinische (Zusatz-)Ausbildung genannt. Diese sind vor allem in Cluster 2 (religiös motivierte Lebensschützer) und Cluster 4 (Ambivalente mit Tendenz zum Lebensschutz) vertreten. Es befinden sich aber auch Palliativmediziner in den eher liberalen Clustern. Es gibt einen sehr schwachen Effekt, wonach Hausärzte mit palliativmedizinischer Qualifikation eine etwas stärkere Affinität zum Lebensschutz haben; der Zusammenhang ist aber aufgrund der geringen Fallzahlen nicht belastbar (CV = 0,148 / nicht signifikant mit p = 0,234 / Ausreißer ausgeschlossen).

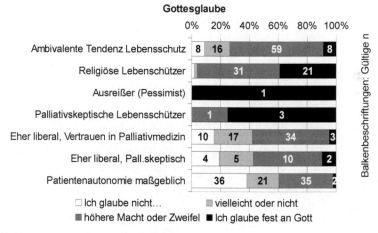

Abbildung 6: Gottesglaube nach Clustern

---

[186] Auf Gesamtebene sind 37,5% der Befragten weiblich und 62,5% männlich.

6 Zusammenfassung und Fazit

Am 06. November 2015 fand im Deutschen Bundestag eine Abstimmung über verschiedene Gesetzesvorschläge zur Regelung der Sterbehilfe statt, der eher konservative Vorschlag von Brand/Högl erhielt mit 360 Ja-Stimmen (630 Abgeordnete) eine deutliche Mehrheit, die sich vor allem auf Abgeordnete der CDU/CSU (252 von 310) und der SPD (77 von 193) stützte[187]. Mit einer Neufassung von § 217 StGB[188] wird nun eine *geschäftsmäßige* Hilfe zum Suizid unter Strafe gestellt; davon ist nicht nur die Suizidhilfe als Handlung, sondern auch ihre *Förderung* betroffen, so dass die Handlungsspielräume für Ärzte und Sterbehilfeorganisationen soweit einschränken worden sind, dass dies einem Verbot gleich kommt. Die Protagonisten dieses Verbotes hoffen, so einen gesellschaftlichen Dammbruch abwenden zu können – sie befürchteten in Folge einer möglichen Liberalisierung der Sterbehilfe die Abwertung menschlichen Lebens, einen sozialen Druck auf Schwerkranke und Hochaltrige sowie einen Vertrauensverlust gegenüber Ärzten und dem Gesundheitswesen.

Die Entwicklungen bzw. Erfahrungen in Staaten wie den Niederlanden oder der Schweiz sind uneindeutig. Die Zahl vorzeitiger Lebensbeendigungen steigt dort bisher an, bewegt sich aber noch auf einem relativ niedrigen Niveau; objektive und konsensfähige Maßstäbe, ab wann diese Zahl zu hoch ist, gibt es allerdings nicht.[189] Umfragen in diesen Staaten zeigen, dass die Regelungen von einer großen Mehrheit der Bevölkerung befürwortet werden und dass das Vertrauen in das Gesundheitswesen und die

---

[187] Abrufbar unter https://www.bundestag.de/bundestag/plenum/abstimmung/grafik (Navigationspunkt „Alle Abstimmungen")

[188] Im Internet u. a. unter http://www.gesetze-im-internet.de/stgb/__217.html

[189] Wer eine Unverfügbarkeit menschlichen Lebens vertritt, wird jede Zahl als zu hoch ansehen und es auch nicht akzeptieren, wenn vorzeitige Lebensbeendigungen gegen andere Todesursachen aufgerechnet werden. Menschen, die eine vorzeitige Lebensbeendigung wünschen, möchten aber ausdrücklich durch z. B. die Einnahme eines Medikamentes sterben und nicht *natürlich* an ihrem Tumor oder den Auswirkungen einer anderen Krankheit.

Ärzteschaft dort bisher keinen Schaden genommen hat. Auch in Deutschland wünscht eine große Bevölkerungsmehrheit ein Angebot der vorzeitigen Lebensbeendigung. Diese Mehrheit ist stabil und kann nicht durch methodische Einwände relativiert werden – wie z. B. den Vorwurf der Verwendung missverständlicher oder suggestiver Umfrageitems. Es gibt eine deutliche Diskrepanz zwischen der Meinung der Bevölkerung und der offiziellen Haltung der Eliten aus Ärzteschaft, Politik und Kirchen. Letztere lehnen eine Suizidassistenz für Schwerkranke – ob durch Ärzte oder durch Sterbehilfeorganisationen – mehrheitlich ab, außerdem gilt die Tötung auf Verlangen nach niederländischem Muster als völlig indiskutabel.

Die Positionen zur vorzeitigen Lebensbeendigung können mit unterschiedlichen Risikoerwartungen und Risikokalkulationen in Bezug auf Tod und Sterben beschrieben werden. Die Struktur dieser Risikokalkulationen ist komplex. In der vorliegenden Arbeit wurden u. a. auch religiöse Vorstellungen zum Tod mit berücksichtigt, da die meisten Gegner einer vorzeitigen Lebensbeendigung mit religiösen Konzepten wie dem Willen Gottes und/oder einer transzendenten Rahmung des Lebens argumentieren. Diesseitig geht es zunächst um den Verlust an Lebenszeit und um Leiden am Lebensende, der Glaube an eine Weiterexistenz nach dem Tod vergrößert entsprechend die Reichweite und Komplexität von Risikoerwartungen. Beide Seiten der Debatte operieren mit Angst und sehen die Bestrebung der jeweils anderen Seite als Gefahr. Schlagwörter der Selbstbeschreibung sind „Lebensschutz" für die Gegner einer vorzeitigen Lebensbeendigung und „Patientenautonomie" für die Befürworter.

Eine Zulassung vorzeitiger Lebensbeendigung ist gleichermaßen riskant wie ein Verbot. Bestimmte gesellschaftliche Entwicklungen haben eine Eigendynamik, allen voran der Wandel der Alters- und Mortalitätsstruktur der Bevölkerung; aber auch die zunehmende Ökonomisierung des Gesundheitswesens. Diese Faktoren vergrößern nicht einseitig die Risiken einer der beiden Richtungen, sie sind ihrerseits wieder Bedingungen unterworfen: der Verfügbarkeit finanzieller Ressourcen, der Qualität und Verfügbarkeit von Angeboten zur Sterbebegleitung (Palliativmedizin, Hospize etc.) und der Kommunikationskultur am Lebensende – inklusive dem Vertrauen der Betroffenen in Ärzte und andere Akteure des Medizinsystems. Die Zusammenhänge sind komplex und je nach Konstellation der Bedingungen können Lebensschutz, Patientenautonomie oder beides gefährdet sein. Der eine Patient fürchtet, dass sein Hausarzt einem unbedacht geäußerten Sterbewunsch vorschnell nachkommt; der andere Patient fürchtet, dass sein überlegter und ernsthafter Sterbewunsch abgeblockt oder die selbstständige Umsetzung vereitelt werden könnte. Der Angst vor einer künstlichen Lebensverlängerung im Krankenhaus zur Umsatzgenerierung steht die Angst vor einem Druck zum Sterben gegenüber, um Behandlungskosten und soziale Ressourcen zu sparen.

In der Ärzteschaft schwankt der Wunsch nach der Zulassung einer ärztlichen Suizidassistenz zwischen einem Drittel und knapp der Hälfte, je nach Zielgruppe und der Fragestellung im Detail. Ähnlich wie in der Gesamtbevölkerung lässt sich innerhalb der Ärzteschaft eine Diskrepanz zwischen der offiziellen Position der Eliten und der Basis feststellen, wenn auch weniger stark ausgeprägt. Unter den im Sommer 2014 für diese Arbeit befragten Hausärzten vertreten 35% einen konsequenten Lebensschutz, 40% befürworten das Schweizer Modell und 25% sind ambivalent.[190] Die Ansichten einiger Ärzte variieren je nachdem, ob sie diese in ihrer Arztrolle gegenüber Patienten äußern oder ob sie sich auf ihre persönlichen Belange beziehen. 56% der Befragten möchten für sich die Option einer vorzeitigen Lebensbeendigung bei schwerer Krankheit offen halten, 13% äußern sich ambivalent und nur 29% lehnen dies ab. Die Bewertung des assistierten Suizids durch Ärzte hängt also auch davon ab, ob sie diesen vor Patienten oder vor sich selbst verantworten müssen.

---

[190] Jeweils +/- 2% je nach Behandlung der fehlenden Angaben, vgl. die Tabelle zu III.3 in der Grundauszählung im Anhang.

Drittvariablen wie das Alter oder persönliche Erfahrungen mit Tod, Sterben und Endlichkeit zeigen dagegen keinen oder einen unspezifischen Einfluss. Die Position zur Sterbehilfe kann demnach nicht linear aus einer besonderen Nähe oder Distanz zum eigenen Tod bzw. der eigenen Sterblichkeit abgeleitet werden.[191] Es kann hier nicht ausgeschlossen werden, dass etwaige Effekte durch einen Stichprobeneffekt vermindert wurden, da es kaum Hausärzte unter 40 Jahren gibt[192] und auch nur einzelne ältere Hausärzte oder Hausärzte mit stark angegriffener Gesundheit in der Stichprobe vertreten sind. Eine Befragung speziell von Ärzten im Ruhestand (und damit höheren Alters) könnte hier weiteren Aufschluss geben.

Die Ärzte der Hausärztestichprobe entsprechen hinsichtlich ihres religiösen Profils der Vergleichsbevölkerung Baden-Württembergs. 39% glauben fest oder eher an Gott, 36% äußern sich atheistisch oder agnostisch, 26% glauben abstrakter an die Existenz einer höheren geistigen Macht. 63% glauben, dass sie nach dem Tod in irgendeiner Art und Weise weiterexistieren werden. Mitglieder der evangelischen Kirche sind gegenüber Katholiken in der Stichprobe leicht überrepräsentiert, andere Religionen oder Gemeinschaften kommen nur vereinzelt vor. Die Ablehnung einer vorzeitigen Lebensbeendigung geht bei den Befragten meist mit einem traditionell geprägten christlichen Glauben einher – dem Glauben an einen persönlichen Gott im Rahmen einer Kirchenmitgliedschaft und einer mittleren bis starken Verbundenheit mit dieser Kirche. Eine Ablehnung des assistierten Suizids oder der Tötung auf Verlangen ist grundsätzlich auch ohne Rückgriff auf religiöse Vorstellungen begründbar, z. B. aufgrund der Erwartung gesellschaftlich schädlicher Auswirkungen. Bei den befragten

---

[191] Verbreitet ist die Denkfigur, dass Personen, die jung und/oder gesund sind, irrationale Ängste vor Krankheit, Alter und Hinfälligkeit hätten. Sie wünschen sich zunächst eine vorzeitige Lebensbeendigung, ändern ihre Meinung aber später. Ebenso könnte man erwarten, dass Alte, Kranke und Hinfällige eher Sterbehilfe wünschen, weil sie ihre Situation unmittelbarer und realistischer wahrnehmen. Entweder gibt es keines dieser Muster oder es kommen beide gleichermaßen vor.

[192] In der Stichprobe und in der Grundgesamtheit.

Hausärzten sind solche immanenten Begründungen aber meistens mit entsprechenden religiösen Glaubensvorstellungen verbunden. Wesentlich lassen sich zwei Haupttypen eingrenzen: Eine Ablehnung vorzeitiger Lebensbeendigung, die sich auf religiöse und nichtreligiöse Begründungen gleichermaßen beruft, und eine Befürwortung oder Akzeptanz, welche die Autonomie des Einzelnen in den Vordergrund stellt – entsprechend den Hauptpositionen der gesellschaftlichen Debatte: „Lebensschutz" versus „Patientenautonomie". Die übrigen Befragten sind unsicher bzw. ambivalent, ein weiterer größerer Einstellungskomplex ließ sich aus den Daten nicht isolieren.

Die Koppelung der Ablehnung vorzeitiger Lebensbeendigung an eine traditionelle, konservative Religiosität ist auch charakteristisch für viele prominente Vertreter des Lebensschutzes.[193] Eibach und Gronemeyer, indirekt auch Maio, bedauern wiederholt den Verlust christlicher Prägung und kirchlicher Bindung. So konstatiert Gronemeyer: „Die grenzenlose Ratlosigkeit und metaphysische Obdachlosigkeit des modernen Menschen werden am Ende des Lebens radikal offenbar" (274, vgl. auch 250). Und Eibach klagt: „Das Menschenbild der Aufklärung rückt in einseitiger Weise das autonome Individuum in den Mittelpunkt, sodass des Menschen höchste Vollkommenheit letztlich darin besteht, dass er des Mitmenschen und Gottes nicht mehr bedarf und er aus sich selbst lebt." (Eibach 2012: Abschnitt IV)

Die Ablehnung einer vorzeitigen Lebensbeendigung hängt mit der moralischen Verurteilung des Suizids in der christlichen Tradition zusammen, auch wenn die Deutung des Suizids sich während der Aufklärung von einer schweren moralischen Verfehlung in Richtung eines tragischen Geschehens verschoben hat. Die meisten Vertreter des Leitwertes Patientenautonomie betrachten den Suizid Schwerkranker zur Verkürzung der Ster-

---

[193] Aus dem Rahmen fallen hier die Akteure aus der Ärzteschaft. Montgomery (BÄ) und Maio vermeiden jegliches explizit religiöse Vokabular, wobei die Nähe Maios zur katholischen Kirche bzw. Lehre offensichtlich ist. Für Montgomery konnten keine entsprechenden Hinweise gefunden werden.

bephase als rationale, moralisch zulässige Handlung. Bei den Vertretern des Lebensschutzes gibt es dagegen eine Tendenz, Sterbe- bzw. Suizidwünsche als grundsätzlich irrational zu markieren und damit ihrer einheitlichen Grunddeutung des Suizids unterzuordnen.

An den theologischen Deutungen und moralischen Vorgaben der beiden großen Kirchen orientieren sich immer weniger Menschen, auch unter Kirchenmitgliedern bzw. gläubigen Christen;[194] in den politischen Eliten haben die Kirchen noch einen stärkeren Einfluss und können einzelne Debatten mitbestimmen.[195] Diese Einflussnahmen kann man positiv als notwendiges Korrektiv gesellschaftlicher Fehlentwicklungen bewerten (die Mehrheit kann durchaus irren, gerade in moralischen Fragen) oder aber als Versuch der Verteidigung überkommener Strukturen und der Durchsetzung moralischer Autorität. Menschen, die sich keiner Kirche verbunden fühlen, dürften so jedoch kaum erreicht bzw. überzeugt werden können. Die Grenze zwischen Befürwortern und Gegnern einer vorzeitigen Lebensbeendigung bei schwerem Leid und schwerer Krankheit verläuft nicht einfach zwischen den Dimensionen religiös/nicht religiös oder Christ/Nichtchrist, sondern zwischen einer eher konservativen und einer eher liberaleren christlichen Theologie und dem Grad an Autonomie, die dem Menschen darin zugestanden wird. In der Schweiz oder den Niederlanden werden die dortigen Regelungen auch von Teilen der evangelischen Kirchen unterstützt, denn sowohl eine Ablehnung als auch eine Zulassung vorzeitiger Lebensbeendigung lassen sich theologisch begründen (vgl. Frieß, vor allem: 118ff.). Entsprechend finden sich auch in Deutschland Theologen auf beiden Seiten der Debatte, auch wenn die Gegner einer Liberalisierung überwiegen.

Durch die Verschärfung der Gesetzeslage in Deutschland ist keine Verbesserung der Situation im Sinne des Lebensschutzes garantiert: Voraussicht-

---

194 Großbölting bezeichnet dieses Muster angesichts der Abtreibungsdebatte der 70er Jahre als „vertikales Schisma" (ders.: 136).

195 Vgl. Müller 2013: 115ff.; eine Betrachtung der Entwicklung in der Nachkriegszeit bei Großbölting: 123-136.

lich werden manche Personen von einem Suizidversuch abgehalten; einige werden auf die in Deutschland verbleibenden Möglichkeiten zurückgreifen, was eine Erhöhung der Dunkelziffer erwarten lässt (ein Aspekt, dessen Überprüfung durch eine Tabuisierung erschwert wird). Keine Änderung gibt es für Ärzte und ihre persönlichen Vertrauten, die hier bisher schon privilegiert waren und ihre Handlungsspielräume im Verborgenen ausschöpfen können. Betroffene mit ausreichenden Ressourcen werden weiterhin in die Schweiz fahren und die dortigen Angebote einzelner Sterbehilfeorganisationen annehmen. Personen oder Instanzen, von denen aufgrund der Rahmenbedingungen keine Hilfe erwartet werden darf, werden bei ernsthaftem Suizidwunsch nicht konsultiert, was sich schon vorher feststellen ließ. Das Problem gerät aber möglicherweise noch weiter oder sogar völlig aus dem direkten Blickfeld wichtiger Akteure wie Ärzten, Krankenkassen, Psychologen und Seelsorgern (vgl. Borasio/Jox/Taupitz/ Wiesing: 62). Es könnte sogar passieren, dass durch ein Verdrängen der Suizidhilfe in den Privatbereich ein Teil des Drucks aus dem Gesundheitswesen genommen wird – des Drucks zum Ausbau jener Angebote, die allgemein als bessere Alternative zur vorzeitigen Lebensbeendigung propagiert werden: genügend Hospizplätze und eine tatsächlich flächendeckende palliativmedizinische Versorgung. Aktuell werden Sterbewünsche schwer Leidender grundsätzlich abgelehnt – im Medizinsystem mit dem Hinweis auf eine schädliche Vorbildfunktion für andere Sterbende und auf die prinzipiellen Möglichkeiten der Palliativmedizin, die aber dann häufig nicht realisiert werden (können). Sowohl die Zulassung als auch ein Verbot vorzeitiger Lebensbeendigung kann den Ausbau alternativer Angebote behindern. Ein vorauslaufendes Verbot mit dem Verweis auf die zukünftige Entlastung durch eine dann vielleicht geschaffene flächendeckenden Versorgung kann aber nur zwei Funktionen haben: Entweder soll verhindert werden, dass die vorzeitige Lebensbeendigung als einfacherer Weg den Ausbau von Alternativen verhindert. Oder die Sterbewilligen sollen vertröstet werden, während es den Protagonisten vorrangig um die Durchsetzung bestimmter weltanschaulicher Positionen geht, die in der offenen Kommunikation nicht anschlussfähig wären.

Wenn man die Zusage der Wirkmächtigkeit von Palliativmedizin und Hospizen ernst nimmt, wird im Zuge ihrer Verbreitung bzw. Zugänglichmachung die Anzahl der Sterbewünsche Schwerkranker von alleine abnehmen, so dass keine Notwendigkeit vorauslaufender restriktiver Maßnahmen besteht, die ja selbst wiederum Risiken mit sich bringen. Ebenso könnte – dem Anspruch der Regelung in Belgien folgend – die Behauptung eines fundamentalen Gegensatzes zwischen einer guten palliativen Versorgung (inklusive Sterbebegleitung und Hospizen) und vorzeitiger Lebensbeendigung überdacht bzw. aufgegeben werden. In Belgien wurden im Jahr 2002 gleichzeitig die Zulassung der vorzeitigen Lebensbeendigung und der Ausbau der palliativmedizinischen Versorgung beschlossen, mit dem Anspruch, assistierten Suizid und Tötung auf Verlangen als letzten Ausweg innerhalb eines umfassenden Versorgungskonzeptes anzubieten (Bernheim et al. 2008). Ob eines der bisher realisierten Modelle zur vorzeitigen Lebensbeendigung optimal oder wenigstens besser als die anderen ist, kann anhand der bisherigen Erfahrungen und Entwicklungen nicht geklärt werden.[196] Auf Dauer wird eine restriktive Handhabung des Themas gegen die Risikoerwartungen der Bevölkerungsmehrheit aber nicht durchzuhalten sein, zumal auch die Ärzteschaft hier uneinig ist. Es ist unwahrscheinlich, das die Ende 2015 beschlossene Verschärfung des Strafrechtes hier eine Trendumkehr bewirken kann. Die mediale Präsenz des Themas hat 2016 stark abgenommen, die Diskussion wird aber in absehbarer Zeit wieder aufflammen, da die grundlegenden Probleme fortbestehen: Die Überalterung der Bevölkerung zusammen mit der fortschreitenden Ökonomisierung und Entsolidarisierung der Gesellschaft inklusive des Gesundheitswesens.

---

[196] Im Gegensatz zur Einschätzung von Borasio/Jox/Taupitz/Wiesing: 56-60, die Oregon als Modell propagieren. Sie lassen dabei die hohe Rate nichtorganisierter Suizide in Oregon außer Acht.

Literaturverzeichnis

Asendorpf, Jens B.: Psychologie der Persönlichkeit. Berlin, Heidelberg 1999

Assmann, Jan: Tod und Jenseits im Alten Ägypten. München 2001

Backhaus, Klaus; Erichson, Bernd; Plinke, Wulff; Weiber, Rolf: Multivariate Analysemethoden. Berlin 2010 (13. Auflage)

Barr/Taylor-Robinson/Scott-Samuel/McKee/Stuckler: Suicides associated with the 2008-10 economic recession in England: time trend analysis. British Medical Journal (BMJ). 2012 August 14; 345:e5142 doi: 10.1136/bmj.e5142

Beine, Karl-H: Sehen Hören Schweigen. Patiententötungen und aktive Sterbehilfe. Freiburg 1998

Benzenhöfer, Udo: Der gute Tod? Geschichte der Euthanasie und Sterbehilfe. Göttingen 2009

Bernheim/Deschepper/Distelmans/Mullie/Bilsen/Deliens: Development of palliative care and legalisation of euthanasia: antagonism or synergy? British Medical Journal (BMJ). 2008 April 19; 336(7649): 864–867

Blech, Jörg. Die Krankheitserfinder. Wie wir zu Patienten gemacht werden. Frankfurt 2004 (5. Auflage)

Böttger, Dr. Andreas: Wer entscheidet über das Ende des Lebens? Pflegewissenschaft 2000 (5). Im Internet unter: http://lvps46-163-118-172.dedicated.hosteurope.de/artikel/128

Böttger-Kessler, Grit: Aktive Sterbehilfe bei Wachkomapatienten. Frankfurt a. M. 2006

Borasio, Gian Domenico: Über das Sterben. München 2011

Brand, Michael et al.: Entwurf eines Gesetzes zur Strafbarkeit der geschäftsmäßigen Förderung der Selbsttötung (Stand 08.06.2015). Im Internet unter: http://pdok.bundestag.de/index.php?start=drs (letzter Abruf am 23.09.2015).

Brauer, Susanne/Bolliger, Christian/Strub, Jean-Daniel: Haltung der Ärzteschaft zur Suizidhilfe. Studie im Auftrag der Schweizerischen Akademie der Medizinischen Wissenschaften (2014). Im Internet unter: www.samw.ch

Bronisch, Thomas: Der Suizid. Ursachen, Warnsignale, Prävention. München 2014 (6. Auflage)

Bruno, Marie-Aurelie/Bernheim, Jan/Ledoux, Didier et al.: A survey on self-assessed well-being in a cohort of chronic locked-in syndrome patients: happy majority, miserable minority. BMJ Open 2011;1:e000039. doi:10.1136/bmjopen-2010-000039. Im Internet unter: http://bmjopen.bmj.com/content/1/1/e000039 (letzter Abruf am 22.06.2015)

Bruns, Georg: Ordnungsmacht Psychiatrie? Psychiatrische Zwangseinweisung als soziale Kontrolle. Opladen 1993

Bundesärztekammer: (Muster-)Berufsordnung – MBO-Ä 1997 – für die in Deutschland tätigen Ärztinnen und Ärzte in der Fassung des Beschlusses des 118. Deutschen Ärztetages 2015 in Frankfurt am Main

Bundesärztekammer: Grundsätze der Bundesärztekammer zur ärztlichen Sterbebegleitung (Bekanntmachung). Deutsches Ärzteblatt, 2011. Jg. 108(7): A346-348

Bundesamt für Statistik BFS: Todesursachenstatistik. Sterblichkeit und deren Hauptursachen in der Schweiz, 2012. Neuchâtel 2014. Im Internet unter: www.bfs.admin.ch/bfs/portal/de/index/news/publikationen.Document.1883 77.pdf (letzter Abruf am 04.06.2015)

Bundeszentrale für politische Bildung (bpb): Demoskopie. Heft 43-45 der Reihe „Aus Politik und Zeitgeschichte" APuZ 43-45/2014. Bonn 2014

Chalmers, Alan F.: Grenzen der Wissenschaft. Berlin/Heidelberg 1999

Chehil, Sonia; Kutcher, Stan: Das Suizidrisiko. Abschätzung der Suizidgefahr und Umgang mit Suizidalität. Bern 2013

chrismon, Emnid-Institut: Was passiert nach dem Tod? Umfrage vom Februar 2012, Ergebnisbericht im Internet am 26.05.2015 nicht mehr abrufbar

DAK-Gesundheit, Forsa: Meinungen zum Thema Sterbehilfe, veröffentlicht auf der Homepage der DAK am 15.01.2014. Im Internet unter: www.dak.de/dak/download/Forsa-Umfrage_zur_Sterbehilfe-1358250.pdf? (letzter Abruf 26.05.2015)

Deutsche Gesellschaft für Palliativmedizin (DGP): Stellungnahme der Deutschen Gesellschaft für Palliativmedizin zur aktuellen Sterbehilfe-Diskussion, veröffentlicht auf der Homepage der DGP am 26.08.2014. Im Internet unter: https://www.dgpalliativmedizin.de/images/stories/20140826_DGP_Stellun gnahme_%C3%84rztlich_ass_Suizid.pdf (letzter Abruf am 30.08.2015)

Deutscher Bundestag: Neue religiöse und ideologische Gemeinschaften und Psychogruppen in der Bundesrepublik Deutschland. Endbericht der Enquete-Kommission „Sogenannte Sekten und Psychogruppen". Bonn 1998

Deutschmann, Christoph: Die Verheißung des absoluten Reichtums. Zur religiösen Natur des Kapitalismus. Frankfurt 2001 (2. Auflage)

Diekmann, Andreas: Empirische Sozialforschung. Reinbek 1995

Düwell, Marcus; Hübenthal, Christoph; Werner, Micha H.: Handbuch Ethik. Stuttgart 2011 (3. Auflage)

Durkheim, Emile: Der Selbstmord. Frankfurt 1983 (erstmals 1897)

Eckart, Wolfgang U.: Geschichte, Theorie und Ethik der Medizin. Berlin-Heidelberg 2013

Edelman, Gerald M.: Das Licht des Geistes. Wie Bewusstsein entsteht. Reinbek 2004/2007

Eibach, Ulrich: Beihilfe zur Selbsttötung? Eine ethische und seelsorgerliche Beurteilung. Deutsches Pfarrerblatt 1/2012: 15-19. Im Internet unter: www.deutsches-pfarrerblatt.de

Epikur: Briefe, Sprüche, Werkfragmente. Stuttgart 1980/2000

EXIT – Deutsche Schweiz: Exit-Info 1.15. Bern 2015. Im Internet unter: http://www.exit.ch/download/mitglieder-magazin/ (letzter Abruf am 10.07.2015)

Felber W., Winiecki P.: Suizid-Statistik - aktuelle ausgewählte statistisch-epidemiologische Daten zu Deutschland und Osteuropa mit Kommentaren. Dresden 2013. Im Internet unter: www.suizidprophylaxe.de/Suizid%20up-date%202012.pdf (letzter Abruf am 03.06.2015)

Feldmann, Klaus: Tod und Gesellschaft. Wiesbaden 2010 (2. Auflage)

Feldmann, Klaus und Fuchs-Heinritz, Werner (Hrsg.): Der Tod ist ein Problem der Lebenden. Frankfurt a. M. 1995

Fenner, Dagmar: Suizid – Krankheitssymptom oder Signatur der Freiheit? Eine medizinisch-ethische Untersuchung. München 2008

Fiedler, Georg: Suizide, Suizidversuche und Suizidalität in Deutschland. Daten und Fakten 2005. Onlinedokument der Forschungsgruppe Suizidalität und Psychotherapie Therapie-Zentrum für Suizidgefährdete (TZS) am Universitätsklinikum Hamburg-Eppendorf. Hamburg 2007. Im Internet unter: http://www.suicidology.de/online-text/daten.pdf

Fleßa, Steffen; Greiner, Wolfgang: Grundlagen der Gesundheitsökonomie. Berlin/Heidelberg 2013

Frances, Allen: Normal. Gegen die Inflation psychiatrischer Diagnosen. Köln 2013

Frankfurter Allgemeine Zeitung; Müller, Reinhard. Strafrechtler wenden sich gegen schärfere Gesetze. Beitrag vom 14.04.2015. Im Internet unter: http://www.faz.net/aktuell/politik/inland/sterbehilfe-strafrechtler-wenden-sich-gegen-strengere-gesetze-13537980.html (letzter Abruf am 22.05.2015)

Frieß, Michael: Sterbehilfe. Zur theologischen Akzeptanz von assistiertem Suizid und aktiver Sterbehilfe. Stuttgart 2010

Gemeinschaft evangelischer Kirchen in Europa (GEKE): Leben hat seine Zeit und Sterben hat seine Zeit. Eine Orientierungshilfe des Rates der GEKE zu lebensverkürzenden Maßnahmen und zur Sorge um Sterbende. Wien 2011, im Internet über www.atimetolive.eu

Geremek, Adam: Wachkoma. Medizinische, rechtliche und ethische Aspekte. Köln 2009

GESIS - Leibniz-Institut für Sozialwissenschaften (2013): Allgemeine Bevölkerungsumfrage der Sozialwissenschaften ALLBUS 2012. GESIS Datenarchiv, Köln. ZA4614 Datenfile Version 1.1.1, doi:10.4232/1.11753

Gestrich, Christoph: Die Seele des Menschen und die Hoffnung der Christen Frankfurt a. M. 2009

GfK Verein: Trust in Professions 2014. Im Internet unter: https://www.gfk.com/de/Documents/.../GfK_Trust_in_Professions_d.pdf (letzter Abruf am 20.06.2015)

Gigerenzer, Gerd: Risiko. München 2013

Göttler, Norbert: Mutter Teresa. Reinbek 2010

Gronemeyer, Reimer: Sterben in Deutschland. Wie wir dem Tod wieder einen Platz in unserem Leben einräumen können. Frankfurt a. M. 2007

Großbölting, Thomas: Der verlorene Himmel. Glaube in Deutschland seit 1945. Bonn 2013

Grotjahn, Alfred: Soziale Pathologie. Berlin 1915

Härle, Wilfried: Dogmatik. Berlin 2007 (3. Auflage)

Hahn, Alois: Einstellungen zum Tod und ihre soziale Bedingtheit. Frankfurt a. M. 1968 (Dissertation)

Hem, Erlend et al.: Suicide rates according to education with a particular focus on physicians in Norway 1960-2000. Psychological Medicine 2005, 35: 873-880, Cambridge 2004

Hemleben, Johannes: Jenseits. Ideen der Menschheit über das Leben nach dem Tode vom Ägyptischen Totenbuch bis zur Anthroposophie Rudolf Steiners. Reinbek 1980

Herbert, Sibylle: Diagnose: unbezahlbar. Aus der Praxis der Zweiklassenmedizin. Köln 2006

Herrmann/Pauen/Rieger/Schicktanz (Hrsg.): Bewusstsein. Paderborn 2005

Hintze, Peter; Lauterbach, Karl et al.: Entwurf eines Gesetzes zur Regelung der ärztlich begleiteten Lebensbeendigung (Suizidhilfegesetz). Im Internet unter: http://pdok.bundestag.de/index.php?start=drs (letzter Abruf am 23.09.2015).

Hoerster, Norbert: Ethik und Interesse. Stuttgart 2003

Hoerster, Norbert: Sterbehilfe im säkularen Staat. Frankfurt 1998

Hoffmann, Matthias: „Sterben? Am liebsten plötzlich und unerwartet". Die Angst vor dem „sozialen Sterben". Wiesbaden 2011

Huber, Florian: Kind, versprich mir, dass du dich erschießt. Der Untergang der kleinen Leute 1945. Berlin 2015

Hume, David: Über den Freitod und andere Essays. München 2009

Huxley, Aldous: Brave New World revisited. Im Internet unter: http://www.huxley.net/bnw-revisited/ (Original 1958)

Huxley, Aldous: Brave New World. Stuttgart 1992 (Original 1932)

Humphry, Derek: Final Exit. The Practicalities of Self-Deliverance and Assisted Suicide for the Dying. New York 1991/2002

Hurrelmann, Klaus: Gesundheits- und Medizinsoziologie. Weinheim 2013

Huster, Stefan: Soziale Gesundheitsgerechtigkeit. Bonn 2012

infratest dimap: Mehrheit für ärztlich unterstützte Sterbehilfe. Umfrage im Auftrag von Günter Jauch. Im Internet unter: http://www.infratest-dimap.de/umfragen-analysen/bundesweit/umfragen/aktuell/mehrheit-fuer-aerztlich-unterstuetzte-sterbehilfe/ (letzter Abruf am 26.05.2015)

Institut für Demoskopie Allensbach: Ärztlich begleiteter Suizid und aktive Sterbehilfe aus Sicht der deutschen Ärzteschaft. Allensbacher Archiv, IfD-Umfrage 5265, August 2009

Institut für Demoskopie Allensbach: Deutliche Mehrheit der Bevölkerung für aktive Sterbehilfe. Allensbacher Kurzbericht 06. Oktober 2014, Archivnummer 11029. Im Internet unter: http://www.ifdallensbach.de/uploads/tx_reportsndocs/KB_2014_02.pdf (letzter Abruf am 26.05.2015)

Jordt, Melanie; Girr, Thomas; Weiland, Ines-Karina: Erfolgreich IGeLn. Analyse, Organisation, Vermarktung. Berlin/Heidelberg 2012 (2. Auflage)

Jox, Ralf J.: Sterben lassen. Über Entscheidungen am Ende des Lebens. Bonn 2011

Karle, Isolde: Sinnlosigkeit aushalten! Ein Plädoyer gegen die Spiritualisierung von Krankheit. Wege zum Menschen 2009 61,1: 19-34, Göttingen 2009

Katholische Kirche: Katechismus der katholischen Kirche. Vatikan/München 1993. Fassung von 1997 im Internet unter: http://www.vatican.va/archive/DEU0035/_INDEX.HTM

Katholische Kirche: Katechismus der katholischen Kirche. Kompendium. Bonn 2005

Klein, Berth, Balck (Hrsg.): Gesundheit – Religion – Spiritualität. Konzepte, Befunde und Erklärungsansätze. Weinheim/München 2011

Knoblauch, Hubert: Berichte aus dem Jenseits. Mythos und Realität der Nahtoderfahrung. Freiburg 2002

Knoblauch, Hubert und Zingerle, Arnold (Hrsg.): Thanatosoziologie. Tod, Hospiz und die Institutionalisierung des Sterbens. Berlin 2005

Koch, Herbert: Der geopferte Jesus und die christliche Gewalt. Düsseldorf 2009

König, Frank: Suizidalität bei Ärzten. Deutsches Ärzteblatt, Heft 98/47, 23.11.2001. Im Internet unter http://www.aerzteblatt.de/v4/archiv/pdf.asp?id=29551

Krönert, Steffen und Karsch, Margret. Sterblichkeit und Todesursachen. On-line-Handbuch Demographie des Berlin-Instituts für Bevölkerung und Entwicklung. Im Internet unter: www.berlin-institut.org/fileadmin/user_upload/handbuch_texte/pdf_Kroehnert_Karsch_Mortalitaet_2011.pdf (letzter Abruf am 29.05.2015)

Künast, Renate; Sitte, Petra et al.: Entwurf eines Gesetzes über die Straffreiheit der Hilfe zur Selbsttötung. Im Internet unter: http://pdok.bundestag.de/index.php?start=drs (letzter Abruf am 23.09.2015).

Lang, Bernhard: Himmel und Hölle. Jenseitsglaube von der Antike bis heute. München 2003

Langenhorst, Georg (Hrsg.): Ewiges Leben – Oder das Ende einer Illusion. Berlin 2010

Lanzerath, Dirk: Sterbehilfe und ärztliche Beihilfe zum Suizid – Positions-wandel in der Ärzteschaft? In: Analysen und Argumente, Ausgabe 90, Konrad-Adenauer-Stiftung. Berlin 2011

Libet, Benjamin: Mind Time. Wie das Gehirn Bewusstsein produziert. Frankfurt a. M. 2007

Lieb, Klemperer, Ludwig (Hrsg.): Interessenkonflikte in der Medizin. Berlin/Heidelberg 2011

Lochthowe, Thomas: Suizide und Suizidversuche bei verschiedenen Berufs-gruppen. Würzburg 2008 (Dissertation). Im Internet unter: https://opus.bibliothek.uni-wuerzburg.de/files/3711/Dissertation_Th.Lochthowe.pdf (letzter Abruf am 07.09.2015)

Loenen, Gerbert van: Das ist doch kein Leben mehr! Warum aktive Sterbehilfe zur Fremdbestimmung führt. Frankfurt 2014

Luce, John M.: End-of-Life Decision Making in the Intensive Care Unit. American Journal of Respiratory and Critical Care Medicine 2010; 182: 6-11

Luhmann, Niklas: Die Gesellschaft der Gesellschaft (2 Bände). Frankfurt a. M. 1999

Luhmann, Niklas: Soziologie des Risikos. Berlin 1991/2003 (unveränderter Nachdruck)

Luhmann, Niklas: Soziologische Aufklärung 5. Konstruktivistische Perspektiven. Opladen 1990

Luhmann, Niklas: Risiko und Gefahr. Aulavorträge, Band 48 / Hochschule St. Gallen für Wirtschafts-, Rechts- und Sozialwissenschaften. Sankt Gallen 1990

Luhmann, Niklas: Vertrauen. Konstanz und München 1968/2014

Macho, Thomas: Todesmetaphern. Zur Logik der Grenzerfahrung. Frankfurt a. M. 1987

Mackie, John Leslie: Das Wunder des Theismus. Argumente für und gegen die Existenz Gottes. Stuttgart 2002 (im Original 1982)

Madea, Burkhard; Rothschild Markus: Ärztliche Leichenschau. Deutsches Ärzteblatt, Heft 107/33:575-588, 20.08.2010. Im Internet unter: http://www.aerzteblatt.de/v4/archiv/pdf.asp?id=77950

Maio, Giovanni: Eine neue Kultur des Sterbens. Patientenverfügung und aktive Sterbehilfe. Kirche und Gesellschaft Nr. 373, Katholische Sozialwissenschaftliche Zentralstelle. Mönchengladbach/Köln 2010

Maturana, Humberto und Varela, Francisco: Der Baum der Erkenntnis. Die biologischen Wurzeln menschlichen Erkennens. Bern/München 1987 (11. Auflage)

Meltzer/Griffiths/Brock/Rooney/Jenkins: Patterns of suicide by occupation in England and Wales: 2001-2005. The British Journal of Psychiatry 2008, 193::73-76

Müller, Eva: Gott hat hohe Nebenkosten. Köln 2013

Müller, Peter: Psychiatrie: Zwangseinweisungen nehmen zu. Deutsches Ärzteblatt, Heft 101/42:2794-2798, 2004. Im Internet unter: http://www.aerzteblatt.de/v4/archiv/artikel.asp?id=43846

Müser, Mechthild: Den Tod vor Augen – Die Bedeutung von Nahtod-Erlebnissen. Radiosendung auf SWR2 vom 27.04.2005, Redaktion: Sonja Striegl

Multi-Society Task Force on PVS: The Medical Aspects of the Persistent Vegetative State. The New England Journal of Medicine 1994; 330:1499-1508 (Part I), 1572-1579 (Part II)

Nationaler Ethikrat: Prädiktive Gesundheitsinformationen beim Abschluss von Versicherungen. Stellungnahme. Berlin 01.02.2007. Im Internet unter: http://www.ethikrat.org/dateien/pdf/Stellungnahme_PGI_Versicherungen.pdf

Nuland, Sherwin B.: Wie wir sterben. Ein Ende in Würde? Augsburg 1999 (New York 1993)

Office for National Statistics (UK): Statistical Bulletin. Suicides in the United Kingdom, 2012 Registrations, 18.02.2014. Im Internet unter: www.ons.gov.uk/ons/dcp171778_351100.pdf (letzter Abruf am 03.06.2015)

Office for National Statistics (UK): Statistical Bulletin. Suicide rates in the United Kingdom, 2006 to 2010, 26.01.2012. Im Internet unter: http://www.ons.gov.uk/ons/dcp171778_254113.pdf

Parkin, Alan: Memory. A Guide for Professionals. Sussex 1999

Parsons, Talcott: The Social System. London 1952

PewResearch Religion & Public Life Project: Views on End-of-Life Medical Treatments. Washington DC 2013. Im Internet unter: http://www.pewforum.org/files/2013/11/end-of-life-survey-report-full-pdf.pdf

Petermann, Sören: Rücklauf und systematische Verzerrungen bei postalischen Befragungen. ZUMA-Nachrichten 57, Jg. 29. Mannheim 2005

Pilz, Frank: Der Sozialstaat. Ausbau – Kontroversen – Umbau. Bonn 2009

Pollack, Detlef: Säkularisierung – ein moderner Mythos? Tübingen 2012 (2. Auflage)

Pollack, Detlef: Rückkehr des Religiösen? Studien zum religiösen Wandel in Deutschland und Europa II. Tübingen 2009

Rat der Evangelischen Kirche in Deutschland: Wenn Menschen sterben wollen - Eine Orientierungshilfe zum Problem der ärztlichen Beihilfe zur Selbsttötung. EKD-Texte 97, 2008

Rat der Evangelischen Kirche in Deutschland / Deutsche Bischofskonferenz: „Gott ist ein Freund des Lebens: Herausforderungen und Aufgaben beim Schutz des Lebens". Gütersloh 1989. Im Internet unter: http://www.ekd.de/EKD-Texte/44678.html (letzter Abruf am 14.07.2015)

Rau, Harald und Pauli, Paul: Medizinische Psychologie/Medizinische Soziologie systematisch. Bremen 2004 (2. Auflage)

Regionale Toetsingscommissies Euthanasie. Jaarverslag 2014. Den Haag 2015. Nur auf niederländisch verfügbar unter: http://www.euthanasiecommissie.nl/uitspraken/jaarverslagen/2014/nl/nl/jaarverslag-2014 (letzter Abruf am 08.04.2016)

Regionale Kontrollkommissionen für Sterbehilfe. Jahresbericht 2013. Den Haag 2014. Deutschsprachige Version des Berichtes im Internet unter: https://www.euthanasiecommissie.nl/Images/Jaarverslag2013DU%20def_tcm52-41744.pdf (letzter Abruf am 21.06.2015)

Reimer, Christian et al.; Suizidalität bei Ärztinnen und Ärzten. In: Psychiatrische Praxis 2005; 32: 381-385, Thieme Verlag Stuttgart

RGG – Religion in Geschichte und Gegenwart. Handwörterbuch für Theologie und Religionswissenschaft (8 Bände). Hrsg.: Betz, Hans Dieter/Browning, Don:/Janowski, Bernd/Jüngel, Eberhard. Tübingen 2005

Ridder, Michael de: Wie wollen wir sterben? Ein ärztliches Plädoyer für eine neue Sterbekultur in Zeiten der Hochleistungsmedizin. München 2010

Riesebrodt, Martin: Cultus und Heilsversprechen. Eine Theorie der Religionen. München 2007

Ringel, Erwin: Der Selbstmord. Abschluß einer krankhaften psychischen Entwicklung. Wien 1953

Rinser, Luise. Gratwanderung. Briefe der Freundschaft an Karl Rahner 1962 – 1984. Hrsg.: Snela, Bogdan. München 1994

Rudolf, Matthias und Müller, Johannes: Multivariate Verfahren. Göttingen 2012

Russell, Bertrand: Probleme der Philosophie. Wien 1950 (erstmals London 1912)

Saake, Irmhild und Vogd, Werner (Hrsg.): Moderne Mythen der Medizin. Studien zur organisierten Krankenbehandlung. Wiesbaden 2008

Schernhammer, Eva und Colditz, Graham: Suicide Rates among Physicians: A Quantitative and Gender Assessment (Meta-Analysis). American Journal of Psychiatry, 161:12. Dezember 2004

Schildmann, Jan; Wünsch, Kristin; Winkler, Eva. Ärztlich assistierte Selbsttötung. Umfrage zur ärztlichen Versorgung von Krebspatienten. Ethische Überlegungen und Stellungnahme. Gesundheitspolitische Schriftenreihe der DGHO. Berlin 2015

Schildmann, Jan; Dahmen, Birte; Vollmann, Jochen: Ärztliche Handlungspraxis am Lebensende. Ergebnisse einer Querschnittsumfrage unter Ärzten in Deutschland. Dtsch Med Wochenschr, Thieme Stuttgart-New York, Online-publikation 30.11.2014. Im Internet unter: http://www.ruhr-uni-bochum.de/malakow/download/pdf/2014/Schildmann_Handlungspraxis-Lebensende.pdf

Schildmann, Jan et al.: End-of-life practices in palliative care: a cross sectional survey of physician members of the German Society for Palliative Medicine. Palliative Medicine 24, 820-827, 2010

Schlaudraff, Udo (Hrsg.): Ethik in der Medizin. Berlin/Heidelberg 1987

Schöne-Seifert, Bettina: Grundlagen der Medizinethik. Stuttgart 2007

Scholz/Heller/Lenzner: ISSP 2008 Germany: Religion III. GESIS Report on the German Study. Mannheim 2010, im Internet unter: http://www.ssoar.info/ssoar/handle/document/20716

Schreiner, Paul-Werner: Patiententötung durch Angehörige helfender Berufe, Pflegewissenschaft 2001 (4). Im Internet unter: http://lvps46-163-118-172.dedicated.hosteurope.de/artikel/196

Schreiner, Paul-Werner und Pack, Judith: Begegnung mit Sterben und Tod in der Pflege, Pflegewissenschaft 2002 (4). Im Internet unter: http://lvps46-163-118-172.dedicated.hosteurope.de/artikel/304

Schüklenk/van Delden/Downie/McLean/Upshur/Weinstock: End-of-Life Decision-Making in Canada: The Report by the Royal Society of Canada Expert Panel on End-of-Life Decision-Making. Bioethics; 1467-8519 (online), Volume 25, Number S1, 2011, Blackwell Oxford

Schwarzenegger, Christian et al.: Was die Schweizer Bevölkerung von Sterbe-hilfe und Suizidbeihilfe hält. Bericht des kriminologischen Instituts der Universität Zürich zur Medienkonferenz vom 02.09.2010. Im Internet unter: http://www.rwi.uzh.ch/lehreforschung/alphabetisch/schwarzenegger/Berich t_Sterbehilfe.pdf

Schwarzer, Ralf: Gesundheitspsychologie. Göttingen 2005

Schweizerische Bundeskanzlei: Der Bund kurz erklärt. Bern 2015. Im Internet unter: http://www.bk.admin.ch/dokumentation/index.html?lang=de

Schweizerische Eidgenossenschaft, Bundesamt für Statistik (BFS): Todesur-sachenstatistik 2009. Sterbehilfe (assistierter Suizid) und Suizid in der Schweiz. BFS aktuell März 2012. Im Internet unter: http://www.bfs.admin.ch/bfs/portal/de/index/news/publikationen.html? publicationID=4729

Sensburg, Patrick; Dörflinger, Michael et al.: Entwurf eines Gesetzes über die Strafbarkeit der Teilnahme an der Selbsttötung (Stand 30.06.2015). Im Internet unter: http://pdok.bundestag.de/index.php?start=drs (letzter Abruf am 26.09.2015).

Siegrist, Johannes: Medizinische Soziologie. München 2005 (6. Auflage)

Singer, Peter: Praktische Ethik. Stuttgart 1994 (2. Auflage)

Skegg, K.; Firth, H.: Gray, A. and Cox, B.: Suicide by Occupation: does access to means increase the risk? Aust NZJ Psychiatry; 44: 5, pp429-434 2010

Sontag, Susan: Krankheit als Metapher, Aids und seine Metaphern. Frankfurt 1979, 1989, 2003

Sozialwissenschaftliches Institut der EKD; Ahrens, Petra-Angela: Sterben? Sorgen im Angesicht des Todes. Ergebnisse einer bundesweiten Umfrage des Sozialwissenschaftlichen Instituts der EKD. Im Internet unter http://ekd.de/download/siw_studie_si.pdf (letzter Abruf am 26.05.2015)

Statistisches Bundesamt: Datenreport 2008. Ein Sozialbericht für die Bundesrepublik Deutschland. Bonn 2008

Steck, N.; Junker, Christoph; Maessen, Maud; Reisch, Thomas, Zwahlen, Marcel; Egger, Matthias: Suicide assisted by right-to-die associations: a population based cohort study. International Journal of Epidemiology, 2014, 1-9

Terwey, Michael; Baltzer, Stefan: ALLBUS 2012 – Variable Report. GESIS 2013. Im Internet unter: http://www.gesis.org/de/allbus

Thienpont, Lieve et al.: Euthanasia requests, procedures and outcomes for 100 Belgian patients suffering from psychiatric disorders: a retrospective, descriptive study. BMJ Open 2015, BMJ Open 2015;5:e007454. doi:10.1136/bmjopen-2014-007454

Ubel, Peter; Angott, Andrea; Zikmund-Fisher, Brian: Physicians Recommend Different Treatments for Patients Than They Would Choose for Themselves. Archives of Internal Medicine, 2011;171(7):630-634. Im Internet unter: http://archinte.jamanetwork.com/article.aspx?articleid=227069

Unschuld, Paul: Ware Gesundheit. Das Ende der klassischen Medizin. München 2009

Vollmann, Jochen und Schildmann, Jan (Hrsg.): Empirische Medizinethik. Konzepte, Methoden und Ergebnisse. Berlin 2011

WHO: Preventing Suicide: a global imperative. WHO 2014. Im Internet unter: http://www.who.int/mental_health/suicide-prevention/world_report_2014/en/ (letzter Abruf am 03.06.2015)

Wild, Wolfgang: Ein Arzt als Patient. Leipzig 2011

Woellert, Katharina und Schmiedebach, Heinz-Peter: Sterbehilfe. München 2008

Wolf, Nadja: Entscheidungen über Leben und Tod – Vergleich der Entscheidungsfaktoren für die Positionierung gesellschaftlicher Akteure zu den Themen Sterbehilfe, Schwangerschaftsabbruch und Stammzellforschung. München/Norderstedt 2007

Zentrale Ethikkommission bei der Bundesärztekammer (ZEKO): Stellungnahme der Zentralen Kommission zur Wahrung ethischer Grundsätze in der Medizin und ihren Grenzgebieten (Zentrale Ethikkommission) bei der Bundesärztekammer: „Werbung und Informationstechnologie: Auswirkungen auf das Berufsbild des Arztes", in: Deutsches Ärzteblatt Jg. 107 (42), Dtsch Ärztebl 2010; 107(42): A-2063 / B-1795 / C-1767. Im Internet unter: http://www.aerzteblatt.de/pdf.asp?id=78884 (letzter Abruf am 25.08.2013)

Zentralrat der Muslime in Deutschland: Sterbehilfe bzw. Sterbebegleitung und Palliative Care aus islamischer Sicht – Eine Handreichung des Zentralrates der Muslime in Deutschland (ZMD). Köln 2013. Im Internet unter: islam.de/files/pdf/sterbehilfe_islam_zmd_2013_03.pdf (letzter Aufruf am 08.04.2016)

Zieger, W.; Hegerl, U.: Der Werther-Effekt. Bedeutung, Mechanismen, Konsequenzen. Der Nervenarzt 2002, 73:41-49

Zinser, Hartmut: Grundfragen der Religionswissenschaft. Paderborn 2010

Abbildungsverzeichnis

Tabellenverzeichnis

Anhang

Verwendete Software

Stata 12, SPSS 20, LibreOffice 5 (Fragebogen, Textdokument, Grafiken)

Grundauszählung der Hausärztebefragung

Gemäß den Standardeinstellungen der Statistikprogramme sind die Kategorien in den Tabellen nach aufsteigenden Variablenwerten sortiert. Die zuerst genannten Kategorien entsprechen somit niedrigeren Variablenwerten.

I.1 Gesetz und Ordnung respektieren

		n	%	% gültig	% kum.
Gültig	sehr wichtig	91	25,8	25,9	25,9
	eher wichtig	172	48,7	49,0	74,9
	mäßig wichtig	67	19,0	19,1	94,0
	eher unwichtig	16	4,5	4,6	98,6
	unwichtig	5	1,4	1,4	100,0
	Gesamt	351	99,4	100,0	
Fehlend k. A.		2	,6		
Gesamt		353	100,0		

I.1 Nach Sicherheit streben

		n	%	% gültig	% kum.
Gültig	sehr wichtig	80	22,7	22,8	22,8
	eher wichtig	170	48,2	48,4	71,2
	mäßig wichtig	84	23,8	23,9	95,2
	eher unwichtig	14	4,0	4,0	99,1
	unwichtig	3	,8	,9	100,0
	Gesamt	351	99,4	100,0	
Fehlend k. A.		2	,6		
Gesamt		353	100,0		

I.1 Sozial Benachteiligten und gesellschaftlichen Randgruppen helfen

		n	%	% gültig	% kum.
Gültig	sehr wichtig	97	27,5	27,7	27,7
	eher wichtig	173	49,0	49,4	77,1
	mäßig wichtig	62	17,6	17,7	94,9
	eher unwichtig	16	4,5	4,6	99,4
	unwichtig	2	,6	,6	100,0
	Gesamt	350	99,2	100,0	
Fehlend	k. A.	3	,8		
Gesamt		353	100,0		

I.1 Sich und seine Bedürfnisse gegen Andere durchsetzen

		n	%	% gültig	% kum.
Gültig	sehr wichtig	14	4,0	4,0	4,0
	eher wichtig	95	26,9	27,3	31,3
	mäßig wichtig	154	43,6	44,3	75,6
	eher unwichtig	65	18,4	18,7	94,3
	unwichtig	20	5,7	5,7	100,0
	Gesamt	348	98,6	100,0	
Fehlend	weiß nicht	1	,3		
	k. A.	4	1,1		
Gesamt		353	100,0		

I.1 Auch solche Meinungen tolerieren, denen man eigentlich nicht zustimmen kann

		n	%	% gültig	% kum.
Gültig	sehr wichtig	64	18,1	18,3	18,3
	eher wichtig	181	51,3	51,9	70,2
	mäßig wichtig	73	20,7	20,9	91,1
	eher unwichtig	26	7,4	7,4	98,6
	unwichtig	5	1,4	1,4	100,0
	Gesamt	349	98,9	100,0	
Fehlend	weiß nicht	2	,6		
	k. A.	2	,6		
Gesamt		353	100,0		

I.1 Die guten Dinge des Lebens in vollen Zügen genießen

		n	%	% gültig	% kum.
Gültig	sehr wichtig	60	17,0	17,1	17,1
	eher wichtig	126	35,7	35,9	53,0
	mäßig wichtig	108	30,6	30,8	83,8
	eher unwichtig	45	12,7	12,8	96,6
	unwichtig	12	3,4	3,4	100,0
	Gesamt	351	99,4	100,0	
Fehlend	k. A.	2	,6		
Gesamt		353	100,0		

I.1 Einen hohen Lebensstandard haben

		n	%	% gültig	% kum.
Gültig	sehr wichtig	21	5,9	6,0	6,0
	eher wichtig	91	25,8	26,0	32,0
	mäßig wichtig	151	42,8	43,1	75,1
	eher unwichtig	70	19,8	20,0	95,1
	unwichtig	17	4,8	4,9	100,0
	Gesamt	350	99,2	100,0	
Fehlend	k. A.	3	,8		
Gesamt		353	100,0		

I.2 Die Justiz

		n	%	% gültig	% kum.
Gültig	1 überhaupt kein Vertrauen	12	3,4	3,4	3,4
	2	13	3,7	3,7	7,1
	3	49	13,9	14,0	21,1
	4	65	18,4	18,5	39,6
	5	94	26,6	26,8	66,4
	6	104	29,5	29,6	96,0
	7 sehr großes Vertrauen	14	4,0	4,0	100,0
	Gesamt	351	99,4	100,0	
Fehlend	k. A.	2	,6		
Gesamt		353	100,0		

I.2 Das Fernsehen

		n	%	% gültig	% kum.
Gültig	1 überhaupt kein Vertrauen	47	13,3	13,4	13,4
	2	82	23,2	23,3	36,6
	3	106	30,0	30,1	66,8
	4	78	22,1	22,2	88,9
	5	36	10,2	10,2	99,1
	6	2	,6	,6	99,7
	7 sehr großes Vertrauen	1	,3	,3	100,0
	Gesamt	352	99,7	100,0	
Fehlend	k. A.	1	,3		
Gesamt		353	100,0		

I.2 Die Zeitungen

		n	%	% gültig	% kum.
Gültig	1 überhaupt kein Vertrauen	16	4,5	4,6	4,6
	2	49	13,9	14,0	18,6
	3	106	30,0	30,3	48,9
	4	86	24,4	24,6	73,4
	5	73	20,7	20,9	94,3
	6	20	5,7	5,7	100,0
	Gesamt	350	99,2	100,0	
Fehlend	k. A.	3	,8		
Gesamt		353	100,0		

I.2 Die Bundesregierung

		n	%	% gültig	% kum.
Gültig	1 überhaupt kein Vertrauen	13	3,7	3,7	3,7
	2	46	13,0	13,1	16,9
	3	69	19,5	19,7	36,6
	4	108	30,6	30,9	67,4
	5	80	22,7	22,9	90,3
	6	32	9,1	9,1	99,4
	7 sehr großes Vertrauen	2	,6	,6	100,0
	Gesamt	350	99,2	100,0	
Fehlend	k. A.	3	,8		
Gesamt		353	100,0		

I.2 Die Polizei

		n	%	% gültig	% kum.
Gültig	1 überhaupt kein Vertrauen	5	1,4	1,4	1,4
	2	16	4,5	4,6	6,0
	3	37	10,5	10,6	16,6
	4	60	17,0	17,1	33,7
	5	116	32,9	33,1	66,9
	6	110	31,2	31,4	98,3
	7 sehr großes Vertrauen	6	1,7	1,7	100,0
	Gesamt	350	99,2	100,0	
Fehlend	k. A.	3	,8		
Gesamt		353	100,0		

I.2 Die politische Partei, der Sie am ehesten nahe stehen

		n	%	% gültig	% kum.
Gültig	1 überhaupt kein Vertrauen	18	5,1	5,2	5,2
	2	43	12,2	12,4	17,5
	3	79	22,4	22,7	40,2
	4	109	30,9	31,3	71,6
	5	67	19,0	19,3	90,8
	6	31	8,8	8,9	99,7
	7 sehr großes Vertrauen	1	,3	,3	100,0
	Gesamt	348	98,6	100,0	
Fehlend	k. A.	5	1,4		
Gesamt		353	100,0		

I.2 Das Gesundheitswesen

		n	%	% gültig	% kum.
Gültig	1 überhaupt kein Vertrauen	15	4,2	4,3	4,3
	2	23	6,5	6,6	10,8
	3	54	15,3	15,4	26,2
	4	86	24,4	24,5	50,7
	5	103	29,2	29,3	80,1
	6	59	16,7	16,8	96,9
	7 sehr großes Vertrauen	11	3,1	3,1	100,0
	Gesamt	351	99,4	100,0	
Fehlend	k. A.	2	,6		
Gesamt		353	100,0		

I.3 Zufrieden… mit ihrem Leben insgesamt?

		n	%	% gültig	% kum.
Gültig	sehr zufrieden	154	43,6	43,8	43,8
	eher zufrieden	158	44,8	44,9	88,6
	teils-teils	37	10,5	10,5	99,1
	eher unzufrieden	2	,6	,6	99,7
	sehr unzufrieden	1	,3	,3	100,0
	Gesamt	352	99,7	100,0	
Fehlend	k. A.	1	,3		
Gesamt		353	100,0		

I.3 Zufrieden... mit ihrem Gesundheitszustand?

		n	%	% gültig	% kum.
Gültig	sehr zufrieden	143	40,5	40,5	40,5
	eher zufrieden	158	44,8	44,8	85,3
	teils-teils	42	11,9	11,9	97,2
	eher unzufrieden	8	2,3	2,3	99,4
	sehr unzufrieden	2	,6	,6	100,0
	Gesamt	353	100,0	100,0	

I.3 Zufrieden... mit ihrer persönlichen wirtschaftlichen Lage?

		n	%	% gültig	% kum.
Gültig	sehr zufrieden	141	39,9	39,9	39,9
	eher zufrieden	164	46,5	46,5	86,4
	teils-teils	32	9,1	9,1	95,5
	eher unzufrieden	13	3,7	3,7	99,2
	sehr unzufrieden	3	,8	,8	100,0
	Gesamt	353	100,0	100,0	

II.1 Die Toten werden wieder auferstehen

		n	%	% gültig	% kum.
Gültig	da bin ich mir sicher	43	12,2	13,9	13,9
	eher ja	37	10,5	12,0	25,9
	vielleicht	49	13,9	15,9	41,7
	eher nicht	52	14,7	16,8	58,6
	sicher nicht	128	36,3	41,4	100,0
	Gesamt	309	87,5	100,0	
Fehlend	kann ich nicht beurt.	33	9,3		
	k. A.	11	3,1		
Gesamt		353	100,0		

II.1 Es gibt einen Himmel oder ein Paradies

		n	%	% gültig	% kum.
Gültig	da bin ich mir sicher	42	11,9	13,5	13,5
	eher ja	47	13,3	15,2	28,7
	vielleicht	66	18,7	21,3	50,0
	eher nicht	60	17,0	19,4	69,4
	sicher nicht	95	26,9	30,6	100,0
	Gesamt	310	87,8	100,0	
Fehlend	kann ich nicht beurt.	33	9,3		
	k. A.	10	2,8		
Gesamt		353	100,0		

II.1 Der Mensch hat eine Seele, die nach dem Tod weiterexistiert

		n	%	% gültig	% kum.
Gültig	da bin ich mir sicher	91	25,8	28,3	28,3
	eher ja	65	18,4	20,2	48,6
	vielleicht	60	17,0	18,7	67,3
	eher nicht	42	11,9	13,1	80,4
	sicher nicht	63	17,8	19,6	100,0
	Gesamt	321	90,9	100,0	
Fehlend	kann ich nicht beurt.	23	6,5		
	k. A.	9	2,5		
Gesamt		353	100,0		

II.1 Nach dem Tod wird es ein Wiedersehen mit anderen Menschen im Jenseits geben

		n	%	% gültig	% kum.
Gültig	da bin ich mir sicher	44	12,5	14,0	14,0
	eher ja	34	9,6	10,8	24,8
	vielleicht	80	22,7	25,5	50,3
	eher nicht	59	16,7	18,8	69,1
	sicher nicht	97	27,5	30,9	100,0
	Gesamt	314	89,0	100,0	
Fehlend	kann ich nicht beurt.	30	8,5		
	k. A.	9	2,5		
Gesamt		353	100,0		

II.1 Mit dem Tod endet meine persönliche Existenz vollständig

		n	%	% gültig	% kum.
Gültig	da bin ich mir sicher	97	27,5	29,7	29,7
	eher ja	64	18,1	19,6	49,2
	vielleicht	37	10,5	11,3	60,6
	eher nicht	58	16,4	17,7	78,3
	sicher nicht	71	20,1	21,7	100,0
	Gesamt	327	92,6	100,0	
Fehlend	kann ich nicht beurt.	15	4,2		
	k. A.	11	3,1		
Gesamt		353	100,0		

II.1 Der Mensch wird nach seinem Tod in diese Welt wiedergeboren

		n	%	% gültig	% kum.
Gültig	da bin ich mir sicher	20	5,7	6,3	6,3
	eher ja	9	2,5	2,8	9,1
	vielleicht	41	11,6	12,9	22,0
	eher nicht	63	17,8	19,8	41,8
	sicher nicht	185	52,4	58,2	100,0
	Gesamt	318	90,1	100,0	
Fehlend	kann ich nicht beurt.	25	7,1		
	k. A.	10	2,8		
Gesamt		353	100,0		

II.1 Jeder Mensch muss sich nach seinem Tod für seine Taten verantworten

		n	%	% gültig	% kum.
Gültig	da bin ich mir sicher	33	9,3	10,5	10,5
	eher ja	42	11,9	13,3	23,8
	vielleicht	67	19,0	21,3	45,1
	eher nicht	69	19,5	21,9	67,0
	sicher nicht	104	29,5	33,0	100,0
	Gesamt	315	89,2	100,0	
Fehlend	kann ich nicht beurt.	25	7,1		
	k. A.	13	3,7		
Gesamt		353	100,0		

II.1 Wenn ein Mensch gestorben ist, bleibt ein Teil von ihm in den Erinnerungen der Hinterbliebenen oder seinen Nachkommen erhalten

		n	%	% gültig	% kum.
Gültig	da bin ich mir sicher	219	62,0	64,4	64,4
	eher ja	87	24,6	25,6	90,0
	vielleicht	26	7,4	7,6	97,6
	eher nicht	2	,6	,6	98,2
	sicher nicht	6	1,7	1,8	100,0
	Gesamt	340	96,3	100,0	
Fehlend	kann ich nicht beurt.	4	1,1		
	k. A.	9	2,5		
Gesamt		353	100,0		

II.2 Gottesglaube

		n	%	% gültig	% kum.
Gültig	Ich glaube nicht an Gott oder eine andere höhere geistige Macht	62	17,6	18,1	18,1
	Vielleicht gibt es Gott oder andere höhere geistige Mächte, vielleicht aber auch nicht	60	17,0	17,5	35,7
	Ich glaube, dass es eine höhere geistige Macht (oder höhere geistige Mächte) gibt	88	24,9	25,7	61,4
	Ich glaube an Gott, auch wenn ich manchmal zweifle	90	25,5	26,3	87,7
	Ich glaube fest an Gott	42	11,9	12,3	100,0
	Gesamt	342	96,9	100,0	
Fehlend	k. A.	11	3,1		
Gesamt		353	100,0		

II.3 Religionsgemeinschaft

		N	%
Gültig	Keine Rel.gem.	83	23,5
	Ev. Kirche	149	42,2
	Röm.-kath. Kirche	96	27,2
	Gesamt	328	92,9
	Ev. Freikirche	8	2,3
	Islam	1	,3
	Andere Rel.gem.	7	2,0
Fehlend	K. A.	9	2,5
Gesamt		353	100,0

II.4 Wie stark fühlen Sie sich mit Ihrer Kirche bzw. Religionsgemeinschaft verbunden?

		n	%	% gültig	% kum.
Gültig	stark	29	8,2	11,2	11,2
	eher stark	44	12,5	17,0	28,2
	mittelmäßig	90	25,5	34,7	62,9
	eher wenig	68	19,3	26,3	89,2
	wenig oder gar nicht	28	7,9	10,8	100,0
	Gesamt	259	73,4	100,0	
Fehlend	TNZ	83	23,5		
	k. A.	11	3,1		
Gesamt		353	100,0		

III.1 Das Leben ist ein Geschenk Gottes und der Mensch hat nicht das Recht, darüber zu entscheiden, wann es endet.

		n	%	% gültig	% kum.
Gültig	stimme zu	60	17,0	18,3	18,3
	stimme eher zu	67	19,0	20,5	38,8
	teils-teils	51	14,4	15,6	54,4
	stimme eher nicht zu	50	14,2	15,3	69,7
	stimme nicht zu	99	28,0	30,3	100,0
	Gesamt	327	92,6	100,0	
Fehlend	kann ich nicht beurt.	12	3,4		
	k. A.	14	4,0		
Gesamt		353	100,0		

III.1 Mein Leben und Sterben folgt einem höheren Plan, am Ende wird alles einen Sinn ergeben.

		n	%	% gültig	% kum.
Gültig	stimme zu	67	19,0	21,5	21,5
	stimme eher zu	82	23,2	26,4	47,9
	teils-teils	37	10,5	11,9	59,8
	stimme eher nicht zu	47	13,3	15,1	74,9
	stimme nicht zu	78	22,1	25,1	100,0
	Gesamt	311	88,1	100,0	
Fehlend	kann ich nicht beurt.	29	8,2		
	k. A.	13	3,7		
Gesamt		353	100,0		

III.1 Ich möchte die Möglichkeit haben, bei einer schweren Krankheit mein Leben vorzeitig zu beenden.

		n	%	% gültig	% kum.
Gültig	stimme zu	128	36,3	38,0	38,0
	stimme eher zu	66	18,7	19,6	57,6
	teils-teils	45	12,7	13,4	70,9
	stimme eher nicht zu	47	13,3	13,9	84,9
	stimme nicht zu	51	14,4	15,1	100,0
	Gesamt	337	95,5	100,0	
Fehlend	kann ich nicht beurt.	4	1,1		
	k. A.	12	3,4		
Gesamt		353	100,0		

III.1 Leiden und Schmerzen gehören zum Leben dazu, sie rechtfertigen nicht eine vorzeitige Beendigung des Lebens.

		n	%	% gültig	% kum.
Gültig	stimme zu	52	14,7	15,3	15,3
	stimme eher zu	46	13,0	13,6	28,9
	teils-teils	74	21,0	21,8	50,7
	stimme eher nicht zu	52	14,7	15,3	66,1
	stimme nicht zu	115	32,6	33,9	100,0
	Gesamt	339	96,0	100,0	
Fehlend	kann ich nicht beurt.	3	,8		
	k. A.	11	3,1		
Gesamt		353	100,0		

III.1 Mit einer guten Betreuung (medizinisch, psychologisch, seelsorgerisch) muss heutzutage kein sterbender Mensch mehr schwer leiden.

		n	%	% gültig	% kum.
Gültig	stimme zu	93	26,3	27,3	27,3
	stimme eher zu	103	29,2	30,2	57,5
	teils-teils	76	21,5	22,3	79,8
	stimme eher nicht zu	26	7,4	7,6	87,4
	stimme nicht zu	43	12,2	12,6	100,0
	Gesamt	341	96,6	100,0	
Fehlend	kann ich nicht beurt.	3	,8		
	k. A.	9	2,5		
Gesamt		353	100,0		

III.1 Jeder erwachsene Mensch sollte selbst darüber entscheiden dürfen, ob er sein Leben beenden will.

		n	%	% gültig	% kum.
Gültig	stimme zu	106	30,0	31,5	31,5
	stimme eher zu	64	18,1	19,0	50,6
	teils-teils	58	16,4	17,3	67,9
	stimme eher nicht zu	46	13,0	13,7	81,5
	stimme nicht zu	62	17,6	18,5	100,0
	Gesamt	336	95,2	100,0	
Fehlend	kann ich nicht beurt.	5	1,4		
	k. A.	12	3,4		
Gesamt		353	100,0		

III.2 Wenn ein schwerkranker Mensch sein Leben beenden will, ist das eigentlich ein Ruf nach mehr Zuwendung.

		n	%	% gültig	% kum.
Gültig	stimme zu	56	15,9	16,7	16,7
	stimme eher zu	72	20,4	21,5	38,2
	teils-teils	116	32,9	34,6	72,8
	stimme eher nicht zu	49	13,9	14,6	87,5
	stimme nicht zu	42	11,9	12,5	100,0
	Gesamt	335	94,9	100,0	
Fehlend	kann ich nicht beurt.	7	2,0		
	k. A.	11	3,1		
Gesamt		353	100,0		

III.2 Das Leben ist ein Wert an sich, unabhängig von der Lebensqualität.

		n	%	% gültig	% kum.
Gültig	stimme zu	84	23,8	24,9	24,9
	stimme eher zu	82	23,2	24,3	49,3
	teils-teils	59	16,7	17,5	66,8
	stimme eher nicht zu	68	19,3	20,2	86,9
	stimme nicht zu	44	12,5	13,1	100,0
	Gesamt	337	95,5	100,0	
Fehlend	kann ich nicht beurt.	4	1,1		
	k. A.	12	3,4		
Gesamt		353	100,0		

III.2 Ich möchte mein Leben beenden können, wenn ich keine ausreichende Lebensqualität mehr habe.

		n	%	% gültig	% kum.
Gültig	stimme zu	88	24,9	26,4	26,4
	stimme eher zu	74	21,0	22,2	48,6
	teils-teils	49	13,9	14,7	63,4
	stimme eher nicht zu	53	15,0	15,9	79,3
	stimme nicht zu	69	19,5	20,7	100,0
	Gesamt	333	94,3	100,0	
Fehlend	kann ich nicht beurt.	9	2,5		
	k. A.	11	3,1		
Gesamt		353	100,0		

III.2 Suizid ist Selbstmord und damit ein Verbrechen.

		n	%	% gültig	% kum.
Gültig	stimme zu	13	3,7	3,8	3,8
	stimme eher zu	21	5,9	6,2	10,1
	teils-teils	25	7,1	7,4	17,5
	stimme eher nicht zu	52	14,7	15,4	32,8
	stimme nicht zu	227	64,3	67,2	100,0
	Gesamt	338	95,8	100,0	
Fehlend	kann ich nicht beurt.	4	1,1		
	k. A.	11	3,1		
Gesamt		353	100,0		

III.2 Es gibt Situationen, in denen ein Suizid die beste Lösung ist.

		n	%	% gültig	% kum.
Gültig	stimme zu	67	19,0	20,4	20,4
	stimme eher zu	67	19,0	20,4	40,9
	teils-teils	72	20,4	22,0	62,8
	stimme eher nicht zu	55	15,6	16,8	79,6
	stimme nicht zu	67	19,0	20,4	100,0
	Gesamt	328	92,9	100,0	
Fehlend	kann ich nicht beurt.	13	3,7		
	k. A.	12	3,4		
Gesamt		353	100,0		

III.2 Suizid ist letztlich immer die Folge einer Depression.

		n	%	% gültig	% kum.
Gültig	stimme zu	20	5,7	5,9	5,9
	stimme eher zu	41	11,6	12,1	18,0
	teils-teils	60	17,0	17,7	35,7
	stimme eher nicht zu	51	14,4	15,0	50,7
	stimme nicht zu	167	47,3	49,3	100,0
	Gesamt	339	96,0	100,0	
Fehlend	kann ich nicht beurt.	3	,8		
	k. A.	11	3,1		
Gesamt		353	100,0		

III.2 Man sollte alles tun, um einen Suizid zu verhindern.

		n	%	% gültig	% kum.
Gültig	stimme zu	112	31,7	33,6	33,6
	stimme eher zu	94	26,6	28,2	61,9
	teils-teils	61	17,3	18,3	80,2
	stimme eher nicht zu	30	8,5	9,0	89,2
	stimme nicht zu	36	10,2	10,8	100,0
	Gesamt	333	94,3	100,0	
Fehlend	k. A.	20	5,7		
Gesamt		353	100,0		

III.2 Ich kann mir Situationen vorstellen, in denen ich einem nahestehenden Menschen beim Suizid helfen würde.

		n	%	% gültig	% kum.
Gültig	stimme zu	60	17,0	18,4	18,4
	stimme eher zu	75	21,2	23,0	41,4
	teils-teils	46	13,0	14,1	55,5
	stimme eher nicht zu	48	13,6	14,7	70,2
	stimme nicht zu	97	27,5	29,8	100,0
	Gesamt	326	92,4	100,0	
Fehlend	kann ich nicht beurt.	14	4,0		
	k. A.	13	3,7		
Gesamt		353	100,0		

III.2 Wenn ich mich umbringen wollte, wüsste ich, wie ich das umsetzen kann.

		n	%	% gültig	% kum.
Gültig	stimme zu	189	53,5	58,2	58,2
	stimme eher zu	48	13,6	14,8	72,9
	teils-teils	27	7,6	8,3	81,2
	stimme eher nicht zu	21	5,9	6,5	87,7
	stimme nicht zu	40	11,3	12,3	100,0
	Gesamt	325	92,1	100,0	
Fehlend	kann ich nicht beurt.	14	4,0		
	k. A.	14	4,0		
Gesamt		353	100,0		

III.2 Anderen nicht zur Last fallen zu wollen, kann ein berechtigter Grund für einen Suizid sein.

		n	%	% gültig	% kum.
Gültig	stimme zu	43	12,2	12,8	12,8
	stimme eher zu	64	18,1	19,0	31,8
	teils-teils	63	17,8	18,7	50,4
	stimme eher nicht zu	56	15,9	16,6	67,1
	stimme nicht zu	111	31,4	32,9	100,0
	Gesamt	337	95,5	100,0	
Fehlend	kann ich nicht beurt.	5	1,4		
	k. A.	11	3,1		
Gesamt		353	100,0		

III.2 Es sollte Ärzten erlaubt sein, schwerkranken Menschen beim Suizid zu helfen, die dies ausdrücklich wünschen.

		n	%	% gültig	% kum.
Gültig	stimme zu	70	19,8	20,8	20,8
	stimme eher zu	68	19,3	20,2	40,9
	teils-teils	58	16,4	17,2	58,2
	stimme eher nicht zu	55	15,6	16,3	74,5
	stimme nicht zu	86	24,4	25,5	100,0
	Gesamt	337	95,5	100,0	
Fehlend	kann ich nicht beurt.	6	1,7		
	k. A.	10	2,8		
Gesamt		353	100,0		

III.2 Es sollte Ärzten erlaubt sein, schwerkranke Menschen zu töten, die dies ausdrücklich wünschen.

		n	%	% gültig	% kum.
Gültig	stimme zu	25	7,1	7,5	7,5
	stimme eher zu	19	5,4	5,7	13,2
	teils-teils	42	11,9	12,6	25,7
	stimme eher nicht zu	51	14,4	15,3	41,0
	stimme nicht zu	197	55,8	59,0	100,0
	Gesamt	334	94,6	100,0	
Fehlend	kann ich nicht beurt.	7	2,0		
	k. A.	12	3,4		
Gesamt		353	100,0		

III.2 Mich würde es beunruhigen, wenn mein Hausarzt Suizidbeihilfe für schwerkranke Patienten anbieten würde.

		n	%	% gültig	% kum.
Gültig	stimme zu	91	25,8	27,5	27,5
	stimme eher zu	52	14,7	15,7	43,2
	teils-teils	38	10,8	11,5	54,7
	stimme eher nicht zu	52	14,7	15,7	70,4
	stimme nicht zu	98	27,8	29,6	100,0
	Gesamt	331	93,8	100,0	
Fehlend	kann ich nicht beurt.	8	2,3		
	k. A.	14	4,0		
Gesamt		353	100,0		

III.2 Wenn Suizidbeihilfe oder Tötung auf Verlangen gesetzlich erlaubt werden, wird dies zu Missbrauch führen.

		n	%	% gültig	% kum.
Gültig	stimme zu	105	29,7	32,0	32,0
	stimme eher zu	82	23,2	25,0	57,0
	teils-teils	62	17,6	18,9	75,9
	stimme eher nicht zu	49	13,9	14,9	90,9
	stimme nicht zu	30	8,5	9,1	100,0
	Gesamt	328	92,9	100,0	
Fehlend	kann ich nicht beurt.	14	4,0		
	k. A.	11	3,1		
Gesamt		353	100,0		

III.3 In der Schweiz gibt es Sterbehilfevereine (z. B. Exit oder Dignitas), die schwerkranken Menschen einen Suizid ermöglichen; sie vermitteln ihnen einen Arzt, der ein tödliches Medikament verschreibt und begleiten sie bis zum Tod. Was halten Sie davon?

		n	%	% gültig	% kum.
Gültig	So etwas sollte es auch in Deutschland geben	138	39,1	40,9	40,9
	So etwas sollte in Deutschland verboten bleiben	122	34,6	36,2	77,2
	Ich weiß nicht, was ich davon halten soll	77	21,8	22,8	100,0
	Gesamt	337	95,5	100,0	
Fehlend	k. A.	16	4,5		
Gesamt		353	100,0		

III.4 Alkoholiker (50 Jahre) arbeitslos, hoch verschuldet, wurde von seiner Frau verlassen.

		n	%	% gültig	% kum.
Gültig	volles Verständnis	15	4,2	4,7	4,7
	eher verstehen	95	26,9	29,5	34,2
	teils-teils	64	18,1	19,9	54,0
	eher nicht verstehen	83	23,5	25,8	79,8
	kein Verständnis	65	18,4	20,2	100,0
	Gesamt	322	91,2	100,0	
Fehlend	kann ich nicht beurt.	21	5,9		
	k. A.	10	2,8		
Gesamt		353	100,0		

III.4 Mann (50) mit Magenkrebs, Metastasen in der Leber; Schmerzen, die mit starkem Schmerzmittel behandelt wurden; nach Meinung der Ärzte hätte er noch 3-6 Monate zu leben.

		n	%	% gültig	% kum.
Gültig	volles Verständnis	96	27,2	29,4	29,4
	eher verstehen	145	41,1	44,3	73,7
	teils-teils	45	12,7	13,8	87,5
	eher nicht verstehen	27	7,6	8,3	95,7
	kein Verständnis	14	4,0	4,3	100,0
	Gesamt	327	92,6	100,0	
Fehlend	kann ich nicht beurt.	16	4,5		
	k. A.	10	2,8		
Gesamt		353	100,0		

III.4 Witwe (80), lebte alleine, konnte sich nicht mehr selbst versorgen und sollte nächste Woche in ein Pflegeheim kommen.

		n	%	% gültig	% kum.
Gültig	volles Verständnis	36	10,2	10,9	10,9
	eher verstehen	102	28,9	30,9	41,8
	teils-teils	56	15,9	17,0	58,8
	eher nicht verstehen	89	25,2	27,0	85,8
	kein Verständnis	47	13,3	14,2	100,0
	Gesamt	330	93,5	100,0	
Fehlend	kann ich nicht beurt.	13	3,7		
	k. A.	10	2,8		
Gesamt		353	100,0		

III.4 Student (25) hatte immer wieder schwere depressive Schübe, seit Jahren in Behandlung.

		n	%	% gültig	% kum.
Gültig	volles Verständnis	9	2,5	2,8	2,8
	eher verstehen	61	17,3	19,1	21,9
	teils-teils	68	19,3	21,3	43,3
	eher nicht verstehen	104	29,5	32,6	75,9
	kein Verständnis	77	21,8	24,1	100,0
	Gesamt	319	90,4	100,0	
Fehlend	kann ich nicht beurt.	23	6,5		
	k. A.	11	3,1		
Gesamt		353	100,0		

III.4 Frau (40), 2 Kinder (3 und 5 J.), verheiratet, fortgeschrittene Multiple Sklerose: Rollstuhl, starke Schmerzen, Blasenschwäche, Zustand hatte sich nach einem Schub weiter verschlechtert.

		n	%	% gültig	% kum.
Gültig	volles Verständnis	15	4,2	4,6	4,6
	eher verstehen	90	25,5	27,4	32,0
	teils-teils	83	23,5	25,3	57,3
	eher nicht verstehen	97	27,5	29,6	86,9
	kein Verständnis	43	12,2	13,1	100,0
	Gesamt	328	92,9	100,0	
Fehlend	kann ich nicht beurt.	14	4,0		
	k. A.	11	3,1		
Gesamt		353	100,0		

III.4 Mann (72) mit fortschreitender Demenz (Alzheimer). Er schrieb in einem Abschiedsbrief, dass er ein Ende machen wolle, solange er noch kann.

		n	%	% gültig	% kum.
Gültig	volles Verständnis	85	24,1	25,8	25,8
	eher verstehen	142	40,2	43,0	68,8
	teils-teils	47	13,3	14,2	83,0
	eher nicht verstehen	36	10,2	10,9	93,9
	kein Verständnis	20	5,7	6,1	100,0
	Gesamt	330	93,5	100,0	
Fehlend	kann ich nicht beurt.	13	3,7		
	k. A.	10	2,8		
Gesamt		353	100,0		

III.5 Seit Jahrhunderten wird über den „guten Tod" nachgedacht. Wenn Sie sich folgende Beispiele anschauen – welche würden Sie als einen guten Tod ansehen?	n	% aller Befragten	% gültig
Guter Tod: In hohem Alter (80-90) an Altersschwäche sterben, auf dem Sterbebett im Kreise der Familie und Freunde.	303	85,8	88,6
Guter Tod: Im höheren Alter (70-80) im Schlaf sterben und einfach nicht mehr aufwachen, ohne davon etwas mitzubekommen.	287	81,3	83,9
Guter Tod: Im jüngeren oder mittleren Erwachsenenalter sein Leben für das Leben anderer Menschen opfern, z. B. bei einer Katastrophe oder der Vereitelung eines Verbrechens.	63	17,8	18,4
Guter Tod: Im jüngeren oder mittleren Erwachsenenalter als Soldat im Krieg für die Freiheit und Sicherheit seines Staates/Heimatlandes sterben.	15	4,2	4,4
Guter Tod: Im höheren Alter (70-80) nach längerer Krankheit sterben, medizinisch/ärztlich und seelsorgerisch gut versorgt und von nahestehenden Menschen gepflegt.	188	53,3	55,0
Guter Tod: Im höheren Alter (70-80) nach unerwarteter, kurzer, schwerer Krankheit sterben, medizinisch und seelsorgerisch gut versorgt.	244	69,1	71,3
Guter Tod: Sich im höheren Alter mit einem Medikament selbst das Leben nehmen, wenn der Tod bevorsteht oder eine Zeit schweren Leidens.	88	24,9	25,7
Fälle (listenweise)	342	100	100

III.6 Hospize und Palliativmedizin sorgen dafür, dass heutzutage niemand mehr beim Sterben schwer leiden muss.

		n	%	% gültig	% kum.
Gültig	trifft zu	68	19,3	19,8	19,8
	trifft eher zu	126	35,7	36,7	56,6
	teils-teils	109	30,9	31,8	88,3
	trifft eher nicht zu	31	8,8	9,0	97,4
	trifft nicht zu	9	2,5	2,6	100,0
	Gesamt	343	97,2	100,0	
Fehlend	k. A.	10	2,8		
Gesamt		353	100,0		

III.6 Ich werde mein Leben immer lebenswert finden, auch wenn ich schwer krank, pflegebedürftig oder beeinträchtigt/ behindert bin.

		n	%	% gültig	% kum.
Gültig	trifft zu	25	7,1	8,2	8,2
	trifft eher zu	64	18,1	21,0	29,2
	teils-teils	67	19,0	22,0	51,1
	trifft eher nicht zu	81	22,9	26,6	77,7
	trifft nicht zu	68	19,3	22,3	100,0
	Gesamt	305	86,4	100,0	
Fehlend	kann ich nicht beurt.	38	10,8		
	k. A.	10	2,8		
Gesamt		353	100,0		

III.6 Dank der Palliativmedizin vertraue ich darauf, dass ich im Falle einer schweren Krankheit ohne große Leiden sterben kann.

		n	%	% gültig	% kum.
Gültig	trifft zu	68	19,3	20,1	20,1
	trifft eher zu	146	41,4	43,1	63,1
	teils-teils	88	24,9	26,0	89,1
	trifft eher nicht zu	22	6,2	6,5	95,6
	trifft nicht zu	15	4,2	4,4	100,0
	Gesamt	339	96,0	100,0	
Fehlend	kann ich nicht beurt.	1	,3		
	k. A.	13	3,7		
Gesamt		353	100,0		

III.6 Die Möglichkeiten der Palliativmedizin und der Hospize werden überschätzt.

		n	%	% gültig	% kum.
Gültig	trifft zu	27	7,6	8,1	8,1
	trifft eher zu	58	16,4	17,3	25,4
	teils-teils	72	20,4	21,5	46,9
	trifft eher nicht zu	117	33,1	34,9	81,8
	trifft nicht zu	61	17,3	18,2	100,0
	Gesamt	335	94,9	100,0	
Fehlend	kann ich nicht beurt.	7	2,0		
	k. A.	11	3,1		
Gesamt		353	100,0		

III.6 Wenn jeder Sterbende optimal palliativmedizinisch versorgt wird oder einen Platz im Hospiz bekommt, wird niemand mehr einen vorzeitigen Tod wünschen.

		n	%	% gültig	% kum.
Gültig	trifft zu	12	3,4	3,6	3,6
	trifft eher zu	63	17,8	18,9	22,5
	teils-teils	74	21,0	22,2	44,6
	trifft eher nicht zu	111	31,4	33,2	77,8
	trifft nicht zu	74	21,0	22,2	100,0
	Gesamt	334	94,6	100,0	
Fehlend	kann ich nicht beurt.	10	2,8		
	k. A.	9	2,5		
Gesamt		353	100,0		

III.6 Ich nehme bei schwerer Krankheit gerne die Hilfe der Palliativmedizin an oder gehe in ein Hospiz, aber als letzten Ausweg möchte ich die Möglichkeit haben, mein Leben selbst zu beenden.

		n	%	% gültig	% kum.
Gültig	trifft zu	104	29,5	31,3	31,3
	trifft eher zu	77	21,8	23,2	54,5
	teils-teils	29	8,2	8,7	63,3
	trifft eher nicht zu	57	16,1	17,2	80,4
	trifft nicht zu	65	18,4	19,6	100,0
	Gesamt	332	94,1	100,0	
Fehlend	kann ich nicht beurt.	12	3,4		
	k. A.	9	2,5		
Gesamt		353	100,0		

III.6 Palliativmedizin und Hospizpflege sowie Suizidhilfe und Tötung auf Verlangen sind keine Gegensätze, sondern ergänzen sich und sollten gleichermaßen zur Verfügung stehen.

		n	%	% gültig	% kum.
Gültig	trifft zu	89	25,2	26,4	26,4
	trifft eher zu	61	17,3	18,1	44,5
	teils-teils	40	11,3	11,9	56,4
	trifft eher nicht zu	55	15,6	16,3	72,7
	trifft nicht zu	92	26,1	27,3	100,0
	Gesamt	337	95,5	100,0	
Fehlend	kann ich nicht beurt.	5	1,4		
	k. A.	11	3,1		
Gesamt		353	100,0		

III.7 Persönliche Erfahrungen mit Tod und Sterben

	n	% aller Befragten	% gültig
Haben oder hatten Sie beruflich mit Tod und Sterben zu tun?	344	97,5	100,0
Haben Sie schon einmal den Tod eines nahestehenden Menschen miterlebt?	327	92,6	95,1
Hatten Sie schon einmal eine schwere Krankheit, die zum Tod hätte führen können?	89	25,2	25,9
Haben Sie aktuell eine schwere Krankheit, die in absehbarer Zeit zum Tod führen wird?	4	1,1	1,2
Rechnen Sie momentan damit, bald (innerhalb der nächsten zwei Jahre) zu sterben?	5	1,4	1,5
Haben Sie schon einmal einen „falschen Alarm" hinsichtlich einer lebensbedrohlichen Krankheit erlebt (z. B. eine Diagnose, die sich bei der Überprüfung als falsch herausgestellt hatte)	83	23,5	24,1
Fälle (listenweise)	344	100,0	100,0

III.8 Falls Sie schon einmal damit rechnen mussten, bald zu sterben, wann war das ungefähr?

		n	%	% gültig	% kum.
Gültig	bisher noch nicht	218	61,8	68,1	68,1
	vor mehr als 10 Jahren	46	13,0	14,4	82,5
	vor mehr als 5 Jahren	23	6,5	7,2	89,7
	vor mehr als 2 Jahren	15	4,2	4,7	94,4
	in den letzten 2 Jahren	18	5,1	5,6	100,0
	Gesamt	320	90,7	100,0	
Fehlend	k. A.	33	9,3		
Gesamt		353	100,0		

III.9 SRLW: 1 Jahr

		n	%	% gültig	% kum.
Gültig	sehr wahrscheinlich	281	79,6	84,9	84,9
	eher wahrscheinlich	44	12,5	13,3	98,2
	50 zu 50	4	1,1	1,2	99,4
	eher unwahrscheinlich	1	,3	,3	99,7
	sehr unwahrscheinlich	1	,3	,3	100,0
	Gesamt	331	93,8	100,0	
Fehlend	k. A.	22	6,2		
Gesamt		353	100,0		

*subjektive Restlebenswahrscheinlichkeit

III.9 SRLW: 2 Jahre

		n	%	% gültig	% kum.
Gültig	sehr wahrscheinlich	260	73,7	79,0	79,0
	eher wahrscheinlich	61	17,3	18,5	97,6
	50 zu 50	5	1,4	1,5	99,1
	eher unwahrscheinlich	2	,6	,6	99,7
	sehr unwahrscheinlich	1	,3	,3	100,0
	Gesamt	329	93,2	100,0	
Fehlend	k. A.	24	6,8		
Gesamt		353	100,0		

III.9 SRLW: 5 Jahre

		n	%	% gültig	% kum.
Gültig	sehr wahrscheinlich	226	64,0	68,7	68,7
	eher wahrscheinlich	80	22,7	24,3	93,0
	50 zu 50	17	4,8	5,2	98,2
	eher unwahrscheinlich	4	1,1	1,2	99,4
	sehr unwahrscheinlich	2	,6	,6	100,0
	Gesamt	329	93,2	100,0	
Fehlend	k. A.	24	6,8		
Gesamt		353	100,0		

III.9 SRLW: 10 Jahre

		n	%	% gültig	% kum.
Gültig	sehr wahrscheinlich	156	44,2	48,1	48,1
	eher wahrscheinlich	102	28,9	31,5	79,6
	50 zu 50	52	14,7	16,0	95,7
	eher unwahrscheinlich	8	2,3	2,5	98,1
	sehr unwahrscheinlich	6	1,7	1,9	100,0
	Gesamt	324	91,8	100,0	
Fehlend	k. A.	29	8,2		
Gesamt		353	100,0		

III.9 SRLW: 20 Jahre

		n	%	% gültig	% kum.
Gültig	sehr wahrscheinlich	85	24,1	26,5	26,5
	eher wahrscheinlich	74	21,0	23,1	49,5
	50 zu 50	94	26,6	29,3	78,8
	eher unwahrscheinlich	38	10,8	11,8	90,7
	sehr unwahrscheinlich	30	8,5	9,3	100,0
	Gesamt	321	90,9	100,0	
Fehlend	k. A.	32	9,1		
Gesamt		353	100,0		

III.10 Haben Sie eine Patientenverfügung?

		n	%	% gültig	% kum.
Gültig	ja	158	44,8	46,6	46,6
	noch nicht (...)	85	24,1	25,1	71,7
	nein	96	27,2	28,3	100,0
	Gesamt	339	96,0	100,0	
Fehlend	k. A.	14	4,0		
Gesamt		353	100,0		

III.10 Haben Sie eine Vorsorgevollmacht?

		n	%	% gültig	% kum.
Gültig	ja	152	43,1	45,2	45,2
	noch nicht (...)	87	24,6	25,9	71,1
	nein	97	27,5	28,9	100,0
	Gesamt	336	95,2	100,0	
Fehlend	weiß nicht	1	,3		
	k. A.	16	4,5		
Gesamt		353	100,0		

III.10 Haben Sie einen Organspendeausweis?

		n	%	% gültig	% kum.
Gültig	ja	159	45,0	47,6	47,6
	noch nicht (...)	15	4,2	4,5	52,1
	nein	160	45,3	47,9	100,0
	Gesamt	334	94,6	100,0	
Fehlend	k. A.	19	5,4		
Gesamt		353	100,0		

III.10 Haben Sie ein Testament?

		n	%	% gültig	% kum.
Gültig	ja	173	49,0	51,2	51,2
	noch nicht (...)	49	13,9	14,5	65,7
	nein	116	32,9	34,3	100,0
	Gesamt	338	95,8	100,0	
Fehlend	k. A.	15	4,2		
Gesamt		353	100,0		

III.11 Wenn bei Ihnen eine schwere Krankheit festgestellt würde, die in der Regel innerhalb weniger Jahre zum Tod führt – möchten Sie in so einem Fall wissen, wie lange Sie noch zu leben haben?

	n	% aller Befrag-ten	% gültig
Ich möchte es gar nicht wissen; ich nehme es, wie es kommt	104	29,5	31,8
Ich möchte ungefähr wissen, wieviel Zeit mir noch bleibt (auf einige Monate genau)	178	50,4	54,4
Ich möchte ungefähr wissen, wieviel Zeit mir noch bleibt (auf einige Wochen genau)	33	9,3	10,1
Ich möchte den Zeitpunkt meines Todes selbst beeinflussen können	72	20,4	22,0
Fälle (listenweise)	327	100,0	100,0

III.12 Seit 3 Monaten im Wachkoma

		n	%	% gültig	% kum.
Gültig	Fortführung	98	27,8	29,3	29,3
	Zum Zeitpunkt	108	30,6	32,2	61,5
	Abschaltung	129	36,5	38,5	100,0
	Gesamt	335	94,9	100,0	
Fehlend	k. A.	18	5,1		
Gesamt		353	100,0		

III.12 Seit 6 Monaten im Wachkoma

		n	%	% gültig	% kum.
Gültig	Fortführung	35	9,9	10,5	10,5
	Zum Zeitpunkt	90	25,5	26,9	37,4
	Abschaltung	209	59,2	62,6	100,0
	Gesamt	334	94,6	100,0	
Fehlend	k. A.	19	5,4		
Gesamt		353	100,0		

Alter

		n	%	% gültig	% kum.
Gültig	30-44	14	4,0	4,0	4,0
	45-59	142	40,2	40,2	44,2
	60-74	172	48,7	48,7	92,9
	75-89	17	4,8	4,8	97,7
	über 89	8	2,3	2,3	100,0
	Gesamt	353	100,0	100,0	

Geschlecht

		n	%	% gültig	% kum.
Gültig	weiblich	128	36,3	36,7	36,7
	männlich	221	62,6	63,3	100,0
	Gesamt	349	98,9	100,0	
Fehlend	k. A.	4	1,1		
Gesamt		353	100,0		

Erwerbsstatus	n	% aller Befragten	% gültig
berufstätig (Vollzeit)	262	74,2	74,4
berufstätig (Teilzeit)	43	12,2	12,2
für längere Zeit krank geschrieben	1	,3	,3
Ruhestand (Rente/Pension)	65	18,4	18,5
Umschulung, Fortbildung	0	,0	,0
Mutterschutz	0	,0	,0
Hausfrau/Hausmann, Familienzeit	3	,8	,9
Erwerbsminderung/Frührente	0	,0	,0
Anderer Berufsstatus	3	,8	,9
Fälle (listenweise)	352	100,0	100,0

Palliativmedizin als Fachgebiet *(haupts. oder zusätzlich)*	n	%
nicht gen.	322	91,2
genannt	31	8,8
Gesamt	353	100,0

Fragebogen der Hausärztebefragung

Umfrage: Tod und Sterben als Risiko

WESTFÄLISCHE
WILHELMS-UNIVERSITÄT
MÜNSTER

Sehr geehrte Ärztinnen und Ärzte,

ich bin Medizinsoziologe und Doktorand bei Prof. Detlef Pollack (Universität Münster). Im Rahmen meiner Dissertation möchte ich Ihre Meinung zum Thema Tod, Sterben und wichtigen Aspekten der aktuellen Debatte um Sterbehilfe erfahren. Aus dem Branchenverzeichnis für Baden-Württemberg habe ich 1000 Adressen von Hausarztpraxen zufällig ausgewählt; darunter auch Ihre. Mit dem beigelegten, absenderfreien Rückumschlag können Sie den Fragebogen kostenfrei zurücksenden (bis zum 02.08.2014); Ihre **Teilnahme** ist völlig **anonym**. Für aussagekräftige Ergebnisse ist eine hohe Beteiligung wichtig, daher bitte ich Sie um Ihre Unterstützung.

Die Beantwortung der Fragen dauert ca. 15 Minuten. Einige Fragen sind sehr persönlich. Wenn Sie auf einzelne Fragen keine Antwort geben können oder möchten, dann lassen Sie diese einfach aus. Die demographischen Angaben am Ende des Fragebogens dienen der gruppenbezogenen Auswertung und Vergleichsanalyse. Am Ende finden Sie auch ein Textfeld für Anmerkungen, Anregungen oder Kritik. Ich freue mich über Ihre Teilnahme und bedanke mich jetzt schon für Ihre Angaben. Auf Wunsch stelle ich Ihnen gerne eine Auszählung der Ergebnisse in elektronischer Form zur Verfügung, voraussichtlich Ende 2014. Meine Kontaktdaten – auch bei Fragen zum Projekt – finden Sie am Ende dieses Fragebogens.

I.1 Jeder Mensch hat ja bestimmte Vorstellungen, die sein Leben und Verhalten bestimmen. Wenn Sie einmal daran denken, was Sie in Ihrem Leben eigentlich anstreben: Wie wichtig sind dann die folgenden Dinge für Sie persönlich?

	sehr wichtig	eher wichtig	mäßig wichtig	weniger wichtig	unwichtig	weiß nicht
Gesetz und Ordnung respektieren	☐	☐	☐	☐	☐	☐
Nach Sicherheit streben	☐	☐	☐	☐	☐	☐
Sozial Benachteiligten und gesellschaftlichen Randgruppen helfen	☐	☐	☐	☐	☐	☐
Sich und seine Bedürfnisse gegen Andere durchsetzen	☐	☐	☐	☐	☐	☐
Auch solche Meinungen tolerieren, denen man eigentlich nicht zustimmen kann	☐	☐	☐	☐	☐	☐
Die guten Dinge des Lebens in vollen Zügen genießen	☐	☐	☐	☐	☐	☐
Einen hohen Lebensstandard haben	☐	☐	☐	☐	☐	☐

I.2 Hier werden einige öffentliche Einrichtungen und Organisationen aufgelistet. Geben Sie bitte zu jeder Einrichtung oder Organisation an, wie groß das Vertrauen ist, das Sie ihr insgesamt entgegenbringen.

	sehr großes Vertrauen				überhaupt kein Vertrauen
	7	6	5	4	1
Die Justiz	☐	☐	☐		☐
Das Fernsehen	☐	☐	☐		☐
Die Zeitungen	☐	☐	☐		☐
Die Bundesregierung	☐	☐	☐		☐
Die Polizei	☐	☐	☐		☐
Die politische Partei, der Sie am ehesten nahe stehen	☐	☐	☐		☐
Das Gesundheitswesen	☐	☐	☐		☐

I.3 Wenn Sie an Ihre derzeitige Lebenssituation denken, wie zufrieden sind Sie...

	sehr zufrieden	eher zufrieden	teils-teils	eher unzufrieden	sehr unzufrieden
... mit ihrem Leben insgesamt?	☐	☐			
... mit ihrem Gesundheitszustand?	☐	☐			
... mit ihrer persönlichen wirtschaftlichen Lage?	☐	☐			

II.1 Hier sehen Sie einige Aussagen über den Tod.
Bitte geben Sie jeweils an, was Sie davon halten.

	da bin ich mir sicher	eher ja	vielleicht	eher nicht	sicher nicht	kann ich nicht beurteilen
Die Toten werden wieder auferstehen	☐	☐				☐
Es gibt einen Himmel oder ein Paradies	☐	☐				☐
Der Mensch hat eine Seele, die nach dem Tod weiterexistiert	☐	☐				☐
Nach dem Tod wird es ein Wiedersehen mit anderen Menschen im Jenseits geben	☐	☐				☐
Mit dem Tod endet meine persönliche Existenz vollständig	☐	☐				☐
Der Mensch wird nach seinem Tod in diese Welt wiedergeboren	☐	☐				☐
Jeder Mensch muss sich nach seinem Tod für seine Taten verantworten	☐	☐				☐
Wenn ein Mensch gestorben ist, bleibt ein Teil von ihm in den Erinnerungen der Hinterbliebenen oder seinen Nachkommen erhalten	☐	☐				☐

II.2 Glauben Sie an Gott oder andere höhere Mächte? Wählen sie bitte aus den folgenden Aussagen diejenige aus, die am ehesten für Sie zutrifft.

☐	Ich glaube nicht an Gott oder eine andere höhere geistige Macht
☐	Vielleicht gibt es Gott oder andere höhere geistige Mächte, vielleicht aber auch nicht
☐	Ich glaube, dass es eine höhere geistige Macht (oder höhere geistige Mächte) gibt
☐	Ich glaube an Gott, auch wenn ich manchmal zweifle
☐	Ich glaube fest an Gott

II.3 Gehören Sie einer Religionsgemeinschaft an? Wenn ja, welcher?

Evangelische Kirche ☐	Islam ☐	Keine Religionsgemeinschaft ☐
Evangelische Freikirche ☐	Andere Religions- gemeinschaft: *(bitte angeben)*	
Röm.-katholische Kirche ☐		

II.4 Wie stark fühlen Sie sich mit Ihrer Kirche bzw. Religionsgemeinschaft verbunden?

stark verbunden ☐	eher stark ☐	mittelmäßig ☐	eher wenig ☐	wenig oder gar nicht ☐

III.1 Nachfolgend finden Sie einige Aussagen zum Sterben und zur Diskussion um Suizid und Tötung auf Verlangen (was manchmal auch „aktive Sterbehilfe" genannt wird)

Bitte kreuzen Sie für jede Aussage an, was Sie davon halten.	stimme zu	stimme eher zu	teils-teils	stimme eher nicht zu	stimme nicht zu	kann ich nicht beurteilen
Das Leben ist ein Geschenk Gottes und der Mensch hat nicht das Recht, darüber zu entscheiden, wann es endet.	☐	☐				☐
Mein Leben und Sterben folgt einem höheren Plan, am Ende wird alles einen Sinn ergeben.	☐	☐				☐
Ich möchte die Möglichkeit haben, bei einer schweren Krankheit mein Leben vorzeitig zu beenden.	☐	☐				☐
Leiden und Schmerzen gehören zum Leben dazu, sie rechtfertigen nicht eine vorzeitige Beendigung des Lebens.	☐	☐				☐
Mit einer guten Betreuung (medizinisch, psychologisch, seelsorgerisch) muss heutzutage kein sterbender Mensch mehr schwer leiden.	☐	☐				☐
Jeder erwachsene Mensch sollte selbst darüber entscheiden dürfen, ob er sein Leben beenden will.	☐	☐				☐

III.2 Weitere Aussagen zum Sterben und zur Diskussion um Suizid und Tötung auf Verlangen

Bitte kreuzen Sie für jede Aussage an, was Sie davon halten.	stimme zu	stimme eher zu	teils-teils	stimme eher nicht zu	stimme nicht zu	kann ich nicht beurteilen
Wenn ein schwerkranker Mensch sein Leben beenden will, ist das eigentlich ein Ruf nach mehr Zuwendung.	☐	☐	☐	☐	☐	☐
Das Leben ist ein Wert an sich, unabhängig von der Lebensqualität.	☐	☐	☐	☐	☐	☐
Ich möchte mein Leben beenden können, wenn ich keine ausreichende Lebensqualität mehr habe.	☐	☐	☐	☐	☐	☐
Suizid ist Selbstmord und damit ein Verbrechen.	☐	☐	☐	☐	☐	☐
Es gibt Situationen, in denen ein Suizid die beste Lösung ist.	☐	☐	☐	☐	☐	☐
Suizid ist letztlich immer die Folge einer Depression.	☐	☐	☐	☐	☐	☐
Man sollte alles tun, um einen Suizid zu verhindern.	☐	☐	☐	☐	☐	☐
Ich kann mir Situationen vorstellen, in denen ich einem nahestehenden Menschen beim Suizid helfen würde.	☐	☐	☐	☐	☐	☐
Wenn ich mich umbringen wollte, wüsste ich, wie ich das umsetzen kann.	☐	☐	☐	☐	☐	☐
Anderen nicht zur Last fallen zu wollen, kann ein berechtigter Grund für einen Suizid sein.	☐	☐	☐	☐	☐	☐
Es sollte Ärzten erlaubt sein, schwerkranken Menschen beim Suizid zu helfen, die dies ausdrücklich wünschen.	☐	☐	☐	☐	☐	☐
Es sollte Ärzten erlaubt sein, schwerkranke Menschen zu töten, die dies ausdrücklich wünschen.	☐	☐	☐	☐	☐	☐
Mich würde es beunruhigen, wenn mein Hausarzt Suizidbeihilfe für schwerkranke Patienten anbieten würde.	☐	☐	☐	☐	☐	☐
Wenn Suizidbeihilfe oder Tötung auf Verlangen gesetzlich erlaubt werden, wird dies zu Missbrauch führen.	☐	☐	☐	☐	☐	☐

III.3 In der Schweiz gibt es Sterbehilfevereine (z. B. Exit oder Dignitas), die schwerkranken Menschen einen Suizid ermöglichen; sie vermitteln ihnen einen Arzt, der ein tödliches Medikament verschreibt und begleiten sie bis zum Tod. Was halten Sie davon?

☐ So etwas sollte es in Deutschland auch geben   ☐ So etwas sollte in Deutschland verboten bleiben   ☐ Ich weiß nicht, was ich davon halten soll

III.4 Hier werden Fälle von Menschen geschildert, die sich das Leben genommen haben. *Geben Sie bitte jeweils an, ob Sie für den Suizid Verständnis haben oder nicht.*

	dafür habe ich volles Verständnis	kann ich eher verstehen	teils-teils	kann ich eher nicht verstehen	dafür habe ich kein Verständnis	kann ich nicht beurteilen
Alkoholiker (50 Jahre) arbeitslos, hoch verschuldet, wurde von seiner Frau verlassen	☐	☐	☐	☐	☐	☐
Mann (50) mit Magenkrebs, Metastasen in der Leber; Schmerzen, die mit starkem Schmerzmittel behandelt wurden; nach Meinung der Ärzte hätte er noch 3-6 Monate zu leben	☐	☐	☐	☐	☐	☐
Witwe (80), lebte alleine, konnte sich nicht mehr selbst versorgen und sollte nächste Woche in ein Pflegeheim kommen	☐	☐	☐	☐	☐	☐
Student (25) hatte immer wieder schwere depressive Schübe, seit Jahren in Behandlung	☐	☐	☐	☐	☐	☐
Frau (40), 2 Kinder (3 und 5 J.), verheiratet, fortgeschrittene Multiple Sklerose: Rollstuhl, starke Schmerzen, Blasenschwäche, Zustand hatte sich nach einem Schub weiter verschlechtert	☐	☐	☐	☐	☐	☐
Mann (72) mit fortschreitender Demenz (Alzheimer). Er schrieb in einem Abschiedsbrief, dass er ein Ende machen wolle, solange er noch kann.	☐	☐	☐	☐	☐	☐

340

III.5 Seit Jahrhunderten wird über den „guten Tod" nachgedacht. Wenn Sie sich folgende Beispiele anschauen – welche würden Sie als einen guten Tod ansehen? *(Mehrere Nennungen möglich)*

In hohem Alter (80-90) an Altersschwäche sterben, auf dem Sterbebett im Kreise der Familie und Freunde. ☐

Im höheren Alter (70-80) im Schlaf sterben und einfach nicht mehr aufwachen, ohne davon etwas mitzubekommen. ☐

Im jüngeren oder mittleren Erwachsenenalter sein Leben für das Leben anderer Menschen opfern, z. B. bei einer Katastrophe oder der Vereitelung eines Verbrechens. ☐

Im jüngeren oder mittleren Erwachsenenalter als Soldat im Krieg für die Freiheit und Sicherheit seines Staates/Heimatlandes sterben. ☐

Im höheren Alter (70-80) nach längerer Krankheit sterben, medizinisch/ärztlich und seelsorgerisch gut versorgt und von nahestehenden Menschen gepflegt. ☐

Im höheren Alter (70-80) nach unerwarteter, kurzer, schwerer Krankheit sterben, medizinisch und seelsorgerisch gut versorgt. ☐

Sich im höheren Alter mit einem Medikament selbst das Leben nehmen, wenn der Tod bevorsteht oder eine Zeit schweren Leidens. ☐

Sonstiges, nämlich:

☐

III.6 Wie beurteilen Sie die Möglichkeiten und Angebote der Betreuung Schwerkranker und Sterbender in Deutschland? *Bitte kreuzen Sie an, ob die folgenden Aussagen Ihrer Meinung nach zutreffen oder nicht*	trifft zu	trifft eher zu	teils-teils	trifft eher nicht zu	trifft nicht zu	kann ich nicht beurteilen
Hospize und Palliativmedizin sorgen dafür, dass heutzutage niemand mehr beim Sterben schwer leiden muss.	☐	☐	☐	☐	☐	☐
Ich werde mein Leben immer lebenswert finden, auch wenn ich schwer krank, pflegebedürftig oder beeinträchtigt/behindert bin.	☐	☐	☐	☐	☐	☐
Dank der Palliativmedizin vertraue ich darauf, dass ich im Falle einer schweren Krankheit ohne große Leiden sterben kann.	☐	☐	☐	☐	☐	☐
Die Möglichkeiten der Palliativmedizin und der Hospize werden überschätzt.	☐	☐	☐	☐	☐	☐
Wenn jeder Sterbende optimal palliativmedizinisch versorgt wird oder einen Platz im Hospiz bekommt, wird niemand mehr einen vorzeitigen Tod wünschen.	☐	☐	☐	☐	☐	☐
Ich nehme bei schwerer Krankheit gerne die Hilfe der Palliativmedizin an oder gehe in ein Hospiz, aber als letzten Ausweg möchte ich die Möglichkeit haben, mein Leben selbst zu beenden.	☐	☐	☐	☐	☐	☐
Palliativmedizin und Hospizpflege sowie Suizidhilfe und Tötung auf Verlangen sind keine Gegensätze, sondern ergänzen sich und sollten gleichermaßen zur Verfügung stehen.	☐	☐	☐	☐	☐	☐

III.7 Persönliche Erfahrungen mit Tod und Sterben - *Mehrere Nennungen möglich*	Ja	Nein
Haben oder hatten Sie beruflich mit Tod und Sterben zu tun?	☐	☐
Haben Sie schon einmal den Tod eines nahestehenden Menschen miterlebt?	☐	☐
Hatten Sie schon einmal eine schwere Krankheit, die zum Tod hätte führen können?	☐	☐
Haben Sie aktuell eine schwere Krankheit, die in absehbarer Zeit zum Tod führen wird?	☐	☐
Rechnen Sie momentan damit, bald (innerhalb der nächsten zwei Jahre) zu sterben?	☐	☐
Haben Sie schon einmal einen „falschen Alarm" hinsichtlich einer lebensbedrohlichen Krankheit erlebt (z. B. eine Diagnose, die sich bei der Überprüfung als falsch herausgestellt hatte)	☐	☐

III.8 Falls Sie schon einmal damit rechnen mussten, bald zu sterben (z. B. aufgrund einer schweren Krankheit oder aufgrund des Verdachtes einer schweren Krankheit), **wann war das ungefähr?** (Falls das schon mehrmals vorkam, wann zum letzten Mal?)

| in den letzten 2 Jahren ☐ | vor mehr als 2 Jahren ☐ | vor mehr als 5 Jahren ☐ | vor mehr als 10 Jahren ☐ | bisher noch nicht ☐ |

III.9 Wenn Sie an Ihren aktuellen Gesundheitszustand denken: Wie wahrscheinlich ist es, dass Sie in einem, zwei oder mehr Jahren noch leben? (einmal abgesehen von einem Unfall, einer Gewalttat o. ä.)

Bitte geben Sie für jede Zeile Ihre Einschätzung an	sehr wahr-scheinlich	eher wahr-scheinlich	50 zu 50	eher unwahr-scheinlich	sehr unwahr-scheinlich
ich werde in 1 Jahr (ca. 2015) noch leben	☐	☐	☐	☐	☐
... in 2 Jahren (ca. 2016)	☐	☐	☐	☐	☐
... in 5 Jahren (ca. 2019)	☐	☐	☐	☐	☐
... in 10 Jahren (ca. 2024)	☐	☐	☐	☐	☐
... in 20 Jahren (ca. 2034)	☐	☐	☐	☐	☐

III.10 Haben Sie...	ja	noch nicht, aber für die nächste Zeit geplant	nein, habe ich nicht	weiß nicht/ kenne ich nicht
... eine Patientenverfügung?	☐	☐	☐	☐
... eine Vorsorgevollmacht?	☐	☐	☐	☐
... einen Organspendeausweis?	☐	☐	☐	☐
... ein Testament?	☐	☐	☐	☐

III.11 Wenn bei Ihnen eine schwere Krankheit festgestellt würde, die in der Regel innerhalb weniger Jahre zum Tod führt – möchten Sie in so einem Fall wissen, wie lange Sie noch zu leben haben?

Ich möchte es gar nicht wissen; ich nehme es, wie es kommt	☐
Ich möchte ungefähr wissen, wieviel Zeit mir noch bleibt (auf einige Monate genau)	☐
Ich möchte ungefähr wissen, wieviel Zeit mir noch bleibt (auf einige Wochen genau)	☐
Ich möchte den Zeitpunkt meines Todes selbst beeinflussen können	☐
Sonstiges/Anmerkung:	

Es kommt manchmal vor, dass jemand nach einem schweren Unfall oder einem Schlaganfall zuerst im Koma liegt, welches dann nach einiger Zeit in ein sogenanntes „Wachkoma" übergeht. Die meisten Patienten, die lange (länger als 3 Monate) im Wachkoma liegen, wachen nicht mehr auf und sterben – manchmal erst nach vielen Jahren. Es gibt aber immer wieder Fälle, in denen jemand wieder aufwacht, auch nach einer sehr langen Zeit.

In Patientenverfügungen wird oft geregelt, ob im Falle eines dauerhaften Wachkomas (medizinisch: PVS, andauernder vegetativer Zustand) **lebenserhaltende Maßnahmen** (vor allem die sogenannte „künstliche Ernährung" durch eine Magensonde) **beibehalten oder beendet werden sollen.**

III.12 Wie würden Sie in folgenden Situationen (für sich selbst) entscheiden? **Entscheidung →** Zustand und Prognose ↓	Fortführung der Lebenserhaltung	Das sollen Ärzte oder Angehörige entscheiden, wenn es dazu kommen sollte	Abschaltung der Lebens-erhaltung
Seit 3 Monaten im Wachkoma, bewusstlos, von 100 Betroffenen werden 30 noch aufwachen (5 von den 30 werden sich weitgehend erholen*, die anderen werden mittel bis schwer beeinträchtigt sein)	☐	☐	☐
Seit 6 Monaten im Wachkoma, bewusstlos, von 100 Betroffenen werden 15 noch aufwachen (2 von den 15 erholen sich weitgehend, die anderen werden moderat bis stark beeinträchtigt sein)	☐	☐	☐

* *Weitgehende Erholung*: Vollständig oder mit leichten Beeinträchtigungen
leichte Beeinträchtigung: Die Bewältigung des Alltags ist ohne fremde Hilfe möglich
mittlere Beeinträchtigung: Die Bewältigung des Alltags ist mit zeitweiliger Unterstützung möglich
schwere Beeinträchtigung: Zur Bewältigung des Alltags ist eine dauerhafte Unterstützung bis hin zur Pflege notwendig

Demografische Angaben

Alter

☐ 18-29 Jahre ☐ 30-44 ☐ 45-59 ☐ 60-74 ☐ 75-89 ☐ über 89 Jahre

Geschlecht ☐ weiblich ☐ männlich

Erwerbsstatus

☐ berufstätig (Vollzeit)	☐ Mutterschutz
☐ berufstätig (Teilzeit)	☐ Hausfrau/Hausmann, Familienzeit
☐ für längere Zeit krank geschrieben	☐ Erwerbsminderung/Frührente
☐ Ruhestand (Rente/Pension)	Anderer (bitte angeben)
☐ Umschulung, Fortbildung	

Ihr Fachgebiet, ggf. mit Zusatzbezeichnung **(aktuell bzw. vor Ihrem Ruhestand):**

Ggf. weitere, frühere Fachgebiete:

Ihr **Arbeitsbereich** *(kreuzen Sie bitte alle Bereiche an, in denen Sie schon einmal tätig waren)*

☐ Ambulant ☐ Stationär ☐ Behörde oder Körperschaft ☐ Anderer Bereich (bitte angeben)

✎ ☐ Hausarzt ✎ ☐ leitende Position

✎ ☐ Facharzt

Sonstiges, Anmerkungen, Anregungen:

Vielen Dank für Ihre Teilnahme.

Sie können meine Arbeit zusätzlich unterstützen, indem Sie Ihre Rücksendung als Standardbrief frankieren.

Kontakt: Andreas Kögel, Im Weiler 10, 72770 Reutlingen-Bronnweiler, E-Mail: andreas.koegel@uni-tuebingen.de

343